国家社科基金
GUOJIA SHEKE JIJIN HOUQI ZIZHU XIANGMU
后期资助项目

民国大学教职员工生活水平与社会结构研究：以清华为中心

An Investigation of Living Standards and Social Structure of University Faculty and Staff during the Republic of China Based on Tsinghua University

梁 晨 著

科 学 出 版 社
北 京

内 容 简 介

大学教职员工是近代新职业群体中重要的组成，学界现有研究多关注其思想动态、政治诉求和个人发展等，对他们的日常生活状况，尤其是定量与定性相结合的生活水平与阶层结构研究还不充分。鉴于此，本书以民国时期清华大学（学校）中的教职员工为研究对象，在描述其群体构成、职业、教育和生活的同时，量化分析其生活水平和阶层结构。

研究表明清华教职员工的构成与生活在民国时期具有代表性。“清华园”中教职员工收入相差悬殊，生活水平高低有序，阶层结构分明。该结构表面上以职务或职称为基础，以个体教育获得为“合理性”依据，但从深层次上则体现了现代教育体系建立初期，个人的教育水平深受家庭条件、地理来源等外在因素影响，教育的社会融合功能较低的实质。

本书是综合社会史、经济史和大学史的跨学科研究，适合相关专业的学者和对社会经济史等感兴趣的大学生、社会人士阅读。

图书在版编目（CIP）数据

民国大学教职员工生活水平与社会结构研究：以清华为中心 / 梁晨著.—北京：科学出版社，2020.9

ISBN 978-7-03-059891-2

Ⅰ.①民… Ⅱ.①梁… Ⅲ.①清华大学-教育工作者-生活状况-研究-民国 Ⅳ.①D663.5

中国版本图书馆 CIP 数据核字（2020）第 180076 号

责任编辑：王 媛 杨 静 / 责任校对：韩 杨

责任印制：张 伟 / 封面设计：楠竹文化

科学出版社 出版

北京东黄城根北街 16 号

邮政编码：100717

http://www.sciencep.com

北京中科印刷有限公司 印刷

科学出版社发行 各地新华书店经销

*

2020 年 9 月第 一 版 开本：720×1000 1/16

2021 年 1 月第二次印刷 印张：21 1/4

字数：416 000

定价：169.00 元

（如有印装质量问题，我社负责调换）

国家社科基金后期资助项目
出版说明

后期资助项目是国家社科基金设立的一类重要项目，旨在鼓励广大社科研究者潜心治学，支持基础研究多出优秀成果。它是经过严格评审，从接近完成的科研成果中遴选立项的。为扩大后期资助项目的影响，更好地推动学术发展，促进成果转化，全国哲学社会科学工作办公室按照“统一设计、统一标识、统一版式、形成系列”的总体要求，组织出版国家社科基金后期资助项目成果。

全国哲学社会科学工作办公室

序　一

章开沅先生有言："一百年来的中国近代史其实是一场现代化史。"柯文（Paul Cohn）也认为在中国近代史上，"不可想象的是，除了近代化外还有任何变化称得上重要的历史变化"。现代化（近代化）[a]是一个复杂的过程，包括多个方面的现代化，但最关键是人的现代化。英克尔斯（Alex Inkeles）指出"人的现代化"是国家的现代进程中不可或缺的关键因素，一个国家要现代化，必须把"传统人"变为"现代人"，因为"那些完善的现代制度以及伴随而来的指导大纲，管理守则，本身是一些空的躯壳。……再完美的现代制度和管理方式，再先进的技术工艺，也会在一群传统人的手中变成废纸一堆"。要培养"现代人"，没有现代教育是不可能的。因此，无论不同国家的现代化形式和途径有多么大的区别，现代教育都是基础和前提。英格尔斯的这个结论，为日本、中国等在现代化历史进程的后进国家的历史经验所证实。在鸦片战争以后的几十年中，先进的中国人从惨痛的经历中逐渐领悟到了这一点。戊戌维新时，梁启超先生提出"变法之本，在育人才；人才之兴，在开学校"，就是这一时代思潮的集中体现。在此影响下，中国兴办了一批新式学校，为国家培养"现代人"。民国以后，蒋廷黻进一步指出："中国人能近代化吗？能赶上西洋人吗？能利用科学和机械吗？能废除我们家族和家乡观念而组织一个近代的民族国家吗？能的话，我们的民族前途是光明的，不能的话，我们这个民族是没有前途的。"周纵策在《论中国现代化》一文中则疾呼："从经济方面看，中国人太贫穷；从教育方面看，中国人太愚昧。……我们要中国有办法，必须克服这贫穷和愚昧。"而在新式教育体系中，培养高级人才的大学尤为重要，正如蔡元培先生所言，"为了维护社会生存，不得不对教育进行改革，当时摆在我们面前的问题，是要仿照欧洲的形式，建立自己的大学"。因此，以高等教育为重点探讨中国近代史，是非常有意义的。

在中国高等教育史上，清华大学具有一种特别的地位。从 1911 年建立清华学堂到 1928 年正式更名为国立清华大学，不过短短 17 年，清华就已成为中国最好的学校之一。自更名为国立清华大学之后，清华不仅是中国的顶尖大学之一，而且也跻身于世界名校之列。清华培养出来的一批批高级人才，

---

① 在本文中，"近代"和"现代"都相当于英文中的 modern，没有差别，因此"近代化"和"现代化"也是同一概念。

为中国的现代化事业做出了巨大的贡献。为什么清华能够取得如此骄人的成就？这成为众多学者研究的课题。

这些光辉成绩的取得，既要归功于清华的制度设计，但更应归功于工作于清华的那批人。在这批人中，教师是关键。曾为清华的发展立下不朽功绩的梅贻琦校长那句脍炙人口的名言“所谓大学者，非谓有大楼之谓也，有大师之谓也”，已道出了个中奥妙。这个信念，也得到像朱经武先生等著名学者和教育家的认同：“教授是最重要的，他们是学校的灵魂”，“在大学的问题上，我从来都有一个观点：必须先找大师，再建大庙”。

然而，找到大师，罗致到优秀学者来工作，仅是办好大学的第一步。这些学者到大学后，如何使他们能够于此潜心治学和教书育人，又是一个问题，一个更加难以解决的问题。要做到这一点，首先就要为他们提供一种有吸引力的生活条件，为他们创造一个衣食无忧而且为社会所尊崇的生活环境。一千多年前，韩愈就说得很明白：“马之千里者，一食或尽粟一石。食马者，不知其能千里而食也。是马也，虽有千里之能，食不饱，力不足，才美不外见，且欲与常马等不可得，安求其能千里也？”有了千里马，必须使之食饱力足，其才美方能外见。因此，大学教师的生活水平问题，乃是能否成功地罗致人才和留置人才，并使之能够尽其才的关键之一。在大学内部，除了教师，还有职员、工友等不同的人员，他们的工作也都是不可或缺的。要使他们安心并且努力工作，也必须为他们提供合适的生活条件，使之得以享有相当的生活水平。因此，生活水平问题，就是研究清华何以成功的关键之一。

不仅如此，生活水平问题也是对社会进行深入研究的核心问题之一。社会由不同的群体组成，这些群体的生存情况，成为社会结构与分层、阶层间流动与社会不平等等问题的基础。衡量社会分层与不平等的标准虽然可以有多种，但生活水平是基础。从生活水平来研究一个社会，就触及到了社会研究的核心。在今天的国际学坛中，生活水平研究具有鲜明的前沿性。清华大学教职员工是站在中国现代化事业最前沿的一个群体，而现代化是中国近代史的主线。本书牢牢地把握住了这条主线，透过对清华教职员工群体的深入研究，使得我们对中国的现代化进程获得更加具体的认识，因而具有重要的学术意义，同时也具有学术的前沿性。

以往学界对大学历史的研究，往往未能摆脱“校史”研究的局限，从而成为一种“微观史”研究。微观史研究对于史学十分重要，但是如果不放进一个大的框架之中，有可能导致研究的“碎片化”。古尔迪（Jo Guldi）和阿米蒂奇（David Armitage）指出：在20世纪后期的西方史学界，“微观史成了史学的主流”，而“‘宏大叙事’——大框架、大过程、大比较——变得愈发不受欢迎”。有感于此，他们于 2014 年发表《历史学宣言》（The History Manifesto），指出“微观史若不与更大的历史叙事相联系，不明确交代自身的研究想要推翻什么、坚持什么，那就很容易被人称为好古癖。我们希望复兴的是这样一种历史，它既要延续微观史的档案研究优势，又须将自身嵌入到更大的宏观叙事”，而“微观史档案研究与宏观史框架的完美结合将为历史研究展现一种新的境界”。

本书虽然是以清华大学为中心进行研究，但不同于学界已有的诸多大学的校史研究之处在于：本书是把清华作为社会的一个组成部分来进行研究的。本书作者说得很清楚：清华地处城郊，教职员工各阶层人群以清华校园为生活的主要地理场所，构成了一个相对封闭的小社会。然而，他们也经常往来于学校、城市与乡村，时刻沟通着清华与外界社会。因此清华这个小社会既具有一般社区特点，又具有和其他地域、人群保持紧密关系和流动开放的特点。透过这个小社会，可以清晰和具体地了解民国社会。在此意义上可以说，清华是一个透视中国近代社会的窗口。

如何透过这个窗口来了解当时的中国社会结构？本书采用了两种路径。首先，通过对教职员工这个大群体中的不同群体（教师、职员和工友）的深入研究，弄清清华内部的社会结构；其次，把清华所表现出来的特点，放到更大的框架中进行探讨。换言之，就是以清华为立足点，兼顾北京（北平）以及全国其他高校教职员工的状况，不仅使得研究结论具有更高的可信度与可比较性，而且可以通过清华这个“个案”来了解全国大学的情况。这种思路与曾国藩的座右铭“大处着眼，小处着手”颇为契合，也与古尔迪和阿米蒂奇在《历史学宣言》中强调的“我们不是要用宏观史去反对微观史，而是要提出大问题，这些大问题源于特定案例研究。将宏观和微观、长期视野和短期主义相融合，这才是关键”的主张相一致。可以说，本书为学界如何妥善处理宏观史和微观史的关系，提供了一个很好的示范。

当然，要通过上述两种路径，把清华教职工群体的生活水平的研究作为这样一个窗口，首先需要对清华内部的社会结构进行深入的研究。清华这个“小社会”虽然规模不大，但内容非常丰富。要对这个“小社会”中的主要群体的生活水平进行研究，并非易事，需要多学科方法进行研究。本书在方法上的一个重要特点，是采用多学科的研究方法，从各个不同的角度展开研究。

本书是一本近代史研究专著，因此首先采用历史学的方法。任何学科都有特定的研究领域，作为一个成熟的专业学科的历史学，当然也不例外，正如彭刚所言："历史学对于自己的学科边界，有必要保持足够的警醒与谦卑，历史学家工作的性质是什么，历史学能够和不能够做到的事情是什么，这样一些问题是历史学家所不能回避而需要加以思考的。"

史学的边界之一，就是研究必须建立在坚实的史料基础之上，正如傅斯年先生所言："材料之内使他发现无遗，材料之外我们一点也不越过去说。"而在各种史料中，第一手史料（亦即原始史料）又占有特别的地位，因为"任何历史研究都应当从分析原始资料开始"（拉度里，Emmanuel Le Roy Ladurie）。本书选择清华大学作为研究对象，主要就是出于史料的考虑。由于战争和社会动乱，近代中国各类机构（包括大学）的档案大多保存不很完整，而清华是少数的例外之一。清华大学档案馆不仅保存有自1909年创办以来学校各部门的主要档案，而且还有大量的教职员工个人档案。这些档案具有良好的连续性和完备性，是一个不可多得的第一手史料库。作者在清华大学档案馆里埋头工作多年，收集了大量的史料，并进行了精心分析核实，从而获得丰富和可靠的数据。除了清华大学档案馆和图书馆之外，作者还从北京市档案馆、北京大学档案馆、香港大学校务部档案以及当时清华教职员的众多日记、回忆文章中获得大量史料，补充和扩展了清华档案记载。这些工作为本书研究建立了坚实的史料基础，这也成为本书的一大特点。

其次，本书以生活水平问题为切入点，将清华教师、职员和校工这三种从事不同性质工作的群体进行比较研究，使得我们能够从多个方面、不同角度认识大学中不同从业群体之间待遇、生活水平的差距以及其中体现的阶层结构。要进行这个研究，史学的方法是不够的，必须借助于社会科学的方法，特别是社会学、经济学、历史人类学等学科的方法。在本书中，作者很好地运用了社会科学的理论和方法，成功地为本书研究建构了一个科学的理论分析架构，并使用科学的方法进行具体问题的探讨，使得本书在理论和方法方面能够紧跟国际前沿，进入国际学术主流。

在现今国际学界关于生活水平的研究中，经济学与社会学中的统计方法的运用已成为重要趋势。随着对生活水平概念的认识的发展，对数字计量方法的运用也越来越受到重视。在史学研究中，长期以来使用的概念并不是生活水平或生活质量，而主要用生活状况、生活情况等词语。使用这些词语，一般倾向于运用文献记载的史料，通过列举、概括等办法，对社会某群体的生活进行描述或介绍，而缺乏对数据的收集、统计和分析。这样做，虽然有真实、直接的优点，但也有片面、狭窄的缺点。特别是由于缺乏准确的度和量的分析，使得主观性较强，缺乏客观性，从而容易导致分析和比较结论失真，产生错误判断。实际上，在“生活水平”概念中“水平”一词本身，就对准确、系统的数字统计资料有着比较强烈的要求。本书在生活水平的研究中运用计量的方法进行了探索，并进行了卓有成效的运用，从而使得本书研究超越学界以往研究，为社会群体生活水平的研究树立了一个很好的榜样。

使用社会科学的方法研究历史的重要性和必要性，梁启超先生发出建立“新史学”的号召时就已说得很明白。然而在今天的一些史学研究著作中，由于各种原因，在使用社会科学的方法（特别是计量方法）时出现了一些问题，致使许多学者对这些方法本身产生了疑问，甚至反感。斯通（Lawrence Stone）说：“如果我的看法无误，即‘新史家’们又走回历史叙述的老路，意味着一个时代的结束，一个想对历史变迁提出一套有系统的、科学的解释之时代的结束。……量化方法不过是一株柔弱的芦苇，所能解决的问题很有限。现代新史家面临一种二选一的情况：一方面是一种人类行为的先验的统计模式，另一方面则是基于观察、体验、判断及本能而获得了解。有些‘新史家’又回到第二种方式来解释过去了。”克里吉（Eric Kerridge）在讨论西方经济史学的现状时也说：“首先，经济学家渗入经济史学带来了一种非历史的观念（unhistorical cast of mind）。其次，统计学家的侵入也使经济史变得面目可憎。”但是本书作者在运用社会科学的方法时，依然坚持历史学者的本色，使得本书避免了这种通病。作者对史学研究重点“新”“老”方法都兼收并蓄，各采其长。吴承明先生说：“就方法论而言，有新、老学派之分，但很难说有高下、优劣之别。……新方法有新的功能，以至开辟新的研究领域；但就历史研究而言，我不认为有什么方法是太老了，必须放弃。……我以为，在方法论上不应抱有倾向性，而是根据所论问题的需要和资料等条件的可能，作出选择。”刘子健先生也说：“余英时说‘史无定法’，研究历史的题材不同，自然没有一成不变的方法，所以更妥贴地说应当是‘史采佳法’，因题制宜。再更大胆地说是‘因问求法’，如同科学家做实验一样不断尝试终可能走出一条路来。”本书也体现了这种“史采佳法”和“因问求法”的开放心态，从而使得本书在研究方法上也具有自身的特色。

最后，我还要说一点。作者早年在北京大学和清华大学求学，接受了严格和系统的史学训练。取得博士学位后，他又去美国密歇根大学和香港科技大学做博士后研究，继续努力学习社会科学知识，使得其社会科学素养得以进一步提升。他在求学和做博士后研究的时候，都积极参加国际学术活动，追寻学术前沿知识，从而大大扩展了学术视野。本书是以作者的博士论文为基础的，而自其博士论文完成至今已历十度春秋。从某种意义上来说，本书是“十年磨一剑”的成果。在这十年中，他的研究有了突飞猛进，这也部分地体现在此次因博士论文出版而进行的修订中。当年在做博士论文时，限于时间，他只能专力于教职员工群体的研究，而对于大学群体中另一主要群体——学生，作者在这十年中进行了更加深入的研究，取得了重大成就，受到国内外学界的重视。在此，我对本书的出版表示衷心祝贺，也坚信作者在未来的学术生涯中，日日新，又日新，不断取得新的成就。

是为序。

李伯重

2020 年 5 月于北京大学

序　　二

梁晨博士是一个非常勤奋的学者。2016 年秋冬，我在哈佛大学费正清中国研究中心担任访问研究员（visting fellow）时，时常看见他独自在办公室里默默地工作，埋头于书卷与写作。如今，他在经过长期积累和思考的基础上，又推出了眼下这本专著，从教职工生活水平的角度对清华大学早期的办学状况进行了非常深入且视角独特的研究，令人欣慰。至于本书在历史学等方面的成就和贡献，李伯重先生已有非常专业的介绍和十分精到的点评，无须我赘述。作为一个教育研究者，我觉得，本书以实证的方法，对清华大学教师生活水平进行实证性研究，着实具有十分重要的理论与现实意义。教师的生活是大学办学中的一个重要问题，但也常常是一个被忽视的问题。

人们常常引用梅贻琦先生的名言："所谓大学者，非谓有大楼之谓也，有大师之谓也"，这是千真万确的办学之道。我想接着说的是，仅有大师仍然是不够的。如果没有能够合理与适当的衣食住行和生活安排，恐怕有了大师，也会流失掉，至少是心猿意马，武功渐失。梁晨博士正是深谙梅贻琦先生的办学思想，比较全面地探讨与条分缕析地梳理和描述了清华大学教师的生活状况，包括教师规模与流动、经费的安排、薪俸或工资水平、养老金与抚恤金、住房状况、饮食与衣着、交通出行、公债和灾捐、书籍购买与家庭负担，以及他们的医疗、休假、工作环境与强度、闲暇生活，甚至是子女的教育，等等。尽管对清华教师的文化与体育生活没有专门的介绍是一个小小的遗憾，但全书的内容无疑已经十分详细地反映了清华大学早期教师的生活状况与水平，让人们从一个侧面对清华大学早期的办学状况有了更进一步的认识和了解。乍一看，这些描述仿佛是在介绍清华教师生活中日常琐碎之事，其实它体现了清华大学早期教师队伍建设的基本思路和模式。据我了解，清华大学在这方面的故事是非常丰富且有声有色的，它也是清华大学百年来办学的一个重要经验：即重视教师的生活水平亦是教师队伍建设的重要内涵，而且，教师的生活水平绝不能仅仅是一种单纯的收入或待遇，而更应该是一种生活环境的营造，一种对教师的理解与尊重，一种设身处地的惺惺相惜，教师的生活状况与水平也是他们在学校中地位的体现，也是与他们的学术发展紧密联系在一起的。我依稀记得，著名思想家塞缪尔·亨廷顿先生在 20 世纪 60

年代的《变革社会中的政治秩序》一书中曾经表达过这样的观点，他认为，物质的奖励与刺激，也许对劳工阶层是有意义的；而对于知识阶层，单纯的物质奖励与刺激是不够的，甚至有可能南辕北辙，至少其边际效应是递减的。实际上，对大学而言，有大师当然不易，而要留住大师，让他们安居乐业，事业有成，则更难；如果想要让这些大师真正地认同学校，形成发自内心的归属感和责任感，则是难上加难。对此，仅仅有钱是不够的，重要的是气顺与神交。在《梅贻琦日记》中，就有很多的笔墨文字记叙梅贻琦先生请学校教授吃饭的轶事，并且在席间与大家沟通和交流办学的某些重大事项，听取大家的意见。梅先生的夫人韩咏华女士则常常陪同这些教授的太太们一起打牌。试想之，这是一种什么感觉。时至今日，这种传统仍然是清华的办学特色之一。每逢有知名学者来清华工作，或者是某教授获奖，或者是某些重大活动，等等，学校领导总是会安排见面或聚餐，或者时不时地会邀请不同院系各个学科的教授们来自己的办公室喝茶聊天，并且自费宴请教授们在学校的小餐馆里吃饭，像兄弟一样把酒畅谈。有时在出国时还邀请某些教授同行。其实，这种情感的交流与平等的尊重，才真正是教授的“软肋”，也是大学教师队伍建设的诀窍。不待言，所谓真情之下，必有勇夫。而“士为知己者死”恐怕也就是这个境界。梁晨博士对清华教授生活状况的描述和介绍，一方面反映了清华大学早年教师队伍建设的经验，另一方面，则是向今天的大学提出了这样一个问题：我们大学的教师队伍建设是不是真正把住了教授的“心脉”，或者说，大学中的大师和教授们有没有真正把学校当成他们自己的“家”呢？实际上，教师的生活水平是影响他们成就取向与学术水平的重要变量之一。

其实，大学是一个挺吊诡的机构，不仅是教师队伍本身往往是精英荟萃与各自为阵，就整个大学的运行和治理而言，其中的影响因素和变量及其相互关系是非常复杂的，你很难非常准确地发现其中究竟哪个具体因素或变量在办学中发挥了更加重要的作用。有人甚至将大学中这种模糊的因果关系或相关性比喻为一个“黑洞”。这里，尽管经费是重要的，但绝不能够按照一种所谓“投入/产出”的简单模式或线性逻辑，去解释大学的进退与成败，正如在人才培养中并非是教师讲得越多，学生就学得越好一样。为此，解密大学办学的奥秘，甚至成了一项专门的研究领域，也产生了若干理论。例如，有的学者提出了所谓“层次区分理论”，认为学校组织结构的运行模式是一种各种办学资源分层次不断递进的机制，用一种不同因素之间的纵向关系及其特点解释大学的因果关系与相关性；又比如，也有的学者针对“层次区分理论”

的问题，又提出了“松散结构替换理论”，主张学校中各个因素的自主性因素是影响学校办学效率更重要的变量，而相互之间的关系则是次要的；后来，还有的学者结合上述两种理论，提出了“超越层次区分理论”，试图结合前面两种理论的优点，将学校结构中的组织变量与个体变量协调起来，等等。清华无疑是一所十分成功的大学，尤其是近年来取得了举世瞩目的成绩，也由此成了人们研究的对象。换言之，在清华的成功中，究竟是学校内部的什么因素发挥了更重要的影响，也一直是人们津津乐道的话题。当然，这里有学校的组织优势，也有学校的革命和文化传统，还有优秀的教师和学生，当然，也包括优美的校园环境和出色的校友资源，等等。有一年，我陪同傅璇琮先生、王蒙夫妇与刘石先生一起去宁波鄞州出差，行间曾提出了所谓“清华三宝”，即“校训、校园、校友”的说法，也算是对清华成功的一种解释，据说这个说法也得到了清华园里诸多同事的认可。其实，这是一个非常重要的大学理论问题，即大学的资源配置。

梁晨博士的专著及其相关的描述，实际上讲了一个大道理：即大学的预算安排与资源配置中，切莫忘记了教职工生活的事项，而且应该是一个与教学科研同样重要的类目。我过去在读陶行知先生的文集时，记得他 1926 年在《我之学校观》一文中曾经非常明白地说道：“康健是生活的出发点，亦就是学校教育的出发点。学问、道德应当有一个活泼稳固的基础，这基础就是康健。俗话说：‘百病从口入’，同志们务必注意：办学校是要从厨房、饭厅办起的。”我是非常同意这个观点的。有人说，大学领导的责任就是两个：找人和找钱。我想接着说的是，恐怕同样重要的是如何将钱用到人身上。近年来，大学在资源配置方面已经越来越重视对人的投入，例如，在“985 工程”建设过程中，从清华北大率先实施的大学教师津贴制度，就在一定程度上增加了教职工的收入，改善了他们的待遇，提振了读书人的精气神，进而带动了地方政府对学校投入结构的调整和对教师待遇的关心；又如，在以往的科研项目经费使用规定中，绝大多数经费必须用于设备、硬件等固定资产的方面，而对于人员的使用，则只是一个很小的比例。尤其是对文科而言，则是更不合理。殊不知，对大学教师而言，一种体面的生活是非常重要的。能够做东请学术界的同仁们吃一顿便饭，喝几杯小酒，上一次馆子，来一趟旅行，等等，也是一件有面子的事情。其实，学术的交流、思想的碰撞、创新的火花等也就在其中了。对此，梁晨博士在书中对清华在这个方面的故事，有非常多比较详尽和有趣的介绍，其中不少是有启发意义的。应该说，大学资源配置的这个道理在中国显得尤为重要。

因为，中国的大学本身就是一个小社会，吃喝拉撒睡，从摇篮到坟墓，真可谓应有尽有。关键是如何在学校的预算和资源配置中对此进行合理的安排，尤其是对生活环境和后勤服务体系的建设。因为，教师毕竟是教育和大学的第一资源，而教师的生活也是这个第一资源的题中应有之要义。我想，梁晨博士之所以选择这个题目，恐怕也与他作为一个年轻教师，在大学的学习工作经历与切身感受有关吧！

梁晨博士在本书中对清华大学早期教师的生活水平的描述和研究，实际上也是在分析和探讨中国知识分子的生活方式，这是一个具有理论性与普遍性的复杂话题，也是历年来许多研究者非常感兴趣的一个领域。例如，王国维先生在《人间词话》中关于做学问的三重境界的说法，冯友兰先生对人生四重境界的观点，而梁漱溟先生则认为，一个人的思想完全离不开他的个人生活。萨义德先生专门著有《知识分子论》，罗蒂先生也在他的研究中对知识分子的特点进行了分析；而马克斯·韦伯则是专门探讨了学术作为一种志业的问题，等等。其实，从某种意义上说，任何一种职业，实质上都是一种生活方式。大学教师作为知识分子，特别是他们工作方式与生活方式的高度相关性，使得这个话题具有了格外特别的意义。然而，比较遗憾的是，以往诸多关于知识分子生活方式的研究，大多是一种理论的思辨或逻辑的演绎，而缺乏真正实证性的描述与思考。这也恰恰是梁晨博士的研究所具有的内在学术价值。更重要的是，清华大学早期教师的生活方式已经逐渐积淀成了清华大学的一种文化特质：即对清华大学本身非常强的认同感和归属感。在社会对清华的评价中有这样一种说法，即清华人在外面不会说自己学校的坏话，有一种非常强的凝聚力。这当然有很多的原因，包括清华本身的历史与文化等。但我想说的是，这种现象与清华大学教职工的生活方式是有关的。正如梁晨博士所描述的那样，由于地理环境、交通条件、以及由此带来的学校本身的诸多生活设施的建设与安排，包括住宿、饮食医疗与子女的教育，等等，清华大学俨然就是一个“五脏俱全”的小社会或大家庭，学校的事情也就成为大家都十分关心的事情，是与大家利益攸关的事情，以至于在清华大学教职工的口头语中，“清华园”或“园子”已经成了大家对清华大学的昵称。

在中国古代社会，地方官办的学校曾被称为“痒序”，《礼记·王制》说，“有虞氏养国老于上痒，养庶老于下痒”，郑玄对此解释道，“上痒，右学，大学也，在西郊。下痒，左学，小学也，在国中王宫之东”。而《孟子·滕文公上》的说法是，“设为痒序学校以教之，痒者，养也；校者，教也；序者，射也。夏曰校，殷曰序，周曰养，学则三代共之”。其实在教育的概念与词汇中，所谓的“培养”，也是强调一种“养”。换言之，教育是需要国家“养”的，是需要国家公共财政支持的。教师也是需要“养”的，保障他们有体面的生活，能够安心从事教书育人的神圣职责。我想，这恐怕也是梁晨博士著述的初心吧！

谢维和

2020 年庚子仲夏于荷清苑

目　　录

第二编　生活消费与生活水平

第三编　阶层结构与社会流动

绪　论

一、研究缘起

本书试图系统梳理和探讨以“清华园”为代表的民国大学校园中各类从业群体的工作性质、人口数量、家庭规模、生活水平（衣食住行）、社会地位和教育获得等内容，并从学校人事管理、经费状况与个人待遇的互动，各群体的生活消费与生活水平的比较，生活水平背后的阶层结构与社会流动的关系等多方面入手，分析、理解教职员工群体生活状况所反映出的社会意义与学术价值。

之所以关注教职员工群体，主要有以下几个方面的原因。首先，新式学校的教职员工群体是中国近代新式职业群体中的重要组成部分。晚清洋务运动以来，随着近代化进程的展开，中国出现了近代城市和新式职业群体。姜涛认为“随着近代城市的发展，或者毋宁说，随着中国城市的近代化成分的不断扩大，传统的既体现社会等级又代表职业分野的士、商与工，终于逐步演变为具有近代意义的社会职业分类”①。近代化进程中的中国职业体系重塑，既包括律师、工程技术人员、媒体从业者等新群体的出现，也包括赋予官员、教师等传统职业以新内涵和新特征，使得他们都构成了中国近现代转型过程中最为关键的职业群体。同时，教职员应是近现代专业技术人员群体中规模较大者。民国著名职业教育学家何清儒曾专门调查过当时毕业大学生的出路，结果发现：“约占半数，在教育界中服务。若再将学术研究机关加入，数目更大”②；更有人认为：“就目前的情形看，大学生毕业后所可能找到的职业，只有两种：一是当教书匠，二是做官。”③

其次，教职员群体虽古已有之，但在近代化过程中的重要性却可能是最突出的。教职员们掌握知识，代表了近代化的方向，也影响着新一代人才的培养，对国家和社会的影响甚大。“欧风美雨”催生下的中国近代化，自强与生存是同义词，国家与社会对近代化人才的渴求是急迫的。近代化人才的基本特征是接受过系统的现代教育，掌握新式或西式知识，尤其是科技知识。

---

① 姜涛：《中国近代人口史》，杭州：浙江人民出版社，1993 年，第 358 页。

② 何清儒：《大学毕业生寻求机会的途径》，《教育与职业》1934 年第 157 期，第 449～452 页。

③ 志超：《大学生毕业后的职业问题》，《国民周刊》1937 年第 1 卷第 7 期，第 156～157 页。

晚清中国本不具备这样的培养环境，请洋教习和派遣留洋学生便是必由之路。但对“老”“大”中国来说，人才培养显然不能完全依靠数量极为有限、质量难以保证的外籍教师，且借助外国教育系统又是国力、民力难以承受的，因此建立起一套系统的近代教育系统和配备足够的本国合格教职员群体就成为实现近代化和工业化的首步和关键。清华留美生，也是民国工业建设关键人物之一的胡光鹿就认为：晚清以来中国人的维新与自强，最终是要将“人家的科学机器”和“自己培植的人才”结合起来办实业才能实现的。因此，中国教育的近代化，也必然要以“派员留学”始，以“新办学堂”终。[①]近代化的教职员是实现中国人才近代化和国家近代化的核心力量。同时，近代新式教职员的境遇与传统官僚士人群体多有不同。他们即便来自传统士人或官员群体，但独立出来后，生活于城市与校园，多学习、教授现代科学文化知识，主要依靠薪俸生活。他们退而为学，进可为官，抑或成为技术官僚，影响所及，涉及众多新式行业，而非教育一门。此外，从工作内容上看，教职员群体涉及从基础教育到高等教育的各级教育层次；而从地域分布看，几乎涵盖了所有城市，甚至多数乡镇。

再次，近代中国的一大特点是社会的各方面出现了古今传承的断裂与中西文化的杂糅，可谓“断裂社会”[②]，教育制度的近代转变同时反映和加强了这种“断裂”和“杂糅”。清末以降，主导中国教育千年之久的科举制被废除，各种新式学校如雨后春笋般开始涌现，新教职员队伍也随之不断壮大。大学以其在国家教育、科技乃至政治等活动中的重要地位而备受关注，快速发展，高校教职员便成为“断裂社会”中重要的新兴职业群体。作为新兴职业群体的教职员，在走出古老政治教育和道德教育体系后，其思想与行为必然会发生诸多重要转变，具有很大的研究空间。

最后，之所以关注教职员工的生活水平，并以此为基础探讨这些群体的社会结构与分层、阶层间流动与社会不平等等问题，是因为社会分层、社会流动及社会不平等是社会学研究永恒的经典论题。社会分层与不平等的标准虽然可以有多种，但生活水平是其中最基础和最核心的，这也使得生活水平研究成为社会史、人口史等学科的研究核心之一。生活水平问题的研究最早起步于经济学界，此后社会学家也纷纷加入探讨。1698 年，格雷戈里·金（Gregory King）开始使用人口统计资料来估计当时英国民众的生活费用，可

① 胡光鹿：《波逐六十年》，香港：新闻天地社，1964 年，第 7 页。

② 许纪霖编：《20 世纪中国知识分子史论》，北京：新星出版社，2005 年，第 2 页。

谓研究生活水平的最早著作。亚当·斯密（Adam Smith）等早期古典经济学家也曾对此有所探讨。亨利·列斐伏尔（Henri Lefebvre）更对日常生活理论进行了详细阐述。第二次世界大战后，美国经济学家针对当时美国社会各群体间生活水平的差异与不平等展开了大量研究，将生活水平研究推向了一个高潮。今天，全球生活水平的不平等是人类面临的一个重要挑战。生活水平的不平等体现在不同群体所能接受的教育程度、平均生活水平以及人口的一般健康状况等方面。

研究历史上的生活水平问题，无论是对历史学研究内容与视野的扩展，还是对与此相关的经济学、社会学、政治学等学科的发展，都具有相当的推动力，这也是本书立意以分析民国高校教职员工生活水平为基础、探讨民国社会分层与流动的一大背景。托米·本特森（Tommy Bengtsson）认为："生活水平是研究人口与经济、过去与现在关系问题时的中心概念……生活水平对包括结婚、家庭组织、生育以及移民在内的几乎所有人口行为都有影响。"①针对中国学界，李伯重进一步指出："生活水准是当前国际经济史学界关注的焦点问题之一，而在近代以前的社会中，食物消费情况又是衡量生活水准的最重要指标。但由于各方面的原因，这一重要问题在中国经济史研究中一直被忽视。"②

海内外学者在开展中国社会经济史研究时，对生活水平问题都给予了特别关注，形成了很多有广泛影响的研究理论与力作。西方学界盛行的托马斯·罗伯特·马尔萨斯（Thomas Robert Malthus）"人口压力"理论、伊懋可（Mark Elvin）"高水平平衡陷阱"理论和黄宗智（Philip C. C. Huang）"有增长，无发展"的"过密化"理论，实际上都是建立在分析中国农民生活水平的基础上的。国内史学界对生活水平也一直有所关注。如以往史学界有所谓"五朵金花"之说，其中的农民战争、封建土地所有制形式、资本主义萌芽三大问题都和当时人民的生活水平与阶层不平等密切相关。中国史学界长期存在的中西方先进与落后之争也和生活水平问题紧密相关。20 世纪 80 年代以前，大陆学界普遍认为在传统"封建社会"中，农民处于被压迫的地位，生活贫困，但 20 世纪 60～70 年代，何炳棣（Ping-ti Ho）、谢和耐（Jacque Gernet）

---

① Bengtsson T.，Campbell C. D.，Lee J. Z.，et al.，*Life under Pressure：Mortality and Living Standards in Europe and Asia，1700～1900*，Cambridge：The MIT Press，2004，p.27.（该书以下简称 *Life under Pressure*）

② 李伯重：《"乡民们吃得不错"——十九世纪初期松江食物消费水平研究》，北京大学中国古代史研究中心编：《邓广铭教授百年诞辰纪念论文集》，北京：中华书局，2008 年，第 715～735 页。

等一些学者对此提出了质疑。[①]到 20 世纪 90 年代末和 21 世纪初，李中清（James Lee）、彭慕兰（Kenneth Pomeranz）等学者，更从预期寿命以及纤维、茶叶、食糖等的消费比较方面，证实了 18 世纪中国人民的生活水平可与西欧富裕国家媲美。[②]李伯重于20世纪90年代中期发表文章，质疑学界盛行的“最低生活水准”与“人口压力”等观点。[③]不论争论的结果如何，争论本身就已经表明，生活水平问题是透视中国社会的一个重要窗口，是否能正确测算社会民众的生活水平将直接决定我们对整个中国近代史的判断。

对民国社会阶层和群体生活水平的研究虽然起步较早，但多集中于农村社会和边缘群体。当时日形凋敝的中国农村，成为知识界和政府十分关注的对象，他们开展了广泛的农村社会经济调查，取得了丰硕的成果。自 20 世纪 20 年代起，尤其是在 1925～1935 年，中国掀起一股农村调查热，调查之多不少于九千次。[④]不仅有民间自动发起者，而且还有外国学者、研究机构、高等学府、政府机关以及各个党派，都开展过大量的农村调查，蔚为壮观。参与其中的，不仅有卜凯、费孝通、陈翰笙、萧铮、晏阳初和梁漱溟等著名学者，还涌现出金陵大学农学院、农村复兴委员会等重要的主持机构。此外，以毛泽东为代表的共产党人也开展过一系列的农村调查，而日本的“满铁”机构同样对中国农村开展了细致的调查等。

虽然也有民国学者开展过城市或城郊职业人口与家庭生活的调查研究，

---

① 何炳棣认为清朝前期中国农民的一般状况可能比法国路易十四和路易十六时代农民的一般状况更幸福，比 19 世纪初期的普鲁士农民幸运得多，也比幕府时代的日本人民生活条件要好。（[美]何炳棣：《1368～1953 年中国人口研究》，葛剑雄译，上海：上海古籍出版社，1989 年，第 210～211 页）谢和耐认为：“雍正朝（1723～1735）和乾隆前期（1736～1765）的中国农民，较之路易十五朝的法国农民，普遍而言，吃得更好，生活更为舒适。”（[美]王国斌：《转变的中国——历史变迁与欧洲经验的局限》，李伯重、连玲玲译，南京：江苏人民出版社，1998 年，第 27 页）琼斯（E. L. Jones）则说：“到 1800 年，日本和英国的棉纺工人的工资、国民的平均收入、平均寿命和身材的高矮都差不多，但是到 19 世纪初日本的平均生活质量可能高于英国。”（[德]弗兰克・A. G.：《白银资本——重视经济全球化中的东方》，刘北成译，北京：中央编译出版社，2008 年，第 240 页）由此可知，中国人民的生活水平也可能比英国更高。因此，亚当・斯密在《国富论》中仍然把中国称为世界上最富裕的国家之一。（李伯重：《“乡民们吃得不错”——十九世纪初期松江食物消费水平研究》，北京大学中国古代史研究中心编：《邓广铭教授百年诞辰纪念论文集》，第 715～735 页）

② Lee J. Z.，Campbell C. D.，*Fate and Fortune in Rural China：Social Organization and Population Behavior in Liaoning，1774～1873*，Cambridge：Cambridge University Press，1997，pp.60、76；Pomeranz K.，*The Great Divergence：China，Europe and the Making of the Modern World Economy*，New Jersey：Princeton University Press，2001，pp.116-127.

③ 李伯重：《多视角看江南经济史（1250～1850）》，北京：生活・读书・新知三联书店，2003 年，第 168～176 页。

④ 陶诚：《30 年代前后的中国农村调查》，《中国社会经济史研究》1990 年第 3 期，第 92～98 页。

但一方面相对农村要显得薄弱得多；另一方面对社会的中、上阶层几乎无从涉及。20 世纪 30 年代，社会学被引入中国的时间虽然不长，但已有方兴未艾之势。出于社会现实的考虑，不少学院中的社会学者对中国城市的家庭问题颇为关注，家庭收入与生活水平等是调查与研究的重点。这些成果中影响较大的有陶孟和的《北平生活费之分析》、潘光旦的《中国之家庭问题》、余启中的《广州工人家庭之研究》、李景汉的《五百一十五农村家庭之研究》和《北京郊外之乡村家庭》等。其中，1926 年起陶孟和采用“家庭计账法”调查了北京 48 户手工业家庭及 12 户小学教员家庭的生活费用、家庭结构和人口结构；李景汉于 1926～1927 年带领燕京大学社会学系的学生对北京郊外挂甲屯村的 100 户家庭和黑山扈村等 64 户家庭进行过细致的调查，调查内容包括家庭人口、家庭的收入与支出、生活状况，兼及卫生健康、教育、风俗习惯，但以村民的生活费为主要的研究内容；1934 年言心哲调查了江苏江宁土山镇 268 户农户的家庭人口、家庭财产与生活状况、家庭卫生和娱乐等几大项。[①]这些研究关注的主要是底层社会民众的生活，方式上以调查为主。但有学者指出，《北平生活费之分析》只是“将调查情况客观地反映出来，但并没作什么理论分析，其结论更是含混而矛盾的”[②]。对清华教职员工的分析，显然有助于拓宽过往研究的视野，丰富当下的认识。

对大学教职员这一具有一定社会地位和影响的群体，过往虽多有研究，但主要关注的是他们的思想动态、政治诉求及一些著名学人的个人学术研究等，对其群体性的日常生活状况，尤其是定量与定性相结合研究其生活水平与阶层结构等还较欠缺。对日常生活的研究从社会和经济的角度看都有重要意义，生活水平研究能融合社会和经济的视角，更为深刻地理解群体生活。教员，特别是很多著名教授，其学术成就和思想对学术和社会影响极大，研究者加以关注，自然是合理和有价值的。但若是能更进一步，跳出对他们本身的个体关注，而将其作为群体置于整个社会的结构中，对其生活水平进行探讨，对其阶级状况和社会流动进行分析，不仅能进一步丰富我们对此群体本身的认识，还能透视出教育精英群体的社会特征及其与社会的互动关系，从而为理解整个民国社会提供新视角、新面向甚至形成新理论。

同时，少数有关教员群体的整体性研究在为我们提供全局视野的同时，

---

① 关于当时中国社会学界对家庭问题的研究状况，可参见谭深：《家庭社会学研究概述》，《社会学研究》1996 年第 2 期，第 15～23 页；余华林：《近代中国家庭研究的兴起》，《中州学刊》2003 年第 4 期，第 102～106 页。

② 杨雅彬：《中国社会学史》，济南：山东人民出版社，1987 年，第 99 页。

也存在着提升的空间。如吴民祥所著《流动与求索——中国近代大学教师流动研究：1898～1949》一书，是目前民国教师职业流动研究中最具代表性的成果。该书对近代大学教师流动的状况和原因进行了梳理，指出思想论争、校长理念、学术交流、政治干预、经济窘迫和战争压力 6 个方面对教师流动的影响，应该说非常全面和准确地概括了民国大学教师流动的原因。不过，民国大学往往个性大于共性，彼此间经济状况、校园政治氛围乃至与政府的关系等颇不相同，在做整体性研究的同时，也需要一些特殊的个案研究。学界在关注教师群体的同时，往往较为忽略职员群体，只有弥补这一不足才能对大学从业群体的整体流动性形成更好的认识。

二、个案选择

作为个案研究，研究对象的选择和研究时段的确定等都是研究启动时必须要考虑的重要问题，不能处理好这两个先决条件，整个研究就会陷入被动。本书以清华作为主要的分析对象，就必然要回答清华作为研究个案所具备的典型性、代表性及学术价值等问题。

清华是民国诸多大学中相当重要的一所。一方面，清华名师汇聚，在自然科学、工程技术、人文社会科学等领域都领全国之先；另一方面，清华成功培养了大批著名的和有着重要贡献的专家学者与行业精英。这些成绩的取得，既要归功于清华的制度设计，也要归功于当时工作于清华的那批人：教师、职员和校工。因此，关注清华的教职员工，研究他们的真实生活水平与阶层结构等对总结民国高校办学成功的经验是很有意义的。不仅如此，当年的清华地处城郊，教职员工各阶层人群杂居其中，构成了一个相对封闭的小社会。透过这个小社会，我们可以清晰和具体地了解民国社会。在此意义上来说，清华是一个透视中国近代社会的窗口。

当然，必须要承认的是，清华在民国的高校中也具有明显的特殊性，这主要体现在它的起源上。清华的建立，根源于义和团运动后的庚子赔款，它起初是独立于中国教育系统之外的一所新制留美预备学校。1909 年 6 月，外务部与学部协商组织了游美学务处，并在游美学务处下设立“游美肄业馆”，择定北京西郊清华园为校址，兴工建筑，此为清华的发端。1911 年 4 月 1 日，清华学堂正式开课。1912 年 11 月，改名为清华学校。1925 年起清华开始尝试开办大学教育，1928 年正式改为国立清华大学，学校的管辖机构也逐步由外交部转移至教育部。创办之初的清华确实具有浓厚的美国色彩，时人甚至称清华为“殖民学校”。

清华最初的制度设立与学科发展，虽然无可避免地带有美国因素的印记，但这也恰恰符合近代中国社会多方面受到欧美影响的历史实情。中国教育史专家应该会认同，不只是清华，近代中国几乎所有的高校都或多或少地受到欧美教育、文化和风气的影响。清华在20世纪20年代后也开始逐步摆脱美国因素的束缚，成为一所完全由中国人领导和建设的国立学校。实际上，随着清华谋求成为完整和合格的大学，美籍教员的数量和比重都大为减少，大批留学归国的中国教员不断加入，“清华园”也逐步从一个美籍教员主导的“小社会”转变为具有时代特征的中国国立大学“小社会”的典范。1928年隶属关系转变和学校国立化以后，清华也成为按照民国教育部规范和指令办学的国立大学，虽然经费方面依然具有特殊性，但在教职员工的人事与待遇管理上及教职员工的生活状况上也具有一定的普遍性。实际上，任何社会群体、社区都具有特殊性，特殊性也是史学研究的应有之义。但当不同群体和社区的研究达到一定规模后，相互比较、综合分析和整体观察就具有了基础和可能。因此，不论是在传统历史学的研究视野中，还是在历史人类学和新社会史学的研究视野中，“清华社会”都应是一个具有一定分量和相当意义的切入点，是值得深入挖掘的研究对象。

按照人类学的研究规范，学者应建立调查点，强调细节描绘，寻找特定的调查对象。①以中山大学、厦门大学为中心的一批国内历史人类学者按照这样的规范性要求开展了华南社会研究。他们特别重视小社区的研究，认为小社区的典型研究有助于理解一个社会内部多种因素的相互关系，从总体上把握社会发展的趋向，通过实地深入观察而获得对社区内部各种社会关系和各种外部联系的了解，对于深化整个已显窘态的社会史研究有积极意义。②这种小社区的研究实际上已带有布罗代尔所揭示的“整体历史”的意义，也就是“小社区，大历史”。这样的研究理路也影响了本书研究对象的选择：清华正是这样一个可供细致考察的小社区。清华虽然几易其名，从清华学堂到清华学校直至清华大学，管辖机构也经历变化，但抗战以前，学校的地理位置始终未变，只是面积有所增加。由于地处北京（北平）城外，清华教职员大多长时间居住在校内，校工也基本是周围的农民，或也有住在校中的，长期的共同生活使他们构成了一个小规模的“清华社会”。

---

① “社会人类学与华南田野调查”课题组，覃德清执笔：《海外汉学人类学：方法抉择与价值取向》，《广西民族学院学报（哲学社会科学版）》1999年第21卷第1期，第34～38页。

② 仲伟民：《历史人类学：跨学科研究的典范》，《光明日报》2005年6月30日，C1版。

“清华社会”具有很多鲜明的特色。当年生活于清华的诸类人口，按职业可以分为教职员、学生、校役、教职员的眷属及仆役和其他等。在本书中，主要关注的是教职员工群体，该群体按工作性质分为教员、职员和校工三类。清华人口的规模一直在不断扩展，人口构成也较多样。以 1927 年为例，该年清华本校人口共计 1290 人，除教职员眷属和仆役外，有教职员 178 人，学生 409 人，校役 297 人，其他工商人等 102 人。①教职员工无疑是“清华社会”中的中心人群，而清华及燕京两校门口及附近有一些人力车夫、小商人和店员，他们都是为清华或燕京两所大学服务的，主要依托教职员作为生意主顾，他们与清华或燕京构成了一个利益相关的生态圈，他们是这个生态圈的边缘人群。清华校园中各阶层人群混杂，既有上层的高级教职员，也有下层的校工群体；既有从事脑力劳动的知识分子，也有从事体力劳动的一般工役；其以中国籍人士为主体，也有外籍人士的参与。校园中各类群体相互依赖，共同生活，具有共同遵守的成文与不成文规范。

清华是一个规模不大但内容丰富的“小社会”。按照张小军的看法，这样的一些人和他们之间的生活关系，可以构成一个“社会场”，而这种“社会场”如同物理学领域中的“磁场”一样，是学界需要研究的对象。②教职员工虽以清华校园为生活的主要地理场所，但他们也经常往来于学校、城市与乡村，时刻沟通着清华与外界社会。清华小社会因此既具有一般社区主体明确，居住集中、封闭，制度规范等特点，又具有和其他地域、人群保持紧密关系和流动开放等的特点。

此外，以清华为个案来透视民国社会，还有特殊的优势。众所周知，由于战争和社会动乱，近代中国各类机构（包括大学）的档案都保存得不是很完整，这为进行深入的个案研究带来了巨大的困难。但在此方面，清华可能是少数的例外。清华大学档案馆保存有自 1909 年创办以来学校各部门的主要档案，也保存了大量教职员工的个人档案，连续性和广泛性都很好。苏云峰在研究清华校史时曾说过：“清华大学的校史档案相当完整”，但是因为不开放，他两度来清华访问，均“不得其门而入”③，这成为他研究清华历史时的一大遗憾。幸运的是，本书得到了清华大学档案馆的大力支持，在系统查阅了几乎所有清华民国时期档案后，本书具备了较为坚实的史料基础。此外，

---

① 《本校人口统计》，《清华周刊》1927 年第 420 期，第 423 页。

② 张小军：《社会场》，《社会科学研究》1990 年第 4 期，第 36～43 页。

③ 苏云峰：《抗战前的清华大学　1928～1937》，台北：“中研院”近代史研究所，2000 年，第 4～5 页。

北京市档案馆、北京大学档案馆、香港大学校务部档案以及当时的清华教职员的众多日记、回忆文章又补充和扩展了档案记载。史料的丰富保证本书基本能重构当时清华教职员工的生活状况。

最后，虽然本书主要围绕清华一校之教职员工展开，但却并非是清华一校之史。清华大学自然是中国现代史上最重要的大学之一，不论是在社会贡献、学术建设还是在政治影响上，都早有公认。在研究过程中，本书注重个案研究中个性与共性的关系问题。以清华为立足点，兼顾全国其他高校教职员工的状况，尽量使研究结论具有更高的可信度与可比较性。以清华为一个微型社会单位，按照社会学社会分层的概念和理论，以工作性质、社会地位与收入为标准对其中诸多人等进行分类分层研究。采用量化分析的办法，尽量利用档案数据，提高研究的精准度。考虑到几乎没有历史材料能够完全满足研究者量化分析的要求，因此亦采用史学研究描述与定性分析的办法，更全面地展示研究对象的诸方面，丰富研究内容。在此基础上，本书更注重采用社会经济史而不是传统校史研究的视角，力图进一步探讨一校教职员工群体日常生活的状况与社会现实之间的互动关系，在突破传统校史研究议题的同时，“以小见大”，理解更为宏大的社会问题。因此，从清华入手，并借助其保管完善的历史档案，以及丰富的研究成果来开展研究，既保证了研究的可行性，又使研究具备了拓展和创新的条件。同时，清华的教师绝大多数都有留学经历，很多人亦是欧美著名大学的硕士、博士，研究这样一所高校教员的生活状况，更具有比较意义，也更能看出教育投入与效益间的关系。总之，选择清华作为研究对象，不仅符合目前学科领域的研究状况，也具有可操作性和创新空间。

三、研究方法

马克·布洛克和吕西安·费弗尔在 20 世纪 20 年代发起的“新型历史研究”运动中提出了用更重“结构”分析的历史学代替事件叙述为主的传统政治史的主张。①对清华教职员工生活的观察，显然更需要回到社会体系或社会结构中去理解，需要将社会学、经济学及历史学的研究方法结合使用。教职员工群体本身的差异以及他们在生活水平、收入上的不同，如果不用结构分析方法进行描述，则很难深入。史学界对近代学人、学术机构向来多有关注。

---

① [英]伯克·P.:《历史学与社会理论》，姚朋等译，上海：上海人民出版社，2001 年，第 17～18 页。

从研究学人个体的生平与学术思想到研究学者群体的形成与群体思想，再到研究他们所供事的学术机构，探讨近代学术观念与体系的建立，一直是史学界研究的热点且成果丰富。[①]但在众多的研究视野中，对学人及其群体的生活状态的关注却鲜有力作。从收入与支出研究入手，关注吃饭、穿衣、住房、交通等看似细微的问题，可以更接近民国学人为学、治学的生活环境，体察他们自身在社会中的位置与关怀，理解他们在历史中所要承载的使命与责任。这种研究视野和角度是过去少有的，特别是对多群体具体的收入、住房状况、衣食消费、休假闲暇、养老保障等全面细致的考察更是几乎没有的。

生活水平是研究人口与经济、过去与现在关系时的一个中心概念。生活状况既可以被看成是个人经济、社会地位等的反映，也可以看成是其结果。因此，"生活水平对包括婚姻、家庭组织和生育等在内的绝大多数人口行为都有影响"[②]。目前学界在生活水平的研究方法上主要包括了经济学的方法、社会学的方法和历史学的方法。由于本书具有跨学科的性质，因此研究时将这三种方法并重。

近年来新社会史和历史人类学在史学界颇有影响。如李中清关于清代皇族和辽宁旗人社会的研究、陈春声等的"华南地域研究计划"对于明清和民国华南农村社会的研究、萧凤霞关于中山小榄镇菊花会的研究、科大卫（David Faure）和刘志伟关于珠江三角洲宗族的研究、郑振满关于莆田平原的研究以及赵世瑜关于明清华北农村社会的研究。陈春声关于潮州地方动乱的研究则集中在广东潮州一个叫樟林的乡村，主要研究民间信仰与社区历史发展。他注意挖掘民间文献的史料价值，探讨了地域神三山国王的崇拜问题，对樟林神庙系统表达的信仰空间和潮州民间神信仰的象征意义都做了深刻的分析。刘志伟重点研究珠江三角洲的宗族问题，鉴于宗族的祖先以及早期历史往往增饰虚构，因此他采取人类学的方法，将故事文本放在当地社会历史的背景与发展中加以解读，从而使谱牒祖先世系的资料记载重获学术生机，揭示出宗族的社会文化意义。而赵世瑜作为一个历史学家，能娴熟地运用社会学、民俗学、神话学和人类学的研究方法，将文献研究与田野调查结合起来，"眼睛向下"，于细微处发现真实的历史。比如他对明清时期华北庙会的解读，从

---

① 这方面近年来的代表著作主要有桑兵：《晚清民国的国学研究》，上海：上海古籍出版社，2001年；陈以爱：《中国现代学术研究机构的兴起：以北京大学研究所国学门为中心的探讨（1922～1927）》，台北：台湾政治大学历史学系，1999年；陈平原：《中国现代学术之建立——以章太炎、胡适之为中心》，北京：北京大学出版社，1998年。

② Bengtsson T.，Campbell C. D.，Lee J. Z.，et al.，*Life under Pressure*，p.27.

记载民间信仰和祭祀组织的北京碑刻入手研究地域的历史等，皆发前人之所未发。这些研究中受人类学影响的痕迹非常明显。虽然不是直接讨论生活水平，但是其研究路径和方法与国际学界对生活水平的研究中积极引进新社会史或者历史人类学的方法的趋向颇为一致。

这些研究视角和方法对本书也有重要的借鉴意义。历史人类学研究方法的特点是既重视史料的考辨与校释，也注重"参与体验"，强调分析各阶层、多种社会群体的不同历史表达。①这种特点也非常适合对多阶层群体生活水平的研究。在国际史学界力倡历史人类学方法的法国年鉴学派中亦有学者指出："历史人类学并不具有特殊的领域，它相当于一种研究方式，这就是始终将作为考察对象的演进和对这种演进的反应联系起来，和由这种演进产生或改变的人类行为联系起来。"②赵世瑜明确指出：历史人类学只是一种研究方式和研究趋向。③因此，这种方式和趋势也完全可以引入生活水平史的研究中来。本书引进了社会学以及历史人类学的方法，强调个案研究，强调研究的客观性。同时，这种深入和客观的研究本身，也为我们进行不同时期、地区、社会群体乃至国家和地区之间的生活水平的比较研究奠定了基础。

如何选择研究的个案，则主要取决于可以获得的第一手资料的情况。由于大学在保存自身的历史记录方面享有优势，所以在国际生活水平的研究中，一些著名大学（如剑桥大学）成了学者关注的重点。因此本书力求避免那种简单的"以小见大""结论先行"的惯性思维，避免在具体的和单个个案研究中去刻意追求个案的普遍性和典型性。相反，不择细流而成江海，只有在积累了足够多的研究个案的基础上，进行比较和综合，才能真正发现个案中包含的普遍性或者典型性，从而揭示出近代中国生活水平的整体状况。

经济学与社会学中统计方法的应用是生活水平史研究的重要趋势之一。随着生活水平概念的发展，对数字计量方法的运用也越来越受到重视。在史学研究中，过去长期以来使用的概念并不是生活水平或生活质量，而主要用

---

① 黄国信、温春来、吴滔：《历史人类学与近代区域社会史研究》，《近代史研究》2006年第5期，第46～60页。

② [法]勒高夫・J.、诺拉・P.、夏蒂埃・R. 等主编：《新史学》，姚蒙编译，上海：上海译文出版社，1989年，第238页。

③ 赵世瑜：《历史人类学：在学科与非学科之间》，《历史研究》2004年第4期，第22～24页。

生活状况、生活情况等词语进行表述。[①]使用这些词语，一般倾向于运用文献记载的史料，通过列举、概括等办法，对社会某群体的生活进行描述或介绍，缺乏对数据的收集、统计和分析。这样做虽然有真实、直接的优点，但也有片面、狭窄的缺点，缺乏准确度和量的分析，且往往从横向比较出发，主观性较强，缺乏客观性，从而容易导致分析和比较结论失真，产生错误判断。实际上，在“生活水平”概念中“水平”一词本身就对准确、系统的数字统计资料有着比较强烈的要求。为此，研究者必须使用大量的图表和数据，从纵横两个方向看待历史上的生活水平问题。比较而言，这种方法更加准确、全面和客观，尤其有利于认识和理解社会史和经济史问题。

生活水平和社会分层问题是经济史、社会史或两者的交叉问题。新经济史学在使用统计方法研究历史问题上多有贡献，它的某些做法值得借鉴。新经济史学是从所谓“纯经济角度”进行研究的，具体言之，即用现代量化方法对工资、物价、生活品、消费水平等物质资料方面进行统计和分析，以此作为衡量“生活水平”变化的标志。这促使国内的史学界尽早用“生活水平”概念来取代原有的“生活状况”等概念，并改变过去单纯的史学研究方法。[②]作为经济史视野中的生活水平研究，应当建立在一定的标本调查和统计解析的基础上，使得生活水平问题的研究在社会科学的层面上具有更高的精度。作为历史研究中的生活水平问题，它一定是要采用可以科学测量的指标，如收支等多方面计算，比较历史上各类群体生活的状况。在历史时期，考虑到生产力的发展状况，商品的丰富程度以及可选择的余地，用效用概念未必是合适的，而从基本经济收入与支出去衡量生活水平则比较合适。生活水平可以用许多不同的方法来衡量，而收入和效用不过是这个衡量范围的两端。

另外，需要强调的是，结合历史研究资料的特点，这样的比较应该是以物质对象为主体。对生活水平的定义，学界并不统一。经济学家基本是从收

---

① 关于使用这一概念的文章略举例如下：苗成：《民国时期云南盐工的生活状况》，《盐业史研究》1996 年第 3 期，第 59～61 页；黄虚峰：《美国女黑奴生活状况的历史考察（1661～1863）》，《史学月刊》1999 年第 5 期，第 99～104 页；郭洪茂：《东北沦陷时期的满铁铁路中国工人状况》，《抗日战争研究》2000 年第 1 期，第 75～104 页；李彦荣：《民国时期上海教师的薪水及其生活状况》，《民国档案》2003 年第 1 期，第 63～66 页；[日]岩间一弘：《1940 年前后上海职员阶层的生活情况》，甘慧杰译，《史林》2003 年第 4 期，第 41～53 页。

② 这样的观点显然也得到了当下一些国内史学家的认可，他们已经开始用生活水平等概念及统计方法进行研究，主要文章有赵虹、田志勇：《英国工业革命时期工人阶级的生活水平——从实际工资的角度看》，《北京师范大学学报（社会科学版）》2003 年第 3 期，第 34～39 页；夏明方：《发展的幻象——近代华北农村农户收入状况与农民生活水平辨析》，《近代史研究》2002 年第 2 期，第 211～250 页。

入或消费的角度去衡量生活水平，并将构成生活水平的商品与服务来源分为两种：自己购买或者公众权威部门提供。①这一理论建构，在近代以来中西方有关工人阶层的生活研究中得到了充分体现。②社会学家对生活水平概念的定义则要宽泛得多，他们认为：一个群体或社会的生活水平应当包含公众健康标准、社会行为标准、生活质量标准、婴儿死亡率、政治与社会生活的自由程度以及在整个生活水平中的受尊重水平。③生活水平研究，可以通过分析消费变化讨论社会分工的进展和社会经济的进步，也可以讨论阶层之间的差异和阶层分化的状况，前者更侧重经济的考量，后者更侧重社会的思考。但无论侧重何处，若要进行比较或量化分析，则一定要选择适合比较、内涵明确的指标或标准，否则很容易自说自话。本书强调从工资收入及待遇、日常生活消费和社会生活状况等多方面内容入手，以较为丰富的物质生活与社会生活为基础来判断群体的生活水平。

现有关于民国时期教师生活状况的研究，多集中论述教师的收入水平，特别是工资待遇。实际上，教师待遇应该包括教师的物质报酬和社会地位两个部分。物质报酬也应包括正常薪俸、兼职兼课收入、津贴、实物福利、退休金、医疗费以及抚恤、奖励等多种形式。只注重工资，甚至只看到规定中的教师名义工资则往往会使教师的生活水平被夸大或缩小，产生幻象。此外，现有研究成果讨论的范围往往较广泛，基本关注的是全国或省域中全部教师或某类教师的收入待遇，而实际上不同时期、不同城市甚至不同学校的教师待遇可能有很大差别，尤其体现在规定工资以外的实物福利等方面。即便是在同一所学校中，不同等级的教职员之间的待遇与生活水平也有相当的差距，忽略这种差距则无法真正清晰地掌握民国教师的生活水平。在材料使用上也因此不免流于简单化，多以行政性公文为核心材料，忽略了藏量十分丰富的学校档案、人物传记等更鲜活、更准确的材料，不仅遗漏了众多关键史实，而且也会模糊学界对民国高校教师收入水平的认识，从而难以准确量化其生活水平。因此，最好先通过一些个案研究，全面地了解某一学校不同教职员阶层群体的具体生活水平，再逐渐掌握整个民国时期教师群体的生活水平，同时能不断丰富、完善经济史领域的生活水平研究理论和规范。

不过需要承认的是，在史学研究中采用量化分析的方法总是存在着先天

① Bayliss F. J.，*The Standard of Living*，Oxford：Pergamon Press Ltd，1969，p.9.

② 如 Streightoff F. H.，*The Standard of Living among the Industrial People of America*，Boston：Houghton Mifflin Company，1911；Tao L. K.（陶履恭），The *Standard of Living among Chinese Workers*，Shanghai：China Institute of Pacific Relations，1931；等等。

③ Bayliss F. J.，*The Standard of Living*，p.2.

的困难和局限，依照吴承明的看法："经济计量学方法应用于经济史，其范围是有限制的。在这个范围内，应该主要用它检验已有的定性分析，而不宜用它建立新的理论。"①本特森也认为："尽管在研究人口行为等问题时，对生活水平的分析是必要的，但是真正去做这样的分析又是困难的，特别是研究历史上的生活水平，因为数据的获得有困难。在工业革命以前的时代，生产与消费的数据是非常缺乏的，收入的数据也一样，特别是家庭收入。"②因此，不能把当代生活水平测量方法简单照搬到史学研究中去。根据材料情况，传统史学描述与定性分析方法也是必要的，史学研究中文献收集与考证的基本方法更是本书采用的重要方法。

本书在方法的设定上还考虑了以下几点因素。第一，决定生活水平的不仅是收入的高低，还包括依靠这些收入生活的人口数。③我们在研究某些特殊群体，如华北农民或上海职员的生活时，仅仅计算他们自身的收入是不够的，不仅要考虑其家庭成员的整体收入情况，还需要考察其家庭规模，确定其收入所需要供养的人口规模。第二，生活水平的研究，其指标的选择要具有可比性和客观性，虽然未必只能是物质指标，但可比性和客观性依然是我们选择的主要标准。我们很难对历史中人的精神状态和满意程度做出准确的比较判断。根据心理学的观点，人的幸福程度和满意程度与物质状况并不成正比，所以，如果在生活水平史的研究中采用过度的非物质指标，可能会影响分析的结果，误导我们的判断。第三，生活水平的研究应该考虑各历史时期特定的环境，结合具体的情况选择分析的内容。此外，个人的生命周期对生活时间的分配也有着很重要的现实意义。从经济角度，可以把人分为前经济生活时间（受教育的时间）、经济生活时间和后经济生活时间。④研究不同人群时需要考虑到他们不同的生命周期。另外，家庭结构、传统文化等因素也是有影响的。第四，生活水平研究应该针对群体而不是个人。生活水平研究应该是一个人口群体研究，研究的是群体行为（population behavior）。对于不同的人，由于他的消费构成、期望内容与急迫程度不一样，他的生活水平就可能不同。所以美国学者弗兰克·哈奇·斯特雷托夫（Frank Hatch Streightoff）认为："每个人都有他自己的生活水平。""生活水平是一种衡量日常生活行为的

---

① 吴承明：《市场·近代化·经济史论》，昆明：云南大学出版社，1996 年，第 63 页。

② Bengtsson T.，Campbell C. D.，Lee J. Z.，et al.，*Life under Pressure*，p.27.

③ Mod M.，*The Standard of Living：Some Problems of Analysis and of International Comparison*，Budapest：Publishing House of the Hungarian Academy of Sciences，1962，p.23.

④ 汪天文：《社会时空的解析——衡量人类的活动效率与生活质量的尺度》，《中国人民大学学报》2004 年第 6 期，第 68～73 页。

方法，它由收入和经济社会环境以及分配机制等决定。”[①]由此，对于每一个个体制定一个学术意义上而不是普通词语意义上的生活水平定义是极端困难的，甚至是难以想象的。要注意的是，个人的生活水平可能是难以比较和定义的，但是从整体或阶层上，从一些可比较的指标上，还是可以对生活水平状况做出一些评判。也只有这样，才能做出横向和纵向的评判。而在群体划分的标准上，结合本书研究对象的时代性，以职业类型和职业级别（如职称等）来划分群体无疑是最合适的。

最后，既然是以清华作为研究对象，就不可避免地涉及校史研究的思路与方法。就研究目的而论，以清华为个案的研究和清华校史研究是存在区别的。校史研究通常是站在学校的立场上，以理清学校建立以来的各项史实为主要任务。因此，虽然每一部校史在编撰时可能都会有所侧重，但严格说来，被研究学校的所有方面，都应该是校史研究者所关注的。个案研究则不同，它所考察的通常是与学校相关的某个问题。个案研究似乎是研究了“校史”中的某一具体方面，但却绝不是校史的简单剥离。如本书以清华这所学校为切入点，所要关注的问题不仅在清华内部，更在清华之外，需要揭示的并非学校本身发生、发展的问题。之所以在史学研究中选择个案作为研究的对象，赵世瑜认为有两个原因。第一，当我们在做一个局部或阶段性的研究时就去做一个非常大的东西的话，这是我们力所难及的。第二，写一个范围非常大的事物往往忽略了复杂的差异性，就只能用一个简单的方法，把过去的宏观模式拿来讨论。历史学家面临的东西往往是比较个别的。[②]因此，正如同江村之于费孝通，定县之于李景汉，清华在本书中也仅是具体历史研究的一个对象，研究的方法与路径也就不同于一般的“校史”。个案研究看似要比整体性研究容易和有局限性，但实际上所研究的并非某一个案的单独历史。如学者对某一村庄生活水平的探讨，绝非只是这一村庄的历史。同样，选择一所学校作为切入点，也不等于只是纂写某一学校的历史。

个案研究最终还是要为整体研究服务。相对整体研究，个案研究可以根据实际情况采取比较灵活的方式，可以探索性地研究多种对象和使用更多类型的研究方法，能更全面地展现研究对象多方面的情况。整体研究常常受材料不一致、对象类型不一致等因素的影响，使得研究者不得不放弃对某些问题的探讨。对一个新出现的研究领域，个案研究不仅可以为整个研究提供点

---

① Streightoff F. H.，*The Standard of Living among the Industrial People of America*，pp.1-3.

② 赵世瑜、梁勇：《政治史·社会史·历史人类学——赵世瑜教授访谈》，《学术月刊》2005 年第 12 期，第 109～116 页。

的认识，更可成为理论概念和研究方法的试验田。当个案研究达到一定数量，研究方法逐步成熟后，学者研究的视野自然可以不断扩展，整体性研究也就能水到渠成，顺理成章。

必须说明的是，虽然校史研究和个案研究属于两种不同方法的学术工作，这种不同主要体现在研究的立意、关注的问题以及研究的方法上，但是个案研究与校史研究之间又具有一定的互补性。校史研究需要兼顾的面较广，研究时不可能对各方面事务都统一着力，个案研究正好可以弥补此点的不足，丰富对校史的认识，加深对学校状况的理解。反过来，既有的校史成果也可为个案研究提供大量的材料和线索，保证个案研究的顺利开展。《清华大学校史稿》《清华大学史料选编》以及苏云峰、黄延复等先生对清华校史的研究也确实对本书提供了巨大的帮助。

概而言之，本书所采用的主要办法是引入历史人类学小社区个案研究的方法，以清华教职员工群体为考察对象，综合经济学、社会学和历史学对生活水平的定义，把群体或个人的收入、消费与其职业和教育背景相结合，采用定量与定性相结合的方式，来研究位于民国社会大舞台上的清华教职员工的生活水平和阶层结构等。期望本书不仅能为学界重新认识民国教育界生活水平提供点滴新证，更能为民国社会史研究提供更为具体的切入点和研究方法示例。

第一编　人事、经费与待遇

第一章 民国时期清华的人事与经费

对任何单位来说，人事与经费无疑是最核心的两项要务。大学校园中的人事，即教职员工的聘用、规模与去留等，不仅与学校的发展定位、校园治理环境等大背景有关，更与学校给予教职员工的待遇和教职员工个人的生活状况等紧密相连。教职员薪俸、校工工资等都是学校日常经费支出的主要项目。对国立大学而言，教职员工的薪俸与工资主要源于国家给予的财政经费，因此，教职员工日常收入的高低与稳定程度都与国家的教育经费状况有着密切的关系，学校经费的状况直接决定了教职员工的经济生活水平，如果大学教育经费不稳定，教职员工的收入就必然出现波动，学校也就难以维持教职员工群体的规模和稳定。因此，人事与经费不仅彼此间关系密切，更是理解教职员工群体收入水平与生活状况的基础和前提。此外，研究教职员工的收入和支出进而分析其生活水平和社会结构，也应先梳理这一群体的规模和稳定性。

本章第一节将首先讨论清华教职员工的规模与流动，以便对本书的研究群体形成一个总体把握；第二节将讨论清华的经费状况，为理解清华教职员工的收入待遇等提供基础。

第一节 人事：规模与流动

清华自晚清建校以来，经历过多次重要的变动与发展，对教职员工群体的规模和来源构成等具有重大影响。1937 年以前的清华，大致可以 1928 年为界，分为清华学校（学堂）和国立清华大学两个阶段。1911 年起，清华学校（学堂）基本是按照美国中学要求进行教学的大学预备学校。1922 年起清华学校学制确定为“四三一制”，即中等科 4 年、高等科 3 年、大学 1 年，并逐年停招中等科学生。1925 年中等科结束后，开设大学部和研究院（国学门），并与旧制留美预备部并行，到 1929 年最后一届留美预备部和研究院（国学门）学生毕业，清华学校（学堂）结束。[①]其间 1928 年，学校正式更名为“国立清华大学”，学校的归属也逐步从外交部转变为外交部与教育部共管，直至完

---

① 苏云峰：《从清华学堂到清华大学 1911～1929》，台北：“中研院”近代史研究所，1996 年，第 7 页。

全归属教育部管辖，纳入国家大学教育体制。

清华的两个发展阶段与政治环境密不可分。在经历了第一次国内革命战争之后，到1928年底，国民政府初步实现了形式上的全国统一。从广州国民政府开始发动北伐到1927年“四一二”政变、宁汉合流直至1928年12月29日张学良通电全国改旗易帜，国民党不仅压迫中国共产党从政治中心撤离，也完成了对各地势力的整合，基本实现对全国的统一。与此同时，国民政府也在不断调整自己的政治组织、部门设置以及权力划分，而清华归属与建制的调整也是其中的一部分。改制国立，升格大学，无疑是清华发展史上的一件大事，使清华发生了根本性的改变。1937年以后，随着抗战的全面爆发，清华被迫南迁，最终在昆明并入西南联合大学，艰难维系。学校南迁和战局发展，使得清华的内外环境发生了彻底变化。1946年西南联合大学结束，清华复员回北平，学校的发展环境又一次发生了巨变。

因此，自1909年设立游美学务处、1911年4月“清华学堂”正式开办以来，清华历经了从留美预备学校到发展大学部和研究院（国学门），再到建立国立大学直至抗战搬迁等多个不同阶段，学校也经历了由外交部转隶教育部的变化。与此同时，随着学校隶属关系和办学定位的转变，学校对教职员群体的素质要求也在不断改变，教职员群体的岗位设置、名称头衔乃至待遇安排等也都相应地发生了变化，最终导致了清华人事构成和群体规模的转变。本节将依据教职员录这类大学史研究中常见但少被系统使用的材料为基础①，依靠量化分析的方法来梳理自改办大学（1925年）以来至院系调整（1952年）清华教职员群体的数量变化和教职员的流动等。

作为民国时期办学条件较优厚和办学成果较出色的高校代表，清华的教职员构成特点或许不宜被简单地与全国整体高校教职员特点画等号，但却可以较好地检验优质大学教职员群体的构成状况、流动水平和原因等，从而丰富甚或纠正现有判断。此外，清华校方及清华子弟整理出版了大量有关民国时

---

① 主要使用的是1930年、1932年、1935年、1936年、1938年、1940年、1946年和1947年教职员录或教职员名册，其中1938年和1940年是西南联合大学教、职名册，收录于北京大学、清华大学、南开大学、云南师范大学编：《国立西南联合大学史料》第4卷，昆明：云南教育出版社，1998年，第63～99页。1938年和1940年名册中教员都标注了归属大学（北京大学、清华大学与南开大学），但职员都没有标注归属大学。1930 年为《国立清华大学教职员名册》，收藏于清华大学档案馆，编号：1-2-1-133。其余年份名为《国立清华大学教职员录》，收藏于清华大学档案馆，编号：1-5-001（1932年、1935年、1936年），1-5-004（1946年）以及1-5-005（1947年）。另外1920年《清华周刊》（增刊6）也刊有该年清华教职员录，但没有区分教职员和标注部门、学系，故暂不进行具体比较。

期清华教职员的传记资料[①]，这使得我们能很好地追溯教职员录中的主要人员，对长时段、系统性地理解自1925年清华由留美预备学校到建设大学部，进而1928年改为国立大学，再到抗战南迁成立西南联合大学，1946年复员回北平直至1952年院系调整等多个时期清华的教职员群体变动情况等助益甚多。

一、教职员工群体的构成与规模

晚清清华学堂时期，清华教员规模小，且多以美籍教员为主。民国以后，清华学堂改为清华学校、清华大学，清华也从外交部管辖的学校转变为教育部管辖的学校，清华教职员的设置在保留少数自我特色的同时，逐步向教育部相关规定靠拢。教员方面，1912年北洋政府教育部《大学令》将大学教员分为教授、助教、讲师三类；1917年教育部新订《大学令》划定教员等级为正教授、教授、助教、讲师四类[②]；1927年国民政府又改为教授、副教授、讲师和助教四等级。[③]清华在1925年设立大学部后，逐步形成了教授、专任讲师、教员和助教四个专任教员等级以及少数音乐导师和兼任性质的讲师。[④]专任讲师是清华特有的教员等级，约等同于教育部规定的副教授。1932年清华公布了更为详细的《国立清华大学教师服务及待遇规程》，第二条规定“本大学教师分教授、合聘教授、讲师、专任讲师、教员及助教”，第三条规定“教授、专任讲师、教员及助教为本大学专任教师，合聘教授及讲师为本大学非专任教师”[⑤]。1946年清华从昆明复员回北平后，专任教员职称又被重新划分为教授、副教授、专任讲师、教员和助教五级。[⑥]以上是清华教员群体的基本结构。

民国前清华职员数量和种类都很少，主要包括总办、会办、文案、庶务员和书记生等，多数有官职品级或功名身份。如总办周自齐为外务部署左丞，会办唐国安与范源濂分别为外务部候补主事与学部员外郎，书记生也是通判、

---

① 其中最重要的当数周文业等编著的7卷本《清华名师风采》丛书，包括3卷本《清华名师风采》（理科卷、文科卷和工科卷）（济南：山东画报出版社，2012年）、2卷本《寸草心——清华名师夫人卷》（上、下册）（济南：山东画报出版社，2012年）以及2卷本《清华名师风采》（增补卷，上、下册）（郑州：中州古籍出版社，2016年）。此外，还有尉志武、李兆陇主编的《清华化学历史人物》（北京：清华大学出版社，2011年）等著作。

② 《大学令》，《教育部编纂处月刊》1913年第1卷第4期，第1～4页；《修正大学令》，《教育杂志》1917年第9卷第12号，第17～18页。

③ 参见1927年国民政府《大学教员资格条例》，国民政府教育部：《第一次中国教育年鉴》乙编“教育法规”，上海：开明书店，1934年，第63页。

④ 20世纪30年代清华还有党义讲师，但学校有时将其归类为职员而非教员。

⑤ 《国立清华大学教师服务及待遇规程》，清华大学档案：《国立清华大学专任教授休假条例，教师服务及待遇规程》，编号：1-2-1-109。

⑥ 清华大学校史编写组编著：《清华大学校史稿》，北京：中华书局，1981年，第440页。

附生一类。[①]民国后，教育部曾规定直辖专门以上学校应设职员为校长、学长、教务主任、教员、学监主任、学监、庶务主任、事务员，其中“学长限于大学校用之”，“教务主任限于高等师范学校专门学校用之”。另外还“设有附属学校之主任及附设试验场或病院之场长院长等”[②]。清华学校时期在职员数量增至 20～30 人的同时，设置包括有学堂监督、教务长、庶务长、斋务长、医生、中英文文案以及会计和若干管理员，与教育部规定显然不完全一致。改办大学后，随着各类行政和教学机构的增设，职员人数大幅增加。除校长、秘书长、教务长外，职员主要由主任（相当于科长）、事务员、助理员、书记 4 个等级构成[③]，但考察教职员录等资料时发现，具体的职员种类要复杂、丰富得多，除了上述 4 种外，还有秘书、教官、教练员、医员、工程师、技师、队长、组员、绘图员、女生指导员、药剂生、检验员、护士、练习生等。他们广泛分布于教务处、注册部、图书馆、宿舍办公室、秘书处、文书科、出版事务处、会计科、医院、军乐队、军训部乃至各院系中。抗战以前，校长、秘书长和教务长，即所谓“三长”是最高级别的职员，1946 年以后还新增了训导长。

清华校园中的任职群体，除教职员外，校工也具有一定的规模。1927 年清华学生调查发现，本年清华校园中各类人员共计有 1290 人，其中校役就有 297 人之多。[④]校工校役的数量远较教职员总数为多。不过，校工虽然数量多，但地位特别低，教职员录等也不会对其有记载。

清华教职员群体因岗位、职称的不同形成了差别化的待遇水平，而个人的教育获得水平似乎是差别形成的关键因素和合理性所在，这反过来对教员的流动影响颇大。以待遇为主要标准，约略可分为包括“三长”、各学院院长组成的行政领导群，教授、副教授和专任讲师组成的高级教员群，以教员为主的中级教员群，以助教为主的初级教员群。以主任、医生和工程师等为主的高级职员群，以各部门事务员、组员为主的中级职员群，以书记、助理和刚入门的练习生为主构成的初级职员群等。[⑤]其中教授和主任多有留学经历，如 1930 年清华全校共有 108 名专任教员，其中教授 65 人，专任讲师仅历史系董其昌 1 人，另有教员 11 人（含指导员），助教 28 人（含 3 名音乐

---

① 《游美学务处任事人员衔名薪水数目清单》，清华大学校史研究室编：《清华大学史料选编》第 1 卷，北京：清华大学出版社，1991 年，第 118～119 页。

② 《教育部直辖专门以上学校职员任务暂行规程》，《教育杂志》1914 年第 6 卷第 5 号，第 15～16 页。

③ 清华大学校史编写组编著：《清华大学校史稿》，第 64、146 页。

④ 《本校人口统计》，《清华周刊》1927 年第 420 期，第 423 页。

⑤ 关于清华教职员工群体的等级及待遇、教育的差异，可参阅梁晨：《民国大学从业群体的阶层结构与流动研究——以清华大学为例的考察》，《中山大学学报（社会科学版）》2015 年第 3 期，第 74～84 页。

助理）和音乐导师 3 人。65 位教授中，有博士或硕士学位的各 24 人，占教授总数 74%，这些学位都在国外大学取得，且以美国为主；其他教授都具有国内外大学本科学历，其中多人有在国外研究院学习的经历，如陈寅恪曾在哈佛大学、柏林大学研究院学习；邓以蛰从哥伦比亚大学毕业后，又在该校研究进修；郑之蕃在康奈尔大学毕业后，曾到哈佛大学进修数学等。所有教授中有留学经历的为 62 人，占 95.4%。无留学经历的 3 位教授，均来自中文系，分别是朱自清、黄节和张煦。[①]职员中的 7 位主任级职员，注册部主任是哥伦比亚大学硕士，其他 6 人中除警卫队队长外，都具有大学学历，图书馆主任、庶务科主任和医院主任都是从国外大学毕业的。

中下层教员以国内大学毕业者为主，但专任讲师要求较高，大学毕业者须任数年助教或进研究院学习后才可担任。[②]1930 年的在册教员中，中文系浦江清就是先做助教后升专任讲师；董其昌则是从清华国学院毕业后担任专任讲师。王信忠、邵循正从清华研究院毕业后，又到国外进修才被聘为专任讲师。教员和助教基本都是大学毕业。1930 年教员 11 人，大学毕业的有 10 人，占 90.9%。助教 28 人，大学毕业的有 27 人，占 96%。没有大学学历的 2 人，分别是音乐老师杨魁光和王龙升。清华各院系的教员、助教基本都是国内大学毕业生，且以清华毕业生为多，教育或学术经历对职称的影响是造成中下级职员流动的一个重要因素。

自 20 世纪 20 年代初到 1947 年，清华教职员群体规模总体上是处于不断扩大的态势中（图 1-1），但抗战南迁初期有较大下降。1925 年以前，作为留美预备学校，清华在教学上主要重视英语及西方人文和现代科学教育，同时开设有基本的中文课程。此时清华分西文学科和中文学科两部进行教学，中西文课程的教学有着明显的分野。上午的课程通常是英文、作文、公民、数学、地理、历史（西洋史）、生物、物理、化学、政治学、社会学、心理学等，这些课程都使用英语讲授，也一律使用美国出版的教科书；下午的课程有国文、历史、地理、修身、哲学史、伦理学、修辞、中国文学史等，一律使用中文和中国教科书。上午的授课教师一部分是外国人，一部分是能用英语授课的中国人。为了能让清华的学生尽早适应美国大学的教学方式与方法，北洋政府外务部除了聘请一些曾经留学欧美的中国教师担任西文部课程教学外，还通过美国青年会（Young Men's Christian Association，YMCA）聘请多位美籍教员来校任教。西

---

① 清华大学档案：《国立清华大学教职员名册》（1930 年），编号：1-2-1-133。

② 1937 年起教育部组织硕士学位考试，国内大学研究院毕业生出任大学讲师、副教授的开始增多。欧元怀：《抗战十年来中国的大学教育》，《中华教育界》复刊 1947 年第 1 卷第 1 期，第 7～15 页。

文部中美教员的比例，早期以美籍教员居多。下午的授课教员早期多是些曾获得过清朝功名的老先生。①

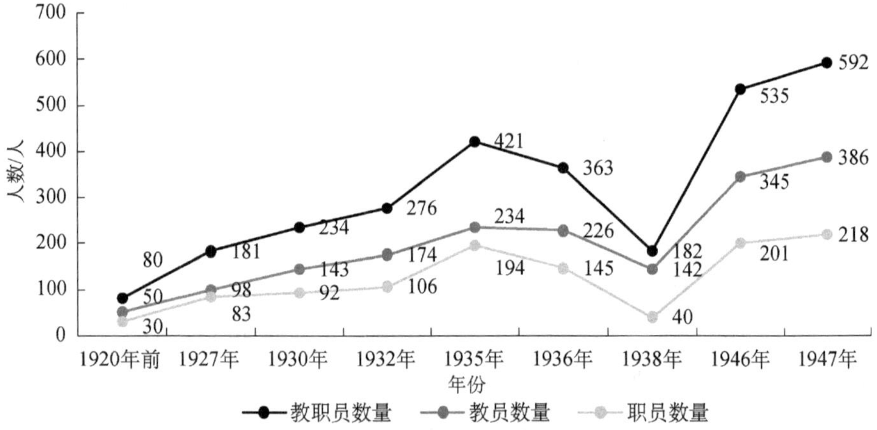

图 1-1 民国清华教职员规模变化

资料来源：1920 年前数据来自苏云峰估算最高值（1920 年前，教员数量在 30～50 人间，职员在 20～30 人之间，校工数量则要高出很多，达 120 人左右。苏云峰：《从清华学堂到清华大学 1911～1929》，第 59～60 页）；1927 年数据据皮名举：《清华人口论》，《清华周刊》1927 年第 425 期；1932、1935、1936、1946、1947 年数据据当年《清华大学教职员录》；1938 年数据来自《国立西南联合大学史料》第 4 卷（云南教育出版社 1998 年版），其中 63～67 页为 1938 年国立西南联合大学职员录，没有标注职员来源大学；第 68-80 页为 1938 年国立西南联合大学教职员录，教员中标注是清华的有 142 人，虽然说是教职员录，但是 142 人均为教职，只有 8 人教授兼系主席，1 人兼院长。故该年职员数据使用了《清华大学校史稿》中指出的抗战初有 40 名左右职员随校南迁，估算为 182 人为清华教职员。此外，有同时兼任教员与职员的，因此教员与职员总数相加要略高于教职员数。

1922 年起由于改革、筹办大学部和增聘中国教员，中、美教员结构发生转变。特别是 1925 年前后，随着清华开始谋求建立完整的大学，教职员工的数量因此有了较大幅度增加，规模从几十人迅速增加到 200 人左右。这一过程体现出三个特点：一是美籍教员逐渐减少，其所担任的现代学科课程，逐渐由中国教员取代；二是美籍教员与中国教员的素质同时提升；三是清华毕业留美后返校服务的人数增多，成为主流。②1928 年随着清华升格为国立大学，学校经费进一步明确，国家处在“内战与伟大抗日战争中间的一段空档”③，学校得到了进一步的发展，管理机构与院系专业都扩展了，清华更是由此成长为民国最重要的国立大学之一。1930 年教职员人数从 300 多人发展到了 400 人左右，并在 1935 年达到高峰。比较发现，1935 年名册中有

① 梁实秋：《清华八年》，台北：重光文艺出版社，1962 年，第 19 页。

② 苏云峰：《从清华学堂到清华大学 1911～1929》，第 141 页。

③ 蒋廷黻：《蒋廷黻回忆录》，长沙：岳麓书社，2003 年，第 126 页。

50 名练习生，但 1936 年名册中没有任何练习生记录，若剔除练习生，1935 年与 1936 年教职员群体数量基本是持平的。1937 年抗战全面爆发、学校南迁，清华大学与北京大学、南开大学先联合暂建长沙临时大学，后去昆明建立西南联合大学，很多教职员因此流失，规模明显收缩。对比 1936 年清华教职员录和 1937 年长沙临时大学中清华教职员数量，教授从 100 人减少到 75 人，教员从 27 人减少到 13 人，助教从 67 人减少到 38 人。[①]学校复员后，教职员规模又进一步扩大到近 600 人。

从教研与行政机构角度看，在清华改建国立大学（以下简称改大）的过程中，各类机构的数量有了一些增加，此后趋于稳定。抗战胜利后，随着学校规模扩大，各类机构又有了明显增加。但两次增加都以教学与科研机构为主且战后增加的数量更大（图 1-2）。1938 年国民党及国民政府先后颁布了《中国国民党抗战救国纲领》和《战时各级教育实施方案纲要》，要求各内迁高校推行战时课程，根据抗日救国的轻重缓急进行专门化人才培育。战时清华大学土木工程、航空工程、化学工程等学科的增设与扩展都与政府的这种引导有关。甚至抗战时期清华院系增设农学院、建筑系等也是配合国家需要的结果。如增加建筑系，便是因为“抗战军兴以还……战区城市将尽成废墟，及失地收复之后，立即有复兴焦土之艰巨工作随之而至”，“为适应此急需计，我国各大学实宜早日添授建筑课程，为国家造就建设人才”[②]。

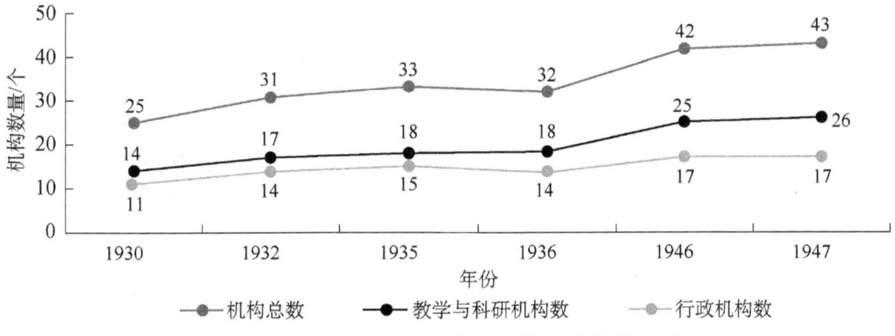

图 1-2　1930～1947 年清华大学机构数量变迁

资料来源：1930 年《国立清华大学教职员名册》及 1932 年、1935 年、1936 年、1946 年和 1947 年《国立清华大学教职员录》

---

① 《长沙临时大学教职员名录》（1937 年），北京大学、清华大学、南开大学、云南师范大学编：《国立西南联合大学史料》第 4 卷，第 59～62 页。

② 梁思成：《致梅贻琦信》，《梁思成全集》第 5 卷，北京：中国建筑工业出版社，2001 年，第 1～2 页。

总之，就清华教职员规模而言，作为民国规模较大的国立大学，清华的教职员群体总数也仅数百人，与今日的清华甚至一般大学都不可同日而语。同时，如果没有大规模战争的影响，清华教职员群体的规模总是处于持续扩展中，无论是抗战前还是抗战后皆如此。显然，抗战对教职员群体的规模影响极大，对教职员群体的流动亦如此。

二、清华教职员的流入

教职员群体流动包含流入与流出两方面，根据图 1-1 反映出的总体增长趋势，首先讨论教职员群体的流入。教职员群体规模的增长和学校的发展关系密切。前述内容已经表明，1925 年建立大学部与 1928 年改建国立大学都曾造成清华教职员群体规模的迅速扩展。进一步分析 1930 年、1932 年、1935 年、1936 年、1946 年和 1947 年清华大学教职员录或教职员名册中各位教职员“到校时间”一栏信息，共计 1378 位教职员（1 人兼多职的按 1 人算），除 33 位（12 位教员，21 位职员）没有到校时间记载外，其余到校时间分布见图 1-3。这批教职员最早到校时间为 1910 年，教职员有比较明显增加的时期约略可分为 3 个阶段，即“1923～1929 年”“1933～1935 年”“1945～1947 年”这 3 个阶段。

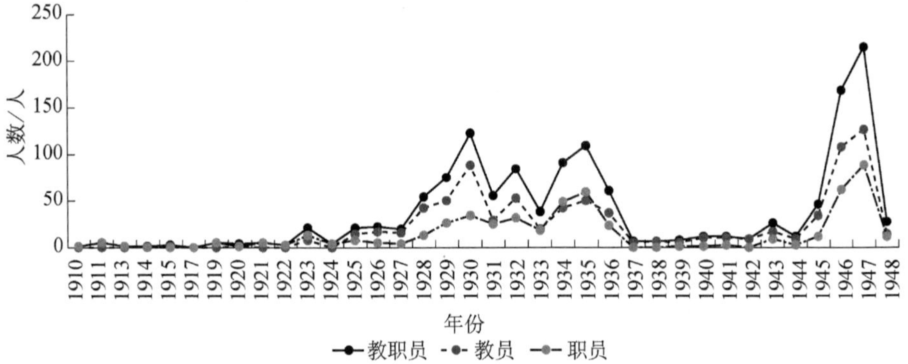

图 1-3　清华大学教职员到校时间分布

注：教职员指 1930 年《国立清华大学教职员名册》及 1932 年、1935 年、1936 年、1946 年和 1947 年《国立清华大学教职员录》记载在册者，共计 1411 位。1947 年度《国立清华大学教职员录》实际公布时间为 1948 年 3 月，其中有 15 位教员和 13 位职员到校时间为 1948 年。另有 12 位教员和 21 位职员到校时间不详，未列入图中

1923 年以前清华新进教职员的数量应该非常少，教授和专任讲师等高级教员中只有 4 位是这一时期加入清华的，还包括先担任教务长，后长期担任校长

的梅贻琦，这也从一个侧面说明留美预备学校时期的清华师资和日后完全不同。留美预备学校时期的美籍教员在清华建立大学的过程中基本都离职了。[①]

早在1916年4月，时任清华校长的周诒春就呈文外交部，要求逐渐扩充清华学程，设立大学部，并草拟出“理想的清华大学建筑图样”。1918年2月，张煜全就任清华学校校长，随即在全体中西教职员会议上通过设立“大学筹办委员会”的提案。1920年1月，张校长将筹委会工作计划呈交外交部，该计划的核心举措就是逐年停办中等科，以办中等科的人力、财力改办大学。1923年起，随着曹云祥执掌清华，清华开始了发展大学教育的具体举措。该年2月，依据美国退还庚款计划[②]，曹氏推出了“十八年（1923～1940）计划”，正式提出了改办大学的具体规划。[③]1924年2月，清华聘请范源濂、胡适、张伯苓、张福运、丁文江5人为大学筹备顾问；10月清华“大学筹委会”宣布成立。次年4月，北洋政府批准了筹委会提出的《清华大学工作及组织纲要（草案）》，学校随即组成“临时校务委员会”。同年5月，清华大学部正式成立并开始招生，清华研究院（国学门）也在1925年9月1日与大学部同时开学。虽然清华已于1925年起就开始设立大学部并设立研究院（国学门），但是此时仍为试验阶段，规模很小。如1929年清华第一届大学毕业生共80余人，国学院仅有6人。[④]

优良师资的扩展是清华改大成功的关键所在。为此，1923年9月曹云祥聘请了清华留美生张彭春出任教务长。同时，清华自1909年起开始选派学生留美，留美资助的时间为5年，因此到1923年已有约10届（1909～1918年）留美学生，其中的绝大多数学生均完成学业回国。截至1918年，不包括津贴

---

① 有关清华早期美籍教员的素质和贡献，不同著述之间颇有差异。如清华大学校史编写组认为美籍教员“其中多数是中学教员和刚毕业不久的大学生，但也有的教学水平很差”，他们“左右着清华的教务”，“学校当局只能言听计从”，“实施完全美国化的、殖民地性质的奴化教育”以及“依仗美国公使馆的权势，对学校行政和学生的政治活动也施加干涉”；（清华大学校史编写组编著：《清华大学校史稿》，第17～18页）但苏云峰认为“他们（美籍教员，笔者按）并非美国一流学者，但具有相当的学养训练与教学经验，且都是青年会的成员，热心于教学与辅导学生”，“他们多能尽到作教师的本分”，“余多不干涉校政，或从事于与教学无关的政治性活动，对清华做出了重大的贡献”。（苏云峰：《从清华学堂到清华大学 1911～1929》，第143、155页）

② 美国退还庚款，本息共计美元28 932 519.35元（约合银5800万元）。自1909年至1940年，美方分32年按月退还。由于退款数量巨大，要分三个阶段来执行：第一阶段自1909年至1914年，每年退款为54万余美元；第二阶段自1915年至1931年，每年退款的数目为79万余美元；第三阶段从1932年到1940年，每年退款138万余美元。刘本钊：《二十年来清华之财政》，清华大学校史研究室编：《清华大学史料选编》第1卷，第435～445页。

③ 清华大学校史编写组编著：《清华大学校史稿》，第46页。

④ 清华大学校长办公处编：《清华同学录》，北平：国立清华大学校长办公处，1937年，第259～277页。

生等，清华选派留美的这 10 届学生总数达 511 人，其中不仅涌现出胡适等著名学者，更有像梅贻琦（第 1 届，1915 年到清华任教）一样已在清华工作的，这既为清华改大奠定了人才基础，也预示了清华教员，特别是主要教授的来源渠道。在曹云祥任职期内（1922～1928 年）的 1923 年、1924 年和 1925 年，新进清华教职员人数都为两位数，教授与专任讲师共计 20 位，有 8 位是学成回国的清华留美生。①不过，这一时期毕竟是大学教育发展初期，中、初级教员还很少。1926 年清华才有了第一个教员——体育教员涂文，助教在 1928 年前一直空缺。

1928 年清华正式改名“国立清华大学”，罗家伦接任了校长。他一方面忙于扩充学额，大学部学生数从 300 人增至 500 人；另一方面针对师资薄弱、课程不足的问题，积极提升教师待遇，调整和增加师资数量②，最终实现了曹云祥“十八年计划”建立“完备之分科大学”的目标。③例如，历史系大学部时期只有刘崇鋐以及刚从北京大学毕业的萧一山 2 位教师，刘崇鋐教授西洋史，萧一山开设日本史等④，师资可谓匮乏。1930 年历史系与外文系合聘钱端升并引进孔繁霱开设“史学方法”和“欧洲中古史”，课程设置才略有增加。相较于前一阶段，此时每年新进教员数从十人左右迅速上升到三十多人、四十多人以至七十多人，增幅很大。教授与专任讲师群体也从前一阶段每年数人发展到十多人至二十人。

尽管学校发展总会带来教职员群体扩大，但校长背景的不同，也可能造成教职员规模在增长的同时又各具特点。如罗家伦为了发展清华，曾表态要破除一切情面和顾虑，按照学术的标准，只留下少数学问和教学经验丰富的教授，同时新聘的教员都必须是“积学之士”。罗氏吸收了一批“青年而最有前途的学者，加入我们的教学集团来工作”⑤，他所引进的冯友兰、蒋廷黻等其后不仅是清华大学发展的中坚力量，更是影响中国一代学术进程的重要人物。但除了学术的考量之外，身为北京大学毕业生的罗家伦，又代表着国民党政权北上接收清华，如何建立一支能够“为我所用”的教学队伍和行政班底，是罗氏上任前后人事安排方面又一个重要的考虑因素。为此，罗家伦首先

① 这 8 位是金岳霖（1914 级）、袁复礼（1915 级）、陈达（1916 级）、吴宓（1916 级）、刘崇鋐（1918 级）、叶企孙（1918 级）、陈岱孙（1920 级）和高崇熙（1922 级）。

② 清华大学校史编写组编著：《清华大学校史稿》，第 96～97 页。

③ 苏云峰：《抗战前的清华大学 1928～1937》，第 51 页。

④ 清华大学校史研究室编：《清华大学史料选编》第 1 卷，第 340～341 页。

⑤ 罗家伦：《学术独立与新清华》，清华大学校史研究室编：《清华大学史料选编》第 2 卷上册，北京：清华大学出版社，1991 年，第 199～204 页。

延揽在燕京大学任教的北京大学同学冯友兰、杨振声，分别出任秘书长和教务长。其次他在东南大学的学生郭廷以被任命为校长室主任秘书兼文书科长，东南大学学生戈定邦、唐培经以及中央党务学校的马星野、唐心一等也随罗氏来清华任职，他们都是罗的学生①，最终形成了由“自己人”组建的行政班底。因此，罗氏大规模更换教职员的计划也给时人留下了“扫除异己”的感觉。

1931 年梅贻琦接任校长后，由于他本身不具有政治派系背景，又比较尊重教授和强调大量吸收优秀中国籍教员加入清华，教员规模有了整体性增长。主要教员包括中文系郑振铎、闻一多、王力、浦江清、刘盼遂；历史系噶邦福（J. J. Gapanovich）、雷海宗、张荫麟、张星烺、钱穆、陶希圣以及吴晗等；哲学系张崧年、金岳霖，社会学系史禄国（S. M. Shirokogoroff）、吴景超，政治学系萧公权、潘光旦和陈之迈等，此外还有物理系赵忠尧，地理系谢家荣，工程学系蔡方荫、陶葆楷，经济学系赵人儁和余肇池，机械工程系庄前鼎、刘仙洲以及电机工程系顾毓琇等。②表 1-1 对比了 1930～1947 年各年份各级别教职员数量。若不考虑抗战南迁等的变动，梅贻琦执掌清华后，以教授、专任讲师为代表的高级教员，以教员和助教为主的初、中级教员都有一定的增长。以各部门主任为代表的高级职员，数量增长有限，相对稳定，但以事务员为主体的中级职员以及以书记、助理为主的初级职员群体数量有较大的增长。

表 1-1　1930～1947 年清华教职员群体构成与人数　　单位：人

年份	1930	1932	1935	1936	1946	1947
最高行政领导	3	6	8	8	9	10
高级教员	71	88	115	108	148	163
中级教员	18	21	30	27	53	62
初级教员	27	36	70	75	117	138
高级职员	7	6	8	8	12	14
中级职员	20	28	26	26	39	43
初级职员	58	61	149	100	140	151
兼职教师	31	34	23	20	27	20

资料来源：1930 年《国立清华大学教职员名册》及 1932 年、1936 年、1946 年和 1947 年《国立清华大学教职员录》。最高行政领导包括校长、教务长、秘书长、训导长及各学院院长；高级教员包括教授、副教授和专任讲师；中级教员包括导师、教员；初级教员指助教；高级职员包括主任、秘书、校医、工程师、技师和党义讲师、教官等；中级职员包括事务员、组员、佐理员、指导员和队长等；初级职员包括书记、助理、练习生、看护、绘图员等；兼职教师指各类非专职的讲师。分类主要以学历要求和薪俸待遇为标准，职员也参考了《职员服务规程》（1937 年 2 月 24 日修正通过，清华大学校史研究室编：《清华大学史料选编》第 2 卷上册，第 183～184 页）中对各类职员的规定

① 苏云峰：《抗战前的清华大学　1928～1937》，第 29、32、35 页。

② 名单摘自《举行二十年度开学典礼志略》（1931 年 9 月），清华大学校史研究室编：《清华大学史料选编》第 2 卷上册，第 209～212 页。

教员规模增长的一个重要原因是新院系的设立。梅贻琦任校长后，出于自身的工科专业背景和配合政府发展实科的政策，他积极谋划增设工学院等和扩建校舍："注重发展理工课程，开始成立工学院充实设备加添建筑扩充校址，又更与校外机关接洽联络，设立航空讲座，筹办农事实验场，在华中举办特种研究事业，在南昌进行航空工程研究，更与外国约定交换研究生及在校内扩充学术出版物，诸如社会科学季刊，工程季刊，机工月刊，吕氏春秋集释，中日甲午战争之外交背景等"，"实为清华大学发展最隆盛之时期"。①工学院机械工程与电机工程两系的添设，配合政府政策及国防需要新建的农业、航空和无线电等研究所②，必然会带来教职员的相应增加。1932 年清华新聘任教授和专任讲师共 19 人，其中为工学院添聘 6 人。1935 年新设农业研究所和出版事务组，新增教职员 13 名。

1945 年抗战胜利后，清华教职员人数的增加更为迅速。特别是 1946 年复员回北平后，一方面，很多抗战期间因各种原因离开学校的教职员回归了，另一方面，由于农学院和工学院化学工程系、建筑工程系以及建筑委员会的新设立以及海外留学生的回国，清华办学规模和教职员规模都有了进一步扩展，包括各个院系、机构的助教、助理和书记等初级教职员群体也都有了明显扩展（图 1-4）。

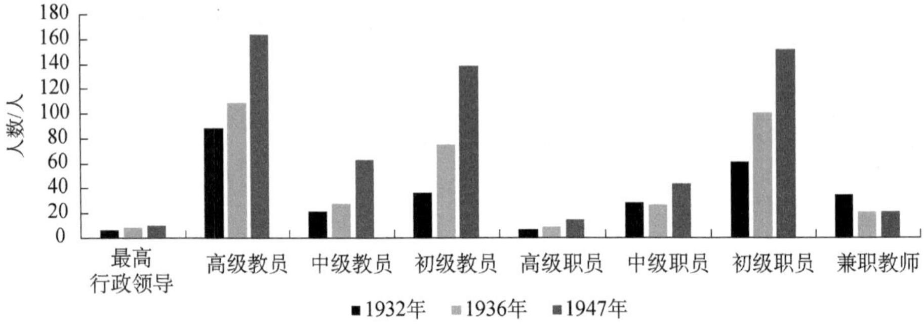

图 1-4 1932、1936 和 1947 年清华主要教职员数量变迁比较

资料来源：1932 年、1936 年和 1947 年《国立清华大学教职员录》

三、清华教职员的流出

20 世纪 20 年代，清华教职员流出的一个重要原因是在改大过程中，学校对教员要求的提高而形成的旧教员离职，特别是其中的美籍教员离职。早

① 吴绍荃：《清华三十六年》，《清华周刊》1947 年复刊第 10 期，第 3～4 页。

② 苏云峰：《抗战前的清华大学 1928～1937》，第 73 页。

期清华学校的教员多为大学毕业程度的美国男女青年。1913 年时，清华共有外籍教员 18 人，其中男性 11 人，女性 7 人。拥有硕士学位的有 3 人（后有 1 人获博士学位），有学士学位的有 15 人。在学科上，学人文的有 10 人，自然科学 5 人，医学 2 人，工程 1 人。这些美籍教员在来清华前，有的曾在中学或大学任教，其中 4 人曾任学院（系）主任，7 人曾任讲师，2 人曾任助教，2 人曾任高中校长，1 人当过医生。[①]1914 年清华的美籍教员水平有所提高，除 1 人为专科毕业外，其余都具有学士或硕士学位（表 1-2）。虽然外籍教员众多，但其中具有高深学历与深厚学术水平的学者并不多。以这样的资历，来担任初、高中程度的清华中等科教师还是合适的，他们对早期清华学生的培养也起到了积极作用。但清华改大后，急需国内外一流学者，特别是有足够从事科研和大学教学经验的教员时，这些外籍教员的资历和能力就不够了。

表 1-2 1914 年清华学校美籍教员情况

姓名	学位	任教课程名称
Mr. Richard Arthur Bolt	医学士	生物学
Mr. Thomas Elza Breece	教育学士、理学士	英语与拉丁文
Mr. Albert Anton Heinz	教育硕士	数学
Mr. Leon Edwin Heinz	理学士	科学与数学
Miss Emma S. Liggett	文学士	数学与英语
Miss Isabel Ligget	专科	英语与地理
Mr. Carroll B. Malone	硕士	欧洲史和经济等
Miss Beatrice Boardman Pickett	学士	德文
Miss Julia Pickett	学士	历史
Mr. Chester Arthur Pierle	硕士	化学
Mr. Arnold H. Rowbotham	硕士	罗马语
Miss Katherine Elizabeth Seely	学士	音乐
Mr. Arthur Shoemaker	理学士	体育
Mr. Ernest Ketcham Smith	硕士	英语
Miss Florence Esther Starr	文学士	绘画
Miss Irma Talmage	文学士	英语与文学
Mr. Ralph Delane Whitmore	工程硕士	手工与化学
Mr. Peter Irving Wold	理学士、教育学士	物理

资料来源：*The Tsing Hua Annual*，1914，pp.16-18. 转引于苏云峰：《从清华学堂到清华大学 1911～1929》，第 143～144 页

① 苏云峰：《从清华学堂到清华大学 1911～1929》，第 142～143 页。

1923 年开始，随着留美清华学生陆续返校执教，中美教师的结构改变与品质提升初见成效。大规模的变革则出现在罗家伦任校长后。罗家伦把罗致良好教师作为大学校长的“第一责任”。他首先以学术为标准，重新选聘外籍教授。他提出：“我们既是国立大学，自然要研究发扬我国优美的文化……不过我们接受的办法不同。不是站在美国的方面，教中国的学生‘来学’，虽然我还要以公开考试的办法，选拔少数成绩优良的学生到美国去深造；乃是站在中国的方面，请西方著名的，第一流的不是第四五流的学者‘来教’。请一班真正有造就的学者，尤其是科学家，来扶助我们科学教育的独立，把科学的根苗移植在清华园里，不，在整个的中国的土壤上，使他开花结果，枝干扶疏。”①

对教员进行整体性“大换血”绝非易事，但从此后《国立清华大学教职员录》来看，清华学校时期的旧教员在改大后确实几乎都退出了。考察 1920 年和 1930 年的教职员录发现，教员中只有外文系王文显教授 1 人前后都在。其他教员，特别是早期的美籍教员已经都不在册了。外籍教员数量在迅速减少的同时，质量也有了很大提升。清华更注重聘请一些在国际学术界颇有声望的学者，以开阔清华师生的学术视野和带动清华学者研究水平的提升。初始清华主要聘请著名学者来校进行短期讲学工作，如剑桥大学教授瑞恰慈（Prof. Richards）、但泽（Danzfg）大学教授舒慈（Prof. Schntz）、德国地理学教授格拉普（Prof. Grabau）和东京大学教授原田淑人等。②但很快罗家伦就不满足于此，他认为如果以“但开风气不为师”来形容敦请外籍名学者，短期讲学只能是“开风气”而不是“为师”。他希望“请几位造诣已深，还在继续工作，日进未已，而又有热忱的学者，多来‘为师’几年。在这期间……不但训练我们的学生，而且辅导我们的教员”③。为此清华邀请来的名学者有法国数学家雅克•哈德玛（Jacques Hardamart）、美国麻省理工学院教授华敦德（Dr. F. L. Wattendorf）和温讷（Dr. Norbert Wiener）。哈德玛是法兰西学院教授，法国国家学术院会员，世界算学会副会长以及世界算学教育委员会会长。④温讷是 1935 年秋顾毓琇出面请来的，他是计算机的主要发明人之一，

---

① 罗家伦：《学术独立与新清华》，清华大学校史研究室编：《清华大学史料选编》第 2 卷上册，第 199～204 页。

② 罗家伦：《清华大学之过去与现在》，《国立清华大学校刊》1929 年第 87 期，第 2～4 版。

③ 罗家伦：《学术独立与新清华》，清华大学校史研究室编：《清华大学史料选编》第 2 卷上册，第 199～204 页。

④ 梅贻琦：《国立清华大学二十五周年纪念日致全体校友书》，《清华同学会总会校友通讯》1936 年第 3 卷第 1～5 期，第 1～6 页。

16岁就获得博士学位，在美国被称为“神童”。他在其所著的《我是数学家》一书中宣称，正是经过在清华的教学生活以后，才成为一个独立的数学家。他回到美国不久就担任了美国数学会会长一职。[①]

自1931年12月至1948年12月，梅贻琦一直担任清华校长，校内治理非常稳定，甚至可谓“和谐”。但即便如此，教职员离职的现象仍然大量存在。尤其是抗日战争全面爆发和学校被迫南迁后，在动荡的社会变局面前，教职员群体的流出也变得越来越频繁。交叉比较梅氏主政前后到1948年离开清华前的相关教职员录可以发现（1930/1932年、1932/1936年、1936/1947年，图1-5）[②]，在国事、校事与家事的多方面纠缠中，清华教职员群体处于异常的动荡与不稳定之中。一方面，随着对比时段的拉长，流动率自然会有明显的增加；另一方面，抗战和学校南迁的影响也极为明显。1936年虽然战争尚未爆发，但华北局势已然危急，有超过一半的清华教职员已经流失了。从1936年到1947年，经历了抗战全面爆发，学校先是南迁长沙、昆明等地，再复员回到北平，在时空转换和颠沛流离之中，超过七成的教职员离开了学校。

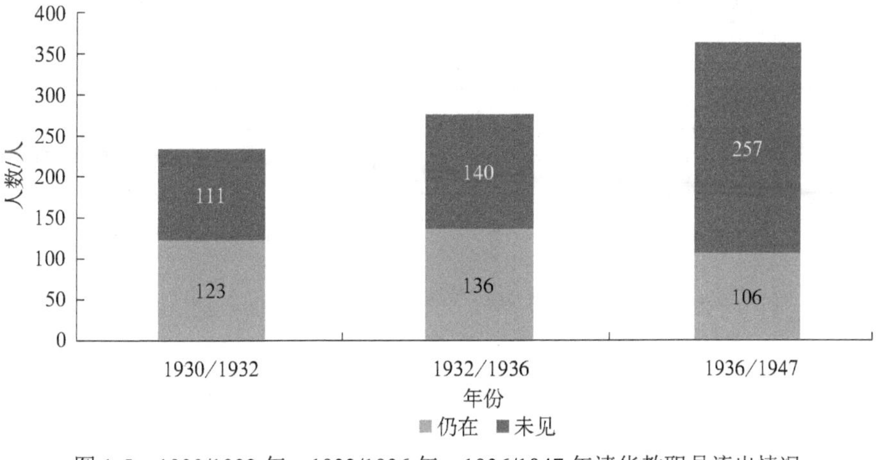

图1-5 1930/1932年、1932/1936年、1936/1947年清华教职员流出情况

流出率：1930/1932年，47.44%；1932/1936年，50.72%；1936/1947年，70.80%

资料来源：1930年《国立清华大学教职员名册》及1932年、1936年和1947年《国立清华大学教职员录》

再以1932年在册的全部教员为例，仅有8位教授和2位教员任职清华后直到1952年都没有离职过，其他都有次数不等的离职经历。8位未曾离职的

① 顾毓琇：《顾毓琇全集》第11卷，沈阳：辽宁教育出版社，2000年，第44页。

② 由于1938年、1940年教职员名录中职员部分没有区分归属校，同时师范学院等教员归为西南联合大学而不区分三校，因此此处比较暂时未使用这两份名录。

教授，外文系吴可读系因车祸1940年在昆明去世，生物系吴韫珍和中文系朱自清因病分别在1941年和1948年去世，另有中文系闻一多于1946年被暗杀。考虑到1952年院系调整中清华文学院、理学院被整体并入北京大学，这4位教授若没有突发因素导致去世，可能也会在1952年院系调整时离开清华，那样1932年全体教职员中没有离职记录的教授实际上仅有4位。两位未曾离职的教员中，中文系许维遹在1950年去世，否则1952年被调整也几乎是必然的。因此，从1932年到1952年，可以说绝大多数清华教员都出现了流动的情况。

不同类型和等级的教职员流出情况存在差别。表1-3分别比较了1930/1932年、1932/1936年、1936/1947年教职员名册中各等级人员的流动情况。首先，1936/1947年各类教职员的变动都很大，这与这一时段时间拉长和抗战南迁应该有密切关系。其次，讲师作为兼职教师，显然是最不稳定的群体。不论有无战争发生，数年间讲师几乎就都换了一遍。再次，初级教员和中高级教员在抗战前也有较高的流动性，其原因需要进一步探讨。最后，在个人“人力资本”以及和校方“聘任博弈”中完全处于高、低两端的中高级教员和初级职员竟然是最稳定的群体。

表1-3 清华各等级教职员流动情况

年份	中高级教员		兼职教员		初级教员		中高级职员		初级职员	
	流出数/人	流出率	流出数/人	流出率	流出数/人	流出率	流出数/人	流出率	流出数/人	流出率
1930/1932	32	35.96%	23	74.19%	16	59.26%	14	46.67%	25	43.10%
1932/1936	34	31.19%	31	91.18%	26	72.22%	20	50.00%	29	47.54%
1936/1947	66	48.89%	20	100%	68	90.67%	25	59.52%	80	80.00%

注：中高级职员包括表1-1中最高行政领导、高级职员和中级职员三类，其他教职员分类同表1-1

资料来源：1930年《国立清华大学教职员名册》及1932年、1936年和1947年《国立清华大学教职员录》

中、高级教员的稳定性超过初级职员，这与一般的印象似乎不一致。民国大学教员与学校间通常是聘任关系，且聘期多很短，因此流动性较高。如吴民祥指出，“中国近代大学校长有聘任教授的自主性，而教师们也有自己选择大学的自由，流动成为他们生活的一种常态”，“那时的教授很少有一直在一所大学里工作的，特别是年轻教授，他们的流动性很大”①。1932年以

① 吴民祥：《流动与求索——中国近代大学教师流动研究：1898～1949》，杭州：浙江教育出版社，2006年，第9页。

前清华教授还能够自第2年起获得3年聘约，但1932年《国立清华大学教师服务及待遇规程》公布后，规定“本大学教授之聘约首二次期限一年，以后每次二年”，“讲师、专任讲师、教员及助教之聘约每年致送一次，每次以一年为限”[①]，聘期缩短了。清华教员群体的总体流动情况基本支持这一判断，即绝大多数教员都没有终身在清华任职，而是存在着一次甚至多次的流动。但须指出的是，教授、专任讲师等中高级教员流动性是相对较低的，如果不考虑1949年以后院系调整的巨大影响，即便有抗战爆发、学校长期南迁的重要影响，仍然有超过半数的中高级教职员任职是稳定的。若没有抗战爆发，甚至可能绝大多数教授任职是稳定的，只是教员和助教的流动性很大。

再以1932年在册教职员为例，高级教员和初级教员的离职时间和原因区别明显。图1-6是1932年《国立清华大学教职员录》中各类教员的流动情况，除有8位助教任职/离职的情况不清楚外，其他教员的离职时间都能确定，大部分的离职原因也能通过史料挖掘出来。以教授为代表的高级教员和以助教为代表的初级教员人数相对较多。教授群体在抗战前（19人离职，占全部离职人次比例24.7%，下同）、抗战中（24人，占比31.2%）和1949年以后（32人，占比 41.6%）都有一定数量的离职，同时呈现出逐步增长的趋势，高峰则出现在1949年以后，共有32位教授在此期间离职。除了白俄学者噶邦福是因政治身份自行离职外，其余都是因院系调整和新建机构的需要而调离的[②]，因此院系调整可能是清华教授流失的最重要原因，程度甚至超过抗战爆发和清华南迁。同时，1936年以前教授的离职原因相对多样，如出国进修（化学系黄子卿、物理系赵忠尧、心理系叶麐等）；国家征调而从政（地理系翁文灏、历史系蒋廷黻、经济系蔡可选、社会学系吴景超、土木工程学系陶葆楷）；转任其他大学，主要是担任其他大学的校长、院长（物理系萨本栋出任国立厦门大学校长、算学系孙鏞出任中央大学理学院院长、化学系李运华出任广西化学试验与科学研究所所长，进而任广西大学校长），甚至还有少数几位因卷入政治事件而离职（政治系钱端升1934年任《益世报》主笔时，因针砭时

---

① 《国立清华大学教师服务及待遇规程》（1932 年 5 月），清华大学档案：《国立清华大学专任教授休假条例，教师服务及待遇规程》，编号：1-2-1-109。

② 这32位教授包括社会学系陈达、吴景超，外文系温德、陈福田，历史系刘崇鋐、噶邦福、孔繁霱和雷海宗，哲学系冯友兰、金岳霖和邓以蛰，经济系余肇池、陈岱孙、赵人儁，政治系张奚若、钱端升，心理学系周先庚、孙国华，算学系杨武之、郑之蕃，物理系叶企孙、周培源、赵忠尧，化学系高崇熙、黄子卿，地理学系袁复礼、冯景兰，生物学系陈桢、李继侗，土木工程学系王裕光、张泽熙，中文系陈寅恪。

弊被迫离开清华转任中央大学；哲学系张菘年因参与“一二·九”运动而被清华辞退）。此外，外文系教授艾克因身体原因离职。

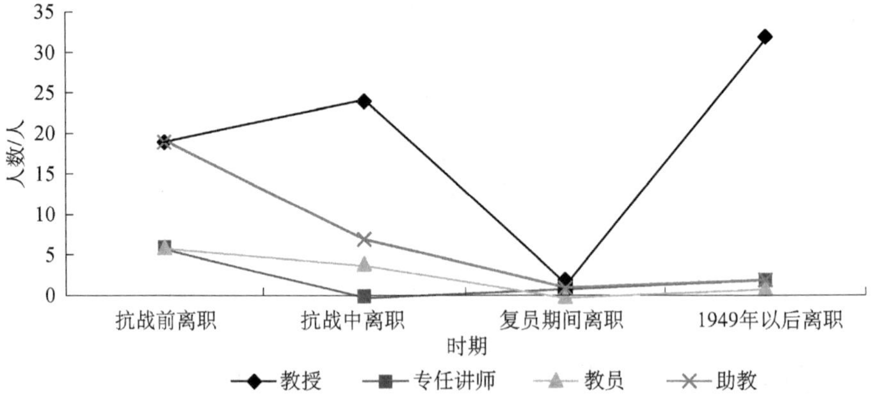

图 1-6　1932 年在册教职员流动时期分布

1937 年以后，教授离职的具体原因虽然还是多样的，包括有服务抗战而转任政府机关、调任其他大学或教育机构、个人或家庭原因离校三大类，但几乎都与抗战有关。例如，第一类的教授主要有外文系叶崇智、经济系余肇池、政治系王化成和浦薛凤以及心理系孙国华、物理系叶企孙等，转入外交部、行政院、资源委员会、国立编译馆和中央研究院等机构担任重要职务。第二类包括两种：一是如电机工程系顾毓琇出任教育部次长，熊庆来、吴有训先后出任云南大学、中央大学校长等其他教育机构要职的；二是学校间教师交流。抗战初期随着高校内迁和西安、长沙两所临时大学的建立，中英庚款董事会曾致函教育部“查国内战区各大学教授，人数甚多，而临时大学仅有两所，将来合班上课，原聘教授必有多余。本会拟与贵部会商，选送一部分教授，分赴边远大学如云南、广西、四川等大学担任教席。暂以一年为期，薪俸拟仍照在各大学原额支给，另致送来往川资若干。如此则战区各大学教授既可有充分服务之机会，而云南等三省大学，又可得优良教授，一举两得，谅荷赞同”。随后教育部指示“应即函知西安、长沙两临时大学筹备委员会常务委员会，查明可以选送至云南、广西、四川等省教授姓名略历，径行送达该会，再行商洽办法”①。此后，在中英庚款董事会的资助下，清华选送赵宗尧（原拟任之恭，后改）去云南大学，曾远荣和萧公权两位教授去四川大学。②

① 《教育部函长沙临时大学关于选送教授支援边远事》（1937 年 9 月 8 日），北京大学、清华大学、南开大学、云南师范大学编：《国立西南联合大学史料》第 4 卷，第 399～400 页。

② 《管理中英庚款董事会拟予补助边省大学教授之学程及拟予接洽延聘之教授》，北京大学、清华大学、南开大学、云南师范大学编：《国立西南联合大学史料》第 4 卷，第 400～401 页。

核查 1932 年在册教授信息时，发现除以上几位外，还有外文系吴宓转任四川大学，经济系萧蘧、中文系刘文典转任云南大学，土木工程系蔡方荫转任中正大学，经济系赵人儁转任成都金陵大学等。对这两类教授的流动，清华校方虽有不情愿之处，但出于服从国家抗战大局的考虑，仍是赞同。叶企孙借聘为中央研究院总干事，梅贻琦就说："足下之去中研院，在清华为一重大损失，在琦个人尤感怅怅。但为顾及国内一重要学术机关之发展起见，不应自吝，乃不得不允君请假。"①

出国进修是个人离职的主要原因之一。1941 年 5 月起，教育部对大学教师休假进修做了统一规定：在校专任教授满 7 年以上成绩卓著者，可离校在国内考察，研究半年或 1 年，事前须提出研究计划呈教育部审核，进修 2 个月后得将研究结果"呈部备核"。西南联合大学先后只有 4 人由教育部批准休假。1943 年教育部又规定休假进修教授选派出国研究的办法，由教育部津贴出国费用。此办法只推行了 1 年，西南联合大学 1 人由教育部津贴出国（全国仅 10 人）。1944 年教育部借口"师资极感缺乏"，停止实行国内外休假办法。1945 年抗战胜利后，教育部又曾选送一批教授出国研究，西南联合大学选送了包括清华刘仙洲、任之恭 2 人以及北京大学张景钺和南开大学杨石先等在内的 4 人。②同时，清华自身仍按战前办法处理教师休假出国的问题。从 1939 年起有 17 人休假，其中 15 人出国进修，2 人国内考察研究，经费由清华自行津贴。③

家庭羁绊是个人离职的另一重要因素。除前述因素外，尚有 11 位教授是在抗战大背景下离开清华的。外文系翟孟生、华兰德和石坦安 3 位外籍教授离开清华后去向不明，推测可能回国。另有 5 位教授留在北京，其中生物学系寿振璜和化学系张准，先随校到昆明但后因家事等又离开西南联合大学回北京。滞留北京的一个重要原因是个人及家庭的需要，对此后人应给予充分的理解。西南联合大学时期教授生活的艰辛已经有不少介绍，如其"最高月薪，也不够两个成年人的生活费"④等，对有家累的老师来说，这是不能不考虑的问题。萨本铁因兄长萨本栋 1936 年已经离开清华出任刚刚国立化的厦门大学校长，而父母家人均在北京，最终决定留在北京以照顾家人。⑤西南联合

① 梅贻琦：《梅贻琦复叶企孙》（1941 年 9 月 11 日），北京大学、清华大学、南开大学、云南师范大学编：《国立西南联合大学史料》第 4 卷，第 414 页。

② 清华大学校史编写组编著：《清华大学校史稿》，第 314 页。

③ 清华大学校史编写组编著：《清华大学校史稿》，第 315 页。

④ 吴民祥：《流动与求索——中国近代大学教师流动研究：1898～1949》，第 231 页。

⑤ 萨本铁后曾因出任伪北京大学化学学院院长被视为汉奸，1946 年短暂回到复员后的清华但为环境所不容而最终出走美国。

大学秘书长郑天挺先生在日记里也反复提及，因为妻子抗战前就已亡故，留在北京的子女，幸有弟弟在照料，才使得他能一直留守昆明。①其余3位教授也因个人原因离开清华，但没有留在北京。外文系教授王文显，1915年起就在清华任教，在1932年清华在册教员中到校时间之早，仅次于体育部马约翰（1914 年到校）。他没有随校南迁昆明，而是去上海任教于圣约翰大学，后又去美国。中文系杨树达此前与蒋廷黻发生龃龉②，1937年抗战全面爆发前夕即转往湖南大学任教。历史系与中文系合聘教授陈寅恪1938年历经艰辛抵达昆明，1940年因眼疾，又恰逢牛津大学有聘约，他本想经香港去英国治眼睛，但无奈随着战局恶化和香港沦陷，最终未能赴英，辗转去往成都燕京大学任教，1946年复员后回到清华。③

复员后到1949年前还有6位教授曾离开清华。电机工程系教授章名涛，抗战胜利后应上海市政府邀请，前往帮助恢复该市公交车运行，1947 年完成工作后即回到清华。其余5位教授，有3人是去美国进修、考察，如果不是战局发展，通常还会回清华。另外2位，外文系陈福田以及历史系陈寅恪，实际上还是因为国共战局发展而在1948年离开清华，基本可以和1949年后因政治原因、院校调整等离开清华的教授归为一类。吴宓1944年秋因有一年的学术休假，已经离开西南联合大学，前往成都，先后任教于四川大学、燕京大学等校。1945年休假期满后，本应回清华。但他说："宓虽允回清华，仍以北土不安，留此观望。若不得行，即欣就华大（华西大学，笔者按）并兼川大云云。"④"以战局益紧，北平危困……下学年拟即留此。川大可照本年办法，续聘宓为国文系特约讲座……在蜀安居避乱，一切均无困难，去之诚不智矣。"⑤1946年8月，吴宓接受武汉大学聘约，出任该校教授。1949年以后的离职情况上面亦有介绍，且已超出本书研究的时限，此处不再赘述。

---

① 郑天挺在日记中记载，西南联合大学时期自己"寓居昆明市城内柿花巷4号"，"儿辈居北平市西城小酱坊胡同二十三号前院，由三弟照看"。郑天挺著，俞国林点校：《郑天挺西南联大日记》上册，北京：中华书局，2018年，第121页。

② 1929 年蒋廷黻执掌清华历史系后希望引进一批新教员用新的研究方法代替以杨树达为代表的老学究式的研究和学人，从而产生矛盾。参见梁晨：《从朱延丰出国案看蒋廷黻对清华历史学系之改造》，《清华大学学报（哲学社会科学版）》2006年第6期，第22～29页。

③ 周文业等编著：《清华名师风采》（增补卷）上册，第152页。

④ 吴宓著，吴学昭整理注释：《吴宓日记》第10册（1946～1948），北京：生活·读书·新知三联书店，1999年，第43页。

⑤ 吴宓著，吴学昭整理注释：《吴宓日记》第10册（1946～1948），第53页。

与教授群体离职原因较丰富，且主要受抗战和院校调整等重要政治事件影响不同，绝大部分助教离职的原因是因为需要出国读博、进修学业以便晋升。如果说教授的流动更多的是水平流动的话，初级教员的流动主要是上升性的垂直流动。同样以 1932 年在册助教为例，30 位助教中有 7 位流动情况不明，剩下 23 位中有 18 位是因为出国进修、留学离开清华的。抗战中离开的助教和教员，主要原因也是出国留学和进修。如政治学系助教龚详瑞因考取庚款留学资格而辞职，土木工程系助教王德荣、朱民声、谢家泽 3 位因出国留学辞职，土木系助教周惠久因出国解聘，土木系教员沙玉清出国请辞，助教方福森考取留洋津贴生请辞等。①这与清华教员和助教升等为专任讲师和教授等，一般都要有海外学位或进修经历关系密切。②实际上，清华本身能提供一些留美的机会也是能吸引本科毕业的年轻学人愿意留在清华任教的重要原因，因此而离职也就更能理解。

初级教员的上升性流动不仅有制度规定，而且是相对有序和良性的，出国的年轻教员们学有所成后，很多又回归了国内教育界，甚至回到了清华。1947 年名册中电机系共 9 位教授，其中黄眉、钟士模、孙绍先、常迥、唐统一和范崇武 6 位中青年教授都有相似经历。黄眉 1935 年清华本科毕业，1936 年由学校资送留德，回国后先在重庆大学任教授，1946 年回清华任教授并代理系主任。钟士模交通大学毕业后来清华做助教，1943 年由学校资送留美，1947 年获麻省理工学院博士后回清华任教授。孙绍先 1937 年清华电机系毕业，留校任助教、教员，1944 年获奖学金赴美留学，1946 年在麻省理工学院获硕士学位后回国，担任清华电机系教授。常迥 1936 年进清华大学，1940 年西南联合大学毕业后在昆明无线电器材厂任助理工程师，1944 年留美，1947 年获哈佛大学博士学位后回清华任教授。唐统一 1941 年西南联合大学电机系毕业后留校任助教，1943 年赴英国进修学习，1946 年回国后任清华电机系教授。范崇武则是 1930 年本科毕业后在浙江大学任助教，两年后被资送英国留学。回国后先在资源委员会任职，后在抗战中转入西南联大任教授。其他各院系中青年教授也多有类似情况。

职员的变动主要产生于抗战时期。1936 年在册的清华职员有 146 人之多，而用 1940 年《国立西南联合大学教职员录》与之比较，仍在西南联合大学的，校长与秘书长不算，仅有 19 人：主任 3 人、事务员 2 人、技师 2 人、助理 8

① 清华大学档案:《国立清华大学 1935～1937 年聘任各系各级教师的来往函件》，编号：1-2-1-111：1。

② 梁晨：《民国大学从业群体的阶层结构与流动研究——以清华大学为例的考察》，《中山大学学报（社会科学版）》2015 年第 3 期，第 74～84 页。

人和书记 4 人。清华校史亦指出：“原清华职员随校南迁者有四十余人，后相继离校，留校工作者只十余人。联大职工大多数是在当地新招的人员。职工待遇极低，生活异常困窘，而且工作没有保障。行政工作效率较战前清华大为降低。”①从档案里几乎没有发现职员因为工作问题而被解职的。只有图书馆练习生王树一人，因试用一年，工作不甚努力而被辞退。②此人尚是试用期的练习生，还非正式职员。也有因健康原因而离职的，如 1936 年 10 月 21 日，军乐队助理王龙升因“一年前得脑冲（充）血症，不能继续服务……今年去职，医疗费用更无力承担”③。

民国大学虽然常给人以自由、开放的印象，但由于国家与社会动荡纷迭，教育师资困乏，大学又常有欠薪等问题④，人事管理较为松散⑤，大学存在着教职员规模小、稳定性不足的弊端，以致限制了民国高等教育的发展。民国评论者指出教员的问题是在无恒心，而首要原因是任期短，“作教员之于学校，如燕之巢于幕上，其受聘之期，短者为一学期为二学期，最久者亦仅一年”⑥。谢泳统计过北京大学、清华大学、南开大学、北京师范大学 1949 年以前一百位教授的流动情况，发现他们平均流动三次，多的达四五次。⑦这种制度设计，一方面，使得教授流动很自由，学校间争夺教授的空间较大。另一方面，也让教授们神经有点紧绷。或是因为教学水平不够，或是因为人际关系不好，或是其他各种原因，教授都有可能失业。这与美国大学在 1915 年以后就规定“大学教授、副教授以及讲师以上职称的专业技术人员，任职期限超过十年以

① 清华大学校史编写组编著：《清华大学校史稿》，第 315 页。

② 清华大学档案：《国立清华大学任免图书馆职员的来往文书》，编号：1-2-1-116。

③ 清华大学档案：《国立清华大学任免教务处、宿舍办公室、军乐队、军训部、体育部职员的来往函件》（1934 年 9 月～1936 年 5 月），编号：1-2-1-115。

④ 1925 年教育学家舒新城指出：“自民国五年而后，教育经费逐渐被军人提用，民十以后，积欠日深，十四年中央教育经费已积欠至一年以上，经费云云自无良好消息。”不仅中央如此，“各省亦然”。（舒新城：《民国十四年中国教育指南》，北京：商务印书馆，1926 年，第 11 页）吴民祥对 1920～1930 年北京地区因欠发薪俸而引发大学教师“索薪”的事件进行研究发现，除 1928 年未有“索薪”运动外，其余各年每年都有，且欠薪数量短则三五月，长则累积两年之多。（吴民祥：《流动与求索——中国近代大学教师流动研究：1898～1949》，第 210～211 页）民国评论家称此时为教育的“恐慌时代”。（贾丰臻：《恐慌时代之教育》，《教育杂志》1914 年第 6 卷第 2 号，第 39～42 页）

⑤ 与今日大学的人事编制制度不同，民国大学往往实行聘任制，教职员合同聘期通常不过 1～2 年。聘任周期短，教职员与学校间解聘较容易。如 1932 年清华教师规程规定：本大学教授之聘约前 2 次每次期限 1 年，以后每次 2 年，讲师、专任讲师的聘约则每年 1 订。（《国立清华大学教师服务及待遇规程》，清华大学档案：《国立清华大学专任教授休假条例，教师服务及待遇规程》，编号：1-2-1-109）

⑥ 庄启：《造成良教员之法》，《教育杂志》1916 年第 8 卷第 9 号，第 142～146 页。

⑦ 谢泳：《西南联大与中国现代知识分子》，长沙：湖南文艺出版社，1998 年，第 11 页。

上者均应终身聘用”[①]完全不同。

以教职员录为基础的对比分析表明，清华教职员工总体上确实处于高流动状态。至少从1925年以来清华就处于不断的发展中，新教职员工也不断汇入。从1925年设立大学部到1928年成为国立大学，再到1932年后梅贻琦筹设工学院，甚至1937年学校南迁，办学困难，但因抗战局势的需要，学校的教学和科研规模依旧有所发展。复员回北平后，学校规模进一步扩大至民国时期的顶点。学校的发展，不仅是院系与行政部门的扩展，更是教职员群体的增加和流入。总的来说，教员的增加明显多于职员，也使得清华逐步改变了早期行政、服务人员过多的局面。此外，教职员群体的流出亦是相当频繁。实际上，只有不到5%的教职员能够出现在每年的名册中，绝大部分教职员都有时间长短不一的离校经历。不同职业群体的离校原因和情形也有相当的差异。职员群体本身的流动性并不大，尤其是初级职员，“由于清华生活较稳定，一般职员还愿勤恳地在清华长期工作”[②]，本身主动离职的意愿很低，但抗战爆发和学校南迁对这一群体的影响是极其巨大的，绝大部分职员都未能随校南迁，也显示了职员群体由于收入、知识的限制，在重大变动面前行为受限。[③]

在清华改大和教职员群体规模发展的过程中，一方面美籍教员占比高，中外教员待遇不平衡的局面得到了彻底改变。改大后的清华虽然只是国内大学中的一名“新人”，但校方却有着很高的目标，即要建设一所中国最好的大学。高深的学术研究与高质量的人才培养无疑是大学优秀的关键所在，最终都要落实在一流的师资和坚实的经费基础上。梅贻琦校长有言：“所谓大学者，非谓有大楼之谓也，有大师之谓也。”[④]20世纪20年代清华的外籍教员质量虽然有过不少的提高，但由于多种原因，特别是清华自己培养的留美学生逐渐规模性地学成归国，外籍教员逐步离开清华，从学校里的多数派逐步变成了少数派，并退而集中于外文系一处。

另一方面，在经费稳定和充裕的基础上，清华职员待遇和地位高于教员的情况也发生了改变。改设大学的成功以及学者水平的普遍提升，促使清华

---

① 王保星：《美国大学教师终身教职与学术自由的关系》，《北京大学教育评论》2005年第1期，第81～86页。

② 清华大学校史编写组编著：《清华大学校史稿》，第147页。

③ 本特森认为不同能力的群体在应对突发危机时的应对能力是有差异的，这种差异其实加大了不同群体间生活水平的差距。（Bengtsson T.，Campbell C. D.，Lee J. Z.，et al.，*Life under Pressure*，p.33）

④ 梅贻琦：《梅校长到校视事 召集全体学生训话》，清华大学校史研究室编：《清华大学史料选编》第2卷上册，第217～220页。

校方大规模改变了教职员待遇。罗家伦对清华进行初步考察后，在给董事会的报告中提出，清华职员薪金过大，权力太高，甚至教授也比不上。评议会以及其他各委员会主要人员，多为各部职员，而不是教授。教授地位不高，是清华急需改革的事项。当时清华教员的待遇，并不比国内其他大学丰厚，只是不欠薪。但南京国民政府成立后，中山大学、中央大学、武汉大学等都一样不欠薪，而且待遇均比以前提高了，甚至超过清华。清华想要吸收一部分人才，势非改善待遇不可。清华要想发展成一流大学，教授的待遇即便不能超过中山大学、中央大学等，也必须使教授能照顾好自己的生活，这样才能使他们精心授课和研究。而且，此时北京改为北平，不再为国之都城，如果待遇照旧，很难延揽到优秀学人。罗家伦提出“现在清华大学教授待遇约自二百六十元至三百六十元（原已超过三百六十元者，大都仍旧，颇少变更），较先前约增加自四十元至六七十元不等。将来设正教授时，其薪水约自三百六十元至五百元为度。外国教授当以契约另定薪额。至新回国与教授成绩未著之留学生，其薪额自应较低，以待其学问能力之实际证明”①。改革清华教职员的待遇与地位，“教授治校”与薪俸调整，特别是薪俸水平和结构成为清华改大后的一项重要内容。改大以后，教员结构与组成等均发生了不小的变化，归国留学生增多，本国大学毕业生也不断增加。学校升格，中学教员也逐渐向大学教员过渡，一批学有所成的学术精英进入清华并成为校园中最重要的群体。这些都深刻地改变了清华教员的待遇，这批教员的生活水平与清华学校时期的教员生活水平相比也发生了相当的改变。

第二节　经费：经常费与基金

教职员的薪俸支出通常是民国大学日常支出最主要的部分，教职员薪俸状况与学校经费关系密切，也与学校的持续发展关系紧密。教育经费短缺是民国教育界经常面临的问题。民国早期，北京教育界为数不多的经费常被军阀挪用，学校往往只能给教职员发规定待遇的几成，甚至百分之几。不走运的教授们，甚至有同时在四个大学授课，到了年节却全都发不出薪俸的，被谑称为“四大皆空”。②教育经费拖欠的原因是复杂的，不仅同国家财政状况如国库困窘、军费浩繁、外债高筑等因素密切相关，也与当时的社会经济以

① 罗家伦：《整理校务之经过及计划》，《国立清华大学校刊》1928年第12期，第1～4版。

② 冯友兰：《三松堂自序》，北京：人民出版社，1998年，第71页。

及执政者教育改革的意愿等大背景有关。

民国时期的国立与省立大学，其经费的绝大多数源于政府库款，表 1-4 列出的国民政府教育部颁布的各类大学经费来源构成表明了此点。与公立大学相比，私立大学的经费则主要依靠学杂费、捐助款以及杂项收入，筹款显然是私立大学的首要任务。公立大学经费来源基本依靠政府拨的国、省库款，这看似有利，实际也存在弊端。当政府资金充裕，能保证各校经费稳定不拖欠时，公立大学当然能“衣食无忧”，既无须校方为经费劳神，甚至还可有充裕的资金发展建设。但一旦时局动荡，国家财政不稳定，政府则常轻易地挪用各类教育经费，使得公立大学经费无着，教职员薪俸也就无着。薪俸是教员生活中最主要的经济来源，一旦发生停发、拖欠等问题，教员生活必然会受很大冲击，校中诸人生活艰难，必然会影响到学校的发展。

表 1-4 各类大学经费来源构成

类别	岁入总额/元	比例	国、省库款	学杂费	租息	捐助款	杂项
国立	13 659 422	100%	90.1%	2.6%	0.5%	4.7%	2.1%
省立	2 809 476	100%	94.7%	3.0%	1.0%	1.0%	0.3%
私立	7 382 858	100%	11.0%	25.0%	7.1%	37.1%	20.1%
合计	23 851 756	100%	66.0%	9.5%	2.7%	14.4%	7.4%

注：本表所引原始数据疑进行过舍入修约，故总数之和并不总为 100%

资料来源：陈能治：《战前十年中国的大学教育（一九二七—一九三七）》，台北：商务印书馆，1990 年，第 210 页

不幸的是，因政府经费问题而导致教职员薪俸被拖欠，教职员生活被严重影响的情况，在民国早期可谓“层出不穷”。即便如北京大学这样的名校也经常深陷拖欠教职员工薪俸与工资的窘境。北洋历届政府均忙于维持统治与剿灭异己，军事与政治是他们关注的最主要方面，教育则是“装饰的”①，可随时被牺牲。本有定制的教育预算经费，也常因军事的需要而被政府随意挪用，如 1916 年 7 月至 1917 年 7 月，全国教育经费预算被军费等开支一再压缩至约 500 万元，仅占当年全国财政总预算的 1%，战争费用 1 项就占到 35% 左右（表 1-5）。这也导致了北京大学等国立大学经费被严重拖欠以致无法按时按量发放教职员薪俸。李书华在回忆 1921～1929 年北京大学任教生涯时说：“彼时一年可领到八、九个月的薪水。”②

---

① 原表述为：“社会是阶级的，政治是压搾（榨）的，经济是地域的，教育是装饰的。”古楳编著：《现代中国及其教育》上册，上海：上海书店，1992 年，自序第 1 页。

② 李书华：《碣庐集》，台北：传记文学出版社，1967 年，第 52 页。

表 1-5 1913 年 7 月～1917 年 7 月民国政府开支表 单位：元

时间		1913.7～1914.6	1914.7～1915.6	1915.7～1916.6	1916.7～1917.7
Ⅰ经常性支出	1. 外交事务	3 293 115	4 229 529	3 276 677	4 446 548
	2. 内政事务	39 618 149	42 672 290	49 653 982	42 570 109
	3. 财政金融	210 345 180	23 383 989 29 960 079	53 531 625	61 792 970
	4. 战争	136 894 494	134 061 795	135 813 986	156 606 047
	5. 海运	7 665 881	4 802 560	17 101 779	1 304 135
	6. 司法事务	14 671 825	7 258 459	7 665 772	9 337 156
	7. 教育	5 207 213	3 276 904	12 611 583	4 433 893
	8. 农业与商业	5 083 386	2 276 537	3 762 244	2 734 790
	9. 交通	934 877	1 935 560	1 577 408	1 553 606
	10. 蒙藏事务		1 065 344	947 230	1 044 216
	小计	423 684 126	254 922 955	285 942 280	291 803 470
Ⅱ临时性支出	1. 外交事务	1 013 223		826 141	1 846 786
	2. 内政事务	4 263 860		2 105 864	3 117 770
	3. 财政金融	181 568 614	98 564 793	175 302 789	162 397 633
	4. 战争	26 910 518	3 526 282	6 438 727	10 711 333
	5. 海运	1 307 014	10 000	102 758	847 434
	6. 司法事务	370 312		45 572	28 610
	7. 教育	1 701 635		225 724	594 943
	8. 农业与商业	959 735		376 792	1 279 496
	9. 交通	457 843		112 783	116 833
	10. 蒙藏事务			40 000	94 276
	小计	218 552 754	102 101 075	185 577 150	181 035 114
	总计（Ⅰ+Ⅱ）	642 236 876	351 024 030	471 519 436	472 838 584

注：原表数据如此，可能存在偏差

资料来源：Montague Bell H. T.，Woodhead H. G. W.，*China Year Book*：*1919~1920*（《中华年书》），London：George Routledge and Sons Ltd，1920，p.346

1920 年以前高校欠薪事件虽时有发生，但尚不至频繁。如 1919 年北京大学会计课有一公告指出：“教职员诸君公鉴：本校十月分上半月经费于本月二十五日仅领到京中钞一万一千一百八十元，所搭现洋尚未给领，诸君薪水须稍迟俟现洋领到再发，特此奉闻。”①1920 年以后，欠薪就变得经常化了。1923 年以后随着曹锟争夺北洋政权，国家陷于混战局面，教育经费停发，教育部职能呈瘫痪状，教职员的生活状况更是恶化到了极点，北京高教界一度岌岌可危。北京大学档案记载：“窃查本校薪俸欠数月，同人等屡经函请，校

① 《会计课启事》，《北京大学日刊》1919 年第 503 期，第 1 版。

长会同各校妥商办法，逡巡逾月迄未清发，同人等已有断炊之忧。”[①]薪俸较低的书记员率先以群体信的形式要求教育部发薪：“时局多故，百事维艰，本校辍发薪资已经三月之久……八校已于7月16日请教育部发薪资……书记员联桂等理应静候何敢冒渎，现时情形较前迥异，米面价格昂贵，度日为艰……昔日虽有一二可以支持者近日已俱沦于艰窘之境，而典当一空，告贷无路矣。”[②]北京大学的校工们更是因为学校“对于工资又复分文莫名，不得已已于每日工作之余，出外拉车，以维生活云”[③]。此后不久，已无法忍受的北京八所国立高校成立联合体，展开八校罢课索薪运动，这一运动持续了相当长一段时间。八校索薪提出的要求包括：第一，以后八校每月经费二十万元须由交通部收入项下拨付；第二，从前积欠限三次还清。[④]对此蒋梦麟指出：“北大以及其他七个国立大专学校的教员，一直不能按时领到薪水。他们常常两三个月才能领到半个月的薪俸。他们一罢课，通常可以从教育部挤出半个月至一个月的薪水。”[⑤]

教职员索要薪水本是正当要求，但罢课和游行也不一定能让当局挤出薪水来，倒可能会扑个空甚至遭到毒打。如某次几百位教员在一大群学生及群众的支持下，前往北京的总统府游行讨薪。到达后，本已关闭的总统府大门突然打开，武装宪警蜂拥冲出，刺刀乱刺，枪把乱劈。“上了年纪的教员和年轻的女学生纷纷跌到沟里，有的满身泥泞，有的一脸血迹，叫的叫，哭的哭，乱成一片。……北大政治学教授李大钊挺身与士兵理论，责备他们毫无同情心，不该欺负饿肚皮的穷教员。”[⑥]又一次，教员们去财政部讨要欠薪时，财政部的人全都从后门溜走，只留下个空房子给教员们。教育部根本无力解决欠薪问题。起初尚且给蔡元培发去一封信，请他劝说八校教员回校上课。[⑦]运动进入高潮后，教育部比财政部更加“高明”，干脆来个“总辞职”，让讨薪的八校教职员们“无的放矢”[⑧]。北京《晨报》在这段时间内对该事件进行了连续报道，其标题就足以说明问题的严重性。如1923年4月14日标题为《昨日八校教职员大举索薪》，25日为《八校教员又将索薪》，29日为《八

---

① 北京大学档案：《北京大学呈请教育部速予补发本校积欠薪俸》，编号：BD1920018.3。

② 北京大学档案：《北京大学呈教育部请速拨本校经费俾得转发书记薪金》，编号：BD1920018.2。

③ 《北大校役工余拉车》，《晨报》1926年10月23日，第6版。

④ 北京大学档案：《国务院就北京大学等校教职员罢课索薪事为政府辩护及关于学生游行并打伤教育部马次长之通电》，编号：BD1921011。

⑤ 蒋梦麟：《西潮·新潮》，长沙：岳麓书社，2000年，第136页。

⑥ 蒋梦麟：《西潮·新潮》，第137页。

⑦ 北京大学档案：《教育部函请代致各员敦促上课共同维持教育》，编号：BD1920011.1。

⑧ 《教部将总辞职》，《晨报》1923年11月12日，第3版。

校教职员又索薪》，索要薪水绝对是该月北京教育界非常重要的主题。此后局势进一步恶化，8 月 26 日，《晨报》又有《京师教育势将完全停顿》的报道；10 月 27 日《行将关门之八校》一文更报道“八校经费，积欠十个月”，有几所学校“贫窘之状，为从来所未见。庶务处零星买物，虽数仅五元，亦拿不出来”[①]，北京教育界的窘迫状跃然纸上。11 月似乎是此次危机的最高峰，连续多日的标题都让人觉得异常危急，如该月 1 日《国立八校势将停闭矣》，2 日《国立八校已陷绝境》，3 日《八校危在旦夕》，4 日《八校教职员终不免于罢课》，7 日《八校终将关门》，9 日《八校经费仍无着落》，12 日《教部将总辞职》，16 日《国立八校将于明日关门》，18 日《国立八校竟关门矣》，20 日《国立八校已有五校关门矣》等[②]，虽然新闻报道的标题时常为吸引眼球而故意夸张，但教育界的经费危机与教职员的生存压力却是真实存在的。

“索薪运动”最终由于政府的推搪而不了了之，教员的薪俸收入与生活遭受巨大冲击却已成不争之事实。索薪问题最严重的时候，北京大学还出现了大批教员离校离京的情况，时称“大逃亡”。当时的《晨报》曾报道：“北大各教授，因教育经费无着，下半年一切进行，均感困难，故均另谋他就。查现在已到厦门大学者有林玉堂（林语堂，幼名和乐，又名玉堂，笔者按）等三数人。准备日内南下者，尚有周树人、沈兼士、顾颉刚、陈万里等十余人。”[③]林语堂自己也说，教授大逃亡的直接原因是军阀迫害，但经济也是一个重要因素。教授经济来源主要是薪金，“每个月也只能拿到 20%～30%，教授们经济拮据，非常狼狈”[④]，逼得纷纷南下。当时鲁迅在厦门大学月薪 400 元且不拖欠，这相对于北京大学教授月薪在 280 元到 300 元，且要忍受各种克扣，实在是太有吸引力了。

此次事件以后，教育经费依旧不稳定，欠薪问题依然严重。1926 年 9 月 20 日有报道称：“（北京大学，笔者按）兹领到俄款四万八千一百元……补发十四年三月份九厘，四月份六成一厘俸薪，（职员书记薪水凡在四十元以下者发全月，五十元至一百元者发八成，百元以上者发七成三厘）”[⑤]，但北京大学欠薪事件照旧出现。某次北京大学领到这笔款项为 9 月 19 日，恰是周日，

① 《行将关门之八校》，《晨报》1923 年 10 月 27 日，第 2 版。

② 《晨报》，见各日期。

③ 《北大教授多往厦大》，《晨报》1926 年 7 月 29 日，第 6 版。

④ 施建伟：《林语堂传》，北京：北京十月文艺出版社，1999 年，第 186 页。

⑤ 《北大昨日发薪，职教员略有差别》，《晨报》1926 年 9 月 20 日，第 6 版。

本来该日不须办公，但《申报》指出“虽为星期日，仍然继续办公，通知职教员，发放薪水”[①]，情势之紧迫跃然纸上。1932 年教育部拖欠北京大学经费时，北京大学一方面不得不裁减教员：“教职员薪水四万四千七百一十七元（较去年减少四千三百余元），计辞退职员二十三人，导师十三人，又减去国语及外国语两组薪水。”[②]另一方面校长蒋梦麟也不得不利用个人影响向一些机构伸手借钱，“前学年从财政部领到经费仅六个月，以之作全年度之用，其不敷也甚明。教职员薪水虽可按照领到成数发给（余可暂欠），然行政费不能拖欠及折扣。不得已另想办法如下：（一）临时向银行作信用借款，其数目已逾五万余元……（二）向基金暂借第五年之补助费十一万一千元（此款内垫发教职员薪金二月，总计教职员一年内得薪八个半月）”[③]。情况在 1932 年始终处于维持的状态中，到了 12 月，学校经费实在困难，“校长提出本校经济困难，拟向教职员薪水项下，自本年十一月份起一律扣借一成，以五个月为限”[④]，其困难情形几乎已至极端。

学校经费数额多少与稳定与否对于一校之发展与教职员工各种待遇的高低与落实，无疑具有决定性影响。民初北京大学经费如此困窘不堪，清华的状况又将如何？清华经费在当时的全国高校中处于怎样的位置，对教职员工的待遇又有什么影响呢？这些都是本节试图解答的问题。

一、清华经常费状况

清华办学经费来自美国政府退还的庚子赔款，款项连同本息共计美元 28 932 519.35 元（约合银 5800 万元）。自 1909 年起至 1940 年，美国分 32 年按月退还，提供给清华作为办学以及派遣学生留美的经费，每年平均为 904 141 美元。由于退款数量巨大，要分三个阶段来执行：第一阶段自 1909 年至 1914 年，每年退款为 54 万余美元；第二阶段自 1915 年至 1931 年，每年退款为 79 万余美元；第三阶段自 1932 年至 1940 年，每年退款 138 万余美元。[⑤]通

① 《京国校领得二十万俄款后好气象》，《申报》1926 年 9 月 23 日，第 12 版。

② 《附录：北京大学开学蒋报告经费状况》，王学珍、郭建荣主编：《北京大学史料》第 2 卷中册，北京：北京大学出版社，2000 年，第 1887～1889 页。

③ 《附录：北京大学开学蒋报告经费状况》，王学珍、郭建荣主编：《北京大学史料》第 2 卷中册，第 1887～1889 页。

④ 《国立北京大学布告（二十一年十二月二日）》，王学珍、郭建荣主编：《北京大学史料》第 2 卷上册，第 204 页。

⑤ 刘本钊：《二十年来清华之财政》，清华大学校史研究室编：《清华大学史料选编》第 1 卷，第 435～445 页。

过与当年清华收支账目对照，退款也确实是基本按照这一规则推行的。美国国会档案中所记载的1909～1940年退款情况也印证了此点（表1-6）。自1909年起至1937年止，除了1912年因北京政府缓付美国庚款，清华略受影响，以及1932年左右，因日军侵占东北后威逼华北，局势危急，美国暂停付款外，其他几乎没有出现过太大波动。

表1-6 美国退还庚款年表 单位：美元

年份	年退还额	年份	年退还额
1909	483 094.90	1925	790 195.99
1910	483 094.90	1926	790 196.00
1911	541 198.78	1927	790 195.99
1912	541 198.78	1928	790 196.00
1913	541 198.78	1929	790 195.99
1914	541 198.78	1930	790 196.00
1915	724 993.42	1931	790 195.99
1916	790 196.00	1932	1 380 378.35
1917	790 196.00	1933	1 380 378.34
1918	790 196.00	1934	1 380 378.34
1919	790 195.99	1935	1 380 378.35
1920	790 196.00	1936	1 380 378.43
1921	790 195.99	1937	1 380 378.43
1922	790 195.99	1938	1 380 378.35
1923	790 195.99	1939	1 380 378.34
1924	790 196.00	1940	1 380 378.36
合计：28 922 519.55			

资料来源：U. S. Congressional Record，*60th Congress，2nd Session*，1909，House Representative Document 1275，p.5. 转引于苏云峰：《从清华学堂到清华大学 1911～1929》，第102页

如何管理和使用数目庞大的退款是一个颇受注目的问题，很多实力集团都想插手其间。清华经费的管理，以1929年5月为界可分为前后两个时期。这笔款项在清末时属外务部管理，民国后到1929年以前，归外交部管理。外交部负责收取退款，依额按月分别发给清华学校和留美监督处并保管其余款，余款作为清华基金，不得动用。留美监督处虽是清华学校附属机构，但其以派遣学生留美为主，故其经费比清华学校要多。留美监督处款项由外交部直接拨发，清华校长只负责准驳和稽核，并按月呈报开支计算书给外交部而已。冯友兰曾说："本校每月经费，系按月由美国退还赔款项下支给。以前系由美使馆按月交付外交部，外交部汇兑一部份（分）至

留美监督处，为留学经费，一部份（分）兑换银元交付本校。”[①]外交部发给清华学校的款额，以美元直接存入花旗银行清华账户，再由银行依照当时的汇率支付银元给学校。美元升值，清华收入随之增加，反之则下降。如 1923 年 1 月到 1927 年 12 月，根据北洋政府外交部给清华的退款清单，每月退款为 65 849 美元左右，一年恰好为 79 万余美元。但清华最终得到的银元数目，则会受到汇率的影响，表 1-7 中清华会计室的记载表明虽然外交部按月拨付的退款美元数基本是相同的，但通过银行汇兑成银元后支付给清华，经费数目则受美元汇价影响，波动还是比较大的，月间差额能达到 8000 多元。清华曾经出现因美元汇价下跌过甚，经费不敷开支，请求北京政府给予相应补贴的状况。[②]

表 1-7　1923 年 1 月～1927 年 12 月北洋政府税务处接受美国退还庚款数

退款数/美元	汇率	合款数/元
65 849.70	70 合规元	94 071.00
65 849.66	71.5 合规元	92 097.43
65 849.66	73 合规元	90 205.01
65 849.66	76 合规元	86 644.29
65 849.66	74.3 合规元	88 093.19
65 849.66	73.5 合规元	89 591.37
65 849.66	70 合规元	94 070.99
65 849.66	69.25 合规元	95 089.76

注：规元，也称豆规银、九八规元，是 1933 年废两改元之前上海通用的记账计值的货币单位

资料来源：《抄收各月份退款数目表》，清华大学档案：《北洋军阀政府外交部令知：税务处接受美国退还庚款数字的部令》（1923 年 1 月～1927 年 12 月），编号 1-1-2-002

曹云祥曾说：“美款第一部份（分），自一九〇八年至一九三一年，总合每年国币约一百五十八万元。”[③]表 1-8 列明了从 1912 年清华学校建立开始，到 1931 年清华每年详细的收入和支出。数据显示，清华大学的收入与支出总体基本呈现的是上升趋势，但也时有波动。比较明显的是 1917～1919 年。从账目看，清华收支基本平衡，仅 1925 年有略微的收不抵支状况发生，其他年份都是收大于支。清华收入在 1929 年出现了较大变动，数目明显增加，这也基本适应了清华改大的发展需要。

---

① 冯友兰：《校史概略（节录）》，清华大学校史研究室编：《清华大学史料选编》第 2 卷上册，第 1～4 页。

② 《清华学校应得第二次美退庚款之一部分》，清华大学档案：《北洋军阀政府外交部令知：税务处接受美国退还庚款数字的部令》（1923 年 1 月～1927 年 12 月），编号 1-1-2-002。

③ 曹云祥：《清华学校之过去现在及将来》，清华大学校史研究室编：《清华大学史料选编》第 1 卷，第 36～44 页。

表 1-8 清华历年岁入、岁出经费比较表 单位：元

年份	岁入	增加	减少	岁出	增加	减少
1912	252 544			234 046		
1913	410 317	157 773		333 059	98 111	
1914	427 508	17 191		382 179	49 120	
1915	715 929	288 421		511 754	129 575	
1916	1 310 867	594 937		750 070	238 316	
1917	1 178 059		132 807	870 910	120 840	
1918	703 419		474 640	654 882		216 028
1919	578 865		124 554	515 464		139 418
1920	581 625	2 760		531 356	15 892	
1921	724 939	143 314		711 242	179 886	
1922	580 163		144 776	565 603		145 639
1923	638 002	57 839		561 966		3 637
1924	620 211		17 791	610 771	48 805	
1925	714 146	93 945		716 087	105 316	
1926	796 027	81 881		766 011	49 924	
1927	872 132	76 104		831 637	65 626	
1928	743 262		128 870	725 682		105 955
1929	1 086 428	343 166		988 572	262 890	
1930	1 786 763	700 335		1 451 779	463 207	
1931	1 885 470	98 707		1 250 428		301 351
	总计：14 721 206，平均：774 800			总计：12 713 072[1)]，平均：669 109		

注：1) 原材料数据如此，有偏差

数据不包含留美学生经费

资料来源：《国立清华大学历年国家岁入经费比较表》，清华大学档案：《国立清华大学 1912～1931 年度历年国家岁出/入经费比较表》，编号：1-2-1-150

1929 年 5 月，清华经费的管理机构和管理方式发生了重大改变，经费管理进入第二阶段。北伐以后，南京国民政府逐渐完成了对全国的统一，华北政局初定，北京也被更名为北平。北平原为北洋政府高等教育的核心所在，与南方国民党政权多少存有矛盾，因此对北平高等教育界进行整理便成必然。时任外交部部长的王正廷，深知清华是外交部的“财源”之一，要求将清华继续交归外交部主管。但国民党政府中有人并不赞成此法，不得已王正廷提出一个由外交部会同大学院共管的办法。他坚持外交部参加的理由，是清华系美国退还庚款所办，若外交部不参与其中，美国将无法接受。不仅如此，他还径直向时任大学院院长的蔡元培先生提出自己心仪的清华大学校长人选，希望借此加强外交部对清华的控制。但蔡元培对大学校长人选问题特别慎重，立刻予以拒绝。最终蔡元培接受了南京方面的决定，任命罗家伦担任清华校长。罗家伦的上任自然是王正廷及外交部不愿意看到的，于是王正廷

提出新的建议：因为清华是由大学院和外交部共同管理的，应设一董事会，代表两机构行使职权。这也是罗家伦到任清华后第一年里遇到许多障碍的由来。好在其后经过罗家伦及清华师生的不懈努力，国民政府最终取消了董事会，让清华直隶于教育部（此时大学院已改为教育部），清华大学才最终完全纳入了国立大学的体系。此后，清华校长职权不再受这些畸形组织掣肘。①

清华从外交部联合美方管理的特殊学校变成了国立大学，管理权逐渐从外交部过渡到教育部。1929 年 5 月经教育部呈准行政院，将清华大学月费，从该年起至赔款终了年，交由中华教育文化基金董事会（以下简称中基会）代领代发。这一决定得到了美国公使同意和美国国务院核准。②国民政府行政院还发出副令一份，交给美国使馆作证明。经费转移管理的手续，到 1929 年 10 月办理完毕。

经费拨付方式的变动对清华影响甚巨。1929 年《国立清华大学校务进行计划大纲》第一条指出："国立清华大学基金由中华教育文化基金董事会保管经理，以后由赔款增加而添入之基金及每月退回之校款亦应经拨该基金董事会管理以保障大学经济之安全与独立。"③冯友兰对此高兴地说："月费亦得安全保障……自此本校经费，可望完全脱离政治影响矣。"④中基会成立于 1924 年 9 月 13 日，由 15 名中美外交界和教育界知名人士组成，目的在于妥善保管和经营 1914 年以后美国第二次退还中国的庚款，共计 12 545 000 美元（其中本金 6 137 553 美元，其余为利息）。中基会利用其掌握的经费及其惯有的理念来发展中国的教育和文化事业。如中基会曾出资发展北平图书馆，建立著名的社会调查所以及生活调查所，在多个大学设立科学教授席位，聘请著名教授，推动各高校人才培养。⑤中基会在法律上具有财团法人地位，与政府有相当的关系，在美国还拥有免税权，是一个具有国际信誉的信托组织。它于 1929 年开始接受清华基金会委托，"永远管理清华基金"⑥，单独设立收支账目与特别会计，不与中基会保管的其他经费混淆。在接受清华基金的同时，

---

① 罗家伦：《我和清华大学》，罗家伦先生文存编辑委员会编：《罗家伦先生文存》第 8 册《日记与回忆、艺文》，台北：中国国民党中央委员会党史委员会，1989 年，第 396～412 页。

② 《教育部呈行政院文》，清华大学档案：《国立清华大学庚款、基金移交中华教育文化基金董事会保管和代管的部令和往来文书》（1929～1933 年），编号：1-2-1-009。

③ 清华大学档案：《国立清华大学校务进行计划大纲（附教育部指令二则）》，编号：1-2-1-004。

④ 冯友兰：《校史概略（节录）》，清华大学校史研究室编：《清华大学史料选编》第 2 卷上册，第 1～4 页。

⑤ 以 1929～1930 年为例，该会共设立 24 个科学教席，分别为中央大学 5 席，武汉大学 3 席，其他北平师范大学、东北大学、成都大学、中山大学等各 4 席。中基会：《中华教育文化基金董事会第五次报告》，1930 年，第 12 页。

⑥ 中基会：《附录一：保管清华大学基金办法》，中基会：《中华教育文化基金董事会第五次报告》，第 46 页。

中基会也接手管理了清华经常费。中基会收到庚款后，如数拨付清华。汇兑的收据、水单等各类凭证由中基会保存，并有查账员核对。根据清华大学档案中从中基会领取款项的存根，1933 年 7 月到 1936 年 6 月，清华每月从中基会领临时经常费 10 万元。①梅贻琦也说："本校常年经费，自二十一年起，每年定为一百二十万元。"②

除庚款外清华还会有一些其他收入，每年岁入日常经费一般要高于 120 万元，这在表 1-9 清华岁入经费中能够印证。根据中基会的清华账户，经常费项目中分为收支两项，收入项中列有四项来源：第一，逐月拨来庚款；第二，兑换盈余（又称汇余）；第三，银行存款及债票券等投资利息；第四，上年度节余。庚款是清华主要经费来源，银行存款利息收入逐渐降低，债券利息等投资则是逐年增加。根据统计，1929 年至 1936 年清华经常费共为 11 605 225 元，留美学务监督处经费共计 5 991 653 元，清华经常费约占 2/3。③

表 1-9　1928～1931 年清华大学岁入经费比较表　　单位：元

年份	岁入	比上年增加	比上年减少
1928	743 262		128 870
1929	1 086 428	343 166	
1930	1 786 763	700 335	
1931	1 885 470	98 707	

注：数据不包含留美学生经费

资料来源：《国立清华大学历年国家岁入经费比较表》，清华大学档案：《国立清华大学 1912～1931 年度历年国家岁出/入经费比较表》，编号：1-2-1-150

中基会介入保管，虽然使经费脱离了政治因素的影响，保证了拨付的稳定，但经费仍会受汇率等经济因素影响。中基会规章中明确提出"汇兑款项，均系同时通知各大银行，开递汇价，择其最廉者与之订汇价"④。实际金融生活中，汇率变动是常有的事情，由于经费数目较大，汇率的一点波动就可能带动经费大规模的变化，校方对此也很敏感，为此和北平、上海金融市场保持着比较密切的联系。金城银行副理孟汝楫曾向梅贻琦汇报："北平银元 0.725（七钱二分五厘上海规元银），normal rate。去年津复增长至 0.74 而现在已小至 0.70，是学校的好机会。"⑤按学校两个月经费 45 万元计，下跌前兑上海银

① 清华大学档案：《国立清华大学向中华教育文化基金董事会领取经费收据存根》（1933 年 10 月～1937 年 6 月），编号：1-2-1-151。

② 梅贻琦：《五年来清华发展之概况》，《清华周刊》1936 年第 625 期（向导专号），第 2～7 页。

③ 苏云峰：《抗战前的清华大学　1928～1937》，第 107 页。

④ 中基会：《中华教育文化基金董事会第五次报告》，第 45 页。

⑤ 《孟汝楫给梅贻琦的信》，清华大学档案：《国立清华大学校长梅贻琦自订的庚款收支余额储存基金计划》，编号：1-2-1-010。

元 620 689.65，下跌后兑上海银元 642 875.14，汇率变动下学校可多获利 2 万多银元。如果上海恢复常态，行市必然上升，学校的损失就更明显了。

总体而言，清华的经费来源与北京大学等完全国立大学很不一样，代表了民国大学的一种特殊办学模式。不管是北洋政府还是国民政府，两者都有庞大的军政开支，财政也都拮据，各类教育经费包括外国退还款项都有被挪用的可能。一般的国立大学由于经费不易稳定与持久，常有变动发生，学校的发展也因此会出现高峰与低谷的瞬间变化。清华、燕京大学等由于有国外势力的介入，办学经费相对稳定，学校发展通常可以有长期规划，不易被外界打断。虽然清华经费给人总体印象是充裕和稳定的，但实际上清华经费也出现过可能被挪用以及真实的停付、缓付问题，给学校的发展和教职员聘任等带来了很大影响。

第一次世界大战期间美国曾暂缓拨付庚款 5 年，考虑到此款“向充清华大学及留美学生经费，此款系学校经费，不便停顿。在欧战期内仍由我国政府照常拨付，未受缓付五年之影响”①，由于北洋政府暂时垫付了清华经费，学校的发展才不至于受太大影响。1932 年初，随着国民政府侵占北平诸高校的一项重要经费来源：俄国退还之庚款，北平教育界传出风声，各高校准备向清华借款以度日。这一消息在清华校内引起了巨大反响，《清华周刊》上有专门评论。当时北平教育界戏言称：“说也可怜，学校林立，以前号称学术中心的北京……教育界这几年来的波潮，多半是‘钱’的问题，直闹得师大半年来几乎一文莫名，北京和北平大学竟也不能维持上课；天津跟北平关系密切，‘穷’风所及，亦未幸免。”②但是令清华师生无法接受的是，虽然政府已经指定了俄庚款为平津各院校专款，却又在财政部、教育部主管之外，特设“俄庚款委员会”，以中外知名要人任委员来专司保管，并据此依旧占用经费。与此类似的清华经费自然也有被侵占的危险了。评论认为：“言而总之，很可惜的平津院校经费无着，学生学业，教职员生活，以至最重要的教育基础有很大的牺牲和动摇”，虽然“清华不穷，没有到冬天生不着炉子把学生冻病冻跑，没有欠几月薪把教职员逼得各处飞跑地去兼课兼差，或挤的乱碰滥钻的去作官发财，是实在”，但清华的发展离不开稳定的经费，因此“誓死反对借用清华校款”③。

尽管借款并未真正出现，但清华自身经费的停付却随之而来。由于美国

---

① 《中基会回复外交部公函》，清华大学档案：《1932 年 3 月 1 日起庚款停付一年，与教、财两部和中基会交涉的来往文书》（1932 年 4 月 22 日～1933 年 5 月 29 日），编号：1-2-1-11。

② 赵一来：《誓死反对借用清华校款》，《清华周刊》1932 年第 529 期，第 69～71 页。

③ 赵一来：《誓死反对借用清华校款》，《清华周刊》1932 年第 529 期，第 69～71 页。

国内经济不景气，同时担心日军有随时入侵华北的危险，1932 年美国再次产生了停付庚款的想法。庚款一停付，清华的经常费立刻就没有了着落，因此清华校内对此相当关注。《国立清华大学校刊》认为："从前在中国参加欧战的时候，庚款停付五年，清华之款未被停付。此次如果实行，清华恐不能除外，则于吾们经济上影响甚大。"[①]4 月 22 日教育部传出庚款停付一年的消息，梅贻琦随即上书教育部"停付美庚款，如果实行，本校原增加建筑、扩充生额、成立工学院及法律系各计划均将全部停顿，即图书、仪器、增聘教授等经常费用亦无法维持、应付，影响所及，不堪设想"，希望教育部"鼎立维持"的同时"俯向财政当局陈说，仍将该款照旧拨付"[②]。尽管中美各方都表示不愿意看到庚款停付，但美国最终还是决定从 1932 年 3 月起，庚款缓付一年，定于庚款付清之 1945 年之后的 1946 年再行补付。缓付而不是停付，也就是说日后还要补回来。

缓付发生后，学校如果一年没有正常的经费来源，势必无法支撑下去。会计师顾翊群等曾对 1932～1934 年清华经费收付情况进行审查，发现清华存在诸如学费、租金、利息等多项收入，但这些与庚款经费比相去甚远[③]，其停付或缓付的影响显然是巨大的。因此，庚款缓付对于清华来说可谓生死攸关，整个学校都笼罩在异常紧张和焦虑的氛围中。

在清华的努力和教育部的斡旋下，国民政府财政部最终同意向清华提供借款 100 万元。清华此时正处在扩大建设与积极发展新院系的关键时期，建筑费用支出很高。虽然有特别建筑费用，但适逢经费风波，清华的经济负担还是挺重的。在中基会的账目上，清华这一时期以建设等名义的借款已经逾 180 万元。"每月补助费十二万五千元，均能于月底领到，未曾拖延，但留美津贴现虽减少，每月仍须六万元，其余六万元之数，在本校向常每月十万元之预算下，所差甚多，兼添设一院三系，当然不敷。所幸建筑费尚可暂为挪借，差堪维持云。"[④]梅贻琦对此景况不无感慨地说："吾校在过去的一年期内，遭逢两层困难。一层是外患的紧迫，敌兵侵入，日深一日，校址所在，几成前线地带，使我们常常感觉工作要被停顿的危险。一层是经费的缺乏，校中

---

① 《三月七日总理纪念周记事》(1932 年 3 月 9 日)，清华大学校史研究室编：《清华大学史料选编》第 2 卷下册，第 699～703 页。

② 《梅校长上书教育部》(1932 年 4 月 22 日)，清华大学档案：《1932 年 3 月 1 日起庚款停付一年，与教、财两部和中基会交涉的来往文书》，编号：1-2-1-011。

③ 《国立清华大学分期现金收付表》，清华大学档案：《国立清华大学聘请会计师顾翊群等人审查经费报告和来往函件》(1929～1935 年)，编号：1-2-1-145。

④ 《经费》，《清华副刊》1932 年第 38 卷第 3 期，第 15～16 页。

自去年二月，美庚款停付以后，收入骤减，直至今年二月，只由财政部陆续拨到一百万元，暂资接济。”[①]由此清华“人少出多，困难已极……并将大宗用费，可暂缓至今春者，均予推展，是以财政部垫借一百万元，尚能勉维现状”；但到了 1933 年 2 月，清华已是“校用益感拮据，不得不向银行商借小款，以济眉急”[②]。

缓付一年后，1933 年 3 月，清华经济状况已十分危急，“经济竭蹶，校需孔亟，恳予商请财政部，早日拨给三月份庚款。倘势必续停，请照拨下年必需经费，以资维持”[③]。但雪上加霜的是，此时又传出庚款将继续停付一年的消息：“庚款停付事，据报载，确已由外交部向各国政府提出，拟仍自三月停付，本校所领政府补助费截止于二月，本月份经费何来及今后到底如何维持校务，犹因：①国难紧急，②各国政府尚未正式覆允缘故，不能解决，又不便进行。”[④]清华的经济实在难以承受这样的打击，“去年庚款停付前自银行透支之十余万元旧欠，本年度待付之图书仪器费数万元，及各项建筑费待付者约十五万元，总计约二三十万元”[⑤]。为了弄清真实状况，清华派出冯友兰、燕树棠等赶赴南京[⑥]，居住在南京中央饭店，专门和政府各部门协调此事。通过与教育部官员的接触，两人发现，由于日本入侵，教育部对“北方大学苦无妥善办法，现在只可将重点书籍、仪器装箱，必要时移北平附近地方暂避，永久迁移，则现在无此力量，只好听其自然”[⑦]，庚款的事情，财政部还没有与教育部接洽。但是如果继续停付，财政部必另拨款。只是对于清华所需的 300 万元经费，冯友兰提出“财部只给一百万，则学校不能支持矣。此点关系甚大，望先生（梅贻琦，笔者按）速来，以校长资格而各方接洽较易为力”[⑧]。好在最后庚款没有再次停付。但在停付期间，清华节省各项开支，教职员薪俸等待遇也出现了一定危机，面对危机，教授等高级群体并没有过多表现，

① 梅贻琦：《清华一年来之校务概况》，《清华副刊》1933 年第 39 卷第 7 期，第 3～5 页。

② 梅贻琦：《呈教育部文》，清华大学校史研究室编：《清华大学史料选编》第 2 卷下册，第 706～707 页。

③ 《梅校长致教育部电》（1933 年 3 月 8 日），清华大学档案：《1932 年 3 月 1 日起庚款停付一年，与教、财两部和中基会交涉的来往文书》，编号：1-2-1-011。

④ 《庚款至今无确息》，《清华副刊》1933 年第 39 卷第 2 期，第 12 页。

⑤ 《庚款至今无确息》，《清华副刊》1933 年第 39 卷第 2 期，第 12 页。

⑥ 冯友兰前往，主要目的是协调经费问题，如果庚款再度停付，清华希望政府拨款能达到三百万元。燕树棠前往，则主要是为清华设立法律系之事。

⑦ 《冯友兰、燕树棠致梅校长函》，清华大学校史研究室编：《清华大学史料选编》第 2 卷下册，第 708～709 页。

⑧ 《冯友兰、燕树棠致梅校长函》，清华大学校史研究室编：《清华大学史料选编》第 2 卷下册，第 708～709 页。

倒是中下级教职员和校工抱怨声颇多，也表现了不同群体面对短期经济危机时的能力差距。

综上而论，除了因内外战事，美国政府暂停拨入庚款，致使中基会在1932年没有收到清华庚款款项外，其余时间清华经费还是很稳定的。清华经费定额后，其固然并非经费最高的学校，只是若没有扩展的建设，经费则还算充裕，但当校方图谋更大发展时，定额的经费也会掣肘。

二、清华基金状况

美国退还清华的赔款实际分为两个部分：月费和基金。月费即经常费，是为维护清华日常运作和基本建设的；基金则是为了保证清华今后的长期发展。每年退还庚款的大部分其实都放进了清华基金，以便保证庚款付完以后清华仍能有稳定的经费维持。庚款付完之前，基金通常是不允许动用的。1929年清华基金管理规定，“国立清华大学基金，委托中华教育文化基金董事会，负责保管……国立清华大学基金，无论何时，不得动用；其利息非至赔款终了之年，不得动用”①。中基会代管清华经费后，每年收到的美国退款有银元300万元至500万元，这笔款项的主要部分被放入了清华基金，而不是拨给清华作为经常费使用。清华基金与经常费之间并没有直接关系。在中基会的账目管理中，清华基金也是同经常费分开管理的。民国各界谈论清华，谓之有钱，是“贵族”学校，对学校而言，多少混淆了清华经常费和基金，并不能准确反映清华经费的真实状况。

民国时代清华基金的保管分为两个时期，前期由清华董事会管理，后期由中基会管理。1917年9月，因为校长周诒春擅购美元及清华“兴修各项工程，添购一切器具，为数太巨”，以致“开支溢额”，外交部考虑设立清华学校基本金委员会，由部长委派十人组成委员，并拟订《清华学校基本金章程》。②同年10月，依照基本金章程第2条规定设立了董事会，由外交总长遴选董事6人组成，且每年改聘2/3。董事会职权包括稽核基金用途、巩固基金，但不得干预学校教务。清华学校经费，每月以2.9万美元为定额；游美学费及监督处经费，以每月3万美元为定额。董事会负责审议预算与决算，报部核查。依此章程，清华基金实际是由清华董事会管理。清华董事会成立初期基金运作的情况还是比较好的，后来因为不断增加派遣游美人数，经费入不敷出，外交部又坚持留美政策，使清华学校本身的发展面临困境，引起清华师生及

① 《国立清华大学规程》，《国立清华大学校刊》1929年第80期，第3～4版。

② 苏云峰：《抗战前的清华大学1928～1937》，第101页。

一些社会人士的关注。1917 年底，清华基金积存的规模已达 264 万元。基金会对基金详细的投资与保管情况见表 1-10。

表 1-10 1917 年清华基金积存情形

处置	银元	洋元
存中国银行	290 000 余	170 000 余
存交通银行	180 000 余	160 000 余
买股票、公债、金镑、卢布		2 000 000 余
现款	400 000	310 000
合计	870 000 余	2 640 000 余

资料来源：外交档：《清华学校基金保管委员会》，1917 年 9 月 10 日，编号：03-08/18-1。转引于苏云峰：《抗战前的清华大学 1928～1937》，第 102 页

1927 年外交部改组董事会，增加教育界与财务专家 15 人及清华校友 1 人，不过，实权仍旧操纵在外交部与美驻华公使手中，清华基金保管状况也从没公布过。罗家伦主持清华校务后，揭露了清华基金保管弊端，全校师生纷纷要求改革。[①]罗家伦批评说："清华的基金向来是一个哑谜，很少有人能够明白其实情"，经过考察后，他对基金有了以下三个方面的考虑：

（1）清理已有基金。大家都知道清华有八百余万的基金，算一算表面价值，似乎没有什么错误；但是如果合一合实价，就不免使人气短。大家或者也知道清华基金已有亏折；但是为什么亏折，尚实存若干，所存放的银行是否可靠，均很难明确的解答。为清华大学的存亡，为中国民族的道德计，对于现在的基金，必须要彻底清查，严究以前的损失。

（2）改良保管方法。以前清华基金，名义上由前外交部总长、次长和美国公使三人合组的保管委员会保管，而实际上如投资和存放的权力，则均操诸保管委员会的书记之手。暑假中美国公使曾主张于保管委员会之下设一财务委员会，实际负管理基金之责，确系一个妥善的办法。但是本大学教授对于保管委员会，应当派人参与。实以基金关系学校命脉，不容坐视。至该会人选，应当注重专门知识。

……

（3）确定将来基金的办法，以巩固清华永久的基础。在最近几年以内，学校的财政不但不能有所多余，而且不甚充裕，预计明年

① 《清华风潮之内幕》，《教育杂志》1929 年第 21 卷第 6 号，第 176～179 页。

（十八年）尚有一批约四十人的出国学生，回国的约六十人，有二十名的空额，约可多出六万元的国币。所以在十八年度，学校经费约可增至七十余万元。以后在国外学生如能逐渐减少，学校经费逐渐加多，至民国二十一年，约达一百二十万元左右，即全以作学校经常费用。以后每年多余，则均拨归基金，计至最后一批出国学生回国（二十四年），每年拨归基金之款约可有一百五十万元。现在基金实数，暂以五百万元计，每年利息约四十五万元，以复利息计，算至民国二十一年，约可达七百万元。至二十四年，约可达一千万元。再加以每年多下的留学经费一百五十万元，算至民国二十九年，即庚款终止之年，最少可有二千四五百万元。此后每年利息，已足敷学校之用。清华大学的基础，才算达到真正稳固的地位。但是要想达到这个地位，非改良基金管理办法及留学方针不可。①

经过种种努力，清华董事会最终被废除，美驻华公使也于 1928 年 5 月令驻南京领事与国民政府教育部、外交部两部召开清华基金保管委员会会议。会议决定将清华基金全部拨归中基会代为管理，并于 1929 年 8 月 2 日正式移交生效，这也就进入清华基金保管的第二个时期。在中基会正式接管清华基金前夕的 6 月 12 日，清华校方出台了新编《国立清华大学规程》，对基金管理做了新的规定，明确清华基金的管理权完全委托给中基会，同时规定基金“其利息非至赔款终了之年，不得动用”。基金账目“依照中华教育文化基金董事会基金办法，按期公布”，清华方面具有一定的监督权，“国立清华大学校长及评议会，得随时调查基金保管及其经理存放之实况，并得随时建议于中华教育文化基金董事会，请其酌采”②。此后，清华对基金使用做了进一步说明：“国立清华大学基金及利息在民国二十九年以前一律不得动用，自三十年即赔款终了之第一年起方由利息项下支发核费”，“自民国十八年至二十年每月退还赔款除汇款留学费外余款悉数拨作国立清华大学经费，自二十一年起赔款书目增加，自该年至民国二十九年，清华大学经费固定为每年一百二十万元，建筑费用概按年由预算下节支，不在基金项下支付”。③

如果能合理、有效地运作，保证清华基金的稳定和增值，赔款退还结束后应该能给清华留下一笔巨大财富，保证学校长期发展。按照梅贻琦对基金

① 罗家伦：《整理校务之经过及计划》，《国立清华大学校刊》1928 年第 12 期，第 1～4 版。

② 《国立清华大学规程》，《国立清华大学校刊》1929 年第 80 期，第 3～4 版。

③ 清华大学档案：《国立清华大学校务进行计划大纲（附教育部指令二则）》，编号：1-2-1-004。

的保存计划（表 1-11），清华基金经过不断积累，到停付前的 1940 年可以达到近 4000 万元。以 1931 年或 1932 年的情况看，这是一笔巨大的资金，对保证清华长久的发展能起到至关重要的作用。

表 1-11　梅贻琦自订的庚款收支余额储存基金计划　　单位：元

年份	1932～1933	1933～1934	1934～1935	1935～1936	1936～1937
美退还美元	1 380 378.35	1 380 378.35	1 380 378.35	1 380 378.35	1 380 378.35
游美经费美元	210 320.00	157 680.00	93 920.00	75 200.00	75 200.00
余款全洋	11 170 058.35	1 222 698.34	1 286 458.35	1 305 178.35	1 305 178.33
银元三元合国币	3 510 175.05	3 668 095.02	3 859 375.05	3 915 535.00	3 915 534.99
本校预算	1 200 000.00	1 200 000.00	1 200 000.00	1 200 000.00	1 200 000.00
余款拨入基金	2 310 175.05	2 468 095.02	2 659 375.05	2 715 535.05	2 715 534.99
已有基金	6 500 000.00	8 810 175.05	11 806 880.57	15 174 668.45	18 800 683.61
利息（6%）		528 610.50	708 141.83	910 480.11	1 128 041.02
基金总数	8 810 175.05	11 806 880.57	15 174 668.45	18 800 683.61	22 644 259.62
年份	1937～1938	1938～1939	1939～1940	1940	
美退还美元	1 380 378.33	1 380 378.35	1 380 378.34	690 189.18	
游美经费美元	75 200.00	75 200.00	75 200.00	37 600.00	
余款全洋	1 305 178.33	1 305 178.35	1 305 178.34	652 589.18	
银元三元合国币	3 915 534.99	3 915 535.05	3 915 535.02	1 957 767.54	
本校预算	1 200 000.00	1 200 000.00	1 200 000.00	600 000.00	
余款拨入基金	2 715 534.99	2 715 535.05	2 715 535.02	1 957 767.54	
已有基金	22 644 259.62	26 718 450.19	31 037 092.25	35 614 852.81	
利息（6%）	1 358 655.58	1 603 107.01	1 862 225.54	2 136 891.17	
基金总数	26 718 450.19	31 037 092.25	35 614 852.81	39 709 511.52	

注：原表数据如此，有偏差

资料来源：清华大学档案：《国立清华大学校长梅贻琦自订的庚款收支余额储存基金计划》，编号：1-2-1-010

要想实现梅贻琦基金保存计划，实现基金稳步增值，如何投资就成为关键。前面提到，罗家伦审核基金时，就发现基金存在严重亏空。中基会接手清华基金后，进行了审计，其结果证实了这一点（表 1-12）。表中计算出清华基金款项总计为 **8 968 818.71** 元，总数看似令人满意，但检查每个细目，不难发现清华基金的投资不能算很成功，如购买的中国公债，基本都是有跌无涨，处于亏空状态。购买的股票，如中华懋业银行股票和龙烟铁矿公司股票，则完全失败。公司或倒闭，或严重亏本，股票价值一落千丈，直至停盘，没有市价，股票也就成了废纸，账面上必然出现呆账、坏账。

表 1-12 前保管委员会移交资产明细表

		票面额/元	原账额/元（记账评价）
第一类：中国公债	1. 十年整理七厘公债	70 900	41 122
	2. 十年整理六厘公债	650 000	568 044.66
	3. 七年长期六厘公债	192 200	155 682
	4. 十四年八厘公债	405 200	373 375.61
	5. 津海关二五库券	3 500	3 128.50
	6. 湖广铁路债券	11 860（英镑）	56 186.75
	7. 京绥铁路债券	52 000	52 000
第二类：外国公债	1. 秘鲁政府六厘债券	50 000（美元）	93 475.90
	2. 智利押款银行六厘债券	30 000	61 635.97
	3. 德国中央农业银行六厘债券	50 000	100 788.33
	4. 米那协雷省六厘债券	50 000	105 541.75
	5. 维也纳市六厘债券	20 000	39 209.88
	6. 古巴糖业公司七厘半债券	19 000	40 881.82
	7. 比利时国有铁路公司优先股票	200 股	36 685.08
第三类：股票	1. 中国银行股票	200 000	200 000
	2. 交通银行股票	190 800	190 800
	3. 中华懋业银行股票	30 000	30 000（无市价）
	4. 龙烟铁矿公司股票	100 000	1（无市价）
第四类：银行活期存款及现金	1. 银行活期存款	8 480.62	8 480.62
	2. 美元储蓄存款	20 699.87（美元）	41 399.74
	3. 现金	554.94	554.95
第五类：银行定期存款	1. 未停业各银行定期存款	4 060 631.51	4 060 631.51
	2. 已停业各银行定期存款	854 804.56	854 804.56
第六类：清华大学借款本息	1. 清华大学普通借款及平均收支借款	1 600 000	1 600 000
	2. 教员住宅建筑借款	55 000	55 000
	3. 借款积欠利息	192 962.97	192 962.97
第七类：房产收益	山海关房产	6 428.57	6 428.57
总计		8 968 818.71	

资料来源：《前保管委员会移交资产明细表》，清华大学档案：《国立清华大学庚款、基金移交中华教育文化基金董事会保管和代管的部令和来往文书》（1929～1933 年），编号：1-2-1-009

中基会管理基金以后，调整了投资结构和方向，减少了资金不良投入，注重外债的购买。表 1-13 是 1937 年 6 月前中基会对清华基金投资的详情。通过合理的投资，清华基金的本金及存款利息，在稳定中略有增长，到全面抗战爆发前，合计共收入 5 176 321 银元，281 685 美元及 2438 英镑，每年平均收入利润及利息 647 040 银元，35 211 美元及 304 英镑。[①]抗战全面爆发后，清华基金的管理计划似乎没有能完全按照设想执行下去，但以 1937 年以前而言，清华基金稳固，正常情况下可以保证经常开支。不过由于清华不断扩张，如增设工学院，以及建筑教员、学生宿舍楼等各项工程，也使清华花费不少。虽然规定庚款退款结束前不能动用基金，但学校为了扩展院系等曾多次向中基会借用基金款项，从 1929 年到 1934 年，每年平均有 16.7 万余元之多，因此基金在退还结束之前对清华的发展也有实际的帮助。总之，中基会接受清华基金和经常费后，清华经费较以前更为稳固，只是相对于清华的发展，可能尚有不足，这在之后章节还有具体论述。

表 1-13　1930～1937 年清华基金主要资产投资表　　单位：银元

时间	有价证券	银行存款及现金	清大借款	未确定资产
1930 年 6 月	3 837 487	2 611 459	1 995 433	858 665
1931 年 6 月	6 072 657	1 697 395	2 155 068	7 000
1932 年 6 月	6 689 663	1 029 721	2 327 473	7 000
1933 年 6 月	6 000 901	1 256 941	2 513 671	7 000
1934 年 6 月	7 572 942	1 401 215	889 194	7 000
1935 年 6 月	8 990 514	1 689 116		5 000
1936 年 6 月	13 467 000	1 499 488		
1937 年 6 月	17 215 308	1 712 894		2 007

注：银行存款包括定期、信托及往来存款在内

资料来源：《中华教育文化基金会业务概况，1924～1970》，台北：中基会编，1971 年，第 25～26 页。转引于苏云峰：《抗战前的清华大学　1928～1937》，第 105 页

三、比较视野中的清华经费

清华虽有美国退还庚款的支持，向来以经费充裕闻名教育界，但是此种说法未免笼统，没有充分考虑南京国民政府成立后国家政治等因素变化对教育界的影响以及清华谋求建设成为中国一流综合大学的需求。本节通过对比 20 世纪 30 年代清华及其他主要大学的经费情况，以期对清华经费及教职员待遇在全国高等教育界的位置有更明确的了解。

北洋时期，清华经费在全国教育界是十分充裕和稳定的，为各校所羡慕。其他国立高校经费不仅不算高，更是常被拖欠。20 世纪 20 年代北京政局动荡飘摇，各军阀政权轮番登场，政府为应对各方敌手已是自顾不暇，于教育不仅难有关心，甚而挪用教育经费以充军饷、以资征伐。特别是 1926 年 4 月，冯玉祥发动政变以后，各派军阀势力对北京政权展开了拉锯式的

① 苏云峰：《抗战前的清华大学　1928～1937》，第 105 页。

争夺，并先后组建了代表各派军阀利益的内阁政府。从1923～1927年，这些内阁政府“并不比电影中的统治者具有更多的实力”。“财政总长没有钱。交通总长无铁路可管，因为铁路全在军队指挥官的手中。教育总长总该管理公立学校，但这些学校被关闭，因为不能支付公用事业的费用，教员也领不到薪金。”①

这使得像北京大学这样以吃“皇粮”为生的国立学校叫苦不迭。为争取更多经费和发展空间，北京大学曾要求政府将各国退还赔款用于发展。1918年北京大学发起并成立了“退款兴学会”，目的就是请求列国“退还庚子赔款作为振兴全国教育及研究高深学术之补助费”②。1920年北京大学与东南大学、广东大学、中法大学四校联合运动法国公使，希望将法款用于四校经费，并成立了“中法教育基金委员会”③。不过在那几年北京大学的收入册上并未见到来自该委员会的拨款。以北京大学为首的北京八所国立大学还曾联合要求将俄国放弃的赔款充作学校经费。八校提出：“窃校长等以国立北京各校经费支绌，曾一再吁请政府指拨专款，以充基金，用图久远。无如库款空虚，一筹莫展。故近年以来，各校经费积欠累月……查俄国庚子赔款，于俄国政变后，曾经我政府明令停付。近复由俄国代表宣言放弃……国立教育，因借此而维持。”④1924年“俄国庚子赔款委员会”成立，在其协议下，北京国立各大学获得部分俄款补助作为教育经费。根据台湾学者的统计，自1924年至1926年，八校一共收到195万元的赔款补助。⑤北京大学校方从1923年11月到1925年2月一共收到俄国庚款19笔，每月约有21 058元进账，总数近40万元。⑥八校每月分得俄款从5万元到24万元不等，北京大学一校的款额就约占1/3。⑦张作霖入主北京后款项渐渐被挪用，至北伐结束，俄国庚款委员会瓦解，这笔款项也就再无着落。

国民政府成立后，政局相对稳定，拖欠经费的事件明显减少，但并未绝迹。如1931年北京大学预算支出760 702元，政府该年实际拨款却只有216 886

① ［美］费正清编：《剑桥中华民国史 1912～1949年》上卷，杨品泉等译，谢亮生校，北京：中国社会科学出版社，1994年，第351页。

② 北京大学档案：《退款兴学会简章》，编号：BD1918011。

③ 北京大学档案：《中法教育基金委员会组织大纲及教育基金之筹备的报道》，编号：BD1925019。

④ 《八校请拨俄国庚子赔款充教育基金呈文》，《北京大学日刊》，1923年11月27日，第2版。

⑤ 王树槐：《庚子赔款》，台北：“中研院”近代史研究所，1974年，第251～268页。

⑥ 北京大学档案：《收款清单 1921年7月～1925年12月》，编号：BD1925022.2。

⑦ 国民党政府教育部档案：《俄庚款拨充京师八校经费案（四）》，转引于杨翠华：《蒋梦麟与北京大学，1930～1937》，《“中研院”近代史研究所集刊》1988年第17期（下），第261～305页。

元，仅占开支的 34.4%。[①]北京大学校方多次向教育部申明学校的困难，请求教育部发薪："南京教育部钧鉴，上月底未发之十万元请速发并请迅赐再发一个月的经费……到本星期为止，北大、平大均已难支"[②]，蒋梦麟更多次亲自赴南京、上海与当局进行交涉。[③]

因此，尽管各校教职员工的待遇都有具体、明确的规定，但书面规定能否最终实现，规定是否会被不断调整等，关键还是要看经费的数量和稳定性，这也是教职员工待遇能否最后落实的根本保证。就档案资料来看，至少抗战前清华从没有出现过教授工资停付的事情。这个情况在今天看来也许是非常正常的，可是在当时的社会经济环境下，能做到这一点的大学真的是寥寥无几。民国初年清华经费具有稳定的优势，由此教员收入也很稳定。

但南京国民政府成立后，国立高校经费数额有所增长，清华经费数量上的优势也在无形中被削减了。北平虽还是学术中心，但中央大学、中山大学等南方大学已显示出后来居上的气势，经费更是超出北京大学、清华等校不少。如 1932 年主要国立大学的收入，最高的是中央大学，清华位列第四，在北平则名列第二。清华经费较中山大学、中央大学及北平大学三校分别少了 508 288 元、534 682 元及 369 260 元（表 1-14）。虽然清华的收支尚能勉强平衡，基本未出现入不敷出的局面，但已经影响到学校的扩展。

表 1-14　1932 年国立高校的岁入、岁出情况　　单位：元

学校	岁出	岁入	学校	岁出	岁入
国立中山大学	2 036 608	1 746 122	国立交通大学	828 031	828 031
国立中央大学	1 737 246	1 772 356	国立浙江大学	767 081	787 218
国立北平大学	1 552 329	1 607 094	国立四川大学	317 133	636 520
国立清华大学	1 237 832	1 237 834	国立暨南大学	663 170	697 023
国立北京大学	918 429	1 020 000	国立同济大学	552 636	551 467
国立武汉大学	965 865	1 111 137	国立山东大学	499 495	429 032
国立北平师范大学	956 892	926 892			

资料来源：国民政府教育部编：《二十一年度全国高等教育统计》，上海：商务印书馆，1935 年，第 47～48 页

1933 年五所著名国立高校的年经费数额排行，清华仍旧排在第四位（表 1-15）。北京大学的经费虽比较少，但当时北京大学已经与中基会合作，中基会补助北京大学 100 万元用于其建设。[④]北京大学利用这一资助，设立研

① 国民政府教育部：《第一次中国教育年鉴》丙编"教育概况"，第 50 页。
② 北京大学档案：《北大、师大、平大催教育部速发经费的电文》，编号：BD1931026。
③ 《北大三学院平均发展》，《京报》1931 年 4 月 28 日，第 7 版。
④ 《中华文化教育基金会资助北京大学革新事业》，《申报》1931 年 1 月 14 日，第 11 版。

究讲座。这种讲座讲课比较少，研究时间比较多，报酬又十分优厚，北京大学由此一下招揽来多位名学者。[①]虽然暂不清楚这笔资金分多长时间拨付给北京大学，但无论如何，得到资助后北京大学经费至少应能与清华持平。若再从学院数与经费的比值考虑，即便未受资助的北京大学，每个学院平均可得年经费为 30 万元，位列五校之首。中山大学 296 000 元列第二，北平大学 287 436 元列第三，中央大学 286 667 元列第四，清华以 284 066 元列最末。当然，北京大学平均经费虽高，但学院数最少，其发展还是受到了很大限制。3 个学院也是教育部所规定合格大学的最低学院数。综合考虑，素称富裕的清华经费也并不是那么“一枝独秀”，若再没有清华基金的支持，民国清华发展工科等甚至是不可能的。

表 1-15　1933 年五所国立大学经费与学院数

学校	学院	经费/元
国立中山大学	文、理、法、医、农、工（6 个）	1 776 000
国立中央大学	文、理、法、教育、农、工（6 个）	1 720 000
国立北平大学	文理、法、农、工、医（5 个）	1 437 180
国立清华大学	文、理、法、工（4 个）	1 136 264
国立北京大学	文、理、法（3 个）	900 000

资料来源：清华大学校史研究室编：《清华大学史料选编》第 2 卷下册，第 728～730 页

北京大学、清华大学等北京地区学校经费上的窘境和发展上的滞后，或与政治环境的改变有关。中山大学与孙中山、国民党有着很深的渊源，“国父孙中山先生所躬亲擘划，于民国十三年二月，命国立广东高等师范学校校长邹鲁将国立广东高等师范学校、广东公立法科大学、广东公立农业专门学校合并改组，分设文、理、法、农四本科”[②]。其经费不仅多且来源稳，广东大学时期“总理划定多种税收为广东大学之经常费，如九拱两关厘费，省河筵席捐，一部份盐税，每月一万元，田赋附加费，各属筵席捐，进口洋布厘费，士敏土厂余利，舶来士敏土附加费，运销矿石特别照费等项，共计年可一百七十余万元”；1926 年改建国立中山大学后，“再由政府加拨三万元，每月共领毫洋一十二万元，十八年十月起由财政部广东特派员公署按月拨给毫洋一十四万元”；“二十年因添设土木工程化学工程两学系，及改良教授待遇，增加薪金，奉广州国民政府核准，由财政部每月增拨四万五千元，合原数共一十八万五千元”。[③]中央大学地处南京，自是国民政府要倾力建设的形象大学。

① 冯友兰：《三松堂自序》，第 324 页。
② 国立中山大学：《国立中山大学现状》，广州：国立中山大学出版部，1934 年，第 1 页。
③ 国立中山大学：《国立中山大学现状》，广州：国立中山大学出版部，1934 年，第 33 页。

此外，经费比北京大学略少，但规模却小很多的武汉大学以及浙江大学此期都与国民党有密切关系。北平大学是国民政府高等教育改革，甚至是要取代北京大学的产物，颇得政府眷顾。清华经费好在因与美国有关，政府难以干涉，尚算稳定但绝不充足。北京大学虽有辉煌的过往，但因它既没有外国势力的庇佑，又难与政府亲近，缺少重视也就可以理解了。这也就印证了桑兵的观点："国民政府移都南京，有着多重考虑……但是这样一来，在政治和军事上，南京政府对华北无法实施有效的直接控制。在思想文化方面，国民党急于扭转五四以来不破不立的革命与自由的风气，回归稳定的传统，以利于政权的稳固与思想的控制，这与五四新文化运动以来北京学术文化界的追求发生尖锐对立。国民党和南京国民政府推行的党化教育以及思想钳制政策，一直遭到北平文教界学人的抵制，而南京政府或明或暗地扶植中央大学以取代北京大学的地位，进而影响全国风气的做法，更引起政见各异的北方学人的强烈不满。因此，尽管国民党与北京大学乃至整个北平文教界新派师生的渊源不浅，双方的关系还是相当疏离甚至时而紧张。"①

这种局面使得清华经费稳定的优势不再，一成不变的劣势却凸显了。因此认为清华经费支撑清华发展毫无问题，以及清华教职员薪俸与学校经常费间毫不紧张也就显得过于乐观了。1928 年，教授薪俸总计 16 848.66 元，1929 年达到 17 850 元，增长了 5.9%，到了 1932 年，教授薪俸已经达到 25 993.33 元，比 1928 年增长了 54.3%，增速非常快。秘书长沈履说："本大学每年开支全校教职员薪金，工役工资，全校图书仪器的购置，一切的设备供给及行政费用，每月只有十万元，每年只有一百二十万元的预算。以百二十万元办四学院、十六学系，照顾千余亩面积的校地校舍，而单身教职员二百余人住在校内，及百三十家教职员家属住在学校，当然亦加上不少的负担。清华应付这个场面，每月开支十万元，是不是充裕？与他校一比，即可得其概念。"②罗家伦也曾说过："过去清华教员待遇，并不比国内其他大学为优，所好的只是不欠薪而已。但是现在（1929 年，笔者按）情形就不同了，如中山大学、中央大学、武汉大学都一样的不欠薪，而且待遇均加高，均在清华之上。清华要想吸受（收）一部分人材（才），势非亦改善教授待遇不可。加之年来生活程度日高，清华纵不能与中山、中央等大学相比，也须顾及教授生活的安

① 桑兵：《抗战时期国民党对北平文教界的组织活动》，《中国文化》2007 年第 24 期（春季号），第 108～124 页。

② 沈履：《沈秘书长本学年开学典礼报告》（1934 年 9 月），清华大学校史研究室编：《清华大学史料选编》第 2 卷下册，第 727～732 页。

定，方可使其静心授课研究。”[①]冯友兰站在整个教育界的高度认为：“这种学校争教授、教授选学校的情况，也促进了当时各大学的学术空气的发展。”[②]但是无论如何，这对清华自身而言是一种压力。清华大学建立后，学校发展很快，学科门类不断增加，教授人数与薪俸也就需要同时增加。

清华领导者们对经费问题也一直多有忧虑。1931 年梅校长到校视事召集全体学生训话时，就说过清华的经济状况，认为它在国内算是特别好的。但“如果拿外国大学的情形比起来，当然相差甚远，譬如哥伦比亚大学本年的预算，共有三千六百万美金，较之清华，相差不知多少”[③]。1934 年秘书长沈履曾仔细分析过清华经费的实际状况，认为社会上存在误解：

> 现在一般社会对于清华经费的情形，有个很根本的误解。一般社会都有一种模糊的感觉，就是清华大学富得很，经济宽裕得很……这是一个根本的误解啊！为什么会发生这个误解？大约有两个原因：第（一）大概把清华的基金，与学校支用的经费，混为一物。其实基金乃是为清华百年生存大计的积蓄金，学校绝不能轻易动用的。清华基金现在虽有近一千万，而学校每月的经常预算，只十万元。清华为何要储蓄基金？因一九四一年后，赔款终了，学校经费就无来源；更因国家经济，还没有上轨道，我们不能不防学校前途的危险，所以才有基金的积蓄。清华基金将来最多或可积成二千五百万，但是这个基金所生的利润，平均以年息五厘计，不过一百二十五万，能否维持这个大学，还是疑问！其实在外国大学，储蓄基金乃是家常便饭，而在国内的学校稍存基金就异乎寻常的惹人注意。更因把基金与经常费分不清，遂成一清华富足的误解。第（二）是把三年建筑计划的临时建筑设备费，与每年的常年经费，混为一谈。学校因原有校舍不敷发展，原有设备不足应用，才有提出一小部分赔款尾数，指定充建筑校舍、增加设备之需，即所谓三年建筑计划是也。每年经常费与这个款子，是截然分开的。每年经常开支，是绝不能动用这建筑费的。[④]

---

① 罗家伦：《整理校务之经过及计划》，《国立清华大学校刊》1928 年第 12 期，第 1～4 版。

② 冯友兰：《三松堂自序》，第 324 页。

③ 梅贻琦：《梅校长到校视事 召集全体学生训话》，清华大学校史研究室编：《清华大学史料选编》第 2 卷上册，第 217～220 页。

④ 沈履：《沈秘书长本学年开学典礼报告》（1934 年 9 月），清华大学校史研究室编：《清华大学史料选编》第 2 卷下册，第 727～732 页。

沈履感叹道："百二十万的预算，已经五年度了。无工学院时，经常费百二十万；近年增加工学院，工学各系逐年加添年级，其他各系的发展，学校不断的（地）扩大，但全校经费，仍只是百二十万元。故学校经费一年窘一年，负支配经费责任的人，一年困难一年。"①梅校长1936年对经费问题也表达了几乎一样的看法："外间不察，遂以为本校经费，异常充裕，其实不然。按本校常年经费，自二十一年起，每年定为一百二十万元，而数年以来，事业扩充，突飞猛进，范围年有增加，如工学院之成立，如农业研究所之增设，为需款之尤多者，而经费之总数，依然如故，以是一切开支，至感拮据。虽然，国内经济状况，萧条已极，吾人处此，一方面对于事业固不能不力图发展，以应国家社会之需要；一方面对于经费之支出，则惟有极力调节，节彼就此，以求得更高之效率而已。"②梅校长的肺腑之言让后人更全面和清醒地了解了清华经费状况，清华也面临经费的难题，任何肆意的浪费都会给其将来的发展带来危机。

在有限的经费面前，要想实现学校的提升和发展，就必须调整经费使用的结构，并从开源和节流两方面多做努力。改大以后，罗家伦出任清华校长后提出了以"减少行政费、增加教务费"为主旨的经费使用理念。③实际上，教职员薪俸一直是民国大学日常经费的主要部分，很多大学的经费只能处于维持师资的水平，对学校发展显得"力不从心"。表1-16列举了1932～1934年教育部连续对全国高等教育机关支出费用的调查情况。调查数据显示，全国高等教育机构中教职员以及校工人工费支出是学校经费的最大项目，而且教职员薪俸的比例都在不断增长，同时教员薪俸比重远高于职员和校工。

表1-16 1932～1934年全国高等教育机关经费支出比例

年份	教员俸	职员俸	工饷	设备费	附设机关费	特别费	办公费
1932	36.80%	12.00%	5.60%	20.60%	7.00%	7.30%	10.70%
1933	37.90%	12.68%	3.95%	20.30%	5.23%	7.65%	12.11%
1934	40.43%	13.19%	4.53%	18.15%	6.15%	7.45%	10.10%

注：1933年、1934年数据原文如此，加总后与100%略有偏差，怀疑为原数据四舍五入不统一所致

资料来源：1932年数据见国民政府教育部编：《二十一年度全国高等教育统计》，第2页；1933年数据见国民政府教育部统计室编：《二十二年度全国高等教育统计》，上海：商务印书馆，1936年，第2页；1934年数据见国民政府教育部统计室编：《二十三年度全国高等教育统计》，上海：商务印书馆，1936年，第2页

① 沈履：《沈秘书长本学年开学典礼报告》（1934年9月），清华大学校史研究室编：《清华大学史料选编》第2卷下册，第727～732页。

② 梅贻琦：《五年来清华发展之概况》，《清华周刊》1936年第625期（向导专号），第2～7页。

③ 《国立清华大学中华民国十八年度岁入岁出预算说明书》，转引于苏云峰：《抗战前的清华大学1928～1937》，第109页。

教职员薪俸自然也是清华日常经费的重要支出部分，但通过调整使用结构和开源节流的措施，清华仍有相当的经费用于人才培养和学校扩展。苏云峰研究指出：人事经费支出中教员的薪资比重最大，特别是外国教员薪资，就占去一半，且有逐年增加的趋势。职员薪资的总数也不过就 26%。校工人数虽然众多，包括校役、园丁、水夫、巡警和电匠，因工资很低，仅占 8%，且 1912～1928 年没有增加的趋势。①表 1-17 列举了改大以前清华各项主要开支的比例关系，其中人事经费比重最大，行政办公经费的比重也不小。

表 1-17　1912～1928 年清华学校经费分配表

项目	经费/元	百分比
人事费	4 255 479	41.4%
办公费及其他	3 340 319	32.5%
工程费	2 000 000	19.5%
图书仪器费	677 824	6.6%
总计	10 273 622	100%

资料来源：苏云峰：《从清华学堂到清华大学，1911～1929》，第 113 页

罗家伦于 1929 年 5 月起草《国立清华大学校务进行计划大纲》，规定自此年度起，减少人事、办公以及一切消耗等费用，增加事业费，规定图书馆仪器费至少应占预算的 20%；建筑费至少占 5%，1930～1940 年应占 10%。罗氏还向北平金城银行借款 415 000 元，兴建生物馆和气象台等建筑，其费用由每年预算节余及美元汇余支付。②梅贻琦任校长后，经常费比罗家伦任职时增加不少，达到 120 万元每年。预算编制原则，大致和罗家伦任职时一样，以发展教学研究事业为主旨。设立工学院后，增聘教授，兴建馆舍，增置图书、仪器和机器等设备，一日千里，为国内外学界所瞩目。蒋廷黻曾说："它（清华，笔者按）利用这些钱建筑了图书馆、化验室、大礼堂、宿舍，教职员住宅，选派优秀学生出国深造，并从国外聘请著名学者来校任教。在短短的几年时间，清华已经发展为全国数一数二的学府。"③

在节流方面，校内外有人认为清华经费"以美国退还之赔款为的款，由税务司划交外部，不特军阀不敢染指，即外部亦不得尝一脔，既不短少，亦不竭蹶"④，经费充裕导致清华经济存在较多浪费的现象。如钱端升在 1925

① 苏云峰：《从清华学堂到清华大学 1911～1929》，第 114 页。

② 清华大学档案：《国立清华大学校务进行计划大纲（附教育部指令二则）》，编号：1-2-1-004。

③ 蒋廷黻：《蒋廷黻回忆录》，第 127 页。

④ 钱端升：《清华学校》，《清华周刊》1925 年第 362 期，第 35～42 页。

年指出清华有四种浪费现象："校舍可敷普通科学生七八百人之用，而今仅有三百五十，空屋甚多，此其一。学生不多，而教职员甚多，约学生五人即有教员一人，学生四人即有职员一人，换言之，学生七人即有教职员三人余相陪。若清华学生而皆为特科学生，尚可说也，然清华学生十之九皆普通科学生，用如许教职员徒资虚费而已，此其二。教职员既多，不特薪水一项为数甚巨，而侍应消耗之费亦随之而长，校中各机关间及各职员间往来文件之多，殆为全国各校冠，清华文具之费，亦必不资，而校役更不得不多矣，此其三。清华杂费每年多少，因无预算，不易计核，然宴会招待以及津贴之费，总数或非细微，此其四。"①虽然随着改大和师生数量增长，教职员结构上的不合理和所谓浪费逐步消除，但经济层面的浪费依然严重。1928 年 9 月 3 日，罗家伦正式宣誓任职前，外交部发文指出："据查清华查账委员会呈称案查奉令考查，清华学校账目一事曾将考查大概情形呈核在案，现将十二年一月至现在校长支办事件函据簿及十四年七月至现在之现金出纳簿、支出分类簿等已分别查考完竣而于该校支款之浮滥以可证明，该校经费每月需五万余元，内计俸给三万余元，办公费一万余元，临时费一万余元，俸给一项教职员人数稍多且有津贴等种种浮支似宜裁减，办公费开支过巨即如电灯一项十四年度预算数为二万一千六百余元，计算书共支三万九千余元，几超预算三倍多，至十六年度又增至四万四千余元。"②为此，梅贻琦认为对待清华经济，应注意两个方针："我们对于经济问题，有两个方针，就是基金的增加和保存。我们总希望清华的基金能够日渐增多，并且十分安全，不至动摇清华的前途。然而我们对于目前的必需，也不能因为求基金的增加而忽视，应当用的我们也还得要用，不过用的时候总要力图撙节与经济罢了。"③

综上所述，民国清华经费是否宽裕并不能一概而论，在稳定的同时也存在某些时期不能满足校方扩展计划及限制学校增聘教授等的问题。不过，对于在校的教职员来说，清华经费总体基本稳定，能够保证良好待遇，这在民国初期北京教育界是极为难得的，使得教师可以享有体面的生活。民国初期北京生活便宜，一个小家庭的费用，每月大洋几十元即可维持。有教授曾说："如每月用一百元，便是很好的生活，可以租一所四合院的房子，约有房屋二

---

① 钱端升：《清华学校》，《清华周刊》1925 年第 362 期，第 35～42 页。

② 国民党政府外交部：《令知该校经费开支泛滥须切实整顿》（1928 年 9 月 3 日），清华大学档案：《国民政府（外交、教育）部以校费开支浮滥须加整顿暨拨付经费的来往文书》（1928 年 9 月～1929 年 6 月），编号：1-2-1-146。

③ 梅贻琦：《梅校长到校视事 召集全体学生训话》，清华大学校史研究室编：《清华大学史料选编》第 2 卷上册，第 217～220 页。

十余间，租金每月不过二三十元，每间房平均每月租金约大洋一元。可以雇用一个厨子，一个男仆或女仆，一个人力车的车夫；每月饭菜钱在一元以内，便可吃得很好。有的教授省吃俭用，节省出钱来购置几千元一所的房屋居住；甚至有能自购几所房子以备出租者。”①但抗战爆发后，教职员作为薪俸群体，生活稳定与生活水平会大受影响。有学者提出：“在战争时期，中国某些部分的人均产量和收入可能急剧下降。一些文化人受到不利的影响，特别是薪金固定的教师和政府职员，他们的薪金跟不上通货膨胀；但在战后和1948～1949年最后崩溃之前这段时期，城市工人相对来说生活得好一些。”②

① 李书华：《七年北大》，牧洲、牧小编：《北大故事》，北京：中国物价出版社，1998年，第27～28页。

② ［美］费正清编：《剑桥中华民国史 1912～1949年》上卷，杨品泉等译，谢亮生校，第48页。

第二章　清华教职员工的收入待遇

收入无疑是衡量生活水平高低和决定个体社会地位最重要的指标之一。按照通常的理解，衡量生活水平高低应从收入与消费两方面入手，其中收入又是消费的基础和保证，任何长期消费行为都要以相应的收入水平为前提。收入水平与群体的工作性质以及个体的职务高低等又有紧密的直接联系。因此，本章在探讨清华各职业群体收入水平时，将首先按照工作性质将其分成教员、职员和校工三类，在各群体内部也会注意不同职务、职称间收入水平的差距。

第一节　清华学校时期的薪俸与工资

1928 年以前的清华，给中国教育界最深刻的印象就是一所处处体现美国因素的特殊学校。不仅一般社会人士视清华为中国教育界的异类，清华内部亦有人坦承其特殊性："故谓清华为中国战败纪念碑也可；谓清华为中国民族要求解放之失败纪念碑亦可；即进而谓清华为十余年来内讧外侮连年交迫之国耻纪念碑亦无不可。清华不幸而产生于国耻之下，更不幸而生长于国耻之中……既享特别权利，自当负特别义务。"[①]清华的特别权利在教职员工的待遇上是否也有体现，本节将对此做重点探讨。

一、教员薪俸水平

概而论之，改大前清华学校的教员大致可以分为三类：美籍教员、西文部中国教员和中文部中国教员。早期清华教师总共只有三十多人，其中美籍教员占了一半以上，以后教员增加到五六十人。设立大学部后，教员逐渐增加到八十余人，留美归国的中国教员增多，美籍教员及国学老先生大为减少，其中美籍教员减少了一半。

三类教员在教育背景和知识构成上存在着较大差异，这种差异也反映在此期教员的待遇上有所谓"中西有别"与"土洋差异"的现象。检索当下清华所存历史档案，未能发现 1920 年以前学校对教职员工待遇的具体规定，苏

---

① 《清华历史》，清华大学校史研究室编：《清华大学史料选编》第 1 卷，第 35 页。

云峰则认为当时清华教职员待遇是“毫无标准”①的。不过，当时清华也有一套不成文的待遇操作“潜规则”，即除校长外，以美籍教员待遇最优，其次为西文部中国教员，再次为职员，最后才是中文部教员。当时美籍教员月薪以美元计算，高达160美元；西文部中国教员月薪最高120元，合60美元，但如果留过洋，譬如有欧美大学博士学位，可加月薪40元，在国外大学教过书，还可以加薪40～80元。中文部教员，因没有留过洋，待遇上相差很多，每月只有几十块银元。②

根据1918年预算书，该年清华计划聘请美籍教员25人、特约交换讲座美籍教授1人、西文部中国教员18人、中文部中国教员20人，其月薪状况（表2-1）与上述研究结论基本接近。依照此预算，美籍教员月薪最高者为660元，最低为242元，平均385元，是全校薪俸最高的群体。西文部中国教员和职员最高240元，最低60元，平均133元。中文部教员最高200元，最低70元，平均113元。美籍教员的最低薪甚至高于中国教员的最高薪，如此时清华校长的月薪为600元，比美国特约讲座教授少60元。不过校长还有交际费200元，副校长月薪350元，没有交际费。美籍教员平均月薪是中国教员的3.1倍。此外，他们还享受外汇上的优待。按规定美籍教员薪俸以美元为基准，依外汇时价折换成银元。清华为优待美籍教员，往往提高美元汇率。如1918年就以1美元兑换2.2元计算（实际兑换率为1∶1.3）。③

表2-1　1918年清华中美教员月薪比较表

美籍教员		西文部中国教员		中文部中国教员	
人数/人	金额/元	人数/人	金额/元	人数/人	金额/元
1	660（$300）	1	240		
2	482（$220）	4	200	1	200
2	440（$200）	1	180	2	180
2	374（$170）	1	150	1	150
3	330（$150）	1	140	2	140
5	286（$130）	2	120	4	120

① 苏云峰：《从清华学堂到清华大学 1911～1929》，第170页。

② 清华大学校史编写组编著：《清华大学校史稿》，第63页。

③ 苏云峰：《从清华学堂到清华大学1911～1929》，第170～172页。另外，这种“中西有别”的现象在当时的教会大学中也存在。如1920年，燕京大学西方教员的最高收入是3000元，而华人教员最高收入只有1800元。[美]韦斯特·P.：《燕京大学与中西关系》，程龙译，北京：北京师范大学出版社，2019年，第188页。

续表

美籍教员		西文部中国教员		中文部中国教员	
人数/人	金额/元	人数/人	金额/元	人数/人	金额/元
5	264（$120）	2	100	4	90
6	242（$110）	4	80	6	70
		2	60		
人数总计：26 薪俸平均：385（$175）		人数总计：18 薪俸平均：133		人数总计：20 薪俸平均：113	

注：括号内为美元

资料来源：外交档：《清华学校基金保管委员会》，编号：03-08/18-4，《清华学校中华民国七年度岁出预算表》。转引于苏云峰：《从清华学堂到清华大学 1911～1929》，第171页

1910年9月清华学校订立的《新订国文部教员任用规则》可能是最早的有关教员薪俸待遇的规定。国文教员来校起薪均为月薪100元，在校服务每满3年加薪1次，每次每月至多加20元。①国文教员每周授课在16个小时左右，月薪多集中在120元至140元，低于西文部教员。不过对于那些临时聘请而又声名显赫的特聘中文讲师，清华提供的待遇要优厚许多。1912年梁启超曾担任清华中文讲师，该年6月17日其子梁思永代其签收了一张由清华学校送来的半年薪俸支票，合洋1500元。②一个学期通常是4～5个月，梁启超此时担任清华特聘讲师，以月薪计在300元以上，远高于一般中文部教员。但即便如此，也比同时期外国教员的薪俸低不少。国文教员章寅曾于1910年左右提出加薪要求，他说："于诸同事中薪俸最微而任务最重，每周任课十四时，作文二班，应阅文卷每日平均十篇……先君逝世，夹累加重。寅月俸六十，准之大众薪律，所加四十不过百元。"③言辞之间，辛酸与不平让人同情。不过清华学生如王造时等似乎于此并不买账，提出："夫我清华学生国文程度之所以日落千丈，较之他校有望尘莫及者，寅教员缺乏学问。"④

随着金邦正去职清华校长，清华董事会主席严鹤龄代理校长，为"整顿校务，划一薪给"，1920年6月18日，其以清华学校董事名义向外交部正式呈报"教员任用规则"，至此清华有了明确的薪俸制度。学习经历、学位情况、服务年限乃至性别等诸要素都被考虑进来，其中教员部分见表2-2。

① 《新订国文部教员任用规则》，清华大学档案：《留美学务处，清华学校聘任中、外籍教师，任免职员暨薪金待遇的来往函件》（1909年8月～1924年8月），编号：1-1-009。

② 《梁启超收到清华学校送本学期车马费一千五百元》，清华大学档案：《留美学务处，清华学校聘任中、外籍教师，任免职员暨薪金待遇的来往函件》（1909年8月～1924年8月），编号：1-1-009。

③ 《章寅请求加薪》，清华大学档案：《留美学务处，清华学校聘任中、外籍教师，任免职员暨薪金待遇的来往函件》（1909年8月～1924年8月），编号：1-1-009。

④ 王造时：《因国文教员加薪请××》（后两字不清），清华大学档案：《留美学务处，清华学校聘任中、外籍教师，任免职员暨薪金待遇的来往函件》（1909年8月～1924年8月），编号：1-1-009。

表 2-2　1920 年清华中美教员年薪表　　单位：元

教员类别	起薪	每三年加薪数	最高年薪	备注
外国（男）教员	3000	600	6000	
外国（女）教员	2400	600	4000	
中国留学生	2400	480	4800	
西文部本国教员	1200	240	2460	系本国大学毕业者
国文部教员	1000	200	2200	
军乐教员	1200	240	2400	
体育教员、帮教	480	120	1200	
武术教员	360	120	960	

注：美籍教员在起薪外，有欧美著名大学博士学位的，另加年薪 400 元；有外国大学专任讲师之经历者，一年加 400 元，以二年为限。既有博士学位又有教学经验者，最高年薪可增加 1200 元。中国留学生有博士学位者，在起薪外，月薪另加 40 元，年薪共加 480 元；如曾任外国著名大学专科学讲师经验一年者，月薪也加 40 元，年薪共加 480 元，以二年为限

资料来源：苏云峰：《从清华学堂到清华大学 1911～1929》，第 173 页

此次改革部分降低了美籍教员的待遇，提升了归国留学生和高学历者的待遇，对教员薪俸的确定更重视学位和学历背景，比早期以国别为主的定薪方式显然更加公平与科学。增加外国著名大学高级学位、外国大学教学经历与本校服务年限加薪办法，对提高教员素养和稳定教师队伍也起到了良好作用。不过国别差距虽然被缩小，影响却仍旧存在，“中外有别，重洋轻土”的倾向依然明显。美籍教员除学位和经历外，在清华服务每满 3 年加薪 1 次，每次至多加年薪 600 元，至年薪最高时止。美籍男教员起薪比女教员多 600 元，最高年薪比女教员高 2000 元。在中国教员中，留学生起薪与美籍女教员相同，但有博士学位和外国大学教学经验者，其加薪要比美国女教员略高。

中外教员之间不平等的待遇，引起了一些中国教员的不满。庄泽宣到清华任教后首先发难，提出五点质疑：第一，中国教员之曾留学者与未曾留学者，不问其学问如何，薪俸相差甚巨，是否前者的学问一定比后者佳？第二，美籍教员与中国教员之薪俸相差亦巨，且住宅不收房租，反有家具，何待遇之不同如是？第三，薪俸增加纯以年限久暂为准，年限久者是否学问年年增进？新任教授是否必不及人？第四，凡得博士者加薪，而有著作或发明者，反不加薪，似非提倡学术之道。第五，娶妻生子加薪，及本国教员夫人担任名誉教员，理由似欠充足。①他还参考外国大学教授、副教授、助教授、讲师、教习、助教和交换教授的制度，参以研究、发明、学位、教法及年资等标准，自订了清华薪级表（表 2-3）。

① 庄泽宣：《教员待遇问题》，《清华周刊》1923 年第 267 期，第 6～10 页。

表 2-3　庄泽宣所建议之清华学校教员月俸表　　单位：元

职位名称	最低月薪	研究或发明每次加薪	年加薪	最高月薪
正教授	400	40	20	800
副教授	300	40	15	600
助教授	200	40	15	400
教习	100	40	10	200
助教	50	40	10	150

资料来源：庄泽宣：《教员待遇问题》，《清华周刊》1923 年第 267 期，第 6～10 页

庄氏提出，中美教员应一视同仁，不应有差别待遇。如果实施表 2-3 这样的薪级制度，清华教员的待遇比以往不仅普遍提高，且更加合理、公平。但清华当局考虑到美驻华使馆的反应和经费等因素，并未采用。该年底，清华在美的留学生也为中国籍老师打抱不平，支持庄氏主张，要求只能按照教授、副教授、助教授等职位，而不应依国籍分薪级。[①]此后一两年，随着一批在美国获得学位的留学生陆续回清华任教，他们认为美籍教员“在清华则养尊处优，禄食供应远出本国教员之上。不仅如此，美籍教员除自动辞退外，校中因惮于美使馆之挑剔，不敢有所黜斥。欲平本国学者之气……尚可能乎？”[②]经过努力，中国籍教员逐步取得了与美籍教员平等的物质待遇。

1925 年 5 月，清华开始设立大学部，中等科以及高等科被逐步压缩，直至完全取消，清华开始向大学过渡。这无疑对教员学历程度、学术水平和任教资历等提出了更高的要求，也必然会导致教员薪俸规定的变化。1926 年 5 月，清华第四次评议会制定了新的规定（表 2-4）。

表 2-4　1926 年清华大学教授薪金待遇　　单位：元

级别	起薪	加薪	起薪	加薪
正教授 300～500	300	25—20—15	330	25—5
	305	25—20—10	335	25
	310	25—20—5	340	20
	315	25—20	345	15
	320	25—15	350	10
	325	25—10	355	5
一级教授 250～400	250	25—15—10	280	20
	255	25—15—5	285	15
	260	25—15	290	10
	265	25—10		
	270	25—5		
	275	25		

① 努生：《清华大改革案之本文》（原英文），清华大学校史研究室编：《清华大学史料选编》第 1 卷，第 399～408 页。

② 钱端升：《清华学校》，《清华周刊》1925 年第 362 期，第 35～42 页。

续表

级别	起薪	加薪	起薪	加薪
二级教授 200～300	200	25—15—10	230	20
	205	25—15—5	235	15
	210	25—15	240	10
	215	25—10	245	5
	220	20—5	250	0—0—0—20
	225	25		
三级教授 150～250	150	25—15—10	180	20
	155	25—15—5	185	15
	160	25—15	190	10
	165	25—10	195	5
	170	25—5	200	0—0—0—20
	175	25		

资料来源：《第四次评议会开会纪录：教师薪金增加简明表》，清华大学档案：《国立清华大学评议会纪录》，编号 1-2-1-006：1

教员的薪金水平由校长、教务长及该学系（行政部）主任会商决定。教员被分为从助教到正教授的六大等级，每一等级根据起薪不同，又细分为多个等级。检查该规定还发现每一大等级中的最高等在细目中并没有体现。如正教授等级，规定薪金是 300 元至 500 元，但在下面的细目中所有等级最后加薪都是到 360 元止，更高薪俸状况并没有体现。其他五大等级的情况也完全雷同。尽管如此，清华教员的薪俸待遇似乎比国立北京大学为优。李书华回忆 1922～1929 年“北大教授待遇最高薪每月大洋二百八十元，也有每月二百六十元或二百四十元者”①。结合此后清华大学关于教员薪俸待遇的规定，可以推知每个等级的最高薪只是对该等级中特别突出之教师的特别优待，并不是常规加薪办法。

在新聘教授时，起薪会按照不同情况而区别对待。1926 年 12 月，清华决定聘请尚未归国的俞大维为哲学系教授，给予月薪 280 元，并致送回国川资。②1927 年 3 月，清华增聘部分教授，教育心理系廖世承教授起薪为 275 元，化学系教授沈镇南起薪为 240 元，西洋文学系教授张韵海起薪为 280 元。③同年八月，清华聘原北京大学历史系主任朱希祖为教授，起薪为 240

① 李书华：《碣庐集》，第 51～52 页。又，关于民国北京大学教员的薪俸待遇，可参见梁晨：《民国前期国立大学教员薪俸的规定与问题——以北京大学为中心的考察》，《民国研究》2011 年第 19 辑（春季号），第 37～54 页。

② 《第二十二次评议会纪录》（1926 年 12 月 8 日），清华大学档案：《国立清华大学评议会纪录》，编号：1-2-1-006：1。

③ 《第二十八次评议会纪录》（1927 年 3 月 2 日），清华大学档案：《国立清华大学评议会纪录》，编号：1-2-1-006：1。

元。[1]此时清华教授的薪俸一般都在300元以内，但从国外留学归来的教授薪俸通常要高于只有国内学历的教授。从1926年的规定中尚无法确切了解薪俸分等的标准，但从以上这些事例可以推测：教师的学历、资历、教学经验以及学术水平等因素决定了其职称的高低，也决定了薪俸的起点和加薪的办法。

1926年规定的出台，对教师待遇起到了规范作用，但在执行中也存在一定的出入。表2-5是清华1926年底部分教授聘约期满后，重新与学校签订合约时各自的起薪与加薪状况。这一表格中多数教师的薪俸虽然在起止薪上和规定基本一致，但在加薪的频率和数额上却与规定有相当大的差距，由于档案与相关记载对此事记录甚少，因此，出现这种情况的原因仍然有待进一步研究考察。

表2-5　教授一年聘约满期者续聘及薪俸待遇表

专业	姓名	薪俸情况/元
国文	左霈	（200），200
国文	朱自清	（200），220、220、240
国文	李奎耀	（195），200
国文	杨树达	（220），220
西洋文学	楼光来	（260），260、280、280
西洋文学	张杰民	（200），225、240、250
算学	熊庆来	（275），275、295、295
算学	叶企孙	（250），275、290、300
化学	高崇熙	（240），250、250、270
生物	刘崇乐	（240），250、250、270
生物	钱崇澍	（295），300、300、320
商科	蔡竞平	300、300
哲学	金岳霖	（250），250、270、270

注：括号内为原薪，个别教授无原薪数据

资料来源：《第三十二次评议会纪录》、《第三十三次评议会纪录》（1926年4月19日、26日），清华大学档案：《国立清华大学评议会纪录》，编号：1-2-1-006：1

该规定最重要的意义在于国籍不再是制定薪俸标准的第一因素，学术资历和教职等级等成为决定薪俸的最重要因素。这无疑是一大进步，也是清华教师待遇史上的重要事件。1926年5月，清华对外国教员开始改用新的待遇规定，有11个人得到了3年的合约。[2]其中潭唐及其夫人、赖福斯、施美士、府伦五人因聘约未满，仍沿用旧规定，其他六人则按新规定，每年的薪金数

① 《第四十四次评议会纪录》（1927年8月16日），清华大学档案：《国立清华大学评议会纪录》，编号：1-2-1-006：1。

② 1932年以前清华教授自第2年起可获得3年聘约，但1932年《国立清华大学教师服务及待遇规程》公布后，规定“本大学教授之聘约首二次期限一年，以后每次二年”，“讲师、专任讲师之聘约每年致送一次，每次以一年为限”。《国立清华大学教师服务及待遇规程》，清华大学档案：《国立清华大学专任教授休假条例，教师服务及待遇规程》，编号：1-2-1-109。

分别为毕莲 4320 元，林美德 4080 元，翟穆生 4800 元，温德 4512 元，吴可读 4272 元，海门斯 4200 元，换算成月薪则在 340 元到 400 元。与他们同时得到 3 年合约的中国籍教授，如外文系主任王文显，每年平均为 5600 元，月薪约 470 元。吴宓其后三年月薪为 280 元、300 元、300 元，大多数中国籍教授薪俸与其类似。[①]虽然外国教员的薪俸还是普遍高于中国教员，但以国籍来划分薪俸，外国教员薪俸整体比中国教员高的不合理规定已被逐步纠正，这也是此时期清华教员薪俸待遇的一个主要变动趋势。

总体而论，此时期清华的外国教员，特别是美籍教员的待遇无疑是最为优厚的。中国教员中又存在“土洋之别”。即便在留学生中，又有清华校友和非清华校友的差异。身份的不同，决定了待遇的差距。而这其中表现最突出，反应也最激烈的问题当是中外教员之间的差别待遇。

“重洋轻土”的现象应当是当时中国教育界的普遍现象而非清华所独有，如北京大学情况亦颇为相似。虽然北京大学这一时期对外籍教员的薪俸也缺少具体规定，都是在订立合约时才确定，但就整体而言，外籍教员薪俸要高出中国籍教员不少确是不争的事实。以教授层次为例，北京大学中国籍教授月薪一般是 200 多元，外籍教授往往是 400 元甚至更高。1918 年北京大学本科教授中薪俸最高的是英国教授毕善功，月薪 600 元。[②]美国博士葛拉包在 1920 年被初聘为北京大学古生物学教授时月薪 600 元。[③]这一薪俸是大多数中国籍教授的 2 倍多。作为中国籍教职员中薪俸最高者的蔡元培校长，月薪也才 600 元[④]，外籍教员薪俸之高可见一斑。1914 年北京大学有记录可查的外籍教员有克德来、纽伦、周慕雨、白来士、陶尔第、铎尔孟和梅尔慈 7 人，月薪分别为 450 元、450 元、430 元、366 元、300 元、300 元和 250 元。[⑤]外籍教授中最低薪为 250 元，这几乎已是中国籍教授的最高薪，一般外籍教授薪俸则在 300 元至 450 元。

表 2-6 列举了 1926 年北京大学对外籍教员收入等情况的调查结果。柯劳文月薪 90 元显然不是正常情况。除此之外的 4 位教授中最少的是鲁雅文，月薪 280 元，这已经是中国教授的最高薪水平。另外 3 位教授，2 位月薪 400 元，1 位 450 元，都远高于中国教授。讲师伊法尔薪俸更是达到了 500 元。

---

① 《第五次评议会开会纪录》（1926 年 5 月 7 日），清华大学档案：《国立清华大学评议会纪录》，编号：1-2-1-006：1。

② 北京大学档案：《第三院教员支薪表》（1920 年 4 月），编号：BD1918018.4。

③ 《北大新聘古生物教授》，《晨报》1920 年 11 月 5 日，第 6 版。

④ 《教育部训令（第 121 号）》，王学珍、郭建荣主编：《北京大学史料》第 2 卷上册，第 484 页。

⑤ 北京大学档案：《本校预科职教员薪金册》（1914 年 2～3 月），编号：BD1914002。

当时北京大学中国讲师薪俸规定为每课时 5 元，外籍讲师的课时费标准应该要高出不少，因为讲师一个月 100 课时是难以想象的。除了“重洋轻土”外，在薪俸规定上清华还出现了“重男轻女”的现象。女性外籍教员不论是在起薪上还是在最高薪上都要低于男性。

表 2-6　1926 年北京大学外籍教员薪俸收入　　单位：元

姓名	职称	月薪	姓名	职称	月薪	姓名	职称	月薪
葛拉包	教授	400	钢和泰	讲师	400	铎尔孟	讲师	100
毕善功	教授	450	柯劳文夫人	讲师	105	海里威	讲师	382
柯劳文	教授	90	文芮	讲师	60	洪涛生	讲师	385
鲁雅文	教授	280	谢尔威	临时讲师	175	纪雅各	讲师	84
额尔德	教授	400	游司克	临时讲师	112	伊法尔	讲师	500

资料来源：《民国十五年六月分[份]外国教员调查表》，王学珍、郭建荣主编：《北京大学史料》第 2 卷上册，第 448～449 页

由于外籍教员的薪俸普遍很高，因此纵使人数不多，其薪俸开支在整个学校经费的开支中也会占据相当比重。北京大学 1914 年曾对学校预科情况进行统计，当时有中国专、兼任教员 27 人，月俸共 4618 元；外籍教员仅 7 人，月俸却是 2536 元。外籍教员人数是中国教员的 25.9%，薪俸却占到 54.9%。当年 3 月预科开支 8567 元，外教薪俸占了约 30%①，曾署理北京大学校长的何燏时说过：“学堂费用以教员薪金为巨，尤以外国教员之薪金为最巨。”②

虽然清华校内教员“中外之别”现象较为严重，清华中国教员的薪级平均仅为美籍教员的 1/3，但在国内各级学校中，还是相当优厚的。北洋时期，财政困难，国库经费多用于军队，不顾教育，各学校经费不足，教员待遇偏低。李璜曾说他的朋友邱大年在清华教书，“薪水较其它国立大学为优而且可靠”③。1925 年北京其他学校教员的月薪最高者不过 200 元到 240 元④，南开大学在 180 元到 300 元。⑤因此，当时北京教育界部分人士追捧清华、燕京大学此类经费稳定学校的教职也就完全可以理解了。

① 《预科三年三月份职教员薪金册》，王学珍、郭建荣主编：《北京大学史料》第 2 卷上册，第 499～501 页。

② 《署北京大学校长何燏时呈恳维持大学并准立予罢斥文并批》，王学珍、郭建荣主编：《北京大学史料》第 2 卷上册，第 4～6 页。

③ 李璜：《忆民十四五在北大教书时的四位好友》，《传记文学》1967 年第 10 卷第 5 期，第 23～26 页。

④ 钱端升：《清华学校》，《清华周刊》1925 年第 362 期，第 35～42 页。

⑤ 南开大学校史编写组编：《南开大学校史 1919～1949》，天津：南开大学出版社，1989 年，第 121 页。

二、职员薪俸水平

清华从建立之初就归外交部（外务部）直接领导，其前身游美学务处则完全是外交部的一个机构，办事人员都是具有官衔的官僚。清华学堂时期，学校类似办理“洋务”的官僚机关，行政负责人是官员。不论是在清朝末期还是在民国初年，外交部都是政府部门中薪俸待遇较好的部门，清华职员的待遇也深受此风影响。游美学务处时期，各任职人员的职务、官衔与薪俸情况如表 2-7 所示。

表 2-7　1911 年 9 月游美学务处任事人员衔名薪水数目清单

姓名	职务	官衔（或出身）	月薪
周自齐	总办	外务部署左丞兼学部丞参上行走	二百五十两（支半薪）
唐国安	会办	外务部候补主事	四百两
范源濂	会办	学部员外郎	二百两（支半薪）
于德浚	庶务长	外务部候补员外郎	一百两
俞蕃	中文文案	四品衔候选知州	一百两
谭辉章	英文正文案	候选县丞	一百五十两
唐彝	英文副文案	候选府经历	一百两
许直	庶务员	四品衔度支部主事	五十两
伊端	庶务员	蓝翎五品衔礼部笔帖式	五十两
陈士廉	庶务员	天津水师学堂毕业生	五十两
崇惠	书记生	署佐领	二十两
胡廷梁	书记生	附生	二十两
曾焕棨	书记生	附生	十六两
吴湛霖	书记生	从九职衔	十六两
曾尔樾	书记生	通判职衔	十六两

资料来源：清华大学校史研究室编：《清华大学史料选编》第 1 卷，第 118～119 页

清华学校许多重要职员是从外交部抽调而来的，早期多位校长如唐国安、周诒春、金邦正、曹云祥等也是外交部等机关的官员。其他校长即使并非出身外交部，也是由外交部选拔，对外交部负责的。此时清华职员或多或少带有外交部职员色彩，介于官场的行政官吏与一般学校职员之间。与职员待遇相一致，此期职员还控制学校各项管理权力。清华学校的职员除校长、教务长等高级职员外，大体上可分为主任、事务员、助理员和书记四个等级。1912 年，清华有职员 31 人，以后逐年增加。1925 年设立大学部时，职员达到 90 人。有学者认为此后清华大学能在短时间内迅速发展，取得成功，关键是其“教授治校”的制度，而此时清华学校基本是“职员治校”。当然，这里的职

员是指校长、董事会成员等高级职员而不是主任及以下的普通职员。

作为职员最高等级的校长，其待遇在学校中自然也最高，月薪为 500～600 元。教务长薪俸在 1914 年为 300 元[①]，也要高出同期中国教授。就教育背景而论，清华早期历任校长大多在美国接受过高等教育。在此期担任过教务长的胡敦复、张彭春等，也都曾留美学习过。张彭春更是哥伦比亚大学教育学院博士，专攻中等学校课程改良。虽然他们大多能胜任自己的职务，但其薪俸高出同样具有留学经历和国外学位的中国教员不少，多少有“重管理、轻教学”之嫌，也体现了此时清华学校在管理体制上的特点。

1920 年清华调整教职员薪俸规定，主任职员年起薪 1200 元（月薪 100 元），每三年加薪 240 元，最高年薪 2880 元（月薪 240 元）。除了最高年薪比西文部中国教员高出 420 元外，其他完全一样，当然也要高出国文部教员。副主任职员年起薪 960 元（月薪 80 元），每三年加薪 180 元，最高年薪 2640 元（月薪 220 元），基本和国文部教员相当。事务员、测量员、打字员以及警官年起薪 480 元（月薪 40 元），每三年加薪 120 元，最高年薪 1200 元（月薪 100 元），与体育教员完全一致。书记年起薪 180 元（月薪 15 元），为最低。[②]1923 年校方又明确指出：“照章职员服务每满三年加薪一次，书记每满二年加薪一次。”[③]同年清华庶务处职员加薪表中，主任每月薪俸 240 元，事务员 100 元，助理 30～40 元。主任和事务员的薪俸都已达到 1920 年规定的最高薪，书记加薪年限则从 3 年调整为 2 年。1914 年北洋政府教育部曾规定直辖专门大学，校长月薪 400 元，学长（等同于日后的院长）300 元，学监主任 180 元，庶务主任 150 元，事务员分 2 等 7 级，月薪 30～100 元[④]，可见清华此时各级职员待遇要高于一般公立大学。

总体而言，此时清华职员薪俸和中国籍教员相当，甚至要略优一些，这也和当时清华职员治校、外交部人员掌握校务以及清华学校本身的建制等历史背景相吻合。但助理员和书记等低级职员的生活福利则要差很多，如他们的眷属不能住校，因事请假还需要自己出资请人代职等。[⑤]成立大学以后，职员薪俸较优厚的情况也发生了很大变化。

---

① 清华大学档案：《留美学务处，清华学校聘任中、外籍教师，任免职员暨薪金待遇的来往函件》（1909 年 8 月～1924 年 8 月），编号：1-1-009-1。

② 苏云峰：《从清华学堂到清华大学 1911～1929》，第 173 页。

③ 清华大学档案：《留美学务处，清华学校聘任中、外籍教师，任免职员暨薪金待遇的来往函件》（1909 年 8 月～1924 年 8 月），编号：1-1-009-1。

④《教育部公布直辖专门以上学校职员薪俸暂行规程》，《教育杂志》1914 年第 6 卷第 5 号，第 9～11 页。

⑤ 清华大学校史编写组编著：《清华大学校史稿》，第 64 页。

虽然清华职员颇受优待，但由于职员人数一直少于教员，且中低等级职员比重又高于教员，因此全校职员薪俸仍要低于教员薪俸不少，学校日常支出的主体还是教员薪俸。如表 2-8，教职员人数比虽一直低于 2，多为 1.5 上下，但薪俸比多在 2.5 以上，说明教员平均工资要高于职员。当然，由于教员中外籍教员和中国籍教员薪俸相差较大，这个表格只能反映教职员间整体比较情况，无法完全反映中国教、职员的比较。

表 2-8 1912～1929 年清华教职员人数与薪俸比较表

年份	教员数/人	职员数/人	比率：教/职	教员薪俸/元	职员薪俸/元	比率：教/职
1912	30	18	1.67	58 418.00	23 164.00	2.52
1913	32	21	1.52	79 924.00	29 199.00	2.74
1914	39	21	1.86	105 103.00	36 414.00	2.89
1915	43	29	1.48	117 904.00	42 741.00	2.76
1916	43	29	1.48	127 034.00	47 226.00	2.69
1917	49	30	1.63	133 372.00	42 488.00	3.14
1918	49	30	1.63	146 417.00	44 569.00	3.29
1919	50	30	1.67	164 073.00	51 041.00	3.21
1920	52	32	1.63	154 415.00	53 985.00	2.86
1921	54	55	0.98	173 220.00	58 270.00	2.97
1922	63	45	1.40	184 197.81	66 287.33	2.78
1923				185 937.78	85 063.50	2.19
1924	61	48	1.27	178 944.55	95 139.00	1.88
1925				214 429.56	118 220.50	1.81
1926				238 876.89	106 364.50	2.25
1927	103	68	1.51	260 360.58	107 398.00	2.42
1928				265 866.32	108 466.00	2.45
1929				313 503.60	97 643.00	3.21

资料来源：教职员人数见苏云峰：《从清华学堂到清华大学 1911～1929》，第 60 页；薪俸数据见清华大学校史研究室编：《清华大学史料选编》第 1 卷，第 444～445 页

中国籍教员对学校事务缺少管理与决定权，必然会影响他们在学校中的地位。中国籍教员薪俸水平与职员相仿，甚至有些方面还要劣于职员；在校内的地位，又处于被动地位，“教授之地位身分（份）不高，与重要职员比，实有相形见绌之处”，甚至出现“清华教员除研究院三数教授外，余皆微弱无声，往往处职员之下，因有职教员之称”的现象。①教员对于职员需“忍气吞声”，不仅对生活水平有影响，也会使真正有水平的教员不愿久任。钱端升有云：

① 钱端升：《清华学校》，《清华周刊》1925 年第 362 期，第 35～42 页。

> 教员地位太低，不易招致硕学……其所谓教授会议，绝无权能可言，会不常开，开亦无生彩。今岁新设之教务会议，为校内之最高机关，然该会中校长及其委派之职员居十之六，而教授仅得互选四人，以教员与职员较，实有职员万能，教员垂听之慨。因之稍有学问者，必其人之能隐气吞声，否则恒不愿来，即来亦不久留。往年有物理学者某，本清华高材生，曾往清华教书，然清华不能容也，今为北大所有，其人不问外事，致力学问，为北大模范教授之一云。①

职员与教员地位的不平衡，虽是体制问题，但也直接影响了教员的心态与广义的生活质量，使教员产生不平衡、被压制的感觉；对校务缺乏参与，社会影响和地位大为削弱。

三、校工工资水平

校工社会地位和教员、职员完全不同。首先，校工不是学校的专任人员，而是临时雇佣；其次，校工对学校管理、发展等问题都无权参与；最后，在收入待遇上，校工无疑是学校各类人员中最低的。仅从收入名称上，我们就能发现巨大的差距。根据清华档案记载，教员、职员的收入都叫薪俸或薪津，而校工则独称工资。②“俸”有政府供养之意，特指古代官员薪金。“工资”有体力劳动所得之意，带有典型的中国传统社会士农工商分层的色彩。只此一个名称的不同，即可窥见校工与教职员在社会地位与待遇上的巨大差异。而这个时期校工更是被称为“下人”“听差”“校役”等。③

清华校工主要来自学校附近农村。20 世纪 20 年代的清华地界曾经隶属宛平县，附近没有大型村落，主要被一些小型村落所包围。除柳村、后洼八家（校东）、水磨（校西）、大石桥（校北）等村外，还有大白旗、小白旗（校北）、蓝旗三旗（校南）等各驻防旗营，这些地方的农民也就成了清华校工的主要来源。清华校史中记载：“国不清有，景象萧条，家苦人多，生活困难，本校校役、警察、园丁、清道夫等百数十，大半属附近各村落之人，生计借以维持者比比也。”④清华校工担任着学校卫生、美化、后勤以及安全保卫等体力工作。

校工收入待遇远低于教职员。如清华学校曾在 1921 年对校内各类校工工

① 钱端升：《清华学校》，《清华周刊》1925 年第 362 期，第 35～42 页。

② 例如，在《清华大学二十周年纪念刊》中，职员和教员都为薪津，校工则称工资。刘本钊：《二十年来清华之财政》，清华大学校史研究室编：《清华大学史料选编》第 1 卷，第 444～445 页。

③ 清华大学校史编写组编著：《清华大学校史稿》，第 64 页。

④ 《清华略览》，清华大学校史研究室编：《清华大学史料选编》第 1 卷，第 26～31 页。

资进行调查，最高的是电灯机匠头目，为 50 元，最低的学徒工资仅 6 元，平均 9.71 元，具体状况见表 2-9。

表 2-9 1921 年清华学校校工类别与月饷

职业类别	具体人数/人	工资状况/元
巡警	巡长 1 人，警兵 20 人，计 21 人	15.5 元，1 人；10.5 元，2 人；9.5 元，4 人；8.5 元，6 人；8.0 元，8 人；总计 189.5 元
电灯机匠	头目 1 人，司机 3 人，司火 1 人，副司火 2 人，司灯 1 人，学徒 8 人，计 16 人	50.0 元 1 人，35 元 1 人，30.0 元 1 人，15.5 元 1 人，23.0 元 2 人，13.5 元 1 人，11.5 元 1 人，9.5 元 2 人，8.0 元 1 人，7.5 元 1 人，7.0 元 1 人，6.5 元 2 人，6.0 元 1 人，总计 262.0 元
园丁	头目 1 人，伙计 7 人，计 8 人	10.5 元 1 人，9.0 元 1 人，8.5 元 1 人，8.0 元 2 人，7.5 元 3 人，总计 66.5 元
木匠	头目 1 人，伙计 2 人，计 3 人	10.5 元 1 人，8.0 元 2 人，总计 26.5 元
装订匠	装书 1 人，计 1 人	14.5 元 1 人，总计 14.5 元
清道夫	头目 1 人，伙计 15 人，计 16 人	9.5 元 1 人，8.5 元 4 人，8.0 元 4 人，7.5 元 7 人，总计 128.0 元
厨师	高等厨 1 人，中等厨 1 人，计 2 人	11.5 元 2 人，总计 23.0 元
校役	号房 2 人，电话 1 人，教职员住所 8 人，敲钟 1 人，印刷 1 人，教师 9 人，寝室 19 人，自修室 2 人，管理室 11 人，差遣 4 人，医院 3 人，图书馆 6 人，体育馆 3 人，操场 5 人，浴室 6 人，信差 1 人，计 82 人	12.5 元 1 人，11.5 元 1 人，10.5 元 1 人，10.0 元 1 人，9.5 元 8 人，9.0 元 15 人，8.5 元 20 人，8.0 元 33 人，7.5 元 1 人，总计 698.0 元 1)
车夫	司机 1 人，计 1 人	27.0 元 1 人，总计 23 元 2)
瓦夫	头目 1 人，伙计 1 人，计 2 人	9.0 元 1 人，6.5 元 1 人，总计 15.5 元

注：1）月饷处只记录有 81 人数据，总记为 697 元，推测原表脱漏了月饷 1 元者 1 人；
2）数据当有误
资料来源：《雇用工警夫役每月工饷统计表》，《清华周刊》1921 年“本校十周年纪念号”，第 28～30 页

1923～1924 年学校对校工状况又进行了一次调查，发现最低工资为 6 元，最高为 55 元，但以几元者为最多，55 元的“高薪”只是电灯机匠头目这种具有一定管理职务和技术能力的极少数人，校工总体平均月工资仅为 9.37 元。①当时校中有人认为：“劳动者所得的金钱往往比劳心者之所得的相差天渊……英文教员的薪水，每月极少亦有二百块，而听差每年以胼手胝（胝）足早起晏休之所得最多不过几十元，不及教员先生们一月薪水中二分一！”②不仅如此，校工的工作稍有闪失，便会被罚钱。校工从早到晚得蹲在“校役室”里，随时听候差遣。他们不但要忙于公家杂务，还得伺候师生的私人起居生活。有些美国人还把电铃安在地毯下，用脚一踩，校工就得前来听命。稍有

① 赵恩钜、张明昕：《清华学校雇用工役生活费的调查》，《清华学报》1924 年第 1 卷第 1 期，第 128～140 页。

② 黄凤鸣：《代清华全体听差叫苦——废除罚钱条例》，《清华周刊》1920 年第 193 期，第 20～21 页。

怠慢则有丢掉饭碗的危险。[①]在日常生活中，教职员以及学生与校工之间也界限分明，连厕所也要分开。校工不得使用抽水马桶，只能使用在墙根屋角挖的茅坑。校工洗澡是大池子，且明文规定每次“以十五分钟为限”。[②]

学校还试图开办校工学校，让校工学习知识文化，提高素质。例如，清华曾为校工中的车夫开设夜校，星期一至星期四晚上七点半至九点为上课时间，课程分公民、国语、珠算三门。[③]为了保证校工都能参加学习，对无故不到者，学校社会服务部还特别订立了惩罚规则，以警惰怠：①志愿班人三次无故不到者降为听讲班。②听讲班一次无故不到者罚洋一角。[④]

四、小结：良好待遇与群体矛盾并行

清华学校的经费来源，在民国各校中颇为特殊，充足而稳定，甚至被冠以“富有甲全国各校”之名。[⑤]教职员群体也享受着丰厚的待遇，生活水平稳定、良好，在 20 世纪 20 年代的北京甚至全国教育界都出类拔萃。但外表的光鲜并不能掩盖内部的矛盾。此时清华在教职员待遇上远未尽善尽美，许多问题尚包含其中，并逐渐阻碍学校的长远发展。其中最重要的两个问题是职员治校与中西教员的差别待遇。前者使得教员感觉校内地位不高，受压迫，科学合理的教学主张可能得不到落实，社会地位难以充分体现。后者则让中国籍教员感到国别歧视，且经济上损失颇大，直接影响着他们的生活水平。

清华校内美籍教员与中国籍教员间待遇的不平等尤显突出。早期清华美籍教员占全体教员一半以上。按照苏云峰的观点，这些外籍教师在传播现代文明、促进清华“东西文化，荟萃一堂”方面，起到了相当积极的作用。以现在工资理论看，从美国远道而来的他们，享受比同等资历的本地教员稍高一些的待遇是合理的，因为待遇应补偿他们远离家乡而造成的生活习惯差异、来往费用以及情感空缺等产生的损失。但他们在清华享有的待遇过于特殊，其薪资比西文部中国教员高出 1 倍左右，比中文部中国教员高出 2 倍左右，多者达 4 倍。此外，美籍教员还享受住房待遇。如英文教员斯密士（E. K. Smith）一家 4 口住在七八间由清华提供的西式住宅中，并雇了 4 个佣人。西文部中国教员只能住在工字厅的小房间中，中文部中国教员更是只能住在陈旧狭小

---

① 清华大学校史编写组编著：《清华大学校史稿》，第 65 页。

② 清华大学校史编写组编著：《清华大学校史稿》，第 65 页。

③ 《车驴夫夜班开课》，《清华周刊》1929 年第 451 期，第 58 页。

④ 《校役夜课罚规》，《清华周刊》1916 年第 85 期，第 25～26 页。

⑤ 钱端升：《清华学校》，《清华周刊》1925 年第 362 期，第 35～42 页。

的古月堂内。[①]不平等的待遇使得群体间摩擦接连出现，既影响到群体生活的幸福感，也给学校声誉带来了损害。外籍教员还有很强的势力，足以左右许多重要决策。早在1911年，当时的教务长胡敦复主张学生应多学理工科课程，与美籍教员瓦尔德（P. L. Wold）主张多学英文和美国文学的意见相左，上诉到外交部，美国公使出面干预，结果胡敦复被迫辞职。[②]清华美籍教员多由游美学务处委托北美基督教青年会在美国登报代为招聘，许多是中学教员和刚毕业不久的大学生，文化程度和教学效果“都不甚佳”[③]。如上面提到的斯密士文化程度低、教学效果差，被学生讥为“老饭桶”，可是由于他与美国公使馆关系密切，尽管不受学生欢迎，校方也不能将其辞退。此人最后竟在清华一直待了13年。[④]但就是这样的美籍教员却享受着特殊的生活待遇。

因此，虽然清华待遇优厚，却长期难以招聘到或留住好的老师。邱大年在清华教书时，“薪水较其它国立大学为优而且可靠，但后因清华闹派系之争，他便毅然离开，改就师大之聘”[⑤]。有睹于此，钱端升在1925年严厉地指出，清华难以发展，不易招到一流教授的原因不在待遇，而在以下三点：

> 以清华教员之俸给与京中各校比，则清华为优。且清华景物幽雅，物质上之生活亦佳，而清华仍不易招致第一流教授者，盖有三故：清华虽成立有年，然讲学之风未盛，一也。教授之地位身分（份）不高，与重要职员比，实有相形见绌之处，二也。中外不平等，而外国教员又未必皆硕学之士，国人之稍有教誉不甘居人下者，辄不愿承受较劣之待遇，三也。清华而不欲多得第一流教授则已，若欲之，则非增加教授之地位不为功。而所聘之外国教授，尤宜特别出众，庶受较高之俸给，而不招物议。至于国学教师之待遇，不应在留学生之后，则更不必论矣。[⑥]

可见，清华虽说待遇较好，物质生活富裕，但待遇的制度安排却依然存在颇多问题，这也直接影响到清华改大之初的进展。“清华于一九二五年停止留美预备部，办大学，又增设研究院国学部，似渐渐有希望，然因办事人依

---

① 清华大学校史编写组编著：《清华大学校史稿》，第17页。

② 清华大学校史编写组编著：《清华大学校史稿》，第17页。

③ 黄延复：《国耻纪念碑——清华建校的历史背景》，庄丽君主编，刘敏文副主编：《世纪清华之二》，北京：光明日报出版社，2001年，第13页。

④ 清华大学校史编写组编著：《清华大学校史稿》，第17页。

⑤ 李璜：《忆民十四五在北大教书时的四位好友》，《传记文学》1967年第10卷第5期，第23～26页。

⑥ 钱端升：《清华学校》，《清华周刊》1925年第362期，第35～42页。

旧为此般人物，教授大部分为旧留美部教员擢升，故三年来成绩一无可观。”①同时，改大后教员待遇进一步改革，待遇不平等的问题得以缓解。

第二节　清华大学时期的薪俸与工资

1925年清华学校设立大学部，完整的大学教育在清华正式发端。1928年6月，国民政府进入北京，北洋政府在北京的统治结束。清华学校的控制权从北洋政府转归南京国民政府。国民政府大学院和外交部对清华的管辖权展开了激烈的争夺战，双方协商决定将清华学校正式升格为“国立清华大学”，按照美国文理科大学办理。该年8月17日，罗家伦被任命为清华大学校长。随着体制与人事管理的重大变更，清华的整体面貌也发生了根本的转变。教职员工的人数、职别序列、相互之间的关系以及在学校管理权的控制上都出现了许多重要变化，各类别人群的收入待遇亦如此，本节将对上述内容做重点考察。

一、教员薪俸水平

改大之后，清华的各项制度规章也需要逐渐向教育部既有的有关规定靠拢，教员的分级和待遇规定等也如此。1912年北洋政府教育部颁布《大学令》，大学教员被分为教授、助教、讲师3类。②1917年教育部重新修订《大学令》，划定教员等级为正教授、教授、助教、讲师四类，主要是对此前的教授做了进一步的细化。③北伐之前，广州的国民政府已经注意到北方学校严重的欠薪问题，提出提高教师薪俸的想法。④1927年6月，国民政府颁布《大学教员资格条例及薪俸表》，规定大学教员分一、二、三、四等，一等教授，二等副教授，三等讲师，四等助教，同时确认教授月薪为400～600元，副教授为

---

① 浦江清：《清华园日记　西行日记》（增补本），北京：生活·读书·新知三联书店，1999年，第4页。

② 国民政府成立前，有过多次大学立法，但属“规程”“章程”“令”“条例”，性质不尽相同。此处提到的民国元年《大学令》以及后来民国六年《修正大学令》、民国十三年北京政府《国立大学条例》，这些法令并未完全付诸实行。1928年底，南京国民政府教育部成立，次年4月，《中华民国教育宗旨及其实施方针》颁布，明订中华民国大学教育宗旨。7月，据此宗旨颁布《大学组织法》，8月依据《大学组织法》公布《大学规程》，该组织法由国民政府依照正规的立法程序颁行，对政府和民间都增加了一些约束力。陈能治：《战前十年中国的大学教育（一九二七——一九三七）》，第124页。

③ 《大学令》，《教育部编纂处月刊》1913年第1卷第4期，第1～4页；《修正大学令》，《教育杂志》1917年第9卷第12期，第17～18页。

④ 朱子爽编著：《中国国民党教育政策》，重庆：国民图书出版社，1941年，第76页。

260～400 元，讲师为 160～260 元，助教为 100～160 元。[①]不同等级教员自然享有不同的薪俸，同时按此规定，教授薪俸大约是讲师的 2 倍，是助教的 4 倍到 8 倍，甚至更高。但也有学者认为“以当时教师薪资与地位南北均无保障来看，该法令之政治性实大于教育性”[②]。规定颁行的初期，在教师资格审定和薪给制的统一方面，教育部门也确实并没有严加要求或积极推行，因为有实际的困难。自 1927 年颁布了有关条例后，就再未有相关的法令颁布。在实际操作中，各学校对教员的具体分级则多有不同。北京大学教员等级基本与政府规定一致，前期有正教授、教授、助教、讲师之分，后来有教授、副教授、讲师和助教。中央大学将教员分成六级，武汉大学分九级，同济大学亦分九级，其薪额亦较教育部规定为低。

清华的教员级别划分和相关薪俸标准，在改大初期依然和教育主管部门的规定有较大出入。在教员的分级系统上，清华沿用原有办法，没有本、预科教授之分，大学部教授分为正教授、一级教授、二级教授和三级教授 4 个等级，没有副教授的设置，这 4 个级别的教授设置应该包含了一般学校所设立的教授与副教授 2 个等级。同时，清华教授的薪俸也要比国民政府教育部的规定高出不少。1928 年 9 月中旬罗家伦任校长后，为了笼络人心，当日即普遍加发聘书，并一律约略提高薪金。[③]表 2-10 展示了此时清华教授的薪俸标准，相对于改大前，主要是加薪办法上有了改变，拉大了加薪年限但也增加了每次加薪的数目。同时在聘期和薪额认定标准方面有所变化。聘期方面“教授聘约初来校时皆为一年，暂定薪额若干，一年之后倘续聘时应再规定等级，聘约以三年为准”；薪额标准的依据为“①学历学位，②研究著作，③教育经历，④人才需要”[④]。

表 2-10　1928 年清华改大后教职员薪俸表

教授级别	月薪范围/元	增加办法
正教授	300～500	每满 3 年加 40 元
一级教授	250～400	每满 3 年加 40 元
二级教授	200～300	每满 3 年加 40 元
三级教授	150～250	每满 3 年加 40 元

资料来源：《第六十三次评议会纪录：修改教职员薪金表》（1928 年 5 月 8 日），清华大学档案：《国立清华大学评议会纪录》，编号：1-2-1-006：1

① 国民政府教育部：《第一次中国教育年鉴》乙编“教育法规”，第 64 页。

② 陈能治：《战前十年中国的大学教育（一九二七—一九三七）》，第 173 页。

③ 浦薛凤：《万里家山一梦中》，台北：商务印书馆，1983 年，第 135 页。

④ 《第六十三次评议会纪录：修改教职员薪金表》（1928 年 5 月 8 日），清华大学档案：《国立清华大学评议会纪录》，编号：1-2-1-006：1。

此后，国民政府教育部加强全国高等教育的统制，要求国立各校教员薪俸标准按教育部规定执行。1929 年 6 月 19 日，教育部致函清华："查大学教员，关系一校教学者至巨，待遇自应从优，以期效能增进。前国民政府教育行政委员会曾经定订大学教员资格条例并附大学教员薪俸表公布施行，各大学校长务审度各该校经济情形，确实办理。"①清华于是对本校教授薪金进行登记，并准备比照中山大学、中央大学、北平大学等大学标准后订立新规则。②自此，清华教员薪俸开始逐步与其他高校及教育部接轨。

1931 年起由于日军不断入侵，局势严峻，国库吃紧，教育经费的问题也日益严重，当局再度注意教师薪俸的问题，曾通令调查各大学教授薪俸。③国民政府教育部通知提出："查大学教员，各校分教授、副教授、讲师、助教四级，惟分级标准及薪额距离，各校现行办法颇不相同，亟应祥（详）查稽核。"④遵照此要求清华进行了稽核，教授等级的分类也自此发生了变化，不再分为 4 等，基本合乎教育部规定的要求。对比过去的薪俸，则大概是将三级教授变更为专任讲师了，教授等级变得更加集中（表 2-11）。

表 2-11　清华大学教员分级及给薪调查表

教员等级	定级标准	专/兼	每周钟点/时	月薪/元	给薪月/个
教授	国内外大学毕业，对于所任学科确具专门研究与创获，专任本校教职者	专	4～16	280～500	12
合聘教授	国内外大学毕业，对所任学科确具专门研究与创获，订约时与他机关言明合聘者	兼	4～12	180～240	12
讲师	国内外大学毕业，对于所任学科确具专门研究与创获，兼任本校教职者	兼	2～8	40～240	10
专任讲师	国内外大学毕业者，对所任学科具有教学经验及研究成果，专任本校教职者	专	3～6	160～160[1)]	12
教员	教育部表格无此项	专	无	100～160	12
助教	无	专	无	80～130	12

注：1）原档案如此，数字似有误，疑为 160～260

资料来源：《呈覆属校教员薪金及待遇问题向无专章规定，谨将目前实施情形填表呈请誉核》，清华大学档案：《国民党政府教育部令优待大学教员暨规定兼课、请假、代课、补课的部令和来往文书》，编号：1-2-1-125

① 《令饬优待大学教员待遇》，清华大学档案：《国民党政府教育部令优待大学教员暨规定兼课、请假、代课、补课的部令和来往文书》，编号：1-2-1-125。

② 罗家伦：《罗校长在纪念周年之报告》，清华大学校史研究室编：《清华大学史料选编》第 2 卷上册，第 154 页。

③ 当时各级教师的欠薪问题非常严重，教育部虽进行了调查但无力解决。1933 年 5 月，王世杰任教育部部长，认为要使师生安心教学，至少需要做到薪资不拖欠，后付诸实行，这也是 1933 年以后教育行政稳定的因素之一。国民政府教育部：《教育部十九年第四期预定三个月（二十年四月至六月）行政计划》，《教育部公报》1931 年第 3 卷第 11 期，第 59～66 页。

④ 《令仰呈报该校教员分级及给薪情形》（1931 年 3 月 11 日），清华大学档案：《国民党政府教育部令优待大学教员暨规定兼课、请假、代课、补课的部令和来往文书》，编号：1-2-1-125。

1932年清华公布了更为详细的《国立清华大学教师服务及待遇规程》[①]，其中第2条规定，清华将“本大学教师分教授、合聘教授、讲师、专任讲师、教员及助教”6个类别，这也成为此后相当长时间内清华大学的教员分级办法。在教授等级中，只有教授和合聘教授。“教授、专任讲师、教员及助教为本大学专任教师，合聘教授及讲师为本大学非专任教师。”第10、11条规定“本大学教授之聘约首二次期限一年，以后每次二年”，“合聘教授聘约之致送与解除由本大学与合聘大学共同订定之”。讲师、专任讲师的聘约则每年一订。就教授而言，过去从第2年开始就可以获得3年聘约的情况不复存在，每年一聘，无疑也增加了教授们的压力。具体到教授薪俸，根据第20条规定：“本大学教授于初聘时其资格与本规程第四条正相符者月薪三百元，其资格较高者得超出此项。”第21条规定了加薪办法：“本大学教授每服务满二年（休假年除外）者加月薪二十元，其于所在学科有特殊学术成绩者加月薪四十元，但每年受特别加薪之教授不得过该年加薪教授总数十分之一。”在最高薪额上，该规程第22条规定：“本大学教授月薪最高以四百元为限，但于所在学科有特殊学术贡献者，得超过此限加至五百元，惟月薪超过四百元之教授不得过全体教授总数五分之一。”

对于不属于专任性质的合聘教授，其薪俸“由本大学与合聘学校共同订之”。在给薪的月数上，特别规定“本大学专任教师及合聘教授之薪俸每年以十二个月计算，讲师之薪俸每年以十个月计算，由九月起六月止”[②]，专任教员与兼职教员的区别非常明显。清华对于兼职讲师的薪俸按课时支付。1927年6月第三十次评议会上规定“讲师自京聘来者，薪金应定为每时五元，另外酌加车马费若干，平均以十月计算”[③]。调整薪俸标准后，规定其月薪为“每学期授课一学分者三十五元，授课一学分以上者每学分加二十五元”[④]。如1935年8月，程树德受聘为政治系讲师，每周授课2小时，月薪为60元。1937年6月，清华中文系续聘唐兰、赵万里担任讲师，其中唐兰担任甲骨文研究课程，每周2小时，赵万里担任版本目录学课程，每周2小时，他们的月薪都是60元，每年支薪10个月共600元。[⑤]此外，历史系与社会学系合聘

---

① 《国立清华大学教师服务及待遇规程》，清华大学档案：《国立清华大学专任教授休假条例，教师服务及待遇规程》，编号：1-2-1-109。

② 《国立清华大学教师服务及待遇规程》，清华大学档案：《国立清华大学专任教授休假条例，教师服务及待遇规程》，编号：1-2-1-109。

③ 《第三十次评议会议纪录》（1927年6月24日），清华大学档案：《国立清华大学评议会纪录》，编号：1-2-1-006：1。

④ 《国立清华大学教师服务及待遇规程》，清华大学档案：《国立清华大学专任教授休假条例，教师服务及待遇规程》，编号：1-2-1-109。

⑤ 《请续聘讲师唐兰、赵万里先生》，清华大学档案：《国立清华大学1935～1937年聘任各系各级教师的往来函件》，编号：1-2-1-111：1。

谭其骧与钱穆，每周课时分别为 5 小时和 4 小时，两人均为讲师。钱穆月薪为 110 元。生物学系曾聘讲师寿振黄担任脊椎动物学及胚胎学两门课程，全年共 11 个学分，其月薪则按照每周 5 小时计算，数额定为 135 元。[①]至于专任讲师的薪俸，明确规定为“本大学专任讲师之月薪自 160 元起至 280 元止，增薪之年限及多寡视其所任学科之学术成绩订之”[②]。可见专任讲师的薪俸仅次于教授，在学校中也处于高薪阶层。

1934 年 6 月，清华再次重申了教师服务及待遇规定[③]，此版规定除了继续将清华教师分教授、合聘教授、讲师、专任讲师、教员及助教外，在各级教员的薪俸待遇上与 1932 年的版本并无二样。因此可断言，从 1931 年起，清华教员的待遇规定已基本稳定，具体可参见 1932 年的学校规章。就书面规定而言，清华在改大后到全面抗战爆发前，教授薪俸基本是以 300 元为起薪，一般最高薪为 400 元；专任讲师的薪俸则在 160 元至 280 元，每两年增加一次。这些规定在实际操作中基本得到了贯彻。教授的薪俸数目以及加薪办法，可查表 2-12 中的记载，高级教员的加薪都是两年一次，且基本都是加 20 元，薪俸额度也完全与规程相符合。

表 2-12　1932～1935 年清华各院系教师薪俸表

院系	姓名	职称（职务）	薪俸情况（分别为 1932～1935 年）/元
土木工程	施嘉炀	教授、主任	320、320、160（休假）、340
	王裕光	教授	340、340、360、360
	蔡方荫	教授	300、320、340、340
地学系	袁复礼	教授、主任	380、380、400、400
	翁文灏	名誉教授	无薪俸记录
生物学系	某（讲师）	合聘教授	200、135、135、135
中文系	朱自清	教授、主任	300、320、320、340
	陈寅恪	教授	440、440、460、460
	杨树达	教授	320、340、340、360
	刘文典	教授	340、360、360、360
	俞平伯	教授	320、320、340、340
	闻一多	教授	340、340、360、360
	浦江清	专任讲师	180、180、240、240

① 《开送理学院下年度各系讲师教员助教之更动及添聘名单请核聘》，清华大学档案：《国立清华大学 1935～1937 年聘任各系各级教师的来往函件》，编号：1-2-1-111：1。

② 《国立清华大学教师服务及待遇规程》，清华大学档案：《国立清华大学专任教授休假条例，教师服务及待遇规程》，编号：1-2-1-109。

③ 《国立清华大学教师服务及待遇规程》（1934 年 6 月重印），清华大学校史研究室编：《清华大学史料选编》第 2 卷上册，第 174～181 页。

续表

院系	姓名	职称（职务）	薪俸情况（分别为1932～1935年）/元
中文系	刘盼遂	专任讲师	200、200
	王力	专任讲师	280、280、280、300
外文系	陈福田	教授	320、340、340、360
	吴宓	教授	360、380、380、400
	钱稻孙	教授	320、320、340、340
	叶崇智	教授	320、340、170（休假）、340
	毕莲	教授	370、390、390、400
	吴可读	教授	400、400、400、400
	翟孟生	教授	440、440、440、400
	温德	教授	420、420、420、420
	艾克	教授	380、380
	石坦安	教授	380、380、380、190（休假）
	华兰德	教授	300、320、320、340
	郭斌龢	教授	320
	葛其婉	讲师	310、310（每周12小时）
	陈作福	讲师	110、110（每周4小时）
	黄伟惠	讲师	310、310、310（每周12小时）
	魏瑞池	讲师	310、310（每周12小时）
哲学系	冯友兰	教授、文学院院长	380、380、380、400
	金岳霖	教授	360、380、380、400
	邓以蛰	教授	360、360、360、380
	张崧年	教授	320、340、340、360
	沈有鼎	专任讲师	280、280、280
	林志钧	讲师	60、60（每周2小时）
	贺麟	讲师	100、60（每周2小时）
历史系	蒋廷黻	教授、主任	380、380、190（休假）、400（兼文学院院长加薪100）
	刘崇鋐	教授	320、340、340、360
	陈寅恪	教授	440、440、460、460（与中文系合聘，月薪各负担一半）
	孔繁霱	教授	320、340、340、340
	钱稻孙	教授	320、320、340、340（与外文系合聘）
	噶邦福	教授	320、340、340、360
	雷海宗	教授	340、340、360、360
	张星烺	讲师	60、60、60、60（每周2小时）
	钱穆	讲师	（上）110，（下）60；60；60；60（上学期4小时，下学期2小时）

续表

院系	姓名	职称（职务）	薪俸情况（分别为1932～1935年）/元
历史系	黎东方	讲师	160
	陶希圣	讲师	85、60、60（每周2小时）
	张荫麟	专任讲师	280（与哲学系合聘）
体育系	马约翰	教授、主任	340、340、360、360

注：数据源于1932～1936年教职员表，但该表薪俸记载截至1935年。部分教员薪俸记录不满四年，推测为离职所致。例如，外文系教授郭斌龢，1932年在清华任教，1933年即转入中央大学任教。艾克教授在1935年以后的《教职员录》中也不复出现，应该也已离职

资料来源：《1931～1937年度教师一览表》，清华大学档案：《国立清华大学1931～1936年各院系教师名单》，编号：1-2-1-112

教授起薪一般是300元左右。如1937年5月，清华拟聘请卫生署卫生工程组总工程师杨铭鼎先生为教授，担任卫生工程课目一年，月薪300元。对于资历较高者，起薪可能高很多，如同年清华机械系聘原北洋工学院陈继善为教授，月薪初始就达380元[①]，这应与其资历高有关。专任讲师的薪俸后来似乎又略有提高，如1936年清华历史系新聘王信忠、邵循正为历史学系专任讲师，月薪定在280元[②]，这也是1932年及1934年规定中的最高薪。表2-12中一些专任讲师的月薪早已达到280元，中文系专任讲师王力在1935年的月薪更是达到了300元，和教授月薪很是接近。同时，从该表中还可以发现几个细节。一是教授如果担任学院院长或教务长、秘书长等职务则可获得每月100元的额外薪金，担任系主任职务则没有加薪。获此加薪的除了表中提及的蒋廷黻外，还有文学院院长冯友兰、工学院院长叶企孙、法学院院长陈岱孙以及理学院院长顾毓琇以及担任教务长的潘光旦。[③]二是如果教授处于学校规定的正常休假中，可以保留半薪待遇。三是像陈寅恪、钱稻孙等，他们是校内两系合聘的教授，依然属于专任教授，与校外单位合聘的兼任教授不同。翁文灏的“名誉教授”应是特例，因其要去政府部门任职，“教授”乃清华对其的一种奖誉，并不涉及金钱，规程中自然也没有类似规定，翁文灏也很快于1933年6月辞去了这一名誉衔。[④]四是关于400元以上月薪的教授加薪问题。这个问题在规程中并没有详细说明，但是通过表2-12以及清华大学

① 《请聘土木工程系教授杨铭鼎先生》、《请聘机械系教授陈继善先生》，清华大学档案：《国立清华大学1935～1937年聘任各系各级教师的来往函件》，编号：1-2-1-111：2。

② 《聘王信忠、邵循正为历史系专任讲师一年》，清华大学档案：《国立清华大学1935～1937年聘任各系各级教师的来往函件》，编号：1-2-1-111：4。

③ 清华大学档案：《国立清华大学1936～1937年度教职员薪俸一览表》，编号：1-2-1-152。

④ 《翁文灏致梅贻琦函》，清华大学档案：《国立清华大学聘任教师，任免教员，薪津待遇的来往函件》（1929～1934年），编号：1-2-1-127。

档案中关于1936年陈寅恪加薪的记载①，可推知月薪400元以上的教授加薪方法与普通教授是一样的，即两年一次，每次20元。经过此次加薪后，陈寅恪月薪高达480元，如果不出现抗战的话，其月薪当能达到500元。实际上，至晚在1930年，清华外文系主任王文显的月薪便已达到500元的最高限。②

合聘教授虽不是学校专任教员，但一般都是各领域的杰出人士，其薪俸也值得关注。他们的薪俸按照规程是由合聘单位协商确定的，具体操作上比较灵活。例如，清华大学心理系与中央研究院心理研究所合聘工业心理研究员陈立，经与中央研究院商议决定：陈立月薪为280元，两机关各负担一半，以10个月计算，按月由清华付140元，由清华代中央研究院付140元。③此外，清华还曾经借聘中央研究院研究员，南京北极阁天文台涂长文为合聘教授，月薪240元，津贴60元（合300元），津贴初始由中央研究院拨发。此后由于涂氏不再为北极阁工作，中央研究院也停发其津贴，转由清华完全支付月薪300元，涂氏也成为完全的清华正式教授。④

外籍教授薪俸经过罗家伦校长等的改革调整后，已与中国教员接近。表2-12中，外文系教授毕莲、吴可读、翟孟生、温德、艾克及石坦安等的薪俸只略高于中国教员。1936年清华遵照国民政府教育部要求，对本校专任外籍教员情况进行调查，得表2-13。外籍教员中有教员2人，月薪分别为120元和110元。教授7人，月薪最低为250元，最高为440元，平均约为377元，略高于中国教授月薪，但两者已经基本处于同一量级，清华学校时期外籍教员薪俸远高于中国教员的情况已不存在。

表2-13 1936年清华大学外国智识工人调查表

姓名	国籍	年龄	职称	工作时间/周	月入/元	居住情况
史丕司烈大	俄国		教员	8小时	120	自由选择
雷夏			教员	4小时	110	自由选择

① 当时历史系、中文系认为：陈寅恪月薪已超过400元，曾于1934年援用特殊成绩一条款，定加薪20元，到现在（1936年）历2年，应再加20元。校长办公处回信认为查阅陈氏上次加薪已隔3年，因此决定明年再加20元。冯友兰：《请改填陈寅恪先生聘任薪额》，清华大学档案：《国立清华大学1935～1937年聘任各系各级教师的来往函件》，编号：1-2-1-111：4。

② 《国立清华大学教职员名册》（1930年），清华大学档案：《国民党政府教育部令报职员履历及有关铨叙等部令》，编号：1-2-1-133。

③ 《请准改聘陈立先生为工业心理研究员，与中央研究院合聘》，清华大学档案：《国立清华大学1935～1937年聘任各系各级教师的来往函件》，编号：1-2-1-111：1。

④ 《地学系函》，清华大学档案：《国立清华大学1935～1937年聘任各系各级教师的来往函件》，编号：1-2-1-111：1。

续表

姓名	国籍	年龄	职称	工作时间/周	月入/元	居住情况
华兰德	德国	68	教授	14 小时	340	自由选择
石坦安	德国	33	教授		380	自由选择
翟孟生	美国	40	教授	10 小时	440	自由选择
温德	美国	47	教授	14 小时	420	自由选择
吴可读	英国	41	教授	12 小时	410	自由选择
毕莲	美国		教授	13 小时	400	自由选择
客普克	德国	57	教授		250	自由选择

注：表中提及的教员涉及外文系、历史系、社会学系、算学系与军乐队

资料来源：《外国智识工人调查表》，清华大学档案：《国民党政府教育部令报外籍人员调查表及其有关的部令》（1930 年 12 月～1936 年 2 月），编号：1-2-1-128

清华为了更快更高地提高学术水准和研究水平，还曾大力聘请一些国外著名学者担任特聘教授。清华特聘教授资金，并非来自本校经常费，而是从中基会等机构申请而来。这些特聘教授的薪俸通常远高于普通教授，是他们薪俸的 2～3 倍。如清华物理系曾向中基会申请特聘外籍教授，指导第一届研究生，定约 3 年，年薪在 6000～12 000 元。①机械系航空组聘美籍教授华敦德，月薪定为 600 元，期限为一年半。此后清华与其续聘，第 2 年月薪为 700 元，第 3 年更达到了月薪 800 元。②此外，清华还曾与中法基金会商谈费用，讨论聘请法国算学名家来校做为期 4 个月的短期讲授，月薪为 1000 元，并赠送川资美金千元左右。③数学系曾聘请法国数学家哈德玛教授，其薪水也是用中法基金会的协款，每月为 500 元。④这些名学者的到来，虽然花费不少，但却使“吾校师生利用此时机作学术之探讨，其成就必有逾乎寻常者”⑤。清华也并非中基会赞助的唯一受益者，北京大学也曾多次获其资助。如从 1931 年秋起，蒋梦麟新任北京大学校长，致力于北京大学革新。通过与中基会董事会商议决定，该会与北京大学每年各出 20 万元，以 5 年为期限，设立“研究教授”15 名，其人选“‘以对于所治学术有所贡献，见于著述，为标准’。‘研

① 《请补助经费以便聘请欧美物理学教授》，清华大学档案：《国立清华大学向中华教育文化基金会董事会申请补助，聘请欧美物理学教授，工学院聘美籍教授卡门、法国水利学 E 教授等来校讲学的来往函件和材料》（1929 年 4 月～1937 年 7 月），编号：1-2-1-131。

② 《续聘华敦德教授》，清华大学档案：《国立清华大学 1935～1937 年聘任各系各级教师的来往函件》，编号：1-2-1-111：2。

③ 《为聘 Engeles 先生来往事》，清华大学档案：《国立清华大学向中华教育文化基金会董事会申请补助，聘请欧美物理学教授，工学院聘美籍教授卡门、法国水利学 E 教授等来校讲学的来往函件和材料》（1929 年 4 月～1937 年 7 月），编号：1-2-1-131。

④ 清华大学档案：《国立清华大学 1935～1937 年聘任各系各级教师的来往函件》，编号：1-2-1-111：1。

⑤ 梅贻琦：《五年来清华发展之概况》，《清华周刊》1936 年第 625 期（向导专号），第 2～7 页。

究教授每周至少授课六小时，并担任学术研究及指导学生之研究工作，不得兼任校外教务或事务'”[①]。15 位研究教授中文学院占 5 位，即周作人、汤用彤、陈受颐、徐志摩及刘半农。

民国时期，由于经济不稳定、人才缺乏等原因，大学教授在外兼课是一种非常普遍的现象。[②]按照北京政府时期的教育法规，大学教职员校外兼差或兼课的兼职行为都是被明确禁止的，但事实上，却又存在着大量的教员违规兼课的现象。一些国立大学甚至自行出台了与教育部法令相左的管理规定，有条件地许可本校教员校外兼课。南京政府成立后，新教育法规尽管仍强调教员当专心本职工作，但却有限度地允许教员校外兼课。此后，教育部通过多次审查和管理，努力使兼课行为符合既定标准，限制而非禁止兼课，实现了兼课的合法化。

兼课显然可以增加教授们的收入，维持或改善其家庭的生活，还能反映一位教授的“受欢迎程度”，甚至学术地位。冯友兰还在河南中州大学任教时，朋友傅佩青已在北京兼了好几个大学的哲学课，每月可以收入四五百元。[③]陶希圣最初曾兼任北平师范大学（现北京师范大学）史学系和北平大学法学院政治系讲师，有时还去中国大学讲课，后来又任燕京大学社会学系和清华大学政治系讲师。因为北京大学教授每周只可兼任其他大学的功课 4 小时，所以他在上述各大学轮流讲课。[④]很多名教授也以兼任功课为光荣，一来这表示某教授能“叫座”；二来各校时常欠薪，非兼任数校，不易维持一家数口的开销。如李宗侗从 1923 年到 1927 年夏天曾在北京大学担任教授，其间他记载道：

> 那时正好北（北京，笔者按）政府经济困难，公教人员的薪水全发不出来，所以总是在欠薪的状态中。我在这四年中，薪金是每月两百二十银元，但是事实上，我每个月只领到一百一十元，恰好是半薪……彼时北平的教育界，皆因为欠薪而难维持生活，于是兼课之风大作。常有人兼课到五十几小时一星期。[⑤]

---

① 秦贤次：《刘半农的面面观》，《传记文学》1978 年第 32 卷第 2 期，第 113～119 页。

② 兼课行为研究尚不多，主要有吴民祥《流动与求索——中国近代大学教师流动研究：1898～1949》一书中第五章第二节“生活压力与教师兼职”以及梁晨《民国国立大学教师兼课研究——以北京大学、清华大学为例》[《南京大学学报（哲学・人文科学・社会科学版）》2011 年第 3 期]。吴著认为“生活压力”是民国多数教师兼职的原因（该书第 216 页），但笔者认为从长期看，这一理由值得商榷。

③ 冯友兰：《三松堂自序》，第 59 页。

④ 陶希圣：《北平二三事（上）》，《传记文学》1962 年第 1 卷第 6 期，第 7～9 页。

⑤ 李宗侗：《北大教书与办猛进杂志》，《传记文学》1966 年第 9 卷第 4 期，第 45～46 页。

虽然兼课收入对于薪俸发放不稳定的教员来说是非常重要的，但教授在校外如此大量兼课必然会影响到本职工作。当时北京教育界流传一个任课最多的人，在自己的功课表上，可能每天都排满了，甚至授课时间有重叠，重叠了怎么办？那就轮流请假。①当然教师这样做，主要还是因为当时军阀混战，教育经费常被挪用，学校薪俸发不出来，待在一个大学，实在难以维持生活。但是像哈佛燕京学社等团体成立后，少数名教授的待遇大大提高，而且他们教书的时间也尽量减少，以便有充分的时间做专门的研究。②

清华设立大学部以后，专任教授开始不断增加，校方虽深知教授兼课于学风无益，但一方面，兼课已然成风，清华一校难以遏止；另一方面，清华教授匮乏，课程开设不足，也需要他校教授前来兼课。为此清华也多次就高深课程兼课与燕京大学商议过合作办法。③1926 年，燕京大学洪煨莲欲聘清华教授朱彬元、陈达 2 人为燕京大学讲师，清华校方随即与燕京大学达成合作协议，并共同制订了清华大学、燕京大学互用教授章程 5 条，内容如下：

（1）甲校聘乙校某教授兼任某功课者须由甲校与乙校直接交涉得其允许。

（2）该项兼课须不妨害某教授在乙校所应尽之职务。

（3）该项兼课每星期钟点不得过四小时（某教授在甲乙两校每星期授课钟点合计不得过十五小时）。

（4）甲校致送某教授兼课薪金每小时定为五元。

（5）兼课薪金应由乙校与教授各得金额之半。④

合约的达成，使得兼课在一定范围内合法化了，兼课成为校际合作的重要表现，但同时校方意志也成为兼课是否可行的关键因素。例如，清华曾想从燕京大学聘请教授吴文藻任社会人类学功课，吕复任政治学功课，但燕京大学以 2 人校内时间安排已满为由拒绝。⑤在诸教授中，由于系主任担负系的

---

① 冯友兰：《三松堂自序》，第 60 页。

② 连士升：《回首四十年》，香港：星洲世界书局有限公司，1973 年，第 39 页。

③ 《第二十六次评议会纪录》（1927 年 1 月 26 日），清华大学档案：《国立清华大学评议会纪录》，编号：1-2-1-006：1。

④ 《第九次评议会开会纪录》（1926 年 5 月 28 日），清华大学档案：《国立清华大学评议会纪录》，编号：1-2-1-006：1。

⑤ 《燕大致信》，清华大学档案：《国立清华大学聘任教师，任免教员，薪津待遇的来往函件》（1929～1934 年），编号：1-2-1-127。

行政事务，除本职教学研究任务外，还要担任系中管理工作，事情颇为繁杂，若再去他校兼职，更难有时间应付校中工作。因此，经评议会讨论，决定系主任不得在外兼课。前述表明，清华教授担任系主任一职并不会得到额外加薪，薪俸既无优待，兼课之特权又不能享受，系主任自然深感不平，于是要求学校评议会修改这一决定。1929年清华评议会讨论决定，系主任不得在外兼课之规定，在事实上困难甚多，决定准予系主任兼课之权利，但必须以每周两小时为限。①

国民政府教育部门对大学教员兼课问题也十分重视。1929年7月5日，教育部对各高校教授兼课的问题做出了官方规定，要求："国立大学教授自十八年度上学期起不得兼任他校或同校其他学院功课，应以专任为原则"，并提出理由："查大学教授应以专任为原则，现时各大学教授每周兼课太多，请假缺课，甚至以一人兼两校或同校两院以上之教授，平时授课已虞不及，更何有研究之可言，其影响教授效能，妨碍学校进步，盖无有甚于此事，亟应严加整顿以绝弊端。即自十八年度上学期起，凡国立大学教授不得兼任他校或同校其他学院功课，倘有特别情形，不能不兼任时，每周至多以6小时为限，其在各机关服务人员，担任学校功课每周以4小时为限，并不得聘为教授。各校长务须随时详查，认真办理，勿稽瞻徇，是为至要。"②同时，为了防止那些专职"兼课教授"以轮换请假的方法在多个高校大量兼课，国民政府教育部强调"查大学授课时间，关系于学生学业者甚，自应按时讲授，不容稍有旷缺。现在各校教员中其顾令责任，从不缺课者固不乏人，而随意请假，漫无限制者，亦所常有"，要求各大学"订各学校严格请假、代课及补课办法"③。显然，政府方面希望从制度上遏止教授兼课成风的问题。对于此处国民政府教育部门的规定，田培林与何炳松认为限制兼课教员的数目，"是民国七、八年来教授兼课过多的一种反动"④。1930年的第二次全国教育会议还通过了《改进高等教育计划》，该案既以整理大学为目标，对教员兼课问题更加注意，指出："现在大学教职员兼课兼职者极多，而平均所教学生不满四人，效能方

---

① 《第二十次评议会开会纪录》（1929年9月12日），清华大学档案：《国立清华大学评议会纪录》，编号：1-2-1-006：2。

② 国民政府教育部：《国立大学教授自十八年度上学期起不得兼任他校或同校其他学院功课，应以专任为原则由》，清华大学档案：《国民党政府教育部令优待大学教员暨规定兼课、请假、代课、补课的部令和来往文书》（1929年6月～1934年10月），编号：1-2-1-125。

③ 《教育部训令：通令订定教员请假代课及补课办法切实办理并具报备查》（1931年4月24日），清华大学档案：《国民党政府教育部令优待大学教员暨规定兼课、请假、代课、补课的部令和来往文书》（1929年6月～1934年10月），编号：1-2-1-125。

④ 陈能治：《战前十年中国的大学教育（一九二七—一九三七）》，第125页。

面实不经济。”[①]

虽然教育部屡次训令各大学严限教师兼职，但也同样认识到兼课问题由来已久，虽有心杜绝教授兼课之流弊，但却无力真正达于目的。郭一岑曾在《不要忘了大学教育另一个使命》一文中指出，教育部命令仍如一纸空文，“兼任的教授反比以前加多了”[②]。教师薪资不定，任期不稳，为求生活，兼课在所难免。同时，兼课也有现实的合理性，对于充分合理地使用师资也有某种促进。要一下禁绝，既无此可能，也无此必要，因此教育部不得已又网开一面，规定如有不得已的情况可以兼课，但必须以每周六个课时为限。同时还要求各校长随时详查，认真办理。由此可知，教育部特别情形的规定，等于给教授合法兼课的可能，所限制的无非是课时而已。各校长详查严办，多少也给人教育部推诿责任之感。

1929 年《大学组织法》中曾经规定：“大学得兼任教员，但其总数不得超过全体教员的三分之一”，即专任教员必须高于 66.6%。通过考察 1931 年教育部统计数据，当时全国各高校中专任教员比例并不高，据表 2-14，只有厦门大学等 15 所学校能符合教育部制定的标准（即≥66.6%），有 25 所大学不符合规范，总体而言能达标的学校还是少数，包括清华也无法达到这个要求，同时北平竟然没有一个高校合格。一方面，说明此时北平虽仍被称为文教中心，但随着南京国民政府的建立，北平地位下降，驻地大学也不为最高行政当局重视，资金上相对比较缺乏；另一方面，也表明北平教育人才还是比较集中，学校较多，众多兼职才成为可能。此后几年这一状况似乎仍在延续，如 1933 年的湖南大学，全校教师共 97 人，其中兼任教员占 41%；辅仁大学该年的兼任教员亦占 69%，至为惊人。

表 2-14 1931 年各大学专任教员比例表

学校	比例	备注	学校	比例	备注
辅仁大学	17.4%	私立	光华大学	45.3%	私立
东陆大学	23.3%	省立	暨南大学	46.0%	国立
大厦大学	37.5%	私立	广西大学	50.0%	省立
四川大学	38.2%	国立	北平师范大学	50.3%	国立
山西大学	41.0%	省立	广州大学	52.2%	私立
武昌中华大学	41.2%	私立	中法大学	56.6%	私立
北京大学	42.8%	国立	金陵大学	58.1%	私立

① 《改进高等教育计划》，《教育公报》1930 年第 2 卷第 13 期，第 71～100 页。

② 郭一岑：《不要忘了大学教育另一个使命》，《国立中央大学半月刊》1930 年第 1 卷第 8 期，第 1267～1278 页。

续表

学校	比例	备注	学校	比例	备注
交通大学	59.7%	国立	中央大学	70.0%	国立
复旦大学	61.6%	私立	武昌华中大学	73.1%	私立
湖南大学	61.7%	省立	东北交通大学	75.0%	省立
同济大学	62.4%	国立	沪江大学	75.0%	私立
清华大学	62.5%	国立	河南大学	76.9%	省立
广东国民大学	63.3%	私立	岭南大学	77.7%	私立
中山大学	63.8%	国立	安徽大学	78.0%	省立
震旦大学	64.1%	私立	齐鲁大学	82.8%	私立
燕京大学	64.2%	私立	浙江大学	83.5%	国立
东吴大学	65.7%	私立	武汉大学	84.0%	国立
北平大学	66.1%	国立	南开大学	92.9%	私立
厦门大学	67.7%	私立	东北大学	100%	省立
大同大学	68.2%	私立	平均：62.2%		
山东大学	69.6%	国立			

资料来源：《全国各大学教员之等级性别及教职员之职别人数百分比》，教育部高等教育司编：《二十年度全国高等教育统计》，第 52～53 页

清华校方自然也不愿意本校的教授们在外兼课，但对禁绝兼课之风同样是有心无力。既然无法禁绝则还不如给以名分，加以管理。1931 年公布的《国立清华大学教授兼课规程》，一方面强调“本大学教授以不在他校兼课为共守原则”；另一方面又提出“本大学教授有不得已情形必须在外兼课时，须先得本大学允许，否则本大学有解除聘约之权”，还进一步规定“本大学教授在外兼课时不得妨害本大学课程表所规定之时间”，“本大学教授不得已在外兼课时，每周兼课总时数不得超过四小时且所兼科目以现在本大学所授科目为限”等，对于那些在外兼课超过规定课时的教授，清华可“即行解除聘约或改聘该教授为兼任教授或讲师，其薪额另定之”①。清华教授不得兼任其他学校的行政或政治商业机关职务，也就是说兼职只能限于教学科研方面。另外，考虑到清华的地理位置，校方为防止教授们因频繁进城兼课而影响在清华的工作，援引此前与近邻燕京大学达成的《互用教授章程五条》，希望教授们多在燕京大学兼课从而不致耽误本职工作。不过，很多教授并没有迎和学校的这种安排，如吴宓就曾去北平师范大学、北京大学兼课，朱自清也在北平师范大学兼过课，此外北平大学、北平女子师范大学等都有清华教授兼课的踪影。

① 《国立清华大学教授兼课规程》，清华大学档案：《国民党政府教育部令优待大学教员暨规定兼课、请假、代课、补课的部令和来往文书》，编号：1-2-1-125。

1932 年，清华重新修订教师待遇规程，对兼课做了如下规定：①任课时间不超过最低限度者不得在外兼课或事。②兼课须经学校同意。③在外兼课每周至多 4 小时。④区域以北平为限。⑤专任讲师、教员及助教不得在外兼课或事。这也是抗战以前清华大学对教授兼课的一个最终规定。[①]规定中新增加 2 条限制，即教授在校内至少每周授课 8 小时或 16 个学分，至多每周 12 小时或每学年 24 个学分，院长、系主任可减至每周 3 小时或 6 个学分。任课时间未超过最低限度的教授，不得在外兼课，此为保证清华教学而对教授兼课的一种限制。通过查阅当时清华教授们的记载，发现他们并没有将其中一半兼课收入交给学校，推测 1932 年的规定，大概同燕京大学签订的章程中将一半收入交给学校的规定一样，没有得到普遍推行。

由于清华很多教授是从国外学成归来的，其研究方法与课题在国内都颇为新颖，因此他们也成为其他高校聘请兼课的热门人选。张荫麟回国后，在清华兼授历史和哲学两系的课程，其历史哲学课在国内更是独树一帜，北京大学很快来请他兼授历史哲学课程。[②]顾毓琇 1932 年回国后担任清华电机系主任，同年开始在北京大学兼课。[③]浦薛凤 1929 年任教清华后，北京大学曾请他兼课，教授西洋近代政治思想课程。后来北平大学也慕名相邀，浦薛凤也允诺了。两次兼课他均书面报知教务处，且强调了依照本校规定兼课并未超过 4 小时。清华教员去城中兼课，往返两地也比较辛苦。浦薛凤为此必须在北平城内的清华同学会会所住宿一宿。好在清华同学会会所颇为宽敞，有好几间卧房可以租住，收费极廉，并有厨师随时供应面饭。[④]1928 年春，陈寅恪曾在北京大学兼课，讲授“佛经翻译文学”，秋季后又改授“蒙古源流研究”一课。过了一年，陈寅恪因为身体虚弱，不能奔走于清华与北京大学两校之间，便改在清华授课，北京大学学生只好到清华去听课。[⑤]这大概也是兼课教授中最高待遇的体现。

清华对教员开课也有限制，选课学生必须达到一定数量才可开设，这也使一些老师兼课计划破灭。中文系曾请黄晦开设两门课程，其中诗律一课只有 2 个学生选课，按照清华的规定不能开班。这样他就只能开设 1 门课程，

---

① 《国立清华大学教师服务及待遇规程》，清华大学档案：《国立清华大学专任教授休假条例，教师服务及待遇规程》，编号：1-2-1-109。

② 贺麟：《我所认识的荫麟》，周忱选编：《张荫麟先生纪念文集》，上海：汉语大词典出版社，2002 年，第 195 页。

③ 顾毓琇：《九二自述》，《水木清华》，北京：清华大学出版社，1994 年，第 263 页。

④ 浦薛凤：《万里家山一梦中》，第 145 页。

⑤ 劳干：《忆陈寅恪先生》，《传记文学》1970 年第 17 卷第 3 期，第 31～33 页。

所合只有 2 小时工作量。黄晦认为这样往来城里城外，不划算，便拒绝开课。[①]

清华教授兼课现象是普遍的，相当多的教授都有或长或短的兼职经历。教授们在校外兼课，根据其担任课时的长短，一般一个月也有 60 元至 100 元的收入，加上很多教授在校内外开设同样的课程，所以压力也不大，与 300 多元的校内薪俸相比兼课也是所获颇丰的。吴宓 1929 年上学期开始为北京大学上课，这个学期他在清华每周只有两次课，时间比较充裕。每月他能从北京大学二院领取 100 元薪金。[②]当然，也会有教授出于表率等原因放弃兼课机会。如前述浦薛凤曾在北京大学、北平大学兼课，但在他担任清华政治系主任之后，"一则因系主任可减少授课学分与时间，即只授两门功课，只满五学分（五小时）即可，再则因自愿以身作则，遂毅然辞去北大与平大两共四小时之兼课"[③]。陈寅恪本已答应傅斯年兼任中央研究院主任一职，但到 1930 年他提出："弟下年仍然照旧担任第一组主任之虚名，仍作今年所作之事（其实无所事事），但不必领中央研究（院）之薪水，向清华要全薪。若虑钟点加多，则清华下年有研究院，亦挂一虚钟点以凑数，而弟身体上、物质上皆不受损。且一年以来，为清华预备功课几全费去时间精力，故全薪由清华出，亦似公允。所以向清华卖力者，因上课不充分准备必当堂出丑，人之恒情只顾其近处，非厚于清华而薄于史语所也。"[④]

虽然学校对教授兼课有诸多限制，但教授兼课不仅有可能，而且有依据，也就普遍存在。尽管校方对本校教授过多兼课有所担心，但外请兼课老师也给清华的教学发展带来了好处。1928 年罗家伦接办清华大学后，"增加良好教授"一直是他整顿清华的重点。但他却不得不承认，由于"其他大学之竞争"等原因，"一时想聘到多数的良好教授，确属不易"[⑤]。因此当该年清华经过一番努力，争取到数名燕京大学教授前来兼课时，罗家伦认为这是"可喜之事"[⑥]。当他从清华辞职时，曾经聘请了多名"有根底、有造诣"的兼课讲师，这也被看成是其在清华的重要成绩。[⑦]1930 年清华兼课老师更多，14 个学系中 10 个有兼课教师，只有社会人类学系、物理系、化学系和算学系没有兼课教师，兼

---

① 《朱自清致梅贻琦函》，清华大学档案：《国立清华大学聘任教师，任免教员，薪津待遇的来往函件》（1929～1934 年），编号：1-2-1-127。

② 吴宓著，吴学昭整理注释：《吴宓日记》第 4 册（1928～1929），北京：生活·读书·新知三联书店，1998 年，第 273 页。

③ 浦薛凤：《万里家山一梦中》，第 146 页。

④ 原信本无时间，但王汎森认为似为 1930 年。参见陈寅恪：《陈寅恪集·书信集》，北京：生活·读书·新知三联书店，2001 年，第 39～40 页。

⑤ 罗家伦：《整顿校务之经过及计划》，《清华大学校刊》1928 年第 12 期，第 1～4 版。

⑥ 清华大学档案：《1928 年国立清华大学第一次教授会纪录》，编号：1-1-2-005。

⑦ 《罗校长辞职原呈》，清华大学校史研究室编：《清华大学史料选编》第 2 卷上册，第 62～67 页。

课教师占整体教师的比例达到 27%。[①]哲学系专任教师不过 3 人，兼任却有 4 位，包括燕京大学哲学系主任黄子通、著名教授许地山和张崧年等，他们的存在对清华哲学系之影响显而易见。当时其他来清华兼课的著名教授还有讲授民法与公司法的北京大学教授何基鸿；曾在历史系兼课的教师，朱希祖、张星烺是北京大学教授，瞿宣颖是南开大学教授，刘朝阳为燕京大学教授，李济则是中央研究院历史语言研究所考古组的主任。这些兼课教师的到来，不论是对学生的学习、就业，还是对学校间学术的交流，都颇有益处。因此，聘请兼职教师以保证教学与发展是民国时期很多大学的主动行为。

教授们在其他学校或单位兼课、兼职，不仅自身可获得不菲的报酬，其后甚至演变为教授等高级教员的特权。例如，清华规定，只有教授可以在他校兼课，其他级别的清华教师禁止兼课。其他级别的教员对此也有不满情绪，并向校方提出修改兼课案，但经过学校评议会商议决定，“专任讲师、教员及助教应否许其在外兼课，决议不可”[②]。不仅没有兼课的权力，教员和助教等初级教员的待遇比高级教员也要低很多。改大后清华专任教员分为教授、专任讲师、教员和助教 4 个等级，其中“凡教有分数之学科一门以上者，皆得称为教员”[③]，能否独立承担课程教学可看成是区分教员和助教的标准。教员和助教都须大学毕业，且成绩优秀。教员还要求曾在大学或同等学术机关授课，或有 2 年研究经验。[④]

初始的清华大学，有着比较强的“本校意识”，即大多数教员来自清华本身所培养的学生。如在 1927 年的 67 位教师中，清华出身者 34 人（占 51%），非清华出身的华籍教师 26 人（占 39%），留美归来的清华校友为此时清华的中坚。1931 年底梅贻琦出任校长后，采取开放态度，加上清华评议会也倾向开放，非清华出身的教师开始增多。1931 年至 1937 年，清华出身的教师为 93 人，占 49%，非清华出身者 85 人，占 45%，另有外籍教授 12 人，占 6%。[⑤]在教员和助教层次上，清华意识也比较明显，特别是助教，很多都是清华新

---

① 《国立清华大学教职员名册》（1930 年），清华大学档案：《国民党政府教育部令报职员履历及有关铨叙等部令》，编号：1-2-1-133。

② 《第十二次评议会开会纪录》（1931 年 7 月 13 日），清华大学档案：《国立清华大学评议会纪录》，编号：1-2-1-006：3。

③ 《清华学校教职员会议章程》，清华大学校史研究室编：《清华大学史料选编》第 1 卷，第 196～198 页。

④ 《国立清华大学教师服务及待遇规程》（1934 年 6 月重印），清华大学校史研究室编：《清华大学史料选编》第 2 卷上册，第 175 页。

⑤ 苏云峰编撰：《清华大学师生名录资料汇编 1927～1949》，台北：“中研院”近代史研究所，2004 年，第 5 页。

毕业的学生，由于教授们比较了解这些在清华学习了 4 年的年轻人，留下他们也就很自然，而他们经过两三年教学科研工作以后，大多会申请出国留学，为将来成为专任讲师和教授做准备。1930 年，清华除音乐、体育以及党义教员外，共有教员、助教 33 人，其中清华毕业的 14 人，占 42.4%。①

清华最初将初级教师分为教员和助教两类，为教师序列的最底层，各类中不再细分。1926 年清华教员和助教薪俸待遇标准见表 2-15。

表 2-15　1926 年教员与助教薪俸待遇标准　　单位：元

教员（薪俸起止：100～200 元，后为年加薪标准）	助教（薪俸起止：50～100 元，后为年加薪标准）
1. 100—15—15—10	1. 50—10—10—10
2. 105—15—15—5	2. 55—10—10—5
3. 110—15—15	3. 60—10—10
4. 115—15—10	4. 65—10—5
5. 120—15—5	5. 70—10
6. 125—15	6. 75—5
7. 130—10	7. 80—0—10—0
8. 135—5	
9. 140—0—10—0	

资料来源：《第六十三次评议会开会纪录：修改教职员薪金表》，清华大学档案：《国立清华大学评议会纪录》，编号：1-2-1-006：1

虽然表中规定教员的最高薪可以达到 200 元，但前 8 级经过第一次加薪后，最终薪俸最高者都只是 140 元。达到 140 元后，再经过两轮加薪，最高者也只达到 150 元，并未出现最高薪 200 元的情况。助教情况也类似，前 6 级经过加薪最后只达到 80 元，达到 80 元后，再经过两轮加薪，最高也只有 90 元，达不到规定中最高的 100 元。不过薪俸规定上虽没有体现更高薪俸，但在实际操作中却出现了。1927 年 4 月 26 日，清华对一年聘约期满教员续聘及薪金待遇讨论时，决定体育系教员徐国洋和音乐系教员费陪杰均是今年月薪为 150 元，第二年为 160 元，加薪是 10 元 1 级。②1926 年 9 月，清华聘涂文担任体育系助教，月薪 100 元，是助教最高薪。聘请梁启雄任哲学系助教，月薪 80 元。③1928 年清华再将教员等级拆分为一、二两级，助教情况保持不

① 《国立清华大学教职员名册》（1930 年），清华大学档案：《国民党政府教育部令报职员履历及有关铨叙等部令》，编号：1-2-1-133。

② 《第三十三次评议会开会纪录》（1927 年 4 月 26 日），清华大学档案：《国立清华大学评议会纪录》，编号：1-2-1-006：1。

③ 《第十三次评议会开会纪录》（1926 年 9 月 3 日），清华大学档案：《国立清华大学评议会纪录》，编号：1-2-1-006：1。

变。一级教员薪俸待遇为 100 元至 200 元，且每满 2 年增薪 15 元；二级教员薪俸定为 80 元至 150 元，每满 2 年增薪 15 元。助教薪俸为 50 元至 100 元，每满 2 年增薪 10 元。[①]1927 年，清华还规定教员每星期教课在 10～12 小时，希望以此减少聘任新教员。[②]1932 年《清华大学教师服务及待遇规程》中规定教员不再细分为两级，教员与助教分等情况回到 1928 年以前。同时规定教员与助教的聘约均为每年致送 1 次，每次以 1 年为限。[③]在薪俸上，该规程提出教员的月薪最低为 120 元，且服务每满 2 年者加 20 元，至 200 元止。助教最低月薪 80 元，服务满 1 年者加 10 元，至 140 元止。同时再次强调专任讲师、教员及助教不得在外兼课。[④]1934 年，清华重申教师待遇，教员、助教待遇没有变化，这也可以看成是 1937 年以前清华对于教员、助教薪俸待遇的最终规定。

清华物理学系 1937 年聘请熊大缜（清华物理系 1935 年毕业生）任助教，月薪 100 元；田金业（山东大学 1936 年毕业生）担任助教，月薪 80 元[⑤]，看起来有厚此薄彼的嫌疑。此外，教员、助教除了按年限加薪外，有特殊成绩时也可破格加薪。如 1933 年，中文系要求给浦江清加薪，原因就是其 1 年中完成论文 2 篇，书评 2 篇，并且开设了 1 门新课。[⑥]有时教员、助教接受别的机构资助从事科研工作，会暂时辞去清华职务。如华罗庚曾经接受中基会补助，从事数学研究，根据中基会的规定其不能再接受其他有金钱酬报的职务，于是华氏与数学系主任熊庆来商妥，他仍旧担任一部分系中的工作，但是不再接受学校金钱酬报，其他一切待遇（如休假）等学校允予保留，同时希望校方准予其免交下学年拟征收的单身宿舍房租。后清华同意其改为名誉教员，其他要求均准。[⑦]

---

① 《第六十三次评议会开会纪录》（1928 年 5 月 8 日），清华大学档案：《国立清华大学评议会纪录》，编号：1-2-1-006：1。

② 《第二十六次评议会开会纪录》（1927 年 1 月 26 日），清华大学档案：《国立清华大学评议会纪录》，编号：1-2-1-006：1。

③ 《国立清华大学教师服务及待遇规程》（1932 年 5 月 26 日），清华大学档案：国立清华大学专任教授休假条例，教师服务及待遇规程，编号：1-2-1-109。

④ 《国立清华大学教师服务及待遇规程》（1932 年 5 月 26 日），清华大学档案：国立清华大学专任教授休假条例，教师服务及待遇规程，编号：1-2-1-109。

⑤ 《吴有训函》，清华大学档案：《国立清华大学 1935～1937 年聘任各系各级教师的来往函件》，编号：1-2-1-111：1。

⑥ 冯友兰：《请聘中文系专任讲师浦江清先生》，清华大学档案：《国立清华大学 1935～1937 年聘任各系各级教师的来往函件》，编号：1-2-1-111：1。

⑦ 叶企孙：《请改聘华罗庚先生为名誉教员》，清华大学档案：《国立清华大学 1935～1937 年聘任各系各级教师的来往函件》，编号：1-2-1-111：1。

教员薪俸事项中还有件颇有趣的事情，即吴晗加薪事件。吴晗当时虽然年纪轻，但在清华历史系读书时便表现出超凡的学术能力，一些学校也前来招揽他。为了能留住这个人才，蒋廷黻任历史系主任时，曾答应吴晗只要留在清华历史系，会在短时期内将其月薪增至 160 元。后来历史系对吴晗教授的明史甚为满意，同时也赞许他努力研究，1 年内其发表论文多篇。但第 2 学期吴晗因病请假未来，而此时蒋廷黻已经前往南京就任，当朱自清来南京出差见到蒋廷黻后，蒋便提出“吴君今春因病请假，加至百六十似太多”①，后与历史系代主任刘崇鋐商酌，折中加 20 元，其月薪由 120 改为 140 元。对于蒋的做法，冯友兰在给梅贻琦校长的信中就说蒋氏当初允诺吴晗高薪，“故为留人”而已。②

清华体育、音乐、党义等教员，也曾短暂地改编为职员。其原因是清华体育曾经取得很多辉煌，包括远东运动会取得的成绩。但是罗家伦出任校长期间，他认为体育、音乐等课程既不是学术，在体育部等处设教授职称（当时马约翰是体育部唯一的一名教授）也是“不成体统”的事。因在“教务改革”的口号下，他决定把体育部的教职员由 6 名减少为 3 名，体育教员一律改称“主任训练员”。还停止了体育正课中的国术教、练。1929 年，马约翰率领清华足球队参加华北足球锦标赛，获得冠军，全校沸腾。运动队回校时，适逢除夕之夜，同学们燃放鞭炮，张贴标语，标语上写着“我要疯狂了”等等。同学们把马约翰从大门口抬进了礼堂。此情景深深感动了罗校长，第二天即下令恢复马约翰的原职原薪，还奖他一个银杯，对学生的体育运动也重视起来。③1931 年 3 月 19 日，清华评议会决定体育部专任训练人员改照教员待遇，正式恢复其教员序列。此后，体育部有马约翰教授 1 名，还有专任讲师 1 名，教员 3 名，助教及书记（职员）各 1 名。④党义教员在 1931 年以后也不再是专任性质，被定为合聘教授，其薪俸则基本与讲师同。如 1931 年 8 月 12 日清华续聘党义教员范錡为合聘教授，其每周授课 4 小时，月薪为 150 元。⑤

---

① 冯友兰：《请续聘历史系教员吴晗》，清华大学档案：《国立清华大学 1935～1937 年聘任各系各级教师的来往函件》，编号：1-2-1-111：3。

② 冯友兰：《请续聘历史系教员吴晗》，清华大学档案：《国立清华大学 1935～1937 年聘任各系各级教师的来往函件》，编号：1-2-1-111：3。

③ 黄延复：《二三十年代清华校园文化》，桂林：广西师范大学出版社，2000 年，第 217～218 页。

④ 《第十次评议会开会纪录》（1931 年 3 月 19 日），清华大学档案：《国立清华大学评议会纪录》，编号：1-2-1-006：3。

⑤ 《第二十七次校务会议纪录》（1931 年 8 月 12 日），清华大学档案：《国立清华大学校务委员会会议纪要》，编号：1-2-1-007：4。

合理的待遇安排，不仅关乎大学教员的生活与工作，更关乎大学自身的发展。尽管“拜金主义”是君子所不屑的，但过低的待遇，特别是大中学教员待遇远低于学历相当或略低的公务员、办事员，即便生活能够稳定，也会导致教员心态失衡，兼课、兼职乃至师资队伍不稳定现象就必然出现。不论是民国还是当下，大学教员的待遇是否合理都是大学能否稳定发展的关键因素之一。

结合清华大学教员的分级和待遇差别规定，可将教员分为具有中高级职称的教授与专任讲师以及具有初级职称的教员与助教两大类。中高级职称教授是科研、教学工作有一定经验或者已获得国外大学高级学历回到清华的人员。他们是清华学术研究与大学教育的核心，也在相当程度上影响着清华的运转与走向。专任讲师大多是缺乏教学经验的高学历教员，但经过几年的历练也基本会晋升为教授。专任讲师与教授在待遇上比较接近，专任讲师类似其他学校的副教授，在学校中也处于较高地位。

初级职称的教员和助教，大多是大学毕业后留校工作的学生。他们无论是在学历上还是在科研经历上都远逊于第一等级的教员，在待遇上自然也落后不少。他们要进入第一等级的行列，基本需要出国深造，获得更高学位后才可以。由于这两类教员的待遇、年龄、等级以及家庭状况等都有一定差别，因此在本书的研究中，将分别冠以高级教员和初级教员之名，进行考察。

二、职员薪俸水平

清华早期职员只有学堂监督、教务长、庶务长、中英文文案和会计各 1 人，斋务长和管理员若干名以及医生 1 人，总类和数量都不多。此后，随着清华的发展，各类设施、机构如图书馆的增设，职员人数也大量增加，到清华改大后，随着行政管理体系的健全和院系的完善，职员在数量大增的同时，体系也逐渐成熟。清华大学职员主要分布在以下部门：教务处、注册部、图书馆、宿舍办公室、秘书处、文书科、出版事务处、会计科、医院、军乐队、军训部。体育教员和党义讲师也曾进入职员序列。当然，校长是最高职员。从层级上说，清华职员最早以校长、秘书长和教务长，即所谓的“三长”为最高领导，1946 年复员以后新设了训导长，成为“四长”。其后为各部门主任、事务员、助理以及书记员等，最后还有练习生。此外，校医院的医生也基本是和主任一样的级别，医员则介乎主任和事务员之间。同教员一样，职员的待遇差别也很大，而且职员级别多于教员，差别更大，需要分别研究。本书将“三长”和各部门主任、医生定为高级职员，而将其他职员定为初级职员，分为两大群体。

首先考察高级职员群体。在诸多职员中，校长的待遇最高。清华学校时期，按组织大纲，校长是全校事务的统辖人。①改大以后，此点基本未改变。1928年9月通过的《国立清华大学条例》规定“国立清华大学置校长一人总辖全校事务”，校长的任命，在董事会成立以前，由教育主管机构大学院会同外交部呈请国民政府任命。董事会成立后，校长由清华董事会推举候选人3人，呈请大学院和外交部选择1人，再转呈国民政府任命。②1929年以后，清华彻底过渡为国立大学，校长由教育部长提请国民政府任命。③校长薪俸由外交部改为学校董事会确定，数额为每月600元，如罗家伦担任校长时，月薪便是600元。④同时考虑到校长需要接待各方人士，参与各种交际活动，因此还有额外的200元公费。⑤校长在清华还享有多方面特权，如校长一家单独居住在独栋洋房“甲所”，还有学校提供电话费、仆役等，这在后面还有论述。总之，校长的待遇在清华确实如同其地位一样，是最高的。

校长之外，清华行政、教学体系中具有相当地位的主要是秘书长和教务长。清华早期“教员治校”，校长的地位就显得特别重要，此后清华改行“教授治校”，其中重要的一项制度就是设评议会来讨论、解决学校的主要事务，校长权利被部分分解。评议会的组成，除校长担任主席外，其他成员分别是教务长、秘书长、各院院长及教授会所互选之评议员7人。⑥这足以看出教务长和秘书长在清华的重要性。同时，教务长和秘书长以及各部门主任都是由校长聘任的，其他职员由校长委任，所有清华职员都不可以在外兼职。⑦不过在1937年《职员服务规程》中修改为“本大学教务长、秘书长由校长聘任，其他职员，由校长委任，概不得在校外兼职”⑧。主任职员的地位有所降低，在薪俸上教务长和秘书长也完全不同于主任以及其他初级职员。该规定同时

① 《清华学校组织大纲》，清华大学校史研究室编：《清华大学史料选编》第1卷，第297～300页。
② 《国立清华大学条例》（1928年9月），《外交部公报》1928年第1卷第7期，第5～10页。
③ 《国立清华大学规程》，《国立清华大学校刊》1929年第80期，第3～4版。
④ 《国立清华大学教职员名册》（1930年），清华大学档案：《国民党政府教育部令报职员履历及有关铨叙等部令》，编号：1-2-1-133。
⑤ 《外交部指令》，清华大学档案：《国立清华大学聘任教师，任免教员，薪津待遇的来往函件》（1929～1934年），编号：1-2-1-127。
⑥ 《十八年度评议员名单等事项》，清华大学档案：《国立清华大学评议会纪录》，编号：1-2-1-006：2。
⑦ 《国立清华大学职员服务规程》（1930年10月30日），清华大学档案：《国立清华大学制订的职员服务规程、练习生服务规程、各行政、各系所职员类别的标准》（1930年10月30日～1937年4月2日），编号：1-2-1-113。
⑧ 《职员服务规程》（1937年2月24日修正通过），清华大学校史研究室编：《清华大学史料选编》第2卷上册，第183～184页。

明确教务长、秘书长薪俸“另行约定”，而主任“初任职务，得按其资格及在他处任事成绩，定起薪等级；如任职著有成绩，每满二年，得进一级”[①]。可见，作为校长重要助手的教务长和秘书长，不仅在人选上由校长决定，在薪金待遇上也是通过校长设立合同来确定的。“两长”由校长来选，更由校长来定薪，恩威均备，此规定使得校长能保证教务长、秘书长能支持自己的工作，对校长管理学校和体现其权利都起到了重要作用。

教务长与秘书长的薪俸一般在400元左右。如长期担任清华秘书长的心理学教授沈履[②]，薪俸便为400元。[③]1930年罗家伦聘请经济系教授萧蘧代理教务长，月薪也是400元。虽然清华规定教务长等职务是不可以兼职的，但这主要指不能在校外兼职，在校内则未必如此。如长期担任清华教务长的潘光旦，本身就是清华社会学系教授。其薪俸和各院院长一样，在教授薪俸的基础上，每月多加100元。[④]由此可见，秘书长和教务长的薪俸还是颇高的，即以400元而言，也是清华资深教授才能享有的薪俸。1930年月薪达到或超过400元的教师只有文学院院长冯友兰（400元）、理学院院长熊庆来（400元）、法学院院长陈岱孙（400元）、中文系与历史系合聘教授陈寅恪（440元）、地质系教授袁复礼（400元）、外文系主任王文显（500元）以及同为外文系的美籍教员翟孟生（440元）和温德（420元），可见秘书长和教务长的薪俸一样处于清华薪俸等级的最高层。

学校对秘书长、教务长的能力要求也很高，仅从学术资历看，他们往往都是留学生，也是教授。如沈履，1918年进入清华学校，1920年赴美国芝加哥大学留学并获学士学位，1922年入美国威斯康星大学，获教育学硕士，后入哥伦比亚大学研究，回国后历任大同大学、中央大学、暨南大学、大夏大学以及浙江大学讲授，并在抗战中担任过西南联合大学总务长。[⑤]在沈履之前担任秘书长的张广舆，也是从清华学校毕业，后获美国密苏里矿务大学学士学位，回国后曾担任河南福中矿务大学校长、河南中山大学教务长以及河南建设厅科长。[⑥]

---

① 《职员服务规程》（1937年2月24日修正通过），清华大学校史研究室编：《清华大学史料选编》第2卷上册，第183～184页。

② 有学者提出沈履为20世纪20～30年代的清华秘书长（黄延复：《二三十年代清华校园文化》，第92页），但苏云峰认为沈履于1933年来清华，并担任秘书长（苏云峰编撰：《清华大学师生名录资料汇编1927～1949》，第35页）。此前还有张广舆于20世纪30年代初担任清华秘书长一说。

③ 清华大学档案：《国立清华大学1936～1937年度教职员薪俸一览表》，编号：1-2-1-152。

④ 清华大学档案：《国立清华大学1936～1937年度教职员薪俸一览表》，编号：1-2-1-152。

⑤ 苏云峰编撰：《清华大学师生名录资料汇编1927～1949》，第35页。

⑥ 《国立清华大学现任事务员以上职员履历表》，清华大学档案：《国民党政府教育部令报职员履历及有关铨叙等部令》，编号：1-2-1-133。

职员序列中列于“三长”之后的是各部门主任。清华大学曾在1930年制定《国立清华大学职员服务规程》，并在1937年进行了修订。1937年《职员服务规程》对于主任的薪俸规定并没有做调整，因此1930年的规定也就是主任职员薪俸在这一时期的一贯规定。在1930年版的规定中，主任这一职务并没有具体的分级，但薪俸分为220元、240元、260元、280元、300元、320元、340元、360元共8个等级。[①]与教授月薪300元起薪，500元封顶相比，主任在起薪和最高薪上都要低于教授，介于220元到360元，两者也有一部分的重合。与专任讲师月薪160元至280元相比，主任月薪略高些，当然在220元至280元这一区间又有重合。清华校医院初设医生1人，月薪按主任标准。1934年聘胡鲲为清华校医时，月薪为280元，符合主任规格。[②]后来清华校医院规模扩大，设立医院主任1人，月薪360元[③]，这已是清华主任职员的最高薪。此外，图书馆主任是比较特殊的职位，经常是由院系教授兼任，而在给薪上也有别于一般的主任职员。1935年9月起，中文系教授朱自清开始兼任图书馆主任，由此在其已有教授薪俸的基础上另外再支兼薪100元。[④]钱稻孙曾为图书馆和外文系合聘，其月薪定在360元，其中外文系支付190元。[⑤]给薪时间上，同所有职员一样，如无特别规定都是按12个月给付。[⑥]

清华对主任人选的要求也是比较高的，具体而言包括以下3点：①国内外大学毕业得有学位或具有相关资格的；②于所任职务有充分之学识与经验的；③富有办事能力的。后来进一步修改为：“本大学职员自主任以上职员在国内外大学毕业，得有学位或其有相等资格，须对所任职务有充分之学识与经验并富有办事能力。”[⑦]在民国教育与社会环境下，这一要求还是比较高的，

---

① 主任初任职务，得按其资格及在他处任事成绩，定起薪等级；如任职著有成绩，每满两年进一级，至最高级为止。事务员、助理相同，书记只是每满一年进一级。《职员待遇办法案》（1930年7月18日），清华大学档案：《国立清华大学评议会纪录》，编号：1-2-1-006：2。

② 《校长手示：聘胡鲲为本校校医》，清华大学档案：《国立清华大学任免校长办公室职员、校医院医员的来往函件》，编号：1-2-1-114。

③ 清华大学档案：《国立清华大学1936～1937年度教职员薪俸一览表》，编号：1-2-1-152。

④ 《校长手示：朱自清月薪》，清华大学档案：《国立清华大学任免图书馆职员的来往文书》，编号：1-2-1-116。

⑤ 清华大学档案：《国立清华大学1936～1937年度教职员薪俸一览表》，编号：1-2-1-152。

⑥ 《职员服务规程》（1937年2月24日修正通过），清华大学校史研究室编：《清华大学史料选编》第2卷上册，第183～184页。

⑦ 《国立清华大学职员服务规程》（1930年10月30日），清华大学档案：《国立清华大学制订的职员服务规程、练习生服务规程、各行政、各系所职员类别的标准》（1930年10月30日～1937年4月2日），编号：1-2-1-113。

至少在学历上，大学毕业就并非易事。

中、初级职员广泛分布于清华的各行政部门和各院系中。按等级，1937年以前清华职员大体分为事务员、助理和书记3等。1937年2月24日，清华大学评议会重新修订职员服务规程，将事务员、助理以及书记各自拆分为甲、乙两级，从3级职员体系变成了6级。[①]此外，清华还有一些练习生，他们大多年纪较小，且有学徒性质。

清华职员薪俸一直按一年12个月计算，工作时间也基本为每日8小时，但在必要时可延长。[②]就具体月薪而言，以1930年7月清华的职员待遇规定为例，事务员月薪分8等，分别是60元、80元、100元、120元、140元、160元、180元和200元；助理月薪分7等，分别是40元、50元、60元、70元、80元、90元和100元；书记月薪也是7等，分别为30元、35元、40元、45元、50元、55元和60元。同时，在加薪上，规定事务员、助理和主任一样，如果其任职著有成绩，每满2年进一级。同时书记加薪要快一些，其工作每满1年就可以进一级。[③]这大概是出于对低级职员的关怀，因为他们不仅薪俸低，且每次加薪数也少，只有5元，事务员和助理每次加薪都是10元。其中，助理的薪水大概和一般机关科员类似。如沈尹默在担任河北省教育厅厅长时，曾聘请洪炎秋来该机关担任科员，月薪便为80元，但实际发放时只有百分之九十。[④]与教员薪俸不同，中、初级职员不同等级之间月俸是有交叉的。比如事务员最低月薪为60元，助理的最高月薪可以达到100元，这样在60～100元这两个等级的职员薪俸就存在交叉，助理和书记间也是如此，这在教员中是没有的，高一级教员薪俸都是要高于低一级教员的。

1937年事务员、助理和书记的级别被进一步细化，分为甲、乙两等五类。其薪俸规定也发生了相应改变，但各类均分五级。其中甲级事务员月薪为120元、140元、160元、180元和200元；乙级事务员月薪为60元、80元、100元、120元和140元；甲级助理月薪为60元、70元、80元、90元和100元；乙级助理月薪为40元、50元、60元、70元和80元；甲级书记月薪为40元、

① 《职员服务规程》（1937年2月24日修正通过），清华大学校史研究室编：《清华大学史料选编》第2卷上册，第183～184页。

② 《国立清华大学职员服务规程》（1930年10月30日），清华大学档案：《国立清华大学制订的职员服务规程、练习生服务规程、各行政、各系所职员类别的标准》（1930年10月30日～1937年4月2日），编号：1-2-1-113。

③ 《职员待遇办法案》（1930年7月18日），清华大学档案：《国立清华大学评议会纪录》，编号：1-2-1-006：2。

④ 洪炎秋：《诗人厅长沈尹默——回国求学师长印象记之二》，《传记文学》1963年第2卷第6期，第33～34页。

45 元、50 元、55 元和 60 元；乙级书记月薪为 25 元、30 元、35 元、40 元和 45 元。[①]对比前后两次规定，修改后的职员薪俸，从事务员、助理以及书记 3 个大等级来看，最高薪并没有改变，但事务员、书记的最低薪都降低了，其中事务员从 80 元降到 60 元，书记则从 30 元降到 25 元，然后再在此基础上将薪俸分为 2 个等级，就形成了新规定。在定薪规则和加薪时间上，基本和以前一样，即“事务员、助理初任职务，得按其资格及在他处任事成绩，定起薪等级；如任职著有成绩，每满二年，得进一级，至最高级为止”，“书记初任职务，得按其资格及在他处任事成绩，定起薪等级；如任职著有成绩，每满一年，得进一级，至最高级为止”[②]。

再和教员薪俸比较，事务员薪俸大概和教员接近，助教和助理薪俸则相差不大。专任讲师的薪俸一直在 160 元至 280 元，并且每 2 年增加 1 次。教员和助教的薪俸分别是 100 元至 200 元、50 元至 100 元，也是每 2 年加 1 次。1937 年清华提高了对职员的要求，“本大学职员须对于所任职务，有充分之学识与经验，并富有办事能力”[③]，许多职员是从专门学校毕业的，都有一技之长。另外，清华职员的人数一直是随学校发展与工作需要而变化的。1937 年以前，清华没有对各个部门的职员人数做出明确规定和限制，但清华自成立以来，社会舆论就有批评，认为清华学生少，教员特别是职员过多，形成浪费。[④]此后，清华不断发展，人员也迅速增加，对于这个问题校方可能也无暇关注。1937 年 5 月，虽然战争已经近在眼前，但清华校方还是意识到校内人员芜杂，编制松弛，将影响到清华此后的发展，而且职员不像校工，聘请、辞退都不容易，因此，校方决定在此时编制清华的职员名额，在保证学校教学、行政合理运转的前提下，确定职员岗位，这在清华历史上是第一次。经过确认，清华的职员分为行政和系所两大类，其中行政部门的具体分布情况如下：

校长办公处：

秘书一人（以甲级事务员待遇），助理一人，书记一人。

---

① 《职员服务规程》（1937 年 2 月 24 日修正通过），清华大学校史研究室编：《清华大学史料选编》第 2 卷上册，第 183～184 页。

② 《职员服务规程》（1937 年 2 月 24 日修正通过），清华大学校史研究室编：《清华大学史料选编》第 2 卷上册，第 183～184 页。

③ 《职员服务规程》（1937 年 2 月 24 日修正通过），清华大学校史研究室编：《清华大学史料选编》第 2 卷上册，第 183～184 页。

④ 北京市民刘文治等呈：《北京清华学校之黑幕》，转引于苏云峰：《从清华学堂到清华大学 1911～1929》，第 59 页。

教务处：

甲级事务员一人，甲级或乙级助理一人，甲级或乙级书记一人，女生指导员一人（以乙级事务员待遇）。

军事训练部：

乙级书记一人。

体育部：

乙级助理一人，乙级书记一人。

……

图书馆：

1. 主任室设乙级事务员或甲级助理一人，乙级书记一人（或暂不设）。

2. 购置股设甲级或乙级事务员一人，乙级助理一人，乙级书记一人。

3. 中文编目股：设甲级或乙级事务员一人，甲级助理一人，甲级书记一人，乙级书记一人。

4. 西文编目股：设甲级或乙级事务员一人，甲级助理一人，甲级书记一人，乙级书记二人。

5. 阅览股设甲级或乙级事务员一人，甲级助理一人，乙级助理一人，乙级书记一人。

6. 期刊股设乙级事务员一人，乙级书记一人。

……

秘书处：

甲级事务员一人，甲级或乙级助理一人，甲级书记一人，乙级书记一人。

医院：

校医一人（聘任新另订），医员二人，以甲级事务员待遇，甲级助理（医务）三人，护士二人以甲级书记待遇。

文书科：

甲级助理一人(襄办中文稿件)，甲级助理一人(办理英文稿件)，乙级助理一人，甲级书记二人。

庶务科：

甲级事务员二人，乙级事务员二人，甲级助理二人，乙级助理三人，甲级书记五人，乙级书记三人，技术股助手一人，以乙级书记待遇，农事股助手一人，以乙级书记待遇。

会计科：

甲级或乙级事务员一人，乙级事务员二人，乙级助理四人，甲级书记五人，乙级书记三人，试用书记二人。

出版事务科：

甲级助理一人，乙级助理一人，乙级书记一人。

西山牧场：

乙级书记一人。

校卫队：

正副队长二人，以甲级书记待遇。

注册部：

甲级或乙级事务员一人，乙级事务员二人，甲级或乙级助理二人，乙级助理二人，甲级书记二人，乙级书记三人。

宿舍办公室：

乙级事务员一人，乙级助理或书记一人。①

清华各系所1937年以前聘请了较多助理，但工作主要是书记的性质，因此，清华在此次调整中，要求“各系中除为襄助教务工作聘用助教担任外，其特殊技术工作得任用助理担任，其余事务工作以任用书记为限，并以一人为原则”②。在满员的情况下，清华中、初级职员，行政部门应为101人，教学部门应为14人，共115人。各系所聘请职员数额和岗位具体规定如下：

中国文学系助理一员应改为书记，历史学系助理一员应改为书记，社会学系雇员应改为临时雇员，不受加薪待遇，临时编纂员亦改为临时雇员。物理学系仪器管理员一人照书记待遇。化学系助理一人应改为书记，现任助理一人照书记待遇。地学系气象助理待遇甲级助理以一人为限。生物学系绘图员一人以助理待遇。

工学院：

土木工程学系：卫生试验区办事员一人，照书记待遇。机械工程学系：工场技士一人，以助教待遇，试验区管理员一人，以助理待遇（林荔生），绘图员一人（李祖宪）以练习生或乙级书记待遇。

① 清华大学档案：《第一百三十次评议会会议纪录》（1937年5月27日），编号：1-2-1-006：6。

② 清华大学档案：《第一百三十次评议会会议纪录》（1937年5月27日），编号：1-2-1-006：6。

航空组绘图员一人（吴景福），以乙级书记待遇，航空组工场管理员一人（蒋蕴章），以乙级书记待遇。电机工程学系：绘图员一人（石文元）以乙级书记待遇。①

此外，清华还聘用了一些年纪较小的练习生，作为学徒培养、训练，练习生必须具备高级小学毕业以上资格。②练习生的薪金标准，分为 3 个大等，每等中又分成 4 级，具体为第 1 等：30 元、32 元、34 元和 36 元 4 级；第 2 等：22 元、24 元、26 元和 28 元 4 级；第 3 等：14 元、16 元、18 元和 20 元 4 级。③练习生按薪金一共分为 12 个等级，从 14 元起至 36 元止，显然要低于书记，在职员中也是最低的。同时，还规定练习生如果“服务有成效者，满一年进一级。本大学除供宿所外，其余概须自理”④。在辞退问题上规定：“若服务称职，因故遣散者，给本月及下月两个月薪金，或自行告退或因故免职者，每月 15 日以前者，给半月薪，15 日以后者给一个月薪”⑤，这一点和校工退职管理办法完全一样，也可见练习生地位很低。另外，清华本来规定学校免费为练习生提供宿舍住宿，但 1935 年 6 月 7 日第 41 次校务会议议决：“单身教职员宿舍一律自本年八月一日起，按照规定租金数额收费租用”，免费住宿的规定自此也被取消。⑥另外，清华对聘请练习生还有额外的要求，即练习生需要有推荐和担保人。具保推荐，也表明了学校对练习生并不放心，通过这个形式增强安全保证。如下面是清华练习生补树生的保证书。

为保证事，今保得：补树生

国立清华大学校长办公处练习生，品行端正，诚实可靠，嗣后如有不规则行为概由敝商号完全负责，特此出具保证书是实须至。

保证者：

承保商号：董其琨，住址：北平和平门内新簾子胡同十三号

---

① 清华大学档案：《第一百三十次评议会会议纪录》（1937 年 5 月 27 日），编号：1-2-1-006：6。

② 《第六次校务会议纪录：国立清华大学练习生服务规程》（1931 年 3 月 3 日），清华大学档案：《国立清华大学校务委员会会议纪要》，编号：1-2-1-007：4。

③ 《第六次校务会议纪录：国立清华大学练习生服务规程》（1931 年 3 月 3 日），清华大学档案：《国立清华大学校务委员会会议纪要》，编号：1-2-1-007：4。

④ 《第六次校务会议纪录：国立清华大学练习生服务规程》（1931 年 3 月 3 日），清华大学档案：《国立清华大学校务委员会会议纪要》，编号：1-2-1-007：4。

⑤ 《第六次校务会议纪录：国立清华大学练习生服务规程》（1931 年 3 月 3 日），清华大学档案：《国立清华大学校务委员会会议纪要》，编号：1-2-1-007：4。

⑥ 《国立清华大学练习生服务规程：附注》，清华大学档案：《国立清华大学制订的职员服务规程、练习生服务规程、各行政、各系所职员类别的标准》，编号：1-2-1-113。

经理人：

中华民国二十五年七月十六日　立[①]

三、校工工资水平

最后考察一下此期校工的规模和工资水平。校工是根据校园内服务工作需要而设置的，其类别比较多。一般而言，包括有机匠、园丁、水夫、警兵以及电灯匠等。校工的工资水平，以改大后的情况看，相对较低，具体情况见表2-16。

表2-16　1928～1932年国立清华大学校工工资办法　　单位：元

职别	司事	助手	工匠	机匠头目	机匠	试用机匠	机匠学徒	火夫	学习火夫	一等校工	二等校工	三等校工	园丁	水夫	号目	警兵
最低	15	12	12	30	20	15	9.6	16	9.8	12	10	9.8	12	9.8	18	9.8
最高	30	30	30	60	60	20	15	24	16	25	15	12	30	15	35	20

注：这里未提到警卫队长。根据档案，1931年1月6日，郎锡魁被任命为警卫队长，月薪40元。1931年1月15日，赵海升、那世忠及秦华英被分别任命为警卫队第一分队、第二分队和第三分队队长，月薪分别为26元、25元和20元。见《第五十二次校务会议纪录》及《第五十三次校务会议纪录》，清华大学档案：《国立清华大学校务委员会会议纪要》（1930年8月～1931年3月），编号：1-2-1-007：4

资料来源：《校工待遇规则办法》，清华大学档案：《国立清华大学校工工资办法、校工请假规则、校工衰老退休病故伤亡给恤规则、退职校工待遇规则和有关材料》（1928～1930年），编号：1-2-1-130

校工工资和教员、职员比，都要低不少，特别是从最低工资看，校工收入是比较低的，平均最低工资13.8元，平均最高工资27.3元，都远远低于各级教员和职员薪俸。同时，校工中的技术工人收入水平则较高，如机匠头目和机匠，月工资最高可达60元，已经能比肩助教、书记了，而其他人员则连练习生的月薪都未必能比得上。

清华的校工向来比较多，这也成为社会诟病清华的原因之一。清华学校时期就有人指出："（清华，笔者按）学生六百人，而教员七十二人，职员四十六人，工役百二十人，巡警灯匠三十六人，全校教职员工合计二七四人……是一种严重的浪费。"[②]苏云峰认为清华校工到1921年已达到184人，如此众多的校工难以避免会招致社会批评。清华校工此后随着学校的发展有很大增加，甚至达到了341人。[③]本处考察了1927年北京各大学学生、教职员、校工人数的情况，详情可见表2-17。依据表格原始数据，清华学生、教职员与

① 清华大学档案：《国立清华大学任免校长办公室职员、校医院医员的来往函件》，编号：1-2-1-114。

② 北京市民刘文治等呈：《北京清华学校之黑幕》，转引于苏云峰：《从清华学堂到清华大学 1911～1929》，第59页。

③ 《清华大学工警社员名册》（1946～1947年），北京市档案馆档案：《清华大学工警社员名册和教职员消费合作社社章及社员名单》，编号：J2-5-94。

校工（校役）的比例为4.6：2.05：3.35，与北京各大学比较，清华的学生占比最少，教职员校役占比最多。因此“浪费论”似乎是合理有据的，但仔细考量，则未免有不了解清华内情乃至嫉妒之嫌。

表 2-17 北京各大学学生、教职员、校役人数及占比

学校	学生		教职员		校役		总计/人
	人数/人	百分比	人数/人	百分比	人数/人	百分比	
清华	408	46.0%	181	20.5%	279	33.5%	863
京大工科	425	65.4%	105	15.4%	100	19.2%	630
京大女一部	364	69.2%	122	23.2%	40	7.6%	526
交通	330	75.0%	80	18.2%	30	6.8%	440
京大女二部	310	75.2%	72	17.5%	30	7.3%	412
燕京	730	75.9%	170	17.7%	62	6.4%	862
民国	1215	88.0%	89	6.4%	77	5.5%	1381
朝阳	2100	93.9%	104	4.7%	32	1.4%	2236

注：表中引用原始数据可能存在排印错误问题。现更正如下：①清华总计推测应为 883 人，校役 294 人，占比 33.3%；②京大工科，学生百分比推测为 67.4%，教职员百分比为 16.7%，校役百分比为 15.9%；③燕京总计应为 962 人

资料来源：皮名举：《清华人口论》，《清华周刊》1927 年第 425 期，第 608～621 页

清华为了维持良好的校园环境和教职员生活，自然需要聘请大量校工。以 1921 年为例，学校共雇用 152 人，其中校役 82 人，巡警 21 人，清道夫 16 人，电灯机匠 16 人，园丁 8 人，木匠 3 人，瓦匠 2 人，厨师 2 人，车夫 1 人，装订匠 1 人。①苏云峰认为，巡警多是因为当地治安不良，清道夫、园丁、木匠的人数也都不算离谱。②而且，对于众多校工，清华还主动地承担起教育和训练的任务，如积极办理工役调查、举办工役学校、平民学校等一些社会服务。同时，清华附近农村生活并不富裕，农民生活水平较低，其人工自然也便宜，大量雇用校工也完全可以负担。所以清华虽校工众多，且数量远多过教职员，但工资总量却很小，对学校财政没有太大影响。如从民国元年（1912 年）开始，清华校内包括校役、园丁、水夫、巡警以及电灯匠在内的校工，其年薪俸总数见表 2-18，工资总量远低于教职员薪俸。通常而言，清华职员和教员的薪俸基本是校工的数倍，如 1925 年，职员薪俸总数达到 118 220.500 元，教员薪俸数达到 214 429.560 元，分别是当年校工总工资数目的 4 倍多和 7 倍多。清华某些部门也会因为特殊事项需要临时聘请一些校工，这些临时工的工资待遇更低。例如，清华农学院曾经在 1937 年 6 月中旬，因杂务工作

① 《雇用工警夫役每月工饷统计表》，《清华周刊》1921 年“本校十周年纪念号”，第 28～30 页。

② 苏云峰：《从清华学堂到清华大学 1911～1929》，第 61 页。

雇用短工 176 名，每名工资为 3 角，共计大洋不过 52 元 8 角[①]，近 200 名短工的工资尚不及书记等下级职员的 1 个月薪俸。1932 年 7 月至 1934 年 6 月，清华全部教职员薪俸支出为 1 173 561.34 元，同期校工工资支出为 116 778.85 元，全体校工工资支出尚不及教职员薪俸支出的 1/10。

表 2-18　清华大学校工工资数目表　　单位：元

年份	校役	园丁	水夫	巡警	电灯匠	总计
1912	6 251.000	421.000	1 976.000	3 155.000	2 037.000	13 830.000
1913	6 402.000	480.000	1 672.000	2 115.000	2 160.000	12 829.000
1914	6 541.000	590.000	1 652.000	1 565.000	2 160.000	12 408.000
1915	6 891.000	689.000	1 747.000	1 639.000	2 304.000	13 270.000
1916	7 579.000	750.000	1 875.000	1 896.000	2 446.000	14 546.000
1917	7 637.000	708.000	1 799.000	2 005.000	2 556.000	14 705.000
1918	8 067.000	875.000	1 630.000	2 109.000	2 920.000	15 601.000
1919	8 702.000	977.000	1 589.000	2 124.000	3 113.000	16 505.000
1920	9 507.000	946.000	1 574.000	2 221.000	3 112.000	17 360.000
1921	9 645.000	1 136.000	1 556.000	2 701.000	3 181.000	18 219.000
1922	10 281.887	1 356.514	1 542.400	2 950.000	3 403.000	19 533.801
1923	11 485.530	1 485.330	1 575.900	3 244.622	3 801.175	21 592.557
1924	12 518.270	1 638.134	2 216.073	3 674.586	4 224.550	24 261.613
1925	14 980.762	2 566.480	2 896.080	4 088.630	4 813.570	29 345.522
1926	17 415.590	3 021.270	3 473.140	4 277.179	5 363.270	33 550.449
1927	17 686.550	2 842.220	3 396.010	4 442.360	6 762.200	35 129.240
1928	18 609.400	2 474.380	3 717.630	4 899.870	8 450.410	38 151.690
1929	19 406.530	2 018.560	3 550.400	5 369.790	7 635.930	37 981.210

注：原材料中只有各校工工资数，没有每年总数，此处总数为笔者自行相加所得
资料来源：清华大学校史研究室编：《清华大学史料选编》第 1 卷，第 445 页

据清华档案记载，校工收入中还有教职员赏一项，此项收入难以统计，但由此已然可以看出校工和教职员经济、社会地位的悬殊。校工们也曾对工资过低有过抱怨，他们认为：“‘咱们听差中有许多是月薪六元八毛的。这是民国五六年间定下的规则，现在可不容易维持生活了！’我们试想，民国五六年间的物价是怎样的情形，现在的物价不知增加了几倍了，从前一毛钱可买到的东西，现在恐怕两毛还不成。然而工友们的薪水，却仍是一文没有增加。在这种物价高、工资低的情况之下，怎能维持工友们的生活，怎能使工友们

① 《清华大学农事股 1937 年 6 月中旬短工工资单》，清华大学档案：《国立清华大学校工工资办法、校工请假规则、校工衰老退休病故伤亡给恤规则、退职校工待遇规则和有关材料》（1928～1930 年），编号：1-2-1-130。

的家人父子不受冻受饿？”[①]言论之中，不满与无奈显现无余。罗家伦到清华后进行待遇改革，校工工资由此前的5～6元改为最低不得少于9元，以前称“校役”，现改为“校工”。同时开设校工学校，强制要求校工接受教育，改善校工的娱乐休闲设施，努力使校工各尽其职并去除衙门习气。考虑到因校工人数多而为外界所指责，罗家伦决定裁普通校工30余人，被裁者均加2个月工资，以符合“本党农工政策”。[②]实际上，这一改革隐含着一个重要问题：以清华大学为代表的高等教育建制是中国现代化机构中成熟较早的部分，这一建制是如何应对此后以党军体制为特点的现代化国家政权的管制的。罗家伦的措置即带有整合两者的倾向，大学与国家的关系仍有进一步探究的必要。透过学校薪俸结构分析可能会让我们进一步认识国民政府控制北京后带来的种种变化。

由于校工工资较低，生活水平大都不高，生活困难，应对生活危机的能力自然也很弱。学校为了保证校工的正常生活，帮助他们应对突发的困难，曾经要求校工每学期都要储蓄一定的钱，由学校组织统一管理，以便在校工个体遇到经济危机时能够给予帮助，用集体的力量克服个体能力的不足。其具体交纳数目分别为电灯匠头目8元，匠人4元，工徒2元，巡长6元，警察4元，校役3元，水夫头目2元，水夫1元，园丁头目2元，园丁1元，厨役2元，工匠4元。[③]这一规定自然是出于对校工的爱护，增强他们应对困难的能力，但规定本身也反映了校工收入的低下和应对短期经济危机能力的欠缺，从而充分展示了其较低的社会地位。

第三节　清华的养老金与抚恤费

本章前两节主要研究的是教职员工正常工作时所获收入情况，而当其年老退休或因工致残甚至殉职时，他们所能获得的退休薪俸或抚恤金则是另一个事关待遇的重要问题，但养老与抚恤问题在生活水平研究中还未得到应有的重视。退休薪俸即养老金。养老在中国传统社会与其说属于社会经济的范畴，毋宁说是一个家庭道德的问题。它与孝道、节义等联系在一起，养老与尊老、敬老一致，是传统中国社会最重要的文化标志。进入20世纪，随着西方劳工思想的进入，国民政府的养老措施也逐步推展，这可从清华大学的相

---

① 《劝告我们工友自动改革的几句话》，《清华周刊》1928年第443期，第90～92页。

② 罗家伦先生文存编辑委员会编：《罗家伦先生文存》第1册，第463、474页。

③ 《清华学校匠警夫役储金试行细则》，赵恩钜、张明昕：《清华学校雇用工役生活费的调查》，《清华学报》1924年第1卷第1期，第128～140页。

关规定中得到印证。对于就职于清华校园中的诸位先生来说，他们在考虑生计、家庭等问题时是以一生为范畴的，而养老和抚恤在当时也就成为对他们生活水平有重要影响的两项事务。养老和抚恤既是教职员工在学校工作所应获得的待遇与保障，也是各群体在应对短期经济压力和做长期经济计划时需要考虑的重要因素，更会直接影响教职员工在退休前或出事后的生活状态。

一、教职员的养老与抚恤

对于教职员退休后的养老待遇，虽然抗战前清华校方并没有明确讨论和出台过规定，但养老和抚恤关乎教职员的生活稳定，也影响着学校的发展和稳定，因此校方还是有所考虑的，如清华曾向津海关公署借阅上海英租界工部局制定的职员养老抚恤规则，为制定自己的养老与抚恤规则做准备。[①]国立北京大学也曾制定过自己的养老金标准，规定“职员及书记在本校前后任职满若干年，若因病废或年满六十岁，自请退职者，给予终身恤金，如其退职时所支薪数百分之若干分，其支给自退职之翌月起至死亡之月止”，具体标准为“满十年者，支百分之十分；满十五年者，支百分之二十分；满二十年者，支百分之三十分；满二十五年者，支百分之四十分；满三十年或三十年以上者，支百分之五十分”[②]。养老待遇与任职年限挂钩，似乎成为普遍适用的标准。1933 年国民政府就包括教职员在内的国家公职人员的养老及抚恤制定了相关规定。规定经由国民政府教育部下发到各大学，要求遵照执行，具体内容见表 2-19。

表 2-19 国民政府教育部发学校职教员养老金及恤金条例

最后月俸/元	在职年数/年	养老金/元
200 以上	20 年以下/20～25 年/25 年以上	900/1050/1200
150～200	20 年以下/20～25 年/25 年以上	735/840/945
120～150	20 年以下/20～25 年/25 年以上	648/729/810
100～120	20 年以下/20～25 年/25 年以上	594/660/726

① 《上海英租界工部局职员退休与养老恤金规则》：①养老恤金之原则在使退休人员享有其薪金之半数。②最优养老金恤金，能享有者必须具有二十年连续服务及年达五十五岁之资格。③最低养老金恤金，能享有者必须具有二十年连续服务及达五十岁之资格。④警察职员须服务二十五年且恤金之数为末次薪俸十分之四。⑤养老恤金计算办法：以银本位计算，五十岁退休的只计 45%，五十五岁则为 50%。清华大学档案：《国民党政府教育部令发学校职教员养老金及恤金条例施行细则和有关部令材料》，编号：1-2-1-129。

② 《国立北京大学职员待遇规则草案》，王学珍、郭建荣主编：《北京大学史料》第 2 卷上册，第 490～492 页。

续表

最后月俸/元	在职年数/年	养老金/元
80～100	20年以下/20～25年/25年以上	540/594/648
60～80	20年以下/20～25年/25年以上	462/504/546
45～60	20年以下/20～25年/25年以上	381/413/445
30～45	20年以下/20～25年/25年以上	296/319/342
20～30	20年以下/20～25年/25年以上	210/225/240
20以下	20年以下/20～25年/25年以上	180/192/204

资料来源：《学校教职员养老金及恤金条例》（1933年11月20日），清华大学档案：《国民党政府教育部令发学校职教员养老金及恤金条例施行细则和有关部令材料》，编号：1-2-1-129

规定还特别强调，只有在本大学已经连续工作15年以上，年逾60自请退休或学校清退者方可以领取养老金。如果教职员年未满60而身体衰弱不胜任务者也可以领取养老金，但均要以不任其他职务为限。如果职教员因为工伤以致残废，在尚未达到15年工作年限时也是可以领取养老金的，但也要以不担任其他职务为限。同时，规定还指出，兼任教员养老金按照其最后三年内年俸平均数之百分之二十的标准给予发放。①从此规定中不难发现，养老金的数量与两个要素相关：退休前的月薪数额和教职员在校服务的年数。当然，这两个要素与养老金的数量都是正相关的。在供职的时间上，以15年为起点，每5年一个台阶，分为3等。以月薪200元及以上为例，这个薪金阶层，应是主任、教授或专任讲师等高级教职员。当他服务15～20年时，每年可获养老金900元，按月薪200元计算，养老金为其在职时薪俸所得的37.5%[900/（200×12）]。供职达到20～25年时，每年可获得养老金1050元，为其在职时薪俸所得的43.75%[1050/（200×12）]。当供职达到了25年以上时，每年可获得养老金1200元，是其在职时薪俸所得的50%[1200/（200×12）]。但是，如果薪俸高于200元，养老金并不会增长，与在职时收入的比例相比，只会下降。以最低月薪300元的教授为例，其养老金与在职时薪俸比则分别为25%、29.17%和33.3%，远低于前者。月薪100元的教员或事务员，当其服务年限在15～20年时，养老金占其在职工作时薪俸收入的49.5%[594/（100×12）]。当其服务年限在20～25年时，养老金占其在职时薪俸收入的55%[660/（100×12）]。当其服务年限达到25年以上时，其养老金则会占到其在职时薪俸收入的60.5%[726/（100×12）]。

按照同样的计算方法，对于收入为60元的助教或书记等初级教职员而

① 《学校教职员养老金及恤金条例》（1933年11月20日），清华大学档案：《国民党政府教育部令发学校职教员养老金及恤金条例施行细则和有关部令材料》，编号：1-2-1-129。

言，在服务达到 15 年以上时，其养老金占其年薪收入的比例分别为 64.17%、70%和 75.83%。收入为 20 元的练习生或校工，在服务达到 15 年以上时，其养老金占其年薪收入的比例分别为 87.5%、93.75%和 100%。由此可知，收入越低的教职员，其退休后所能获得的养老金占其在职时收入的比例也越高，特别是对于最低薪的人员来说，其养老金甚至可以和在职时工资相等，这也体现了规定对收入较低群体的倾斜和关照。

正因为养老金的数额和服务年限紧密相关，特别是在起点上，必须服务满 15 年以上的教职员才有资格享受养老金，因此该规定具有促使教职员安心工作，减少人员变动、离职，保持学校人员稳定的作用。但是这种作用对不同收入的群体是不一样的，对于高收入群体的教授等来说，养老金占年收入的比例并不是很高，这对他们的吸引或诱惑自然就降低了不少。另外，只有服务满 15 年以上者才有资格获得养老金，这一点似乎并不十分合理，特别是对于高级教员的流动有障碍。不过由于 1937 年以后，时局变动很大，档案中尚未发现教员退休后领取养老金的具体情况。

教职员抚恤的研究目前尚是空白，清华档案中也未发现明确规定，国立北京大学的规则可略作参考。北京大学规定职员及书记在任内死亡的，应给予抚恤金如下：未满 5 年者，2 个月；5 年以上者，3 个月；10 年以上者，4 个月；20 年以上者，6 个月；25 年以上者，7 个月；30 年以上者，8 个月。[①]清华档案中记录了一些抚恤的具体事例，从中可见任职时间和死亡原因通常是确定抚恤金标准的主要因素。

1933 年 10 月 9 日，清华大学印刷所原主任赵菊因伤而死，学校决定给予抚恤金 50 元。[②]赵菊受伤和死亡，并非是工作原因导致的，但是学校还是给予了一定的抚恤，这更多的是出于人情关怀。此后，注册部事务员唐文汉不幸重病去世，学校也给予了一定的抚恤。主任职员章寅因工作操劳致病重而亡，考虑到他为清华已连续工作达 19 年，校方决定给予优抚，由国民政府发恤金证书，财政部办理，一共付抚恤金达 3660 元。[③]军乐队教员王龙升残疾，虽然其本人和同事都认为是因工作辛劳，导致腰椎损伤而致残的，因此

① 《国立北京大学职员待遇规则草案》，王学珍、郭建荣主编：《北京大学史料》第 2 卷上册，第 490～492 页。

② 《金超函》，清华大学档案：《国立清华大学为教职员申请抚恤养老金的来往文书》（1933 年 10 月～1936 年 12 月），编号：1-2-1-138。

③ 《章寅函》，清华大学档案：《国立清华大学为教职员申请抚恤养老金的来往文书》（1933 年 10 月～1936 年 12 月），编号：1-2-1-138。

要求学校能给予抚恤。但校方因王龙升在学校服务未满 15 年，又非因公致残，认为“抚恤无名”，因此未予批准抚恤。[①]由此推测，生病相较于病故，获得学校抚恤的难度要大不少。但如果教职员确是因公致死，学校肯定会优抚，给予的抚恤费中不仅有抚慰金，还有丧葬费等费用。如地学系助理史镜清，负责在测量天气情况时放科学风筝。某日他在放科学风筝时突遇雷雨天气，不幸遭雷击触电身亡。事故发生后，清华先是派专人去了解史镜清的家庭状况，发现“史镜清，江苏溧阳人，家清寒，兄弟四人，镜清最幼，父已故，三兄皆务农。长、次二兄已另爨，镜清与其第三兄均从寡母”[②]。在了解了史镜清的家庭状况后，校方积极做出抚恤，给予优待。因为史镜清放科学风筝的工作，也部分是为中央研究院气象所所作，最终的抚恤确定为中央研究院气象所和清华大学各给抚恤金 1000 元。从这些事例中我们也可以看出，抚恤，特别是对意外事故的抚恤，通常是根据事发当时的情况来决定的，由于意外事故情况复杂，原因多样，灵活处理也是可以理解的。

二、校工养老与抚恤

前面所述养老与抚恤的规定，主要针对教职员而非校工。校工虽人数众多，但由于地位低，难以引起重视，也无相关的国家规定，好在清华校方一直以来还是重视校工群体的，注意加强对他们的文化教育和经济扶助。

清华为了保证清寒校工能应对各种经济压力，要求建立储蓄金制度，希望用集体的力量来应对个体的危机。同时，学校方面也给予校工以津贴。自 1931 年 11 月起，清华每月给全体校工每个人发放津贴大洋五角。这些津贴聚少成多，也就成为校工储蓄金的基本来源。同时学校规定此项津贴在每个月发放工资时由学校扣存，直接汇款交给北平清华大学校工工会之清华信用合作社存储。这一基金的用途则是为救济衰老、病废或失业的校工，除校工要长期离校外，一律不得提用，同时基金也有一定的利息。[③]这种基金虽然没有养老和抚恤金之名，但却部分地行使了养老与抚恤金之实。

清华校工们也一直在呼吁改善待遇，特别是要设立养老金。在 1929 年的

---

① 《代助理王龙升申请养老金》，清华大学档案：《国立清华大学为教职员申请抚恤养老金的来往文书》（1933 年 10 月～1936 年 12 月），编号：1-2-1-138。

② 《镜清先生触电身故》，清华大学档案：《国立清华大学为教职员申请抚恤养老金的来往文书》（1933 年 10 月～1936 年 12 月），编号：1-2-1-138。

③ 《国立清华大学校工储蓄金规则》（1931 年 11 月 18 日），清华大学档案：《国立清华大学制订的各种规章制度及各种单表格式》，编号：1-2-1-015。

工会会议上，校工们提出因学校“当局对于工友之待遇，仍多依照旧制度之办法，以致工人在生活上之利益，仍无一健全之保障”①，要求学校当局改善待遇：第一，开革工友须于事前及早通知工会。第二，学校应规定养老年金之办法。学校当局规定工友在校做工满二十年而自行告退者，恤以十月之工资，但被开革者不在此例。试问工人年老力衰，谁愿自行告退，故事实上工人之退休，系学校当局之主见。学校之规定，实属毫无用处。第三，请求本校于增加工资时须全体一例看待。②此后，1932 年 6 月，清华进一步颁布了《校工衰老、退休、病故、伤亡给恤规则》。规定：第一，退休校工在校服务逾五年者即多给两个月工资，于其解职时一次发给两个月工资。逾十年者一次发给四个月工资，此后每多满五年即多给两个月工资。第二，在职积劳病故，服务在一年以上者一次发给两个月工资，五年以上者四个月工资，十年以上者六个月工资，十五年以上者九个月工资，二十年以上者最多以一年为限。第三，校工在校因公伤亡者给恤办法由校长临时酌定。第四，校工因溺职或不正当行为伤亡或病故者概不给恤。③此外，由于校工有可能随时被解职，校方对退职校工的待遇还做出了四条明确规定：

第一条：校工在校服务在六个月以上，二年以下，克称职守，因故遣散者，若遣散在每月十五日以前，除发给本月份工资外另给一个月工资，若遣散在十五日以后，除本月份工资已领不计外，另给两个月工资，在校服务在二年以上者除照上开办法办理外，每满一年即多给半个月工资。

第二条：在校服务未满五年而自行告退者，若在每月十五日以前，发给半个月工资，若在十五日以后，因本月份工资已领不另发给。在校服务在五年以上十年以下者，除照上开办法办理外，加给两个月工资，以后每多满五年即多给两个月工资。

第三条：在校服务未满五年而因故免职者，若在每月十五日以前发给本月份工资，若在十五日以后，除本月份工资已领不计外，另给一个月工资。在校服务在五年以上者，除照上开办法办理外，每多满二年即多给一个月工资，惟因犯案免职者除另订罚则外，工

① 《要求学校当局改良待遇》，《清华周刊》1929 年第 451 期，第 57～58 页。

② 《要求学校当局改良待遇》，《清华周刊》1929 年第 451 期，第 57～58 页。

③ 《校工衰老退休病故伤亡给恤规则》（1932 年 6 月），清华大学档案：《国立清华大学校工工资办法、校工请假规则、校工衰老退休病故伤亡给恤规则，退职校工待遇规则和有关材料》（1928～1932 年），编号：1-2-1-130。

资发至免职之日止。

第四条：在校服务不满六个月者不得享受第一条待遇。①

与前面教职员的养老规定相比较，校工的养老规定明显要苛刻得多。校工并不能获得连续的养老金，而只能一次性获得一定的补偿，这种补偿最多也不超过 1 年的工资收入，相对于教职员确实差距非常大。同时，第三、第四条关于抚恤的规定也并不宽松。这些差距也都清楚地反映了不同群体间经济地位与社会地位的差别，这种差别也自然会影响到不同群体的生活水平。

根据本处考察，养老和抚恤虽被很多研究所忽略，但它确实对各个群体的生活有重要影响。养老金是教职员工退休后生活的重要保证，由于初级教职员的养老金和在职时的薪俸相差不多，甚至是一样，在退休后他们依然可以保持原来的生活水平和生活方式，而不用因为收入降低而被迫降低生活水平。

对于高级教职员而言，因为他们的收入本来就很高，在稳定的社会情况下，他们通过几十年的工作，不仅可以买下房产、金银等不动产和高保值的财物，还可以有银行存款，也就是说他们在退休后维持与在职时相对一致的生活水平的能力本来就比较高。退休后，很多在职时社交等方面的开支也会减少，所以他们的养老金与在职薪俸的比例虽然是最低的，但如果社会稳定，没有战乱，他们的日常生活水平应该不会因此发生较大变化。

校工群体的养老抚恤待遇是最差的，生活水平也最低。他们离职时能得到的补偿不足以保障他们能一如既往地生活。但考虑到校工大多是附近农民，他们离职后可以依靠原有土地维持生计，同时也会依靠家庭的力量，如子女、兄弟的辅助而生活，这也是中国传统的农村生活方式，这些传统的方式，对没有足够养老保障的校工群体来说是退休以后能够继续生存的重要保证。

① 《退职校工待遇规则》，《国立清华大学校刊》1932 年第 416 号，第 2 版。

第二编　生活消费与生活水平

第三章　教职员工的日常生活消费

如果说收入是实现生活水平的前提和基础，各项生活消费总和则是生活水平的具体体现和评判标准。本特森认为合适的生活水平定义应该是一个人通过劳动、投资等方式获得的一系列商品，在消费了这一系列商品后个人所能取得的总效用。[①]将收入与消费联系起来，以收入为起点，以消费为终点，就可展示出合意与准确的生活水平。清华校园地理上相对封闭，内部各类群体错杂相间，结构多样，从此方面考虑，清华可看成是一个小规模的有机社会。生活于其中的教职员工由于收入水平相差悬殊，不同层次群体的社会地位、经济水平决定了他们生活的差距，他们的生活状况与消费品质也必然存在差别。因此，生活消费最终反映的不仅是群体间生活水平的差异，还能体现不同群体的社会阶层位置。

在前文讨论清华教职工诸群体收入和待遇的基础上，本编将重点考察他们生活消费的状况，探讨他们的消费构成和收入在不同消费品上的分配及比例等，这也是反映群体生活水平和社会位置的核心指标。另外，根据需求层次的不同，生活消费通常可分为基本生活消费、享受和发展的消费等，本编将其简单划分为日常生活消费和其他生活状况两类进行讨论。

须强调的是，虽然可以将生活水平定义为个人消费其获得的所有商品的总效用，但如果不加分析，只是按照字面要求来研究具体群体的生活水平，特别是历史上诸群体的生活水平时，则很可能不具有可操作性。原因很简单：第一，我们无法获知历史上每一具体个体或者群体消费的所有商品种类及数量；第二，即便研究者掌握了所有商品，由于个人偏好、生活环境等多方面因素的差异，个体消费的具体商品也必然千差万别，难以制定统一的评价标准来测算所有商品消费后的总效用。因此，研究历史上特定群体的生活水平，应该要选择既能较全面反映群体主要生活状况，又具有相当史料保证，可以进行比较评价的消费项目来考察。日常的“衣食住行”无疑是反映生活消费最基本和最真实的指标。就一般家庭而论，这也确实是每天都需要面对和考虑的日常，本章将依据住房状况、饮食与衣着、交通与出行，以及杂项支出这四个方面分别展开讨论。

---

① Bengtsson T.，Campbell C. D.，Lee J. Z.，et al.，*Life under Pressure*，p.27.

第一节　教职员工的住房状况

“安居”方能“立业”，住房问题是个人生活的大事，也与学校的发展状况紧密相关。对民国时期的清华来说，更是如此。由于学校地处郊外，清华教职员大多需要住在校内，否则每天往返城内外，不仅异常麻烦，而且以当时的交通条件，时间上也难有保证。据浦薛凤回忆，他在清华时，住在城内的教员只有金龙荪、张奚若、钱稻孙、燕树棠等六七人而已。[①]其中金岳霖住在城内，可能主要是因为爱慕林徽因，想与其比邻而居。[②]因此，为教职员提供良好住宿似乎是地处偏郊的大学所必须做的，相邻清华的燕京大学也修建了建筑或租用了民房来提供给教职员。

清华校内的住房，早年间因为华洋差别待遇，而有中西式样的区别。此后国别歧视逐渐消失，住房样式虽还有中西之别，但在待遇上只有等级差异，而无国别不同。对清华经费的研究显示，由于有庚款特别建设费的保障，清华自改大后，校园设施的建设速度很快，成为各高校羡慕的对象。以 20 世纪 30 年代为例，此期清华园内的建筑情况，主要为以下几方面。①房屋情况：办公大楼 1 座，宿舍有新、明、予、善、静五斋，都为 3 层洋房，是学生宿舍，共约 800 间，每间约 100 平方尺（1 平方尺≈0.11 平方米）。②教室及工程馆：化学馆 1 座，4 层大楼。科学馆、生物馆、电机馆、土木馆、机械馆、航空馆、水利馆、化工馆、气象台各 1 座，都为二三层洋式楼房。③第二、三院平房均为教室，共 50 余间。④教授宿舍，除新造 40 余栋外，尚有 3 处，旧西院、北院、南院等，数目无法统计，均甚为精致。⑤大礼堂 1 座，有座位 1500 个左右。体育馆内有 2 个健身房，1 个游泳池，图书馆内有座位约 700 个。讲师助教宿舍主要在工字厅和照澜院。[③]档案中特别指出教授住房“均甚为精致”，这是教授良好待遇的体现，也是对众多教授居住情况的缩写。以城内的北京大学而论，北大教员住宿，“沙滩红楼，三四层为教员宿舍。中老胡同教授宿舍，在景山东街南面，有一层小洋房十余座，每家教授一座。其他尚有教授宿舍多处，分散在城内”[④]。虽然从这里尚无法比较两校教授住房的

---

① 浦薛凤：《万里家山一梦中》，第 141 页。

② 费冬梅：《林徽因“太太客厅”考论》，《社会科学论坛》2015 年第 9 期，第 91～118 页。

③ 《清华大学概况：资材设备》，北京市档案馆档案：《国立北平大学、北平师范大学等校概况》，编号：J24-1-220。

④ 《清华大学概况：资材设备》，北京市档案馆档案：《国立北平大学、北平师范大学等校概况》编号：J24-1-220。

优劣，但不难看出，诸多教授的住房条件还是比较优越的。

当时社会舆论普遍认为清华教员的住房条件是北平各高校中最优越的，原因有三：第一，设备好。清华初期由美国人主导，很多设备均采办自美国，外国教员的生活条件和设施也一应效法美国，住房在排水、卫生、供暖等诸多条件上都非常先进。第二，租金低廉。清华校内住房都是各教职员租住的，这样当其离开时少了许多麻烦，也与清华地处郊外很有关系。学校为教职员设立的租金比较低廉，特别是相对于教职员的收入和住房本身的条件而言，此一点也是他校教职员羡慕清华教职员的主要原因之一。第三，环境好。清华教职员的住房集中在清华园内外，地处风景秀丽的西山脚下，靠近圆明园，旧为皇室及宗亲近支的花园，是郊外著名的风景胜地，无市井之喧嚣，却可得名园之风景，是居住、为学的不二选择。当时有媒体这样介绍清华大学住宅情况："清华大学占有原来清华园，和近春园两处，互相毗连。在清华园的西南角上靠着近春园的旁边，有校长和教务长的住宅。由教务长住宅向北走，有古月堂，是女生宿舍……古月堂东边是工字厅，是教职员住的地方，园内的东北角上，有北院，是外国教员和眷属住的地方，校门外有南院和西园，西南角上的房屋，是中国教员和眷属住的地方。"①同时，很多教职员工作时为同事，业余时则为挚友，教职员们又大都比邻而居，大家相互切磋、讨论的机会非常多，真可谓"谈笑有鸿儒，往来无白丁"。校园内的居住环境舒适、便利且气氛热烈，这是居住在城内的人士可望而不可即的。

一、良好的硬件与完备的功能

硬件设施应该是评价居住条件高下的第一标准。就教职员住房的具体结构和功能设计而论，清华一直坚持的方针是：规模大、功能全、设计周到，保证教职员能享有卫生、便利及舒服的生活。早在游美学务处时期，清华修建的中西教员住房，其房屋的结构和功能设计就非常周到。包括中国教员在内的所有住所，分为两种，一种只有厨房、差房、厕所以及浴室等（公用）设施；另一种包括管理员住所、寝室、办事室、会客厅、食厅、门厅、浴室、厨房、差房、煤炭室、厕所、通路等。不管是哪一种，厕所、浴室都必不可少。1911 年建校伊始，清华学校对教职员住所中、西式住房进行添改工程时也提出，西式房都是平房，顶为纸糊，此时必须改为抹石灰，并修有煤渣甬

① 新晨报丛书处：《北平各大学的状况》，北平：新晨报出版部，1930 年，第 116～117 页。

路。中式房为砖地，改为抹洋灰，要修建厕所、水箱室。[①]这些措施都体现了清华对住所内卫生设施的重视，而卫生条件是现代居住环境好坏的重要方面。同时期清华外籍教员住所，也分两种，即甲号五所和乙号四所，前者主要是教授住房，每套包括 2 个寝室、2 个客厅、2 个书房（也有多于 2 个的）、1 个浴室、1 个厕所、1 个通路、1 个厨房和煤炭室；后者包括寝室、客厅、书房、食厅、浴室、厕所、厨房、差房、煤炭室、门厅。[②]1924 年 7 月清华西北院住所建筑图显示，此时高级教职员住房内有役室、女仆室、会客室、厨房、客房、寝室、书房、浴室等。[③]单从这些房屋的名称上，已经可以充分感受到这些房屋功能之周全和空间之宽大。特别要注意的是每处房屋不仅有良好的卫生设施，还有佣人住房，这说明清华很多高级教职员家中都聘请有佣人。如浦薛凤回忆：

> 易言之，宜待到续聘，再行携眷租屋，住入清华园……（1929 年）四月中旬，予得续聘约书，即开始准备种切。先向校中租定北院四号洋房一所……暑假开始不久，予将北院四号各个房间布置就绪，先自由工字厅迁入，并雇定旗籍高妈，一俟主妇到后即来上工……治予（其妻）携带丫鬟冬兰同来……故家中有一女佣一婢女可资差遣。[④]

其他清华高级教职员的回忆中也有类似记载，这也与清华教职员住房的设计完全吻合。聘请佣人不仅是当时高级教员家庭中较普遍的现象，而且有的家庭还可能聘用多个佣人来伺候起居，生活水平相当高。

清华教职员住房内部的设计与功能更是精细和周全。在 20 世纪 20 年代清华教职员的住房里，就已经安装了活水管、污水池、洋井、茶桶、脸盆、浴盆、洗碗池、热水箱。[⑤]1923 年清华曾经草拟新建住所的十条办法，在该

---

① 北京松泰木厂：《清华学校教职员住所中西式房添改加活开列》，清华大学档案：《清华学校添建教职员住宅暨修葺工程支付工款与外交部及包商的来往文书》（1914 年 3 月～1926 年 6 月），编号：1-1-017。

② 外务部、学部：《呈报招商承办游美肄业馆等处工程情形（清单）》，清华大学档案：《游美学务处筹建斋舍、圈住围墙，清华学校建筑高等科中等科房舍暨清华教职员住所工程与清政府外交部、北洋政府外交部的来往文书》（1910 年 4 月～1918 年 10 月），编号：1-1-012。

③ 庶务处：《送呈学务处西北院投标通告说明书及图样》，清华大学档案：《清华学校关于油饰房屋、填改河道、添建旧西院等处住宅工程与外交部和包商的来往文书》（1915 年 6 月～1927 年 10 月），编号：1-1-018：1。

④ 浦薛凤：《万里家山一梦中》，第 139 页。

⑤ 《陈请添造教职员住宅等费》，清华大学档案：《清华学校添建教职员住宅暨修葺工程支付工款与外交部及包商的来往文书》（1914 年 3 月～1926 年 6 月），编号：1-1-017。

办法中，将住房按照不同大小分为甲、乙、丙三种，其中甲种为12间，需要建设的数目为8所；乙种为8间，需要建设6所；丙种则只有5间房屋，要建设10所。同时规定甲、乙两种房内应该具有的设备为：①正用房中地板；②电灯；③冷热水管；④电铃装线；⑤玻璃窗；⑥面盆、浴盆；⑦新式冲水便桶；⑧铁纱窗。[①]20世纪30年代清华对新建教职员住宅中卫生及自来水工程设施的采办提出了更详细和更高的要求：各项冷热水管零件，如弯头、三通之类，以及澡盆应用西洋出品。茶桶、脸盆唐山货即可；洗碗池则需用木板，且内装厚洋铁制成者。每座建筑须装的设备还包括：①中国式高水箱，茶桶水箱容量45加仑，2份。②白瓷脸盆，下装托架，附冷热水弹簧式龙头及存水港，2 份。③西洋式低水箱茶桶附硬木（桃心木）座板及一切零件，水箱容量6加仑，2份。④白瓷生铁澡盆，附冷热水弹簧式龙头及存水弯，2份。⑤炉灶2份，内装盘箱管连接格。⑥热水箱，每只容量约20加仑，2份。⑦洗碗池 7 寸（1 寸≈3.33 厘米）深，附挂墙铁架，冷热水弹簧式龙头及存水弯，2份。[②]清华教职员住房装修所使用的物件和设施的精致程度可见一斑。即便是油饰房屋这样的小环节，学校都明确要求使用中国最好的桐油。[③]1932年 6 月清华对于刚修建的西院教职员住宅提出修正提案，决定在原有基础上增加行李房1间，同时将后院放大并且在房顶采用最有效的防雨与防热措施，凡此种种，都可让后人感受到清华教职员住房的舒适与便利。

同时，学校还免费为各住宅提供水电，这也是教职员待遇之一种。萧公权任清华教授后，就对其住宅的条件十分满意。他说："我们一家大小五口初到清华时住在'老南院'二号教职员住宅里。叔玉（萧蘧，萧公权的哥哥，笔者按）一家住在六号，彼此相距很近。一年之后，'新南院'教职员住宅落成，我们迁住六号。这是一所西式的砖房，里面有一间宽大的书房，一间会客室，一间餐室，三间卧房，一间浴室。此外还有储藏室，厨房和厨役卧房各一间。电灯，冷热自来水，电话等设备，一概齐全。"[④]按照这样的标准来装修的住宅，自然是非常舒适的，在当时的中国社会甚至都是比较奢华的了。

---

① 教职员住所委员会：《草拟新建住所办法十条》，清华大学档案：《清华学校关于油饰房屋、填改河道、添建旧西院等处住宅工程与外交部和包商的来往文书》（1915年6月～1927年10月），编号：1-1-018：2。

② 《新建教职员住宅卫生及自来水工程做法说明书》，清华大学档案：《国立清华大学修建新西院教职员住宅工程设计、投标、订立合同、支付工款与包商的来往文书》（1930年7月～1937年6月），编号：1-2-1-187。

③ 《清华学校油饰房屋说明书》，清华大学档案：《清华学校关于油饰房屋、填改河道、添建旧西院等处住宅工程与外交部和包商的来往文书》（1915年6月～1927年10月），编号：1-1-018：1。

④ 萧公权：《清华五年——问学谏往录之九》，《传记文学》1970年第17卷第4期，第68～72页。

清华为单身教职员准备有专门的单身宿舍，同时规定教职员住宅一定要有电气工程、卫生工程和暖气工程。①卫生工程在前面已有详细的介绍，下面考察住宅中的暖气工程和电气工程。由于地处中国北方，北京冬季气候寒冷，如果没有良好的取暖方式，冬天的生活是难以坚持的。为此，清华规定每个教授每个冬季可以有4吨免费的煤炭供应，同时学校也积极购买煤炭，保证教职员工冬季生活的需要。按照清华煤炭管理办法，学校使用的煤包括烟煤和硬煤两种，前者主要为锅炉之用，后者为煤气厂各茶炉及冬季煤炉之用。②

暖气工程对于北京人民的冬季生活来说，几乎是必需的。特别是很多知名教授，因年老体弱等原因，难以忍受寒冷的天气。例如，清华复员以后，各院住宅本来安装的暖气设备，经过日寇盘踞，国民党军三十八兵站医院接收，已经被拆毁废弃，水管也早已冻裂。刚刚复员的清华，经费还没有着落，无力修复损毁设施，只能让各住户自行料理。当时北平物价腾贵，可谓“一日数掠”。陈寅恪因生活窘迫，不得已只能把自己所藏最好的东方语言学书籍（包括巴利文藏经、蒙古文《蒙古图志》、突厥文字典等），悉数卖给北京大学东方语言学系。他以卖书款来买煤并设火炉于家中一小室取暖，以免挨冻。③

至于电气工程，清华各住宅修建初都安装有照明设施，学校对各类住房也提供一定限度免费供电的待遇。1933年11月由于住宅供电压力增加，经费紧张，清华校方决定对各建筑减少供电25%，按照这一原则，制定各住宅供电量标准如下：“一、凡房租在十元或十元以下者，每月免费供电二十五度。二、凡房租在十元以上者，每多一元增加一度（租金零数按月四舍五入后计算电数）。三、凡不出房租之住宅及营业场所（合作社、大陆汽车厂）由学校规定之。”④清华也给很多住宅装配了电话。1924年11月5日，新南院刚一落成，学校就准备在1个月内给各住宅安装电话分机。⑤1933年清华校方还曾决定对住宅电话无论新旧都收取每月2元的使用费⑥，这也佐证了当时清华教职员住宅中比较普遍地装配了电话。

---

① 《第七十五次评议会开会纪录》（1934年5月9日），清华大学档案：《国立清华大学规程、条例和大学组织法及有关修正条文的来往文书》（1928年9月～1934年5月），编号：1-2-1-006：4。

② 《国立清华大学管理煤炭暂行办法》，清华大学档案：《国立清华大学制订的各种规章制度及各种单表格式》（1931年11月～1937年2月），编号：1-2-1-015。

③ 王子舟：《陈寅恪读书生涯》，武汉：长江文艺出版社，1997年，第77页。

④ 《第六次校务会议纪录》（1933年11月1日），清华大学档案：《国立清华大学校务委员会会议纪要》，编号：1-2-1-007：2。

⑤ 《新南院落成》，《清华副刊》1934年第42卷第3期，第21～22页。

⑥ 《第三次校务会议纪录》（1933年8月24日），清华大学档案：《国立清华大学校务委员会会议纪要》，编号：1-2-1-007：2。

由于清华住房建设于不同年代，结构、功能有一定差别，一些住宅功能结构更合理，另有一些则略显欠缺。部分教授对住宅又有自己个人的设想和要求，统一设计和分配的住房未必能完全满足他们的要求。因此常会有教授等提出修改住房结构，增加相应房间的要求，“数年来教职员咸以住宅狭隘，曾请校中代为增建屋宇。校中应教职员之请而添造者已有数起”①。建筑物的修改添加涉及建筑安全、房租调整和校园规划，自然不能随意行之。校方经过认真考虑后，决定设立如下规则：“凡欲增建房屋者必先呈一增建计划经校中许可后投标建筑，所建房屋既为学校所有，故建筑费概由学校负担，而每年多出房租费为新增房屋全部建筑费的百分之六。去年西北两院皆依此例增建者也。”②

规则出台后，需要翻建住房的教职员可按自己意愿申请施工。外文系资深教授王文显提出在其住房北院五号边上建一个包括浴室的 2 层小楼，费用约 3400 元。经学校同意后，该小楼马上进入施工流程，并很快建成。蒋廷黻到清华任教后，一方面继续他的中国外交史研究，另一方面则有意使清华历史系成为全国最充实的历史教学中心。他被安排住在清华北院的教授住宅中，叶公超、刘寿民、朱自清、陈岱孙等都是他的邻居。北院的教授住宅是学校最初为外籍教员建造的，并不十分宽大，而蒋廷黻此时早已结婚，生有儿女，便觉得住宅不够宽裕。于是他自己决定要添建一间半圆形的书斋，此后便可在其中埋头做研究。③

教员之间的住宅也经常有变动和调整。浦薛凤来清华任政治系教授后，住在北院四号。“初期租住之时，除客厅饭厅与小书室外，只有一间卧房（旁通储藏室一间），此间卧室原是客房；而本来在小书室后面之正式卧房（与四号院西式浴室，本来有门相通）却被划归三号住宅（原门改砌砖墙）。”经与总务处切实交涉后最终宣告成功：“即将此一房间复划归四号……自此以后，北院四号仍归完整，恢复原来格局，月租略增，种切值得。”④多年以后，他回忆起来，依然认为“北院各号西式住宅格局一律，设计颇属精周”⑤。

抗战前的清华，随着学校不断发展壮大，教职员工人数不断增加，校方

① 王力山：《请求添造住房》，清华大学档案：《国立清华大学修建新西院教职员住宅工程设计、投标、订立合同、支付工款与包商的来往文书》（1930 年 7 月～1937 年 6 月），编号：1-2-1-187。

② 王力山：《请求添造住房》，清华大学档案：《国立清华大学修建新西院教职员住宅工程设计、投标、订立合同、支付工款与包商的来往文书》（1930 年 7 月～1937 年 6 月），编号：1-2-1-187。

③ 陈之迈：《蒋廷黻的志事与平生》，第 19 页。

④ 浦薛凤：《万里家山一梦中》，第 145 页。

⑤ 浦薛凤：《万里家山一梦中》，第 145 页。

提供住房的压力也不断增大。为此，清华曾多次改、扩建学校住房。早在 1914 年清华学校就决定开始增加修造中方教员住宅，由于学校规模限制，最终校方决定在校外南土城兴建职员住所，中式、西式住宅共十余所。[①]1917 年，清华又建成甲、乙、丙 3 所，专供校长、副校长和秘书长使用。1920 年和 1924 年，分别建成南院（即今照澜院）、西院（即今旧西院）两处教授住宅。1928 年改大后，又陆续增建了大批建筑，其中包括明斋（也称四院）、善斋（也称五院）、静斋（女生宿舍）、新斋（也称六院）、平斋（也称七院）等学生宿舍，以及新南院（即今新林院）等教职员住宅。[②]1931 年 7 月清华统计最近 3 年内建筑时，发现扩充教职员宿舍花费了 3.5 万元，兴建教职员住宅使用了 15 万元，学生宿舍新建费用达到了 30 万元。[③]到 1933 年 9 月 20 日，清华教职员住宅已经包括了乙、丙两所，北院、西院、旧南院、新南院、春润庐等多处建筑，但即便如此也不足以满足教职员的住房需求，因此该年清华还决定要再添造教职员住宅约十所。[④]这是清华建校以来至抗战全面爆发前教职员住房发展的基本状况。

概括来说，抗战前清华教职员住宅区主要是四片：北院、西院、旧南院（原南院）和新南院。此外还有春润庐、古月堂以及工字厅的单身宿舍。其中西院本为荒芜之地，后来建成了生物馆与气象台，在生物馆与气象台的西边，有住宅两排，系围墙而各有庭院之中国式洋房为西院。清华校门（今二校门）外过桥的区域称南院，系西式洋房。清华大学的教授几乎全部居住在清华或附近。另外，北院、西院及南院一般只提供给结婚成家的教职员，而未婚且不携眷属的教员则住工字厅。在古月堂附近，还有校长住宅一所，即甲所。靠近甲所的为乙、丙两所，曾经是教务长、秘书长的住宅，后来也成为教职员寓所。[⑤]下面通过一些回忆，特别是曾经居住于其间的当事人的回忆，让我们近距离地观察其中几个住宅的情况。

首先是北院。哈佛大学博士毕业后回清华任教的物理教授叶企孙，在清华大学的住处是北院七号。自 1925 年他到清华工作，便开始住在此处。他的

---

① 《北京清华学校建造教职员住所招人投标通告》，清华大学档案：《清华学校添建教职员住宅暨修葺工程支付工款与外交部及包商的来往文书》（1914 年 3 月～1926 年 6 月），编号：1-1-017。

② 黄延复：《二三十年代清华校园文化》，第 254 页。

③ 《第十三次评议会开会纪录》（1931 年 7 月 28 日），清华大学档案：《国立清华大学规程、条例和大学组织法及有关修正条文的来往文书》（1928 年 9 月～1934 年 5 月），编号：1-2-1-006：3。

④ 《第五十六次评议会开会纪录》（1933 年 9 月 20 日），清华大学档案：《国立清华大学规程、条例和大学组织法及有关修正条文的来往文书》（1928 年 9 月～1934 年 5 月），编号：1-2-1-006：4。

⑤ 浦薛凤：《万里家山一梦中》，第 141 页。

侄子叶铭汉在回忆其叔父的住房时，说："北院位于图书馆北面，一共有十多套房子，系平房。这十多套相同的房子分布如'7'形，一部分朝南，一部分朝西……北院是在民国初年建成的，跟新林院相比，显得旧一些。七号面向南，朝南三间，朝北两间，共四室一厅。朝南的中间一间是客厅，大约二十平方米。东边是书房和卧室，两间相连。书房朝南，约十平方米。卧室朝北，约二十平方米。书房和卧室相连，通过书房进入卧室。西边两间，一间朝南，一间朝北。两间相连，各约十五平方米。房子的北面，即背后有厨房和工友的住房。"①北院作为曾经为外籍教授准备的住房，一度是清华最好的住宅，也是清华众多著名教授居住过的地方。但到了 20 世纪 50 年代，其命运发生了巨大改变。中央美术学院教师吴冠中被调到清华大学建筑系后，学校为改善其住房条件，让他住在北院。他提到："那本是朱自清等教授住过的高级住宅，不过如今已破旧，属清华的中下等宿舍了。面积不小，有两间卧房，一间书房，一间客厅，大厨房里还可住保姆，于是又从老家再接来母亲及一位亲戚，共同照料三个孩子。"②

其次是旧南院。20 世纪 20 年代清华国学院的四位导师，除了梁启超住在城里外，王国维、赵元任、陈寅恪都曾住过旧南院。曾在此居住过的王元化回忆道："南院是方型，由两种不同样式的房屋构成，北面东面是西式房屋，南面西面是中式房屋，中间有一广场，我们小时就在这片场地上玩耍。"③广场的东半边是球场——足球场、网球场，西半边地势较低，是一片树林。旧南院的西北角和东北角各有一个通向院外的门，从东南门可以走向学校南门，从西北门可以走向现在的二校门。1928 年 10 月，冯友兰初到清华工作时，也曾经在旧南院的十七号居住过，但到 1930 年其迁到乙所。④还有一个关于赵元任旧南院住房的趣事。因为任何单身汉住在那一房间，不久就会结婚，因此这个房间被当时的清华教职员们戏称为"幸运房间"⑤。赵元任住下不久，很快就结识了杨步伟女士，并最终喜结良缘。

再次是旧南院附近之春润庐。此住宅原先是由宋春舫教授所建，是一所中西合璧式的住房，周围绕有围墙，单门独户庭院，客厅特别大，因此住在这里的教授会时常在客厅里举行舞会。王化成教授也曾经在这里住过。

---

① 叶铭汉：《北院七号——记叔父叶企孙》，清华校友总会编：《校友文稿资料选编》第 7 辑，北京：清华大学出版社，2001 年，第 114～116 页。

② 吴冠中：《北京居》，京华出版社编：《家居北京五十年》，北京：京华出版社，1999 年，第 89 页。

③ 王元化：《清园自述》，桂林：广西师范大学出版社，2001 年，第 22 页。

④ 冯锺璞：《那青草覆盖的地方》，清华校友总会编：《校友文稿资料选编》第 7 辑，第 112～114 页。

⑤ 张树铮：《遥遥长路·赵元任》，济南：山东画报出版社，1998 年，第 52 页。

最后考察作为单身宿舍的工字厅。浦薛凤初到清华时，家眷并未随行，因此他也得以有“机会”在今日已成清华校长办公之地的工字厅居住。他提到：“予住工字厅进门之左院，卧室宽大，一张单床隐藏在左后侧突进之隙地，类似另一小房，可置箱笼物件。凭窗有书桌，傍立书架，靠着后面墙壁则有茶几座椅，布置甚为得当。同院有高崇熙、沈镇南与蔡可选诸兄。美中不足者，厕所尚系北方坑式。有住在院内之一名工友，料理供应茶水，打扫房间等事。院内植有海棠花一大株，春天满树红花，甚为悦目。”①

总的来说，清华教职员的住宅各具特色，虽然大小不一，但总体上应该都是比较舒服、便利和卫生的，而众多曾在其中居住生活过的清华教职员对此都留有美好的回忆。

二、合理的分配规则与租金标准

教职员工在租房时享受的待遇是不一样的。清华住房主要是针对本校教职员的，校工基本被排除在外。在清华教职员住宅租用办法里都多次提到：本校住宅只为专任教职员，不对其他人。②燕京大学也有类似的规定，但文本更详细，摘抄如下：

> 凡携有家属之教授、副教授、讲师，及同等之职员，本大学均供给其住宅并为之修理。
>
> 凡专任助教及同等职员与助理、事务员、书记等，本大学均供给其住屋，但对其家属居住问题，本大学不负任何责任。③

对于很多非专任的教员，如讲师等，考虑到他们来回城内外不方便以及他们本身资历较高，清华可以为其本人提供特别设立的客厅，供他们休息、住宿，但是并不会给予单身宿舍。④校工不会有住宅分配，但可能会有集体宿舍可供值夜班等时使用。实际上，校工都是周围农民，基本分散在学校附近的成府、三旗等村落中，他们一般都有自己的住房，学校也就没有必要为他

---

① 浦薛凤：《万里家山一梦中》，第135页。

② 《国立清华大学教职员住宅租用办法》（1934年6月15日），清华大学档案：《国立清华大学制订的各种规章制度及各种单表格式》（1931年11月～1937年2月），编号：1-2-1-015。清华先后在1930年、1931年、1934年和1937年多次修改重订教职员住宅租用办法，但租用对象一直没有变化。

③ 《（燕京大学）修正教职员待遇通则》（1935年5月），燕京大学校友校史编写委员会编：《燕京大学史稿 1919～1952》，北京：人民中国出版社，1999年，第1401页。

④ 《第四十二次校务会议纪录》，清华大学档案：《国立清华大学校务委员会会议纪要》（1929年10月3日～1937年6月16日），编号：1-2-1-007：1。

们提供住房。但是 1946 年复员以后，情况却有一些变化，很多校工住在校内，如 1946 年清华警员共 46 人，附属校工 4 人，其中 7 人住校内。而全校校工共 341 人，住校内的有 147 人，占到了 43.11%。①

教职员在租住学校房屋时，都需要交纳一定的租金。由于教职员收入相差悬殊，因此对于租金负担的反应也完全不同。为了照顾不同收入教职员的需求，清华在早期就规定建设新住房时，分为甲、乙两种，两种住房的设施条件有高下之别，租金自然也就高低有别，学校的原则是："所列两种房屋租金，低昂听人自择。"②这可视为清华住房租用的第一个原则，即按照不同标准收取租金。但早期的教职员们似乎对这样简单划分为两类并不满意。他们提出清华教职员的生计状况并不能仅仅用甲、乙两种来划分，这种划分并没有照顾到全体教职员的实际生活水平。即便是每月薪金在 150 元以上的教职员，对乙种住房的租金都没有足够的能力支付，更何况大多数教职员月薪还在百元以下。学校的划分有失妥当，会给教职员生计带来很多困难，因为他们希望能在"乙种以外似应再谋节省，添设丙种，间数宜少不宜多，建筑宜普通不宜特别，合于住家为度"③。而学校会议意见中曾提到过相反意见："房屋住宅都有卫生排污设备，新房特别如此，职教员亦情愿多出租金。"④可见教职员虽然希望租金低廉，但同时对住房的设施，特别是卫生设施还是有比较高要求的，这恐怕也是因为清华本身的"洋化"以及多数高级教员都有海外留学生活经历的缘故。

房租的具体数额，在清华学校时期已经有了明确规定，基本按照住宅建筑费用八厘的办法来收取⑤，也就是收取造价的 8%为房屋的年租金。房屋租金的用途也很明确，即其中以六厘充当房屋建设的基金，剩下的 2 厘充当每年的房屋维修费。按照这一房租标准，在 1926 年 5 月，毕莲、林美德、翟穆生 3 名外籍教授，每月应交纳的房租为 40 元，温德、吴可读、海门斯 3 名外籍教授每月各纳房租 36 元。此时教授起薪在 200 元左右，一般可以达到 300

① 《清华大学工警社员名册》（1946～1947 年），北京市档案馆档案：《清华大学工警社员名册和教职员消费合作社社章及社员名单》，编号：J2-5-94。

② 樊澄宽等：《职员住所请添丙种》，清华大学档案：《清华学校添建教职员住宅暨修葺工程支付工款与外交部及包商的来往文书》（1914 年 3 月～1926 年 6 月），编号：1-1-017。

③ 樊澄宽等：《职员住所请添丙种》，清华大学档案：《清华学校添建教职员住宅暨修葺工程支付工款与外交部及包商的来往文书》（1914 年 3 月～1926 年 6 月），编号：1-1-017。

④ 外交部：《职教员住所准予添造卫生等管仍应招标》，清华大学档案：《清华学校添建教职员住宅暨修葺工程支付工款与外交部及包商的来往文书》（1914 年 3 月～1926 年 6 月），编号：1-1-017。

⑤ 教职员住所委员会：《草拟新建住所办法十条》，清华大学档案：《清华学校关于油饰房屋、填改河道、添建旧西院等处住宅工程与外交部和包商的来往文书》（1915 年 6 月～1927 年 10 月），编号：1-1-018：2。

多元。外籍教授居住的当是北院——清华最好的住宅之一，其月租金差不多是教授收入的1/9。另外，外文系资深教授王文显的房租租金似乎是最高的，达到每年800元，而其薪金也是相当高的，达到5600元每年①，房租占其收入的1/7，与收入相比，租金还是能够承担的。

改大以后，一方面，清华教职员迅速增加，另一方面，随着北京失去都城地位，城市经济开始衰败，城内房屋租金价格持续走低。有学者研究后认为："北平市自民国元年至民国十三年房租极高为黄金时代，十四至十六年即渐趋衰落。十七年政府迁南京，乃急转直下。二十一年复稍升高。当其盛时，凡租房者，于房屋看好租价讲定后，须先交三个月租金，所谓一房一茶一打扫，打扫归房东下人，作为小费茶钱可抵最后一个月房租。"②于是，教职员们对实行多年的租金政策开始表现出不满，这种不满积蓄到一定程度，就表现为1930年9月，包括叶崇智、刘崇鋐、王文显、比利（M. Bille）、周炳琳等众多清华教职员因房租之事上书清华校务会议。诸位教授提出，"查北平房租自国都南迁，跌落正巨，而本校教职员住宅租价犹循旧格，是以年来教授之移居城中者颇不乏人，其影响于课外师生之砥砺以及学校事业方面的进行日益显示。缘现时物价高腾……同人等居校有载，感受尤切"③。在新学年即将开始时，诸位教授向学校校务会议提出建议，希望从该年九月起，所有教职员的住宅租价一律每月减少30%，同时所有灯及自来水等待遇仍按现行规例办理。诸位教授们还向校务会议提交了当前清华教职员的房租状况：

一、西南两院系基金会之收入。北院系本校收入。

二、西南两院的房租已不解该会，将来该会在校款内照月息八厘扣算，本校实收若干，及修理等费，均不过问。

三、现在房租数目，比较平市租价，尚觉较昂。惟电灯与自来水则统由学校供给。

四、现在之房租，因有增加建筑，所以增加建筑筹款数目，按八厘利息加租，是以数目参差不一。将来有减收一成或二成付，似可将不满一元之数目一并减去。

---

① 《第四次评议会开会纪录》（1926年5月5日），清华大学档案：《国立清华大学评议会纪录》，编号：1-2-1-006：1。

② 魏树东：《北平市之地价地租房租与税收》，萧铮主编：《民国二十年代中国大陆土地问题资料》第77册，中国（台北）：成文出版社；美国：中文资料中心，1977年，第40501～40502页。

③ 《诸教授因房租上书校务会议》（1930年9月），清华大学档案：《国立清华大学校务委员会会议纪要》，编号：1-2-1-007：4。

根据上述材料，由于清华部分住宅的建设费来自中基会的借款，这些建筑收取房租后要用于还款。教授们一再提出房屋租价高于市价太多，要求减价，似乎并没有考虑清华住房的诸多优越性。对于教授们的意见，校方还是颇为重视的，如果教授们都住到城中而来往于城内外，对于教学工作确实影响颇大。1930 年 9 月 16 日，清华大学第 34 次校务会议审议讨论并最终批准了会计科提交的教职员住宅核减及租金表。[①]档案中并没有这一租金表的内容，所以尚无法确定学校是否按照教授们的要求，将房租减少了 30%。1930 年 10 月 7 日，在清华大学第 39 次校务会议上，会计科提交议案请示："西院新增建筑租金数目是否仍照此次减租办法再减四分之一。"[②]1930 年 10 月 21 日，清华大学校务委员会会议纪要又补充规定，"教职员住宅增加建筑时，其租金照旧例减少四分之一，按建筑费之六厘计算增加"[③]。从这些材料推断，校方最终确定的减价数额当是原价的 25%，虽然略少于教授们要求的 30%，但应该已经能够让教授们满意了。如此一来，北院住宅中 15 号的房租降为 19 元每月，6 号的房租为 27 元每月，9 号的房租为 24 元每月。[④]与 1926 年的情况相比，确实降低了不少。在这次校务会议的决议中还发现，清华所有的校舍，包括教职员住宅，都上有"保火险"。其中特别提到南院保价为 5 万元，保费为 90 元，西院估价 6 万元，保费为 109 元。[⑤]住宅的安全保障也是相当重要的工作，当年的清华已经对此非常重视了。

1934 年夏天，由于清华刚刚新建完成了教职员住宅 30 所，同时旧有住宅中又有大约 14 所被腾出来，众多教职员开始纷纷前往庶务科登记申请租用各自合意的住宅。为此清华校务会议在讨论住宅租用办法时，提出了几条关于教职员申请住宅的暂行规定：首先，原住旧住宅的教职员如果想租用新的住宅，必须退还原有住宅，禁止教职员自己私下转租。其次，提出租用申请者必须注明需要住宅的种类或院别以及租金的等级。最后，如果在分配住宅

---

① 《第三十四次校务会议纪录》（1930 年 9 月 16 日），清华大学档案：《国立清华大学校务委员会会议纪要》，编号：1-2-1-007：4。

② 《第三十九次校务会议纪录》（1930 年 10 月 7 日），清华大学档案：《国立清华大学校务委员会会议纪要》，编号：1-2-1-007：4。

③ 《第四十一次校务会议纪录》（1930 年 10 月 21 日），清华大学档案：《国立清华大学校务委员会会议纪要》，编号：1-2-1-007：1。

④ 《金超函：北院六、九、十五号三所房间略有不同应如何增减请核定》，清华大学档案：《国立清华大学修建新西院教职员住宅工程设计、投标、订立合同、支付工款与包商的来往文书》（1930 年 7 月～1937 年 6 月），编号：1-2-1-187。

⑤ 《第五十五次校务会议纪录》（日期不详），清华大学档案：《国立清华大学校务委员会会议纪要》，编号：1-2-1-007：4。

时出现冲突，学校会按照抽签原则进行分房。但是在抽签时，本校教授、专任讲师、各科院主任以上职员，享有优先抽签的权利；医生、管理公用工程之技师及家眷原已借住校内而无住宅者则可以享受在上述人员其后抽签的权利。[①]1934 年 6 月 20 日，清华大学公布新的教职员住宅租用办法，除重申以上各条外，同时还规定："学校为本校教务长、秘书长、各学院院长供职之便利，得就待租住宅中特予保留以备租用，租金由会计科从薪水中扣除，房屋每两年修理一次。"[②]这些表明出租房规则具有明显的职级差异化对待的特征。至于校内各处住宅的具体分配，在 1936 年修订的住宅租用办法中有了更详细的规定：

> 教授、专任讲师，各科院主任以上职员及医生、管理公用工程之技师等优先租用的有：乙、丙两所：北院：1～18 号，计 18 所；西院：16～18 号、26～28 号、36～37 号、46～47 号，计十所；旧南院：1～10 号，十所；新南院：1～12 号、21～23 号、31～32 号、41～43 号、51～53 号、55 号、61～63 号、71～72 号、81 号，三十所。春润庐：1 所。
>
> 其他教员优先的：旧南院：11～20 号，十所；西院：11～15 号，21～25 号，31～35 号，41～45 号，二十所；旧南院外甲一号，花洞二所及新南院南新建之二十所。[③]

清华住宅大体仍分为两类，并租用给不同等级的教职员。房屋的租金每月为十几元到几十元，不同收入水平的教职员可以根据自身情况来选择不同的住房。同时，一些单身的教职员也可以选择租用单身宿舍，而不是这里的成套住房。租用单身宿舍的法则也与成套住宅存在一些区别。1933 年清华校务会议讨论分配单身宿舍时，提出了如下六点要求：

> （一）古月堂住教授、专任讲师由抽签决定之。
>
> （二）教员、教官、技师、主任由校长指定房屋。
>
> （三）事务员、助教、助理、书记现无住房者，得住西北院及三

① 《民国二十三年夏分配教职员住宅暂行租用办法》，清华大学档案：《国立清华大学校务委员会会议纪要》，编号：1-2-1-007：2。

② 《民国二十三年夏分配教职员住宅暂行租用办法》，清华大学档案：《国立清华大学校务委员会会议纪要》，编号：1-2-1-007：2。

③ 《国立清华大学教职员租用住宅办法》（1936 年 4 月修订），清华大学档案：《国立清华大学校务委员会会议纪要》，编号：1-2-1-007：3。

院中排，由抽签法决定之。

（四）事务员及助教凡住三院，此处遇必要时须二人合住一房。

（五）助理及书记，统由每二人合住一房。

（六）西、南、北三院应划为家眷住宅，不得作为单身宿舍。①

根据这六点要求，教员与职员的住房待遇存在差别，教员住房待遇高于职员。实际上，很多初级教员都是一人在外读大学，毕业后便留清华任助教、教员且未婚；不少职员是北平人，家中其他人员都住在城内，从这个角度来说，一间条件良好的单人宿舍对他们来说已经足够，而且，这些单人宿舍的租金也远低于其他家属住宅。按照1935年5月20日清华大学制定的标准，单身教职员宿舍住房根据不同的容量、质量，每月以6元、4元、2元3种进行收费，此后清华进一步细化了收费等级，从2元至6元分5等收费。②这样的收费标准远低于其他成套住宅，也比较适合低级教职员的经济能力。至于校工，他们中少数人住在校内，应是最简单的宿舍，但也有水电供应，相比农村的住房条件还是优越不少。对于清华附近村落中的住房，目前还没有详细研究，根据1923～1924年的调查，清华校工中有15人住校内，不出房钱，54人自己有家，72人租房，平均每月需0.69元。③仅从价钱考虑，校工的居住条件也应该是比较有限的。另外，陶孟和在1929年和1930年的调查中发现："北平之普通住宅，类皆为四合房，中产阶级之家庭，普通每家独住一院，然亦有二三家同住一院者。工人家庭住居情形则极恶劣。据吾人调查结果，除二家有特殊情形外，每家只住一间房。一列房屋，向有三间，工人所住，即用墙隔断为三屋，每屋各开一门，各住一家。"④可见，清华高级教职员的住房是普通劳工阶层无法比拟的，差异悬殊。

三、比较视野下的清华居住条件

若与北京城内和其他高校的居住状况比较，清华的条件可谓是相当优越的，这表现在住宅的物质条件、住宅周围的自然环境以及住宅区的人文氛围

---

① 《第二次校务会议纪录》（1933年8月10日），清华大学档案：《国立清华大学校务委员会会议纪要》，编号：1-2-1-007：2。

② 《第三十九次校务会议纪录》（1935年5月20日），清华大学档案：《国立清华大学校务委员会会议纪要》，编号：1-2-1-007：3。

③ 赵恩钜、张明昕：《清华学校雇用工役生活费的调查》，《清华学报》1924年第1卷第1期，第128～140页。

④ 陶孟和：《北平生活费之分析》，北京：北京社会调查所，1930年，第61页。

等多个方面。

首先，就物质条件来说，清华住宅的种种设施放在北京城内比较也毫不逊色，教职员，特别是教授完全能够买得起北京最好的住宅。北京是五百年以来中国之首都，城郭宫殿固极伟大宏丽，即平常之住宅亦较多而精美。旧建筑因时代迁移到 20 世纪 30 年代已经多有颓废了，但学者的调查依然认为，“一般言之，北平居民之房屋固优于任何都市之中国式住宅也”[①]。表 3-1 详细列举了 20 世纪 30 年代北平城内各类房屋的价格标准，按此标准，清华高级教职员的住宅应该是高级洋房，只是地处郊外。从房价角度考虑，一个带有五六个房间的高级舒适住宅，以北平城内的价格也不过四五千元，一些高等级的教授积攒 1 年的年薪便可购买，普通教授有 3 年的储备也完全可以自己拥有一套类似的住房。

表 3-1　北平市房屋评价以每间计其价目等级　　单位：元

类型	等级	说明	城厢每间价	郊区每间价
洋式楼房	特等一级	规模宏大工料最佳形状最新者	800	640
	特等二级	规模宏大工料最佳形状半新者	700	560
	特等三级	规模宏大工料最佳形状已旧者	600	480
	甲等一级	规模较大工料最佳形状最新者	500	400
	甲等二级	规模较大工料最佳形状半新者	400	320
	甲等三级	规模较大工料最佳形状已旧者	350	280
	乙等一级	规模较小工料较次形状最新者	350	280
	乙等二级	规模较小工料较次形状半新者	300	240
	乙等三级	规模较小工料较次形状已旧者	250	200
普通楼房	甲等一级	规模宏大工料俱佳形状最新者	250	200
	甲等二级	规模宏大工料俱佳形状半新者	220	176
	甲等三级	规模宏大工料俱佳形状已旧者	200	160
	乙等一级	规模较大工料较佳形状最新者	200	160
	乙等二级	规模较大工料较佳形状半新者	180	144
	乙等三级	规模较大工料较佳形状已旧者	160	128
	丙等一级	规模较小工料较次形状最新者	160	128
	丙等二级	规模较小工料较次形状半新者	140	112
	丙等三级	规模较小工料较次形状已旧者	120	96
带廊子瓦房	甲等一级	规模宏大工料俱佳形状最新者	250	170
	甲等二级	规模宏大工料俱佳形状半新者	220	150
	甲等三级	规模宏大工料俱佳形状已旧者	200	130

① 魏树东：《北平市之地价地租房租与税收》，萧铮主编：《民国二十年代中国大陆土地问题资料》第 77 册，第 40489 页。

续表

类型	等级	说明	城厢每间价	郊区每间价
带廊子瓦房	乙等一级	规模较大工料较佳形状最新者	200	130
	乙等二级	规模较大工料较佳形状半新者	180	130
	乙等三级	规模较大工料较佳形状已旧者	160	110
	丙等一级	规模较小工料较次形状最新者	160	110
	丙等二级	规模较小工料较次形状半新者	140	90
	丙等三级	规模较小工料较次形状已旧者	120	80
瓦房	甲等一级	规模宏大工料俱佳形状最新者	160	80
	甲等二级	规模宏大工料俱佳形状半新者	150	75
	甲等三级	规模宏大工料俱佳形状已旧者	140	70
	乙等一级	规模较大工料较次形状最新者	130	65
	乙等二级	规模较大工料较次形状半新者	120	60
	乙等三级	规模较大工料较次形状已旧者	110	55
	丙等一级	规模较小工料较次形状最新者	100	50
	丙等二级	规模较小工料较次形状半新者	90	45
	丙等三级	规模较小工料较次形状已旧者	80	40
灰瓦房	甲等一级	规模宏大工料较佳形状最新者	90	45
	甲等二级	规模宏大工料较佳形状半新者	85	42
	甲等三级	规模宏大工料较佳形状已旧者	80	40
	乙等一级	规模较小工料较次形状最新者	80	40
	乙等二级	规模较小工料较次形状半新者	75	37
	乙等三级	规模较小工料较次形状已旧者	70	35
	丙等一级	规模较小工料最次形状最新者	70	35
	丙等二级	规模较小工料最次形状半新者	65	32
	丙等三级	规模较小工料最次形状已旧者	60	30

资料来源：魏树东：《北平市之地价地租房租与税收》，萧铮主编：《民国二十年代中国大陆土地问题资料》第 77 册，第 40491～40495 页

其次，虽然地处郊外，但清华住房的自然环境颇让人羡慕。20 世纪 30 年代，季羡林在北平求学时，曾听城内的百姓如此描述这一中国最著名古都的环境："无风三尺土，有雨一街泥。"①经常刮风，总弄得人满脸灰尘，蔽目盈耳，可见北平当时的自然环境与其显赫地位似乎不太相称。清华也有学生说：北平素来是以出产"北平灰尘"（Peking dust）出名的。②但相对于此种恶劣的自然环境，当时的清华却是个例外。清华校园的自然环境一向为人称道，它地处北京西北较繁盛的园林区，是在清末几处皇家园林——清华园、

① 京华出版社编：《家居北京五十年》，"序"第 1 页。

② 紫丝：《清华生活的一斑》，《清华周刊》1931 年第 514/515 期（向导专号），第 151～162 页。

近春园以及长春园的一隅属地的遗址上因革繁衍而成的。1911 年建校时，清华只占东部清华园一处，总面积不过 450 亩（1 亩≈666.67 平方米）。稍后，比邻的近春园遗址和长春园属地一隅亦并入，面积扩增了一倍多。之后，学校规模日益扩大，自 20 世纪 30 年代初又向四处扩展，1937 年园墙内已达两千余亩。[①]清华园的历史，至少可以上溯到清康熙时期的“熙春园”。据史料记载，当年的熙春园是康熙的行园之一，园内各景点上曾有康熙、乾隆二帝的许多墨迹。就连早期的园额也是康熙御署的。至道光初年，道光帝为了分赠众多兄弟子女的需要，把熙春园一分为二，西部取名“近春园”；东部仍沿袭“熙春”原名，直至咸丰即位后才改名“清华园”，并亲署园名悬于“二宫门”（今工字厅大门）上。因此，上风上水的清华园，是皇家旧园，环境优美，居住其间，自然是非常惬意的。

清华自然环境优越，教职员们聚居其中，教授们比肩为邻，唱和于清华园内，这样的生活环境和氛围也是散居于鱼龙混杂的北平城内的其他大学教职员所无法得到的。萧公权住在清华时，邻居便是陈岱孙、俞平伯、闻一多，潘光旦的住宅也相距不远[②]，能与这些不同学科的著名学者长相往来，让萧公权很是满意。唐绍明[③]回忆他幼年在清华时的场景，提到“旧南院的住户，各个时代不同，就我战前[④]（1937）和战后（1946）的记忆，北排二号住的是张清驿（张泽熙家，战前），五号是张秋华（张子高家），六号是萧庆华（萧蘧家，战前）；东排住的是七号俞平伯家（战前），十号是袁疆（袁复礼家）；南排住的是十一号余绳武、余绳孙（余冠英家），十二号是我家，十三号是牟作云家（战后），十四号是全绍志家，十五号是涂铁仙（涂文家，战前），孟宪民家（战后）；西排住的是十六号马启平（马约翰家），十七号是冯钟广（冯景兰家，战后），十八号是沈铭鸿（沈履家，战前），吴治衡（吴泽霖家，战后）”[⑤]。浦薛凤在清华时，曾住过北院，他在清华上学时，这里都是他美籍老师的住宅。当他住进来以后，他周围的邻居，自他寓所起“左面自近图书馆方面算起住有孔繁霱、史国禄与法籍之法文教授（北院三号）各家。对面即转侧各家，计为王文显（五号）、温德（Prof. Winter）、叶企孙和陈岱孙（合租七号）、王化成、孙国华（筱孟）、刘崇鋐（寿民）、蔡可选、叶公超、朱自

① 黄延复：《二三十年代清华校园文化》，第 2 页。

② 萧公权：《清华五年——问学谏往录之九》，《传记文学》1970 年第 17 卷第 4 期，第 68～72 页。

③ 其父唐贯方，1923～1971 年在清华图书馆工作。

④ 此处保持与原文献一致。“战前”应为抗日战争全面爆发前。

⑤ 唐绍明：《生活从这里开始——忆我儿时清华园》，清华校友总会编：《校友文稿资料选编》第 7 辑，第 116～122 页。

清、黄子卿、蒋廷黻诸位住所”①。这样的居住与生活环境，正如当时清华人的一首诗中所言：“点点翠竹千般绿，几条小路尽文人。”②

此般居住环境，不仅惠泽教职员，丰富了他们的生活，促进了他们的学术交流，而且也有利于教职员子女的成长。集中居住，父母素质和背景又颇为相近，家里的孩子自然也很容易交上朋友。王元化回忆其儿时在清华园里的烂漫生活时说道：“我小时在南院广场一起玩耍的友伴，有马约翰先生家的启华、启伟、佩伦，李广诚先生家的增德、华妹，梅贻琦先生家的祖彬、祖彤，赵元任先生家的如兰、新那，虞振镛先生家的佩曹、佩兰，杨光弼先生家的大田、二田。以上都是住在南院的。还有住在北院的王文显先生家的碧仙、碧云和几位外国教授的孩子，也有时到南院来和我们一起玩。”③陈寅恪长女陈流求也回忆道：“从记事起，我家住在北京清华园旧南院宿舍，与张申府伯伯、刘清扬伯母家为邻，我记得最早一起玩耍的朋友是张丽丽、张黛黛两位小姐姐。不久，我家搬到新西院三十六号，与雷海宗伯伯家一墙之隔，雷伯母精心管理的院子，比我家的小院好玩，紧靠近西校门的路口。”④由此看来，清华教职员们住在校内，不仅设施先进，而且环境良好。这种良好，用一句话来说，就是“谈笑有鸿儒，往来无白丁”，加上还不是“陋室”，这实在是知识分子著书立说、安居生活的一方乐土。

清华良好的居住条件也会让其他学校的教员羡慕不已，甚至成为他们前来任教的动力。1931年陶希圣曾在南京的中央大学法学院政治系和法律系讲授中国政治思想史及中国法律思想史等课。由于对待遇不满意，特别是南京的居住条件不佳，他辞别了中央大学，从上海北上，担任北京大学法学院政治系教授。此时北京已经改名北平，失去了以往全国之都的地位，经济上比较衰败，但由于国民政府于北平各大学、中央图书馆乃至中央研究院的经费每月照发，教授们的生活得以安定。陶希圣谈道：“北平的住宅，一个教授住得起的房子，至少有两进。如果上房有五开间，两厢房，一客厅，两三间下房。那就除了上课之外，谁也不愿出门，大部分时间在宽敞的家里渡过宽裕的日子。”⑤浦薛凤在浙江大学任教时说过：“教课负担甚属轻松。所住教职员

① 浦薛凤：《万里家山一梦中》，第141页。

② 《北院幽深香如故》，《新清华》2007年3月23日，第4版。

③ 王元化：《清园自述》，第22～23页。

④ 陈流求：《回忆我家逃难前后——记先父陈寅恪教授抗战前后教书生涯》，《传记文学》1996年第68卷第5期，第31～35页。

⑤ 陶希圣：《北平二三事（上）》，《传记文学》1962年第1卷第6期，第7～9页。

宿舍楼房，以及参加同仁之包饭餐桌，种切方便，惟无新式洗浴与厕所设备，不甚舒适。”①而来清华后，洗浴和厕所条件显然彻底改善了。1947年，同样出于对燕京大学提供的住房等待遇不满意，周一良转往清华任教，直至1952年院系调整。②从这些回忆里可看出，清华教职员的住房条件相对其他大学也还是比较优越的，特别是在房屋的设施、结构和空间方面。谭其骧在谈论当年北平师范大学教员租房时，提到：“房租单身时每月五元左右，结婚后每月十几元。大教授住的房子大，每月花六七十元不希奇。可他们的收入当时比我大得多，每月三百六十元，庚款教授四百五十元。陈援庵先生兼了许多职，每月收入上千。”③房租与收入也与清华的情况基本相似。

清华的居住条件虽然在当时的北平城甚至全国高校中都算是十分突出的，但也不是独一无二的，如清华近邻燕京大学教职员的居住条件就和清华不相上下。燕京大学教职员住宅和宿舍共有三种：一是在校园内，燕东园和燕南园等新建的西式住宅；二是郎润园里清朝时期建造的中式房屋；三是学校购置或租赁，散在学校附近的民房。第一种“洋味”最足，第二种环境最美（郎润园是清朝贝子的别墅，有池台花木之胜），第三种最方便。萧公权来到燕京大学任教授时，因为郎润园里适宜住家眷的房屋不多，且都已住满。仅燕东园和成府村里各有空房一处。他和夫人最后决定选择后者，于是便居住在成府书铺胡同三号。他曾经如此描写过自己的住宅：

> 这是一所建筑坚固而格局开敞的两进住宅。史密教授（Professor Smith）一家住前进，我们一家住后进。我们这一进的正房坐北面南，一排五间，东西厢房各三间。当中有一个约四丈见方的院子。此外还有浴室、厨房、男仆卧室各一间。我们一家大小四口，加上男女仆各一人，住在里面，绰有余地。我把西边的厢房用作书斋。窗外古藤一架，西府海棠两株，把这三间小屋点缀成读书的胜地。学校早已装设了电话、电灯、自来水、抽水马桶等设备。这样一来，我们的寓所便有“中体西用”的妙处。④

① 浦薛凤：《万里家山一梦中》，第130页。

② 周一良：《天地一书生》，北京：北京大学出版社，2010年，第252～254页。

③ 谭其骧：《一草一木总关情》，《读书杂志》1992年第7期，第23～30页。

④ 萧公权：《南开东北燕京五年半——〈问学谏往录〉之八》，《传记文学》1970年第17卷第3期，第73～77页。

这样的住房条件，完全可以和清华教职员住房相媲美，所以虽然可能有人会指摘清华教职员的住宅条件不要说在当时，可能放到现在也有点过于奢华，但这并不是清华标新立异或者过分奢华的体现，实际上，一些条件好的学校待遇都是相近的，只能说民国年间教职员的待遇，特别是高级教职员的待遇有点超出当下学者的想象。当时社会也常批评清华奢华，但外界一般对清华教职员的住宅不算了解，批评清华建设奢华的焦点，主要集中在清华所谓的四大建筑——大礼堂、图书馆、体育馆和礼堂草坪西侧的科学馆上。对于这样的批评，曾经就读于清华的何炳棣从一个学生的角度提出自己的看法，认为："殊不知学校当局高瞻远瞩以期一劳永逸，不但建筑外形设计美观，内部设备亦最先进，为当时（甚至到解放以后）国内所仅见。例如图书馆中西文阅览室的软木塞地板，书库中钢架和厚玻璃地板，暖气及卫生设备等等处处予人长期的享受和永恒的美感，正是因为清华物质环境的优美舒适，来自远方的莘莘学子才会情不自已地从内心发出暗誓：决不能辜负寄旅于此人间天堂的机缘与特权。"[①]他甚至毫不吝啬地赞叹道："如果我今生曾进过'天堂'，那'天堂'只可能是1934～1937年间的清华园。天堂不但必须具有优美的自然环境和充裕的物质资源，而且还须能供给一个精神环境，使寄居者能持续地提升他的自律意志和对前程的信心。几度政治风暴也不能抹杀这个事实：我最好的年华是在清华这人间'伊甸园'里度过的。"[②]所以，清华的良好设施还是起到了积极作用，也是当时教职员地位高的重要体现。

第二节 教职员工的饮食与衣着

民国时期清华园里的师生曾将吃饭、住宿和穿衣看成是人生三大问题，因此在讨论过住房问题后，显然应该关注吃饭与穿衣了。衣着在三大问题中是最体现个性之物，也是日常生活中最丰富多彩的一方面。而"民以食为天"，饮食也是人们日常生活中的头等大事，清华的教职员工也不能例外。清华虽在郊区，周围缺少繁华市场，但教职员工的家庭却并不缺少山珍海味，清华内外更有多个品种齐全的食品商店、口味各异的饭馆，花费不多，吃得却很不错。总之，民国年间的清华人还是很有"口福"的。

---

① 何炳棣：《读史阅世六十年》，香港：商务印书馆，2004年，第93页。

② 何炳棣：《读史阅世六十年》，第92页。

一、教职员工的饮食状况

民国清华虽然地处偏郊，商业环境不如城区，但由于学校的努力，以及教职员特别是高级教职员群体具备的消费能力，使得教职员的饮食条件不仅不差，甚至是“别具一格”的好。

首先是当时清华教职员们的食物种类不仅没有因为地处北方和郊外而单调，反而是多样化和丰富多彩的。餐桌上一年四季各种时鲜菜品轮番登台，有点令人眼花缭乱。食品的供应也很方便，完全不会因为清华地处郊外而一菜难求。以各个家庭的食物而论，猪肉、鸡鸭、菜蔬等是教授家庭的平常吃食，供应也极属方便。一些菜贩也知道清华教职员们吃得好，也吃得起，因此经常到清华上门兜售。例如，螃蟹、河虾、鸡蛋、鲜藕、瓜果之类的新鲜食物，经常有商贩挑担持篮挨户询问。[①]当时北平城内几家南货（或干货）店铺，每周至少一次，前来清华各院，一方面送来上次订购之货，或者登账按月结付，或者每次银货付收了结，另一方面接受详细订购货单，订购的食物包括火腿、香菇、栗子、米、面、皮蛋、盐鸭蛋、酱油以及香烟等。[②]清华附近的海淀成府，此时也形成了一个小集市，村市只有一条小街，但却开了好几家供应各类食品的小店。教职员家庭也常派家中佣仆去成府选购部分日用品和食物，如蔬菜、豆腐、精盐或火柴等项。如果嫌成府小店的东西不够齐全，还可以让佣人坐人力车到海淀镇，那里有不少规模较大的店铺。

因此，清华园里的各个家庭，不仅吃得丰富，而且采办物品也很方便，所以浦薛凤对此赞叹道：“毋须劳神，甚为欣赏。”[③]杨步伟在回忆她和赵元任的生活时，曾提到在北平时，胡适和赵元任都很喜欢吃连皮的大红烧肉，胡适甚至每餐总想吃上三块。[④]这点吃食的要求，放在清华园里看来是极容易满足的。教职员住宅中的北院各号都有后门，商贩来了，就会有各家的佣仆在后门与其接洽。政治系教授浦薛凤与夫人曾住在北院四号，他们都是苏南人士，喜食河蟹，每年河蟹上市的时节，他们家几乎每天都要购买。因此周围邻居开玩笑说，在这个时节只要从四号后门走过，都能看到大量蟹壳堆积于垃圾桶内。[⑤]

---

① 浦薛凤：《万里家山一梦中》，第 141 页。

② 浦薛凤：《万里家山一梦中》，第 141 页。

③ 浦薛凤：《万里家山一梦中》，第 141 页。

④ 杨步伟：《我写自传的经过》，《传记文学》1962 年第 1 卷第 7 期，第 14～16 页。

⑤ 浦薛凤：《万里家山一梦中》，第 141 页。

如果遇有宴请，食物要更丰盛得多。就一般而论，在清华一顿花费十多元钱的宴请，鸡鸭鱼肉、海鲜山珍什么的总有几样。下面是一张清华厨房开出的普通宴请的酒席菜单，可以窥见一斑：①大三件：红烧鱼翅，一斤四两；糖醋鱼，二斤半；神仙鸭子，四斤。②六炒菜：炒龙须菜，大半罐；炒鸡酪，二斤半；金粉冬菇，五两；红烧鸽蛋，十六个；炒吉林对虾，五对；虾子鲜冬笋，一斤九两。③四冷：松花（松花蛋），四个；糟鸡，一斤四两；卤什件，五对；油漆白菜，一斤半。④两干：炸核桃，四两；炸花生，四两。⑤两鲜：苹果，四个；梨，四个。⑥点心：八宝炒饭，一斤半；三鲜冰饭，一斤；陈子羹（橙子），三个。此外，还有花卷四十个，用麦五斤；米饭用米三斤半，香油及猪油共用六斤，酱油用二斤，糖用半斤。[①]按照这个菜单计算，蛋白质含量为 2124 克，脂肪含量为 4059 克，碳水化合物为 5649 克，整桌宴席的总热量是 67 623 大卡，如果按照 1 桌 10 人吃完来考虑，则平均每人摄取蛋白质 212 克、脂肪 406 克、碳水化合物 565 克，每人获取热量 6762 大卡。即便用现在的眼光来考量这张普通的请客菜单，也是相当丰盛的，而且各色菜品搭配很合理，主菜副菜、冷菜热菜、主食点心、干果水果，真可谓品种齐全，营养丰富。

在清华，吃得好的不仅是教职员，学生的饮食也非常有营养。根据当时的校内调查，清华学生平时所吃的食物主要有牛肉、猪肉、鸡肉、鸡蛋、米、麦、白薯、黄豆、豆腐、花生、白菜、芹菜、萝卜、其他菜类、芝麻油、猪油、酱油等。[②]学生平均每日获取的营养成分主要为蛋白质 65.66 克，脂肪 79.29 克，碳水化合物 396.30 克，所产生的热量为 2561 克。[③]有学生曾回忆清华食堂开饭时的情景："开饭前十分钟，一群学生就聚集在饭厅紧闭着的门前，饭厅内烹调的蒸气让所有的玻璃窗罩上了雾气，饭厅的门会准时打开，学生们汹涌着冲向自己的座位。8 把椅子摆在一张方桌的四周，桌上是一个蒙古式'火锅'，中间是烧炭火的凸出的管子。掀开锅盖，就可以看到沸腾的汤中的各种佳肴（肉丸、蘑菇、粉丝、白菜等）。用餐者之间还有一点竞争，每个人都想挑他最喜爱的'美食'。除了火锅，桌上还有其他美味，包括米饭、中国的馒头、豆腐丝、腌菜等。这些东西基本上和现在世界各地中国餐馆里人们

① 《清华大学学生所吃饭菜中所含之滋养量及发热量之调查报告》（续），《清华周刊》1930 年第 486/487 期，第 34～46 页。

② 《清华大学学生所吃饭菜中所含之滋养量及发热量之调查报告》，《清华周刊》1930 年第 485 期，第 40～58 页。

③ 《清华大学学生所吃饭菜中所含之滋养量及发热量之调查报告》（续），《清华周刊》1930 年第 486/487 期，第 34～46 页。

吃的没有什么不同，然而我们做学生的能享用这样的美味，使得我至今仍怀着巨大的满足与感激回忆当时的情景。”[①]给人感觉清华学生的伙食也是相当丰盛的。

相对来说，校工的食物消费则要差不少，清华曾经对校工的日常食物做过调查，主要种类为玉米面、小米、白面、白薯、白菜、卤菜、油、盐、葱等。[②]同教职员和学生的饮食相比，校工的饮食不仅品种少，而且缺少肉类等精细食物，营养价值相去甚远。

相比之下，北平市内的普通百姓吃得就比较单调，尤其在冬天只有大白菜、土豆、萝卜老三样。黄瓜就已是天上珍品了，而且只有前门外的六必居能买到，装到蒲包里，外贴红签，一条值大洋一元二角[③]，对老百姓而言实在太贵了点。下层民众甚至难得吃上大米白面，都吃玉米面做的窝头。白菜最便宜，是贫民的一种家常菜。像侯宝林这样的天桥艺人，从早到晚地说相声，一天挣的钱也只够买两棵大白菜。[④]陶孟和还曾经调查过北平 48 个家庭的饮食状况，根据调查，各家伙食费中用于米面者最多，约占全部的 80%；其次为蔬菜类，占 6%～7%；鱼肉及其他肉类食品，费用最少，仅占 3%左右（表 3-2）。陶孟和认为，这种事情“颇足证明中国人民为素食人民之说，但彼等绝少食肉，完全由于收入太少，并非习性使然也”[⑤]。西德尼·甘博（Sidney D. Gamble）在对 1926 年北京家庭水果消费方面的调查中发现，每个月收入低于 40 元的 73 个家庭，很少能消费水果，由于个人水果消费数额如此小，不同收入阶层的水果消费差别不是很明显。猪肉是最标准的肉类，除了 5 个家庭之外，其他家庭都有食用。对于不同收入的家庭，猪肉的消费占到整个肉类消费的 22%～37%。其次是羊肉、牛肉、鸡肉和鸡蛋。[⑥]由此可见，无论是吃饭的方式，还是食物的来源，都和收入成正比，收入越多，外出吃饭或者亲友供饭的概率也越大，同时食物的来源也越丰富。结合清华教职员以及校工的食物状况，这一观点应该是成立的。这也说明，家庭的社交范围和能力也与收入相关。

---

① 齐家莹编著：《清华人物》，北京：作家出版社，2001 年，第 164～165 页。

② 赵恩钜、张明昕：《清华学校雇用工役生活费的调查》，《清华学报》1924 年第 1 卷第 1 期，第 128～140 页。

③ 京华出版社编：《家居北京五十年》，“序”第 1 页。

④ 京华出版社编：《家居北京五十年》，“序”第 1 页。

⑤ 陶孟和：《北平生活费之分析》，第 48 页。

⑥ Gamble S. D., *How Chinese Families Live in Peiping*, New York: Funk & Wagnalls Company, 1933, p.108.

表 3-2　北平 48 个家庭平均收入与食物消费表

收入额	家数	每家平均等成年数（人）				6 个月内每家平均食品费（元）			
		共计	在家食饭者	在外买饭者	亲友供饭者	共计	自制者	外买者	亲友供给者
<70 元	3	2.60	2.44	0.14	0.02	47.75	41.37	6.01	0.37
70～110 元	28	3.00	2.46	0.46	0.07	63.68	45.17	16.84	1.68
110～150 元	14	4.10	3.29	0.76	0.04	87.02	56.87	29.29	0.86
150～190 元	3	4.50	3.21	1.21	0.08	107.74	62.51	43.16	2.07
各组合计	48	3.39	2.75	0.57	0.06	72.25	49.43	21.44	1.38
收入额	家数	百分比（%）							
		共计	在家食饭者	在外买饭者	亲友供饭者	共计	自制者	外买者	亲友供给者
<70 元	6.25	100	94	5	1	100	87	13	1
70～110 元	58.3	100	82	15	2	100	71	26	2
110～150 元	29.2	100	80	19	1	100	65	34	1
150～190 元	6.25	100	71	27	2	100	58	40	2
各组合计	100	100	81	17	2	100	68	30	2

资料来源：陶孟和：《北平生活费之分析》，第 49～50 页

除了日常三餐的食物消费及宴请酒席之外，清华校内的零食品种也是相当丰富的。校内早年有一个地方卖日用品及食物，起初名为嘉华公司，后改称为售品所，卖豆浆、点心、冰淇淋、花生、栗子之类。①虽然消费的对象主要是学生，但教员和家眷也常会前来购买品尝。一些老师也喜欢请学生在这里吃点零食，再讨论功课。后来清华又有了一个合作社，也就是自发筹办的商店，合作社备有一些生活日用品，食物方面主要有水果、茶、咖啡、汽水和糕点等物。有人指出合作社的食物中法国面包坊的点心虽然比较贵，但是味道很不错；英商柠檬山海关牌汽水是标准老牌；法商马记着色的樱桃、柑橘味的酸甜汽水，为 1 角 4 分 1 瓶，这差不多是学生一顿饭的价格。北京附近盛产水果，因此合作社出售的水果也以这些水果为主，有鸭梨、小白梨、鸭广梨、紫葡萄，还有各种柿子。②因此，当年的清华，很多师生会在夏天时，去售品所门前凉棚下喝瓶汽水，握着吃冰淇淋的小铜勺谈谈天。③

清华人在饮食上还有一个显著的优势和特点，那便是清华的牛奶供应。

① 梁实秋：《清华八年》，第 13 页。
② 何炳棣：《读史阅世六十年》，第 95 页。
③ 兰弟：《我的清华生活》，《清华周刊》1927 年第 408 期，第 563～570 页。

清华 1911 级校友、后回到母校任教的虞振镛教授[①]在清华创办了一个模范奶牛场，为全校供应廉价牛奶。这个奶牛场设在校园的东北角上，场里每天都派人向各宿舍以及教职员家庭送奶，非常方便。清华农场的牛奶质量好，奶质纯净度高，瓶口处总是积着厚厚的一层奶油。[②]北平城内普通家庭的食物缺少肉食及一切精美食物，只能用咸辣及富于刺激性的食品来佐食，至于如水果者就更少了，这可看作当时普通家庭食品的特性。至于牛奶，北平在新式牛奶未输入前，虽有牛奶房，制造满蒙人喜食之乳酪等。但贫民家庭，对于牛奶及其副产品，是完全没有享受的能力的。[③]清华教职员和学生的饮食本已丰盛，富有营养，再加上每日都有新鲜的牛奶供应，饮食结构更是合理，营养搭配也更丰富。

此外，清华园内外不仅有学校办的食堂，还有不同菜系的饭馆。校内最出名的当属小桥食社。清华校门外小桥以西原有一处空房，名小桥平房。1927 年 4 月，研究院教授赵元任夫人杨步伟联合其他数位教授夫人，利用这一地方，开了一所小桥食社。该饭馆的一切糕点菜饭，都仿照上海五芳斋苏式办法。开张几天，由于清华教授们的太太躬任堂倌，引得前来就餐者把 3 间小居挤得水泄不通，曾使得校中两院（二、三两个院）厨房的元老十分担心生意去而不返。[④]小饭馆开设之初，杨步伟和赵元任投入了相当的热情，赵元任这个公认的语言学大师，还特意为小饭馆写了颇有文采的广告，其内容如下：

> 赶快！赶快！
> 快来吃小桥食社的南边“小菜”。
> 我们有馄（饨），
> 我们有烧麦，
> 还有麻糕，汤包，汤面，饺子，
> 等等的南边“吃局”，什么都卖。
> 我们办整桌儿的酒席，

---

① 虞振镛（1890～1962 年），浙江慈溪人。1911 年考入北京清华学堂，同年被选送去美国留学，先后获伊利诺伊大学农艺学学士和康奈尔大学理学硕士学位。1915 年回国，在清华学校任教，并兼农场主任。1920 年再度赴美，攻读乳牛学，学成返国。1921 年至 1928 年，先后任清华学校教授，讲授数学与生理学，并创设农科，兼任农学系主任、农场场长，带领学生开辟农场，创立实验场地，兴办北京模范奶牛场，生产 A. T. T.无结核菌牛乳。是我国现代农业教育事业的先驱之一，兽疫防治系统的奠基人。

② 黄延复：《二三十年代清华校园文化》，第 242 页。

③ 陶孟和：《北平生活费之分析》，第 49 页。

④ 兰弟：《我的清华生活》，《清华周刊》1927 年第 408 期，第 563～570 页。

我们做家常儿的饭菜。
价钱格外的克己，
味道更是不坏。
小心“掉了眉毛”，
注意豁了皮带。
少则两毛也吃个够饱，
多也何在乎花个几块？
我们对先生们特别欢迎，
对学生们更加优待。
我们的招待员都是眼观四面，耳听八方。
我们的总烹调无异于易牙，Vatel，又活得现在。
“唉！我早就想试试了，
可是还不知道食社在哪块？”
真的吗？连地方都不认得吗？
“阿要”，希奇古怪！你要是
借问小桥何处？
有巡警遥指大门外。[①]

赵先生的广告写得如同诗歌一般，而价格、菜品、服务特色等信息也都包含其中，怎能不吸引清华的学生和教职员前来一探究竟呢？在清华开始招收女学生以后，小桥食社的生意更是大见兴隆，以致每日上午十二时，下午五六时左右，红男绿女济济盈堂，几无立足之地。清华原有的两院食堂又不知改良，使得前往小桥食社包伙者愈见增加，其拥挤之情形，可想而知。[②]可惜的是，由于种种原因，杨步伟的小桥食社办的时间并不长。此后小桥平房一度空闲，学校曾将其拨给校工做食堂之用，但因为每餐约需 1 角 5 分，工友觉得太贵，不愿来此就餐，就没能办下去。1932 年 9 月，校方将其改为教职员食堂，仍称小桥食社。[③]

在清华门口还有个素以平民化著称的倪家小饭铺，出售的食物以烧饼、大饼、馅饼、肉饼、包子、饺子、馒头、对汤面等主食为主，只需要花上几

① “广告”，《清华周刊》1927 年第 404 期，第 363 页。
② 《小桥佚文》，《清华周刊》1929 年第 456 期，第 31 页。
③ 《请拨小桥平房为教职员食堂》（1932 年 9 月 27 日），清华大学档案：《国立清华大学修建新西院教职员住宅工程设计、投标、订立合同、支付工款与包商的来往文书》（1930 年 7 月～1937 年 6 月），编号：1-2-1-187。

角钱便可果腹。①由于经济实惠，也常有清华师生前来消费。清华附近的海淀镇也有几家饭馆可供选择。自清朝倾覆后，海淀这个古镇本应没的，但由于清华、燕京大学先后在其附近办学，又重新繁荣起来。整个成府及海淀，到处都是和燕京大学有关的人员在居住（准确地说是和燕京大学、清华相关的人员）。②周围饭店也随之增多，如成府燕林春菜馆，就常有清华教职员来品尝。当然，如果有必要，时间也允许，教职员也完全可以去城里饱餐一顿，在那里有更多中意的餐馆供其选择，如冬天去东来顺吃涮羊肉，有的时候也会到什刹海或者北海解解馋。

最后，清华不仅饮食的品种丰富，吃饭的地点选择多，吃饭的组织形式也颇有讲究。清华是一个小社会，生活于其中的教职员，他们有的拖家带口，有的孑然一身。因此，有人在家吃饭，享受太太或者雇佣厨师的手艺，有些在清华的单身教员则会独自或几人联合雇用厨师，还有些教员则享受学校教职员食堂的方便与便宜。此三种方式，是清华园内教职员的主要吃饭方式。

第一种方式对于家眷在清华的教职员来说，是首选。高级教职员，他们的太太即便精通厨艺，也仅仅把下厨做饭看成是心情佳时的消遣活动，而不是日常家务，很多高级教职员家庭里都有专门的厨师，为全家人打点一日三餐。

第二、第三种方式主要是单身教职员的选择。从获得的研究材料看，单身高级别的教职员更倾向于选择第二种吃饭方式。他们常几个人一起请一个厨师，选择一个固定的场所，作为小型食堂来解决一日三餐。清华园里最著名的小食堂，是由叶企孙发起组织的。叶企孙来到清华以后，住在北院七号。由于北院原为外国教授住宅，房子很大，朝南是整个为玻璃窗的可摆花的廊房，客厅也很大，是仿造的外国建筑。叶企孙是单身，于是他决定让所雇的厨师办起一个小食堂，供一些年轻的留学归国的教授一起吃饭，借此机会，聚议校政，图谋教育改革，清华校史上将该食堂称为“北院七号饭团”③。浦薛凤回忆其当年在清华吃饭的情形时，也提到了“北院七号饭团”。他说：“至于一日三餐，则在北院七号参加包桌。此系（叶）企孙、（陈）岱孙两位学长寓所，他俩雇一男佣，亦是厨师。先后有（金）龙荪（岳霖）、（钱）端升与予加入其饭团，每月分担饭食费用，后来（周）培源自德归国，回校执教，

① 慰民：《清华学生的生活》，《清华周刊》1934 年第 588/589 期（向导专号），第 110～116 页。

② 连士升：《回首四十年》，第 37 页。

③ 虞昊、黄延复：《中国科技的基石——叶企孙和科学大师们》，上海：复旦大学出版社，2000 年，第 113 页。

亦寓该所，益形热闹。”[1]这种多人一起享用的方式，不仅可以降低费用，提高饮食质量，而且也能促进大家交流，确实是单身或没带家眷、独自在清华的教员解决吃饭问题的好形式。这种方式似乎在当时各高校中颇为流行。浦薛凤在浙江大学任教时，也曾和几个年轻老师包伙吃饭。又如清华毕业生，曾担任清华体育教员的李先闻，1930 年留学回国后首先应邀去东北大学担任中基会设在东北大学生物系的讲座教授，月薪 300 元。在此期间，李先闻、刘崇乐（生物系主任）、徐宗涑、蔡方荫、陈植、傅鹰[2]六人一同包饭。他们吃饭在东院一家独院内，自己雇了一个厨师，每月每人 40 大洋，吃得很考究。[3]可见，这是一个南北高校都很流行的吃饭方式。单身教员单独雇用的厨师中，最出名的可能是金岳霖的厨师了。金岳霖一直未婚，一个人的伙食本来就很好做，又由于金先生的住房与梁思成、林徽因的家紧挨着，他便经常不在家吃饭，而是到梁思成家吃饭。金岳霖请来的厨师闲来无事，便做饼干卖，时人称之为金岳霖饼干，此事一度成为北平城的笑谈。[4]

选用第三种方式即在清华提供的教职员厨房用餐的主要是单身教职员，尤以初级教职员为多。20 世纪 30 年代清华园里共有 3 个教职员厨房：一是西记厨房，菜略胜于学校的大食堂，一般供应单身助教和教员，学生也可以去吃。二是东记厨房，菜做得比较讲究，有大馆子的风味，但只有外卖，并无桌椅。三是工字厅的西餐馆，吴宓就经常来光顾。何炳棣在清华读三年级时，吴宓曾两次请他在这里吃饭。其中第 2 次时主菜有一大盘共 12 片薄片烤牛肉，吴宓吃了不足 2 片，其余都让何炳棣吃了，吃得他事后在田径场慢步至少半小时才回房间。[5]

上述三种方式主要讲的是教职员的一日三餐，即日常的饮食。如果有朋友聚会或者操办生日、婚宴等事宜，清华教职员们还有更多的选择。他们可以在校内的食堂操办，如果觉得菜品不够档次，还可以选择校内的专门厨房。当时清华经常有宴请，但都属于私人性质，“公款宴请”是极少见的。私人交谊性质的宴请是校园里的常事，在校内最多花十元便可摆上一桌很讲究的宴席，海参、鱼翅齐全。专门厨房设在古月堂，据说是和二院食堂联号。工字厅里环境幽雅，吃过饭还可到“水木清华”流连小憩。[6]

---

① 浦薛凤：《万里家山一梦中》，第 135 页。

② 这六人中李先闻、刘崇乐、蔡方荫、陈植后来都相继到清华任教。

③ 李先闻：《回清华做体育教员》，《传记文学》1969 年第 15 卷第 3 期，第 57～62 页。

④ 吴修琨：《清华教授杂忆》，庄丽君主编，刘敏文副主编：《世纪清华之二》，第 220 页。

⑤ 何炳棣：《读史阅世六十年》，第 95 页。

⑥ 黄延复：《二三十年代清华校园文化》，第 244 页。

二、教职员工的食物支出

如前所述，清华教职员的饮食品种很丰富，吃饭的营养搭配也很合理，那具体的费用有多少呢？教职员们每隔多长时间去外面饭馆就餐呢？这些消费对教职员的经济生活有什么样的影响呢？这些问题都对衡量教职员工的生活水平有着重要影响。

对于包伙的教职员来说，如果伙食比较高档，一个月的伙食费为 30 元左右。[①]算下来一天的饮食费用平均为 1 元，一顿饭也就是三四角钱。但如果是伙食档次比较一般的包伙，一个月就只有十多元钱。如谭其骧曾在北平各大学做兼职讲师，当时单身吃包饭每月就是 10 元左右。单身教员也有不包伙的，而是买饭票按顿数算，也经常外出吃小馆。小馆吃一顿只需花上几角钱，有时花上一元钱便可以大吃一顿了。有些小馆不讲几元几角讲几吊，那就更便宜了（一吊即 5 大枚，等于 100 文制钱，1000 蹦子）。[②]在家吃饭的教职员家庭，如教授等高级教职员，每月花销包括厨师或仆佣的工钱，也当在几十元左右。这样的消费，对于月薪只有几十元的中下级教职员来说肯定是无法承担的。表 3-2 中陶孟和对北平家庭的调查表明，其中收入在 70 元到 190 元的家庭，若在家吃饭，半年的食物消费在 45.17 元到 62.51 元，平均每个月的消费也就在十元上下，这一收入群基本对应了清华中下级教职员的情况，对于由妻子或母亲来料理一日三餐的家庭，这样的食物开支数额应该算是主流。

校工的食物开支要低得多。按照 1924 年的调查，清华全校校工共 141 人，在吃饭问题上，分为在校吃和在家吃两种。其中在校吃的共 97 人，大半在厨房包饭，每人每月平均花费 3.66 元。在家吃 44 人，分散在成府、三旗及邻近村庄，平均费用要便宜些，为 2.91 元/月。[③]由于多数校工月收入在 10 元上下，食物开支仍占其家庭支出的相当比例。清华学生的食物消费也比校工高出很多。最初清华学校的伙食本来是免费的，但从 1915 年起开始收半费，每月伙食要 6 元半，洗衣服也需要每月 2 元。[④]何炳棣 1934 年夏秋考进清华之后，得到其族亲（何德奎）每年 200 元资助，这一额外的资助使得他可以“宽

① 浦江清 1929 年 2 月 1 日日记记载，当日付厨房伙食 27 元 4 角。浦江清：《清华园日记 西行日记》（增补本），第 25 页。

② 谭其骧：《一草一木总关情》，《读书杂志》1992 年第 7 期，第 23～30 页。

③ 赵恩钜、张明昕：《清华学校雇用工役生活费的调查》，《清华学报》1924 年第 1 卷第 1 期，第 128～140 页。

④ 梁实秋：《清华八年》，第 13 页。

裕”地在清华度过三年。[①]但这种消费水平对校工阶层的普通百姓来说肯定是无法承担的。

由于身份地位的不同，高级教职员还经常会参加宴请，这种宴请既是食物消费的重要开支，也是生活水平的重要体现，同时宴请也是重要的交际活动，对高级教职员的事业也相当关键。就一般常识而论，一个人担任的职务越多，交友越广，参加交际宴请的机会也越大。当然，参加宴请的频率也和教职员的家庭出身、个人性格有关系，这里尚无法给出一个准确的数据，但我们可以通过几个教员的具体事例，来了解教职员参加酒席的频率与支出情况。

首先介绍吴宓参加宴请的情况。吴宓曾经自捐资金来出版《学衡》杂志，为此他每期需要自己花费上百元。为了补贴这样的支出，吴宓不得不花很大精力来做《大公报·文学副刊》。[②]由于办这两个报刊，吴宓在这个阶段宴请的频率就很高。如在 1928 年 1 月 17 日的中午，他发给赵万里、浦江清、张荫麟 3 人 1 月《大公报·文学副刊》酬金各 20 元，晚上就在小桥食社宴请赵万里、浦江清、张荫麟、王庸数人，一顿饭的花费也不过 4 元。[③]接着同年 2 月 14 日，他再次在成府燕林春菜馆宴请张荫麟、赵万里、浦江清、王庸等，花费 4 元 2 角。[④]2 月 21 日，吴宓又邀请清华外文系 Winter 教授等 2 人在成府燕林春菜馆吃饭，花费 3 元 6 角。[⑤]接着 2 月 28 日晚上，吴宓又一次宴请张荫麟、赵万里、浦江清、王庸，地点还是成府燕林春菜馆，花费 4 元 2 角。[⑥]在这一个多月的时间里，吴宓先后 4 次宴请同事朋友吃饭，地点不外乎清华校内的小桥食社和成府的燕林春菜馆。由于这些饭馆都是小馆子，聚会也是三五知己为讨论工作而为之，所以花费并不多，每顿不过三四元钱，4 次总计也就 16 元而已。规格更高、人数更多的宴请，花费自然要高不少。1928 年 4 月 29 日，吴宓夫妇在北京城内的西四牌楼同和居饭馆宴请宾客，参加者

---

① 何炳棣：《读史阅世六十年》，第 17 页。

② 吴宓对办《大公报·文学副刊》的收入似乎并不满意，他曾和朋友谈论过当时中国的新派学者，“不特获盛名，且享巨金。如周树人《呐喊》一书，稿费得万元以上。而张资平、郁达夫等，亦月致不赀。所作小说，每千字二十余元……若宓徒抱苦心……而《大公报》在我已甚努力，所得酬报亦只如此。呜呼，为义为利，取舍报施，乃如斯分判。哀哉！”吴宓著，吴学昭整理注释：《吴宓日记》第 4 册（1928～1929），第 17 页。

③ 吴宓著，吴学昭整理注释：《吴宓日记》第 4 册（1928～1929），第 10～11 页。

④ 吴宓著，吴学昭整理注释：《吴宓日记》第 4 册（1928～1929），第 23 页。

⑤ 吴宓著，吴学昭整理注释：《吴宓日记》第 4 册（1928～1929），第 26 页。

⑥ 吴宓著，吴学昭整理注释：《吴宓日记》第 4 册（1928～1929），第 28 页。

一共14个人，花费为17元[①]，一顿宴会的花费比4次小宴请的总花费还要多，但频率也应相对较低。又如1934年8月25日，清华中文系教授朱自清的儿子过一周岁，朱氏夫妇于当日晚上宴请宾朋，招待费一共耗去20元。[②]这一数额可看成这一时期教职员正式宴请宾朋的大致费用。

其次再根据浦江清日记中的记载来讨论他1928年到1932年数年间于清华工作时参与宴请的情况（表3-3）。从有限日期的记载中，可以发现在这几年中，他参与的宴请活动相当丰富，既有大型宴会，也有朋友小聚；既有饭馆酒肆，亦有家中客厅；既有中餐西餐，还有零食小吃；既有白酒洋酒，更有可可饮料。其丰富程度丝毫不亚于今时今人。

表3-3 1928～1932年浦江清日记中所记载之宴请等情况（节选）

1928年
1月1日：请郑宗棨吃饭
1月17日：晚上，吴雨僧先生招饮小桥食社
1月22日：斐云（赵万里）招余至其家中，饭后观国产电影《点秋香》
3月9日：数学教授云南熊迪之先生招饮后工字厅（3月只有数天，此后直到8月21日均空缺）
8月29日：近午始至北海公园，见斐云，偕至东安市场五芳斋午饭
9月1日：理初（朋友）新购一自行车，价五十余元。晚，吴先生邀荫麟及余饭（10月以后没有）
1929年
1月29日：下午至消费合作社，喝可可一杯，买洋簿一本
2月5日：吴雨僧先生招吃饭。吴先生寒假中将南游，托代编辑《大公报·文学副刊》
2月9日：旧历除夕。寿理初先生招吃年夜饭
2月14日：下午伯篪复邀作雀战，并在其家中吃夜饭（该年日记2月后只有5月3日一日有记载，其他均缺失）
1930年
12月26日：我的第二十七个生日，请贞芳、仰贤来吃晚饭，并且请公超、佩弦作陪。六点半，到前工字厅吃饭，厨房预备的菜还可以（该年日记起自12月26日，前面部分缺失）
12月27日：访公超（即叶公超，时清华外文系教授）于北院十一号，留吃饭
12月29日：晚上叶石荪君请客，在邹湘乔君处。公超、佩弦、湘乔、我及主人共五人。喝法国酒，吃菊花火锅
12月30日：晚上，赴叶公超之宴。同座有俞平伯、叶石荪、朱佩弦及邹湘乔。西餐、洋酒
12月31日：下午四点半，雇车燕京大学，接仰贤、贞芳来。至北院公超处，吃饭。公超进城去祭祖，借客厅给我招待女客
1931年
1月1日：观瑞珩结婚礼。吃了酒
1月3日：俞平伯晚招饮，因留校。同席仅冯芝生、杨武之、邹湘乔三人。平伯唱《下山》及《惊梦》二节
1月5日：中午至西四某饭店。晚徐中舒（史语所）款余于其寓所
1月8日：今晚要请客。晚七时在西客厅宴客，到者有顾羡季、赵万里、俞平伯、叶石荪、钱稻孙、叶公超、毕树棠、朱佩弦、刘廷藩，客共九人

① 吴宓著，吴学昭整理注释：《吴宓日记》第4册（1928～1929），第53页。

② 朱乔森编：《朱自清全集》第9卷《日记编》上册，南京：江苏教育出版社，1997年，第313页。

续表

1931 年
1 月 17 日：午间，瑞珩夫妇招待吃饺子、鸡粥。晚看电影
1 月 25 日：午刻，湘乔宴请诸熟人（该年只有 1 月日记，其他缺失）
1932 年
1 月 10 日：觉明来访，共午餐。喝葡萄酒二种
1 月 13 日：与女友同饭于燕大东门外某饭馆中
1 月 27 日：公超夫妇邀往其家晚餐，同席仅湘乔一客，吴先生迟到
1 月 28 日：下午唐培经夫妇邀往其家打桥牌……晚餐颇佳
1 月 29 日：下午进城赴钱宅……饭后作银珠走盘之戏
2 月 5 日：旧历除夕。唐心一夫妇邀晚饭
2 月 7 日：在宾四（即钱穆）处吃面
2 月 11 日：夜与钱先生往合作社吃柠檬红茶
2 月 12 日：一日有两堂课便不能作事矣。晚宴请赵忠尧夫妇、唐培经夫妇，并请孙瑞珩、褚士荃二君作陪
2 月 14 日：士荃、坚白诸同桌吃饭的人都进城去了……约瑞珩来至余处吃炸酱面、饺子、馅儿饼，极饱（该年日记止于 2 月 15 日）

资料来源：浦江清：《清华园日记　西行日记》（增补本），第 3～73 页

对校工等低收入群体来说，食物消费远不能这么丰富，支出更不可能这么大。陶孟和在 1926～1927 年对北京 48 个家庭的调查表明，这些家庭收入每月为 9.85 元到 30.50 元，每个成年男性月食物消费仅为 3.55 元。[①]1930 年清华社会学系调查了学校附近村民的食物消费情况，因为考虑到调查成人家长，有的会夸大其词，又或不敢说话，因而是通过询问平民学校的小学生来了解学生家中情况。但平民小学学生来自各村，或近在校舍之旁，或远在二三里之外，所以只调查了三旗营 1 村 12 家。具体情况见表 3-4。

表 3-4　三旗营村人之食物滋养之调查

姓名	人口（大/小）	每日吃面	每日吃菜	每日吃油
魏永宝	4	3 斤[1)]	2 斤	
潘小山	4	3 斤	2 斤	2 两[2)]
萧文玉	8	5 斤	4 斤	2 两
史之光	5/3	7 斤	3.5 斤	
张正祥	4/3	7 斤	7 斤	
张文祥	3/1	5 斤	3.5 斤	
史玉贞	4/2	6 斤	3 斤	0.5 两
赵芝兰	5/1	8 斤	2 斤	
李秀贞	3	4 斤	3.5 斤	1 两
杨寿山	3	4 斤	3.5 斤	0.5 两
洪芝泉	2	3 斤	3.5 斤	0.5 两

① Gamble S. D.，*How Chinese Families Live in Peiping*，p.51.

续表

姓名	人口（大/小）	每日吃面	每日吃菜	每日吃油
那六	1	1.5 斤	2 斤	0.5 两
共计	46/51	56.5 斤	39.5 斤	7 两
		33 720 克	23 570 克	261 克
每人每日		661 克	462 克	10 克

1）1 斤=500 克

2）1 两=50 克

注：凡 12 岁以上男女，均作大人计算，12 岁以下小孩二口则作大人一口计算，共计人口为 46 个大人和 10 个小孩，即约与 51 个大人相当

资料来源：《清华大学学生所吃饭菜中所含之滋养量及发热量之调查报告》（续），《清华周刊》1930 年第 486/487 期，第 34～46 页

根据表 3-4 记载，村民日常食物的品种十分简单，无非就是面与白菜，再佐以微量油类而已。根据调查计算，每一村民家庭每口人 1 日的食物当包括蛋白质 80 克，脂肪 20 克，碳水化合物 493 克，热量 2470 大卡。这个标准如果与清华学生最爱吃的食堂食单：2 个鸡子（鸡蛋），3 片肉，米饭 2 碗半，1 个馒头，1 碗菠菜汤，饭后吃 1 个水果比较，就显得更加简单和可怜了，更不用说与教职员的食物支出比较了。清华图书馆有一校工杨某，每月工资 9 元，家也住在三旗。在他的日常支出中，连食物支出都常会不堪，既不足以养亲，更不足以肥己。[①]因此，在食物支出上，校工和教职员两个群体的差别也是非常大的。对于教职员来说，每日饮食“少则两毛也吃个够饱”[②]了，如果多花个几元，就可以下馆子好好享受一顿，而校工等低收入群体，却常为食物支出窘迫。

三、教职员工的衣着状况

衣着的选择不仅与经济状况，更与个人的品位、喜好等关系密切，校园中的衣着一般来说，也是非常多样和丰富的。但有清华人总结认为，园中各类人等的衣饰，不外乎中式（以马褂最流行）、西式（以洋服为中坚）以及中西合璧式这三种。其中中西合璧的典型是全身穿洋服，打领带，但外面却罩上一件大棉袍。甚至有学生认为中西合璧式“乃是绝无仅有的办法，只好说他是变态的服装”[③]。

就总体特点而言，教职员的服饰，大多注重庄重和朴实，但并不单调乏味，也常追求高雅和美观。教员的服饰，以教授为代表，他们多是长袍，有

---

① Gamble S. D.，*How Chinese Families Live in Peiping*，p.51.

② “广告”，《清华周刊》1927 年第 404 期，第 363 页。

③ 兰弟：《我的清华生活》，《清华周刊》1927 年第 408 期，第 563～570 页。

的则常着西装（白色长袍黑色马褂或白色西裤黑色西上装是他们的礼服），各具派头。早年周诒春校长常穿西装，便有了"洋翰林"的美称。梅贻琦任清华校长后则常穿长袍长褂。实际上，1929 年国民政府曾经颁布过服制条例，对公职人员的正式礼服、工作服装做了详细规定。[①]教职员作为公职人员，自然也应遵守这一条例，教育部也转发了这一条例给各国立大学，清华自是其中之一。从国民政府对公职人员的衣着规定中可以推想教职员参加如各类上级机关会议等正式活动时可能的着装标准以及他们日常所需配备的各式衣服。但教职员的日常着装还是丰富多彩的，并不受规定的约束。

1934 年《清华周刊》曾经组织学生写过一个《清华教授印象记》[①]，学生们详细记录了他们眼中教员的形象，其中涉及许多教员的服饰情况，不仅生动有趣，更成为了解当时知识分子衣着状态的重要史料，此处节选部分展示如下：

中文系

朱自清：那副银丝眼镜同他那稍稍严肃的眼神的确是日本人常有的特点……可是他一脱西装，日本气立刻会失去。

陈寅恪：里边穿着皮袍、外面套一蓝布大褂青布马褂，头上戴着一顶两旁有遮耳的皮帽，腿上盖着棉裤，足下蹬着棉鞋，右手抱着一个蓝布大包袱，走路一高一下，相貌稀奇古怪的纯粹国货式的老先生。

外文系

王文显：王先生同时还是运动场上的健将。足球是他的拿手……坐在"Office"的时候，烟斗是不曾离口的。

吴可读：在春天，最爱穿咖啡色的法兰绒上衣，有时打上淡蓝色的 Necktie。下雪的天气，你会看到他带上土耳其式的高帽子，骑在自行车上，挟（夹）着书包，缓缓地归去。

叶崇智（公超）：他虽教英文，却常不穿西服，永不戴眼镜。爱穿棕色或古铜色长袍，同他的面孔颜色很调和。

陈福田：身躯高昂，穿的衣服，非常朴质，领结常是紫色或淄色的，容貌很端庄，而淡淡的微笑，颇令人可（喜）爱。

冯友兰：他，冯先生——四十上下年纪———穿的是褪了色的自由布大褂，蓝布袴，破而且旧的青布鞋。

金岳霖：眼镜厚厚的，帽子的边沿务求其经（低）下，好遮他眼前的光。有时候西装外面套一件大褂，有时候大褂外面又套一件

① 《清华教授印象记》，《清华暑期周刊》1934 年第 8 期，第 439～471 页。

棉袍……走起路来总是慢慢地，手中常常提着那个“教授皮包”，口中常含一支纸烟。

历史系

刘崇鋐（寿民）：身材是中等，不太瘦，全身骨骼配置得很匀称，再无须琢磨。头发是深黑的，常常梳得规规矩矩……平时穿中国大衫中国鞋，态度很是谦和。等到一身笔挺的洋服着上身，那大概是要进城去了。

雷海宗（伯伦）：一件棉衣在风中飘荡得举了起来，项上的围巾圈得也真紧，又要赶路又要与风抗争，挟着个皮包斜身子那末（么）急急的走是真要上点儿劲的，然而他终于走进课室了！

社会学系

陈达：他穿着深灰色的长袍，坐在一个低低的椅子上，两肩几乎与桌面等高。苍白的面部，因为黑色的马褂，越发显得惨白。

吴景超：一个挟着黑皮包的瘦长子。他慢慢地踱上讲台去，把一顶灰色的礼帽放到桌上，就取出卡片来讲书……是一个身着深灰色西服的，白皙的面孔……的人。

浦薛凤：一副双丸黑腿的眼镜，益显得神精奕奕……常着藏青色洋服，特别的整洁严肃……先生又很善于适应自然，每届寒秋，便马上丢掉洋服，换上中国式的长袍，说不上为什么起见，复外罩以蓝布大褂，十足的精神，依然旧观，这又显示出中国君子派的风度来。惟独而个尖而又亮黑而发光的碱土（Gentle）皮鞋，也常伴着长袍大褂，共同出场。

经济学系

陈总（岱孙）：个儿高高的，洋服顶挺，走起路来常带一根司的克，有着一副英国绅士的仪态。

余肇池（舞咸）：一副深度的眼镜，皮包常常在身边……通是一身西服，有时也着马褂长袍。

物理学系

周培源：高高的身子穿着一身很 becoming 的西服，瘦瘦的脸上架着一副博士眼睛（眼镜，笔者按）……头上盖着一片好像烫过的而实在是天赋的卷发。

赵忠尧：一位瘦瘦而不怎样高的先生，不穿西装（至少我以来未见他穿过西装）。他的中装也穿得很朴素。

化学系

李运华：三十多岁的中年人。不高不矮的身材，常常裹在淡灰色的洋服里；但在冬天，有时他穿一件黑绿色中国式的羊羔皮袄。圆圆的面孔，闪烁的双眼，厚厚的耳轮，乌黑的眉毛……梳着分头……胡须很重，却刮得很干净。

郑之蕃：穿的时或纯西装，时或黑背心，细袖袍，着脚管，老布袜，戴的时或汤管帽，或西服帽，此诚东西文化荟萃一身者矣。

地理学系

冯景兰（淮西）：在园中穿了不合时式的西服，板了面孔，大步走着的，就是他。

生物学系

李继侗：身穿大褂，消瘦的脸上配着一副黑边的眼镜，身材并不高大……偶然也抽香烟。

心理学系

孙国华：头发中分，带着金丝眼镜，身体匀称，穿着一身黑条子或是咖啡色的西服（听说现在已改穿中服）。

周先庚：一位年青（轻）人，西服外面着套实验衣，口袋里插满了刀尺锯钻。

电机系

顾毓琇：从他西服的口袋里，取出一支巧小玲珑的自动铅笔……身体看上去很是瘦弱，可是他的精神很好。

土木系

蔡方荫：穿着一件花蝴蝶式的特制衣服，嘴里衔着烟卷，走进讲堂。

通过当时清华学生的描述，我们能对当年清华多数教授的衣着和形象形成比较清晰和具体的了解与认知。一些教授的衣着特色鲜明，成为当时清华师生的谈资。如叶公超虽是教外语的教授，却“常不穿西服……爱穿棕色或古铜色长袍”。金岳霖更是“（帽）沿务求其低下，……有时候西装外面套一件大褂，有时候大褂外面又套一件棉袍”。最有特色的当属陈寅恪，“里边穿着皮袍、外面套一蓝布大褂青布马褂，头上戴着一顶两旁有遮耳的皮帽，腿上盖着棉裤，足下蹬着棉鞋，右手抱着一个蓝布大包袱，走路一高一下，相貌稀奇古怪的纯粹国货式的老先生”。

教职员衣着支出的统计目前尚无相关研究，清华教职员的相关记载又很分散，只能从零星资料中做大概介绍。清华校内本有 2 个不大的成衣铺，也有 1 个鞋店，可以制作普通衣服及一些正式服装。但是，教职员们似乎并不满足于此，他们常前往北平城内的大店铺定做衣服。1928 年 2 月 11 日，吴宓曾偕夫人陈心一等去西单牌楼和顺公号购买衣料，制作棉袍，花费了约 18 元。[①]教授们的治装用料是很精细和舒适的。又如闻一多在 1937 年举家撤离清华后，要求尚在清华的保姆准备些衣服给他们寄过来，包括皮袄 3 件，毛绒衣全套，大衣 4 件，皮帽 4 顶（大弟等用）；卡其布裤袴 6 套（大弟、二弟、三弟）；丝棉袍 1 件，夹袄 3 件（太太），丝绒小裤袴 6 套；夹袍 2 件（大弟、二弟），棉袍 3 件（小弟、大妹、小妹），太太及大弟等之皮鞋择较新者寄来。[②]李先闻回到清华后，因暂时不能担任生物系教员，便担任起清华体育教员，为了发挥自己所学，也为了弥补收入上的损失，他也在北平农学院兼任园艺和植物解剖课程。由于是冬天上课，清华距北平农学院又有近 30 里（1 里=500 米）路程，因此他常 6 点前就从清华坐洋车出发，车夫要拉 2 小时才能到达。当时是 10 月初，北风已起，每晚都有厚霜，他便穿上了貂皮大衣及帽、围盖毛毯。[③]而在当时学者的调查中，整个北平居民中能拥有貂皮大衣的是极其稀少的，其属于收入最高等级才能享有的物件。[④]可见，教员家庭的服装还是比较有档次和品质的，花费相对于他们的收入也并不难以承受。

清华校工这样的低收入人群，在衣服上的花销要少得多。1924 年调查显示，清华校工每人每月平均服装花费 0.88 元，每年平均 10.52 元[⑤]，尚不及教授们一次购置服装的花销。甘博在对北平市民的调查中发现，对比较贫穷的人们来说，夏天的衣服，男人通常只有 1 件衬衫和裤子，女人则是外衣和裤子，而布鞋或可能的棉袜则是男女都有的，衬衣、外套以及裤子都是用单而厚的蓝棉布制成。当有可能时，男人会有 1 件轻质的长衫。冬天的衣服则是用两层厚棉布中间夹棉花做成的衣服和裤子。特别贫穷的家庭则会穿里面填塞纸张废物的长袍。冬天特别冷时还穿棉裤和棉鞋。如果有可能，在天气转凉时，他们也会在薄衣服上加薄衣服。丝绸和皮毛则只有家境富裕者可以穿。只是偶尔也有比较贫穷的家庭会得到二手的皮毛衣服。[⑥]

---

① 吴宓著，吴学昭整理注释：《吴宓日记》第 4 册（1928～1929），第 22 页。

② 闻一多：《闻一多全集》第 12 卷《书信·日记·附录》，武汉：湖北人民出版社，1993 年，第 286～287 页。

③ 李先闻：《回清华做体育教员》，《传记文学》1969 年第 15 卷第 3 期，第 57～62 页。

④ Gamble S. D.，*How Chinese Families Live in Peiping*，p.109.

⑤ 赵恩钜、张明昕：《清华学校雇用工役生活费的调查》，《清华学报》1924 年第 1 卷第 1 期，第 128～140 页。

⑥ Gamble S. D.，*How Chinese Families Live in Peiping*，p.109.

第三节 教职员工的交通与出行

自人类出现以来，吃饭、穿衣和住房或许是人们日常生活中最不可或缺的，但随着工业化和城市化的发展，人们的生活范围在不断拓展。交通工具的不断发展，现代城市交通体系的出现，人们交往和出行的频率不断增加，交通或者出行就逐渐成为人们日常生活的必须和习惯，交通费支出也成为人们日常生活开支的重要部类。对清华教职员来说，学校地理位置在郊外，很多人需要经常往来城内外，交通条件和交通费的支出对于教职员的生活来说显得更为重要。

一、清华的交通条件

受当时北平整体交通状况的影响，早期清华的交通不甚方便，当时能够往来于清华和北平城之间的交通工具无外乎人力车、火车以及牲畜。清华到当时北平城北的西直门距离为20余里，清华有马路和西直门相连接，因此使得人力车和毛驴这样的运输方式得以盛行。梁实秋在1905年考入清华中等科，当他第一次前来清华报到的时候就发现："清华园原是清室某亲贵的花园，大门上'清华园'三字是那桐题的，门并不大，有两扇铁栅，门内左边有一棵状如华盖的老松，斜倚有态，门前小桥流水，桥头上经常系着几匹小毛驴。"[①]这些小毛驴的主人都是附近的村民，他们在农闲时期来清华拉人载客，挣些零钱以补贴家用。因此当梁实秋在清华幸运地得到照顾，每逢星期日在交出一封家长的信后便可获准出校返家，他都是骑驴抄小径，经过大钟寺，到西直门，坐人力车遵大道进城。[②]不过，梁实秋每次往来于这条路上时，似乎感觉都不错。他曾经写道：

> 我每周进城，有时策驴经大钟寺趋西直门，蹄声得得，黄尘滚滚，赶脚的跟在后面跑，气咻咻然。多半是坐人力车，荒原古道，老树垂杨，也是难得的感受。途经海甸少不得要停下，在仁和买几瓶莲花白或桂花露，再顺路买几篓酱瓜酱菜，或是一匣甜咸薄脆，归家共享。[③]

---

① 梁实秋：《清华八年》，第6页。

② 梁实秋：《清华八年》，第10页。

③ 梁实秋：《清华七十》，《传记文学》1981年第39卷第2期，第82～88页。

20 世纪 30 年代，毛驴已不再是大家往来城内外的交通工具，但还是有部分人喜欢骑驴郊游，驴夫牵着驴随顾客去指定地点，有的甚至将驴交给顾客，由顾客自己牵着游玩，回来再结账，按小时付费。①1928 年浦江清初来清华任教，他从正阳门火车站租了两辆人力车去清华，一共花费不过 1.3 元。②京绥铁路线经过清华附近，设有清华园火车站，该火车站距离学校大约 2 里，有马路可通。从这里坐火车，近的可以抵达西直门，远的往南可到丰台，北可以抵达张北及归绥。③火车票价很便宜，去西直门只需 1 角。不过火车的车次很少，很不方便，且车厢非常拥挤，也不干净，所以并不为清华师生所热衷。其他交通工具也有不方便的地方，如费正清夫人费慰梅女士在回忆梁思成与林徽因的生活时提到，当时由于清华位于北京西北数英里（1 英里≈1609.34 米），交通是个问题。人力车和自行车最快，但学生们觉得贵。驴和驴车又慢又不方便，学校里的电话又不让学生打。于是学生主要靠写信和家人、朋友联系。④另外，还可透过朱自清对清华往来交通情况的描述来更好地了解当时教职员所能采用的交通方式与状况：

> 初来清华，在十四年（1925 年，笔者按）夏天。刚从南方来北平，住在朝阳门边一个朋友家。那时教务长是张仲述先生……我写信给他，约定第三天上午去看他。写信时也和那位朋友商量过，十点赶得到清华么，从朝阳门那儿？他那时已经来过一次，但似乎只记得“长林碧草”，——他写到南方给我的信这么说——说不出路上究竟要多少时候。他劝我八点动身，雇洋车直到西直门换车，免得老等电车，又换来换去的，耽误事。那时西直门到清华只有洋车直达；后来知道也可以搭香山汽车到海甸再乘洋车，但那是后来的事了。
>
> 第三天到了，不知是起得晚了些还是别的，跨出朋友家，已经九点挂零。心里不免有点儿急，车夫走的也特别慢似的。到西直门换了车。据车夫说本有条小路，雨后积水，不通了；那只得由正道了。刚出城一段儿还认识，因为也是去万牲园的路，以后就茫然。到黄庄的时候，瞧着些屋子，以为一定是海甸了；心里想清华也就快到了吧，自己安慰着。快到真的海甸时，问车夫，“到了吧？”“没

① 黄延复：《二三十年代清华校园文化》，第 250～251 页。

② 浦江清：《清华园日记 西行日记》（增补本），第 10 页。

③ 《清华略览》，清华大学校史研究室编：《清华大学史料选编》第 1 卷，第 26～31 页。

④ ［美］费慰梅：《梁思成与林徽因：一对探索中国建筑史的伴侣》，曲莹璞、关超等译，北京：中国文联出版公司，1997 年，第 9～10 页。

哪。这是海——甸。”这一下更茫然了。海甸这么难到，清华要何年何月呢……过了一两天，我就搬行李来了。这回却坐了火车，是从环城铁路朝阳门站上车的。

以后城内城外来往的多了，得着一个诀窍：就是在西直门一上洋车，且别想“到”清华，不想着不想着也就到了。——香山汽车也搭过一两次，可真够瞧的，两条腿有时候简直无放处，恨不得不是自己的。①

朱自清的描述虽然有少许戏谑，但总体还是详细和中肯的，读来让人感觉从城内到清华真的不甚方便。虽然沿途有些美景，但教职员如果长期频繁往来其间也确实费时费力。为此，1918 年张煜全校长经学校董事会同意，花 3000 元从上海购得汽车一部作为校车，但该车仅限校方公务之用。此后，清华进一步规定，“办公汽车专备本校教务长、院长、秘书长及重要人员办公乘坐之用，其他人员可使用借用汽车，如教务处各主任、秘书处各主任等”②。从 1919 年开始，清华通校车，一日 4 班，到达站分别是正阳门和西直门，往返一次需 1 元，单程需 50～60 分钟，比以前省时一半，但车次较少。朱自清的同事，同为清华中文系教授的俞平伯描写过坐汽车进城的景色和感受：

公共汽车于下午五时半进城去。

圆明园是些土堆，此外，西山黯然而紫，上面有淡薄橙色的晕，含着一轮寒日。初冬，北地天短，夕阳如箭，可是车儿一拐，才背转它，眼前就是黄昏了。

海甸镇这样的冷落，又这样的小，归齐只有两条街似的，一走就要完。过了黄庄，汽车开到三十里上下，原野闪旋，列树退却，村舍出没……谁理会呢？不跑得够了，瞅得腻了吗？谁特意向车窗伸眼呢。这些零星的干黄惨绿也逐渐混融在不分片断，灰色的薄霭之中。

才上车时，大家谈笑。车行渐远渐远，摩托和皮轮切地的噪响无情无理的絮叨着，觉得说话也费劲吧，慢慢的（地）都少开口了。（若有女洋人在车上，那算是例外。）快啦，稳稳的（地）坐着吧。③

---

① 延敬理、徐行选编：《朱自清散文》（上），北京：中国广播电视出版社，1994 年，第 139～141 页。

② 《第八次校务会议纪录：办公汽车借用规则草案》（1930 年 2 月 20 日），清华大学档案：《国立清华大学校务委员会会议纪要》（1929 年 10 月 3 日～1937 年 6 月 16 日），编号：1-2-1-007：1。

③ 平伯：《进城》，《中学生》1933 年第 40 期，第 3～4 页。

清华改大以后，班车情况变化较大。改大后班车先由大陆汽车公司包办，有几辆银色巴士由城里到清华来回跑。票价最初为五角，比较贵，后来降为四角五分，在合作社购票只需四角二分。再后来清华的“清寒同学会”自己组织巴士与大陆汽车公司对抗，票价降为两角，大陆汽车公司宣告失败。校车大约每日往返 4 趟，星期六和星期日多加几趟。除巴士外，也有临时雇小汽车的，只是需事先打电话向城里订，除有特别急事，乘坐者很少。最初乘坐小汽车价格昂贵，一次要 40 元，后竞争者增多，降至二十几元[①]，这个价格与教职员群体的收入比较依然是十分高昂的。

虽然有了交通车，但校内人员对此并不十分满意。当时清华学生数目已经达到六百余人，再加上各地前来的借读者，共计 800 人，人数多了以后，往返城内外者自然也就见多，导致每日每次汽车拥挤异常，而学校汽车处则被抨击“只知赚钱，以至最坏最小的‘铁甲车’，有时竟坐二十余人之多”[②]。除拥挤外，交通车还有不太准时的问题。某星期日晚间，当清华同学 20 余人在城内候车准备返校，车本应 7 点到，但到 8 点半尚无踪影，至 8 点 50 分始自农学院借来破车一辆，刚开了没多久，到了西直门时城门已经关闭，使得众多乘客只得困居城中。[③]1936 年 9 月起，清华开始与美富汽车行合作，处理清华师生往返北平城的交通事务。该公司特意购置了新式汽车两辆，双向对开，往来城内外，具体时间安排见表 3-5，这使得清华师生出行的交通状况得到了进一步的改善。

表 3-5　美富汽车行班车时刻表

方向	上午	下午
由清华进城	8：00，9：00，11：00	1：10，3：10，5：10，7：10
由北平出城	7：00，8：00，10：00，12：00	2：10，4：10，6：10，9：00

资料来源：“封底广告”，《清华周刊》1935 年第 602 期

交通条件的改观，极大地方便了教职员工与学生的出行。1931 年清华在招生宣传中强调从学校进城的方法一共有 6 种：汽车、洋车、火车、自行车、骡子和步行。当时汽车是在每天规定得比较便利的时间，由学校开往北平东城青年会，再由青年会开回校，一天可以往返五六次。家住城中的教授就是利用汽车到校的，车行时间约 50 分钟，所过地方约 80 里，票价是 4 角 5 分。过城时，随时可以下车，所以非常便利。而洋车是“进城常用之物”，没什么

① 黄延复：《二三十年代清华校园文化》，第 249～250 页。

② 《亟须改良交通与卫生 汽车与洗澡处》，《清华周刊》1932 年第 529 期，第 93 页。

③ 《亟须改良交通与卫生 汽车与洗澡处》，《清华周刊》1932 年第 529 期，第 93 页。

特别，只是比较慢。周作人家住西直门内八道湾，在城内诸教员中已经算是住得最为近便了，但即便如此坐洋车去学校也要1个小时才能到达："假定上午八时出门，行程如下：即十五分高亮桥，五分慈献寺，十分白祥庵南村，十分叶赫那拉氏坟，五分黄庄，十五分海甸北篓斗桥"，而到清华，估计"再需要十五分钟方可"[①]。另外，火车从清华园站到西直门只需1角左右，但车行次数太少，车内又"龌龊非凡"，"不堪久坐"。自行车和骡子，利用的人较少。其中自行车进城还需要城中的车牌，"不甚方便"[②]。不过此后不少同学因校园面积广阔，上课时"步履维艰"，购买自行车代步的也很多，以致五院门前"颇有车行如水之概"[③]。教员使用自行车的记载非常少，而且教员似乎未将自行车作为代步工具，而是看成休闲娱乐的工具。从经济学角度看，同一种商品在不同群体间的不同效用也真实体现了群体间的生活水平差异。

二、教职员工的出行

根据前文的介绍，由于清华校内住宿条件良好，食物供应丰富充足，加上周边村、镇商业的发展，一般的清华教职员住在校内是不太需要经常往来于北平城内外的，除非是想进城休闲、娱乐或者与亲朋交往，因此出行的费用和频率是可以控制的，并不会占整个日常支出的太大比例。但是有一类教职员却需经常往来于城内外。他们出于不同原因，将家安在城内，家眷妻儿并没有随其到校内居住，这样他们便需要经常在学校和北平城之间往返。吴宓曾因夫妻分居于城内外，经常往返其间。1928年1月16日其日记记载：晨八时，乘电车人力车回校。[④]接着2月12日，早上10点到12点，他乘电车人力车回校。[⑤]2月18日，日记中又记载吴宓于当日从西四牌楼乘电车人力车回校。通过检索日期，发现吴宓基本上都是周五回城，周六或周日回校。这段时间内，他所采取的交通工具几乎都是电车人力车，偶尔也有人力车。一直到1928年6月2日，在日记中才第一次出现他乘清华公共汽车入城，价格往返共1元。[⑥]这样频繁往返，交通费用支出必然要高于一般教职员，按照每周4次，每次1元算，至少需要4元，还不包括公共汽车进城以后换乘其

① 周作人：《周作人回忆录》，长沙：湖南人民出版社，1982年，第502页。
② 紫丝：《清华生活的一斑》，《清华周刊》1931年第514/515期（向导专号），第151～162页。
③ 《五院门前行车如水 窗前小柏多受轸毂之灾》，《清华副刊》1934年第42卷第3期，第27页。
④ 吴宓著，吴学昭整理注释：《吴宓日记》第4册（1928～1929），第9页。
⑤ 吴宓著，吴学昭整理注释：《吴宓日记》第4册（1928～1929），第22页。
⑥ 吴宓著，吴学昭整理注释：《吴宓日记》第4册（1928～1929），第69页。

他交通工具的费用。总体来说，这些交通费用对教职员来说并不贵，如王明之担任清华大学工学院院长时，他有个亲戚来清华，由于汽车不容易雇到，就搭乘了公共汽车，发现走了极长的一段路，却只收铜元 4 枚。①

在清华开通校车以前，由于来往交通不便，教职员出于节省时间或方便的考虑，有时候会租用汽车，但费用很高。例如，赵元任和杨步伟住在清华时，有一次杨步伟需要回城，本来打算叫汽车，那时汽车来回一次需要 30 元。但后来经梅贻琦提醒，借用了校车才省下这笔钱。②郝甦生③26 岁来清华任教时，"正值学校筹备改制大学，招收第一批大学部学生……清华园离城十里之远，坐一趟出租汽车得五块大洋，可是我进城的趟数依然很多"④。如果都按这样的标准来支出交通费，那肯定不是大多数人承受得了的，也会限制教职员等诸人的出行频率与生活方式。好在此后交通条件得到了极大改善，教职员往来愈加方便和便宜。

虽然进城的汽车开通后确实方便了清华与北平城的交通往来，但交通工具的舒适性似乎也不能让教员们都满意。浦江清曾说，"自校进城有长途汽车，余曾坐过数次，震动既甚而汽油味尤奇恶，辄晕。故余出进例雇人力车，虽慢而舒适也"⑤。这也暗示对于教员来说，按照收入，其完全有能力选择不同的交通工具。为了方便教职员运送物品等特殊需求，清华大学还准备了一辆载重汽车，供师生租用，但是必须以北平及西郊一带为限，且时间上不能超过下午 5 点，来往北平一次收费 6 元（市捐在外），往来西山一次收费 8 元（市捐在外）。⑥教职员中也颇有几个会开车的，如施嘉炀教授就会开车。一次他开车去西山，半路掉了一个轮子，三个轮子的车还一直走，被戏称为"万能主任"⑦。在 20 世纪 30 年代初，摩托车还属珍奇与奢侈品时，清华校内已经有了 4 辆，人称"四妖"。⑧王化成教授更是每每骑着摩托车来来去去，很是惹人注目。⑨这也从侧面反映了清华教职员，

① 陈存仁：《银元时代生活史》，桂林：广西师范大学出版社，2007 年，第 150 页。

② 杨步伟：《四年的清华园》，《传记文学》1965 年第 7 卷第 4 期，第 9～13 页。

③ 郝甦生，清华体育系教授，上海南洋路矿学校毕业，美国麻省体育专门学校体育学士，1927 年到清华任教。

④ 郝甦生：《四十年婚姻生活之回忆》，《传记文学》1968 年第 13 卷第 4 期，第 23～28 页。

⑤ 浦江清：《清华园日记 西行日记》（增补本），第 12 页。

⑥ 《出租载重汽车办法》（1935 年 8 月），清华大学档案：《国立清华大学制订的各种规章制度及各种单表格式》（1931.11～1937.2），编号：1-2-1-015。

⑦ 《清华教授印象记：施嘉炀》，《清华暑期周刊》1934 年第 8 期，第 468～469 页。

⑧ 齐家莹编著：《清华人物》，第 256 页。

⑨ 《清华教授印象记：王化成》，《清华暑期周刊》1934 年第 8 期，第 458～459 页。

特别是高级教职员的消费能力。在当时，拥有小汽车，对教授们来说也还是太奢侈了，只有极少数人能够做到。在北平的众多教授中，有据可考的也只有顾颉刚一人拥有自己的私人汽车。曾为燕京大学教授的许地山在任香港大学教授后也曾拥有小汽车，这部车后来的估价为 2500 港元[①]，这也是一般教授所不能想象的。

总体而论，清华地处郊外，虽然没有城市生活的繁华，但也因此少受奢靡、浮躁世风的影响，是读书的好去处。同时，尽管距城较远，但校中各项设施完全可以满足日常生活，因为“要作衣服，有两个成衣铺，要作鞋子，也有一个鞋铺，要买用品可以到消费合作社，买书籍中文的也可以到合作社，西文的可以到北京图书馆公司清华书店，要写信汇兑，校门口便有邮局，要制个书架校内也有木匠。要娱乐，可以课后拿起鱼竿到河边去垂钓，礼拜六晚上还有电影，综之清华园内，自己便成一个小社会”[②]。就日常消费而言，清华大学的教职员都具有相当的消费能力，生活水平较高。吃、穿、住以及出行，对教职员都不构成经济压力，可以轻松应对。但校工阶层的生活则要艰辛很多，由于收入相对过低，其生活质量无法与教职员相比，处于社会生活的最下层。

第四节 教职员工的杂项支出

日常生活中人们的支出是非常多元化的，有一些支出是常规和反复出现的，有些支出则可能是偶发的、非常规的。通常来说，前一类相对容易被考察和量化统计，后一类则难以被完全掌握。但从衡量生活水平的角度出发，两者却一样重要，甚至有时后一类更能体现具体个体的生活状况和水平。人们出于对自己收入信息的了解和预判，结合自身身份和对生活水平的期望，会合理分配自己的收入，这就形成了日常支出。但是，现实生活中总会出现偶发因素，这些因素主要来自外部，包括国家状态、生活交际状态和家族状态三方面，其中部分因素甚至是长期存在的，因而对群体的消费类别和生活水平也可能形成重要影响。为此，本章特列出杂项支出一类以研究教职员日常消费之外的消费状况。下文将从 3 个方面来了解清华教职员杂项支出的情况，并对清华教职员收入与支出状态做出评述。

---

① 香港大学注册部档案：“*Mr Sloss，The Late Prof. Hsu Ti Shan*”。（未见编号）

② 新晨报丛书处：《北平各大学的状况》，第 118 页。

一、公债和灾捐

发行公债并强令公职人员购买是北洋政府时期经常发生的事。当袁世凯的称帝计划招来地方实力派激烈反对时，为维持政权，平定各地军事反抗，北洋政府在国库空虚的情况下决定发行国家公债来筹措军费，由此开启了北洋政府大肆发行国内公债的滥觞。北洋政府十几年间发行了大量公债，北京市财政整理会计统计的就有 73 种之多。公债的大量发行需要有人大量的购买，公债在正常经济环境下可看成是一种优良的投资行为，具有稳定的回报，但是在北洋政府时期，由于政府信用全无，公债不仅难有回报，甚至本金都难归还，这在清华基金的投资项目中有明显体现。特别是考虑短期经济预期后，我们可将购买公债看成是一种支出，而不是投资。发行的公债中究竟有多少是强制购买的特别是强制教员购买的，目前尚无人做过研究，但在这里可通过一些例子来窥见其大概情况。

据《北京大学日刊》记载，明确要求教员们购买的公债主要是民国八年（1919 年）公债，这也是当时影响最大的公债之一。1919 年北洋政府财政部发行“民八公债”，随后教育部发文各大学要求准照执行，就教职员薪俸搭放公债并附有相关办法 9 条，其中第 1、第 2 条的办法是：①中央各机关由部库领款者应由各机关查明俸给总数，按月报部由本部于发款时按照所开俸给总数减发现洋 2 成。②各机关所扣俸给现洋 2 成按照本年公债票发行九三原价申合债额。例如，俸给总数 5000 元计扣 2 成现洋 1000 元，按九三申合债额 1075 元，尚余现洋尾零 2 角 5 分，其由部库领款者于领款时由本部发还，不由部库领款者于解款时由该机关自行扣除，其现洋零数不足 5 元应即免扣。[①]此次公债一下就侵占教员薪俸的 2 成，数目还是相当大的。而且要注意的是政府从中直接扣除了薪俸中的现洋部分，因而对教员们的打击更为严重。虽然教员们以 2 成的薪俸买回的公债在字面数量上要多于付出，大概是 1.075 倍（也就是 0.93 的倒数），即用 1 元现洋买回了 1.075 元面值的公债。但公债的兑现需要时间，这必然会对当时使用薪俸维持正常生活已颇为困难的教员造成极大的经济压力，而且实际上至北洋政府结束时相当的公债并未兑现或仅部分兑现。

到 1919 年九十月，由于民众对“九三公债”抵制很激烈，认购情况不理想，财政部调整了公债办法，将“九三公债”改为了“九〇公债”。“所有从前搭放之民国八年短期公债自应改发民国八年七厘公债票，兹拟订办法五条

---

① 《教育部训令第一九八号》，《北京大学日刊》1919 年第 382 号，第 1 版。

咨部查照办理”，其中前四条办法为“（一）京外军政各机关职员俸给自本年三月起搭放之民国八年短期公债现在一律改发民国八年七厘公债票。所有搭放期间概以六个月为限，倘从前已搭六个月者现在不再搭放，即将从前所扣俸给挪作现在债款，其有搭放未满六个月者仍行补搭至六个月为止。（二）各机关从前搭放民国八年短期公债每票面百元实收九十三元，现在民国八年七厘公债每票面百元实收九十元，所有从前每票面百元多收三元之债款一律退还。（三）各机关从前搭放民国八年短期公债预付之利息扣至八月底期满，现在民国八年七厘公债应付本年九月起至明年二月底止之第一期利息，仍行按月计算，预付所有八月三十一日以前搭放之公债应付本年九月起至明年二月底止之利息亦照票面每百元预付利息三元五角。（四）各机关八月三十一日以前搭放之民国八年短期公债所有应退每票面百元多交三元之债款及本年九月起至明年二月底止，应付之利息由部库领款者于十月份领款时由部发给，不由部库领款者由各该机关于应解二成俸给现洋如数扣除。倘各该机关应扣六个月二成俸给早已满解另由本部如数发还”①。很显然，这个公债的条件要比前一个更优厚，其七厘的回报也是相当不错的，当时邮政储备金利息常年也不过四厘二毫。但以经济学理论看，公债的回报率过高本身就是问题，说明公众对公债并没有信心，不愿购买。到1925年底，北洋政府共计欠公债本息近六千万元之多。②

北京大学等校教员购买公债并不只有一次。教育部在1915年也曾给北京大学发函要求认购公债，“所有本部及直辖各机关人员自六月份起应各就月支俸额数认购准分五期匀缴。”③财政部的公告说：“预计四年度国库出入概算其收支不敷之数约达五千万余元，即使增收新旧各税以资弥补……援上年成例募集四年内国公债二千四百万元以补本年概算之缺。第一条，募集公债以二千四百万元为额。第二条，此项公债利率按年六厘。第三条，此项公债，每年四月十日为给付利息之期。第四条，此项公债两年内只付利息，第三年开始还本，八年还清……第九条，每百元收九十元。”④汤化龙还为此鼓吹：“第八年本息清偿，期限大短，所为债权者计利益是更无微不至。”⑤当时教员薪俸已经吃紧，再发公债更使教员难以忍受。教员们也向教育部多次反映。如在1919年北京大学、北京高等师范学校、北京法政专门学校、北京医学专门学校、北京农业专门学校、北京工业专门学校以及北京女子高等师范学校等七所北京高校联合

① 《教育部训令第四四六号》，《北京大学日刊》1919年第460号，第1版。

② 千家驹编：《旧中国公债史资料（1894～1949年）》，北京：中华书局，1984年，代序第11页。

③ 北京大学档案：《教育部秘书处函自六月起认购公债》，编号：BD1915005.3。

④ 北京大学档案：《筹拟民国四年内国公债呈文暨条例并奖励规则》，编号：BD1915002。

⑤ 北京大学档案：《教育部饬附四年内国公债条例》，编号：BD1915005.2。

教育部致函诉苦："自中交两行纸币停兑而后纸币价格日形低落，迄于近日二不值一，各校教职员受此亏累为日已久，其困难情形……曾迭次陈情请予改发现金，虽荷照非虚略加润色，奈所失既多，仍不足以相济……纸币之亏折既无法以弥缝，若再于此币价低落无已之时益以债券其亏累更不堪言。"①虽然清华档案中没有相关记载，但考虑公债购买至少在北京是统一的，因此便以北京大学为例。国民政府以后，公债发行减少不少，但也出现过。如国民政府曾发售过公债，当时北平大学的做法是：月薪在100～190元的，搭发一张（10元）；月薪在200～290元的，搭发两张（20元），清华也效仿了这个办法。

公债之外还有赈灾捐款。中国东部地区多属亚热带或温带季风气候，夏季多雨，易发水灾，而每次水灾稍有严重，也就是教职员们准备捐款之时。1931年，全国出现大范围水灾，教育部给全国各高校发出命令："各地水灾浩大，经常务委员会谈话讨论，凡属全国官吏及国营（有）企业职员、公立学校教职员、公立教育机构职员暨党部工作同志，拟规定月薪百元以上者捐百分之五，两百元以上者捐百分之十，四百元以上者捐百分之十五，六百元以上者捐百分之二十，以上个月为限。"②遵照这个命令，清华自九月开始对教职员开始扣收赈灾款，具体数目：九月，2981元；十月，3021元；十一月，2877.25元，共计8879.25元。③

1934年冬全国范围内再次出现大灾，浙、赣、皖、苏、湘、豫、冀、晋、甘、黔等省旱涝成灾，区域达369个县，受灾农民在13 300余万人。国民党中央政治会议决议再度要求全国高校教职员捐款赈灾。但这次捐款方法略有不同。按照清华大学捐俸助赈数目清单，捐款分三个月进行，其中月薪80元以上的教职员，九月扣一半月俸，十月、十一月再扣四分之一。月俸80元以下的扣得比较少，如25元月薪者，九月扣7元，十月、十一月分别再扣3.5元，月薪40元者九月扣8元，后两个月分别扣4元。接着，根据南京国民政府公布《中央公务员捐俸助赈办法》制订了捐俸助赈办法九条，来规范以后的赈灾行为，具体内容如下：

一、月薪在五十五元以上者，概照九月份薪额扣捐半个月。

① 北京大学档案：《呈教育部公恳对于直辖各校免搭公债》，编号：BD1919038。

② 《水灾捐款总数》，清华大学档案：《国民党政府教育部令知扣薪捐款救济水灾办法暨扣捐建筑中央党部捐款办法和来往文书》，编号：1-2-1-036。

③ 这一数目不包括外籍教员的赈灾款。因为一开始清华没有对外籍教员扣收赈灾款，后经梅校长请示教育部后，要求一律办理。《水灾捐款总数》，清华大学档案：《国民党政府教育部令知扣薪捐款救济水灾办法暨扣捐建筑中央党部捐款办法和来往文书》，编号：1-2-1-036。

二、月薪在三十一元至五十四元者概照九月份薪额扣捐二成。

三、月薪在三十元以下者概照九月份薪额扣捐一成。

四、十月份以后起薪者亦照上项成数照扣。

五、十月份以后加薪者可不计算在内。

六、前项扣薪在十、十一两月照办。

七、在扣赈捐期内所得捐缓扣。

八、在未补扣该两月所得捐时如有因故离校者应于发末次薪时补扣。

九、外国教师不扣，如愿捐助者可自由捐出由会计课代收汇集。[①]

捐款规定还是比较照顾低收入群体的，使得他们可以尽量减少支出，对于高收入群体来说，捐款的这一季度内，收入则会出现比较大的减少，虽然还不至于影响他们的日常生活，但还是会形成一定的经济压力。此外，教职员还会有些零星小额捐款，如清华资助建立成府小学，每位教职员每月要认捐五角，而参加教职员工会的还需交每月一元的会费。[②]这些零星捐款和政府公债、赈灾捐款相比，还是非常有限的，应该不会对其生活水平造成可测量的影响。

二、书籍购买

教职员，特别是教员，不同于其他群体的重要特征便在于他们是知识的传播者和创造者，为此，学习，特别是阅读书籍的学习，既是他们的工作需要，也是他们的生活习惯，购书支出则关乎他们独特的生活水平。不过买书毕竟不是生活必须消费，当经济出现困难时，这个习惯可能会被教员首先改变或放弃，但也会深深影响教员的工作。如毛子水从欧洲回国以后（1929 年或 1930 年），到北京大学教书，没有两个月，便逢到所谓“扩大会议”的事情。以后四五个月里，学校都在欠薪的状态中，这一段时期的亏空，在毛子水看来是他以后几十年“经济拮据”的基本原因。而这个经济拮据，给他最大的痛苦，就是使他时常没有多余的钱来买心中想要买的书。[③]

抗战前北平书店颇多，购买各类书籍都比较方便，价格也不高，一套全

---

① 《捐俸助赈办法》，清华大学档案：《国民党政府教育部令知关于公务员捐俸助赈，公务员俸薪配售公债等办法暨国立清华大学解缴捐款的来往文书》（1934～1936 年），编号：1-2-1-037。

② 浦江清：《清华园日记 西行日记》（增补本），第 25 页。

③ 毛子水：《买书余记》，《传记文学》1963 年第 3 卷第 4 期，第 18～19 页。

集，即便是外文书，价格也不过几元到十数元且可送货上门，周作人对当时北平图书市场有更详细的描述。[①]当时清华教员几乎都有大量的私人藏书。如王文显，作为清华薪俸最高的教员之一，虽然有人批评他讲课的方法过于简单，基本是照他编的讲义在课堂上读，年年照本宣讲，从不增删，但由于王文显研究戏剧，每年自己要花钱买不少戏剧书籍，从“西洋戏剧理论到剧场艺术，到古代和现代名剧的剧本都应有尽有”[②]，这使得那些对戏剧有兴趣的同学，就有机会看到不少书。购书的费用不算昂贵，还能送书上门，任君挑选，这样的生活品质颇让人羡慕。

三、家庭负担

民国清华等校的大学教职员，从社会职业的角度看，已经与前辈的传统

① 周作人曾经仔细地考察过1923年北京城的书价，特别是外国书的价格。他写道：“现在不过二十多年，情形却大不同，不但是地图之类，便是有原板（版）外国书的人也是很多，不可不说是一个极大进步：这个事实，只要看北京贩卖外国书的店铺逐年增加，就可以明白。我六年前初到北京，只知道灯市口台吉厂和琉璃厂有卖英文书的地方，但是现在至少已有十二处，此外不曾知道的大约还有……就北京的这几家书店说来，东交民巷的万国图书公司比较的稍为公道，譬如美金二元的《歌德传》卖价四元，美金一元七五的黑人小说《巴托华拉》（*Batonala*）卖价三元七角，还不能算贵，虽然在那里卖的《现代丛书》和‘叨息尼支（Tauihnitz）板’的书比别处要更贵一点。我曾经在台吉厂用两元七角买过一本三先令半的契诃夫小说集可以说是最高纪录，别的同价的书籍大抵算作两元一角以至五角罢了。各书店既然这样的算了，却又似乎觉得有点惭愧，往往将书面包皮上的价目用橡皮擦去，或者用剪刀挖去，这种办法固然近于欺骗，不很正当，但总比强硬主张的稍好，因为那种态度更令人不快了。我在灯市口西头的一家书店里见到一本塞利著的《儿童时代的研究》，问要多少钱，答说八元四角六分。我看见书上写着定价美金二元半，便问他为什么折算得这样的贵，他答得极妙，‘我们不知道这些事，票上写着要卖多少钱，就要卖多少。’又有一回，在灯市口的别一家里，问摩尔敦著的《世界文学》卖价若干，我明明看见标着照伊文思定价加一的四元一角三分，他却当面把他用铅笔改作五元的整数。在这些时候我们要同他据理力争是无效的，只有两条路可行，倘若不是回过头来就走，便只好忍一口气（并多少损失）买了回来。那一本儿童研究的书因为实在看了喜欢，终于买了，但是一圆美金要算到三元四角弱，恐怕是自有美金以来的未曾有过的高价了。”（周作人：《北京的外国书价》，姜德明主编，黄乔生选编：《周作人书话》，北京：北京出版社，1996年，第101～103页）1932年8月24日，季羡林通过璧恒公司订购了《歌德全集》，而费用也不过十元。1932年9月11日，他又买了本《浮士德》英译本，也只有1.5元。（季羡林：《清华园日记》，沈阳：辽宁美术出版社，2002年，第2、18页）1928年后由于迁都的影响，北平经济严重困顿，大学成为城市的经济支柱，与此相关的行业能否保持兴盛则和教职员的消费能力很有关系，书业更是如此，不仅在价格上必须是教职员乐于接受的，在服务上则更要精益求精。陶希圣说过：“琉璃厂的书店，探听得一位教授喜欢的图书是那些部门，他们随时把那些图书送上门来，好像不要钱的样子，过两三个月，到节气再结账。”（陶希圣：《北平二三事（上）》，《传记文学》1962年第1卷第6期，第7～9页）谭其骧则说：“教文史的大教授通常都藏书几万册，自己不一定去逛书铺，自有各书铺跑外的经常送书到门，由你选择，要的就留下。三节算账，端午中秋不一定全给钱，到年底再清账，到时还可以退还些不一定要留的。”（谭其骧：《一草一木总关情》，《读书杂志》1992年第7期，第23～30页）

② 张骏祥：《〈王文显剧作〉序》，《人民日报》1982年10月6日，第5版。

知识分子不同了，专门化的工作使他们不再是学而优则仕的传统读书人，也不是自立山头、广收门徒的书院教习；但在思想和家庭观念上，他们更多地继承了前辈，对家族其他人员的关怀，也是他们收入支出的重要部类。家庭史研究指出，中国的家庭分为核心家庭和大家庭两类，核心家庭是由父母与直系子女组成的紧密家庭，是中国家庭最主要的形式。大家庭是在核心家庭的基础上，增加祖父母以及其他兄弟姐妹等亲属，但具体构成有多种情况，甚至一个大家族也是一个大家庭。在中国传统士绅的收入中，有相当部分用在大家庭其他成员身上，而不局限在核心家庭中，扶助大家庭中幼小子弟读书，或侍奉家乡老人，是其最主要的表现形式。在本书所考察的众多教员材料中，此类支出记载相当多，但由于各个教职员的家庭状况千差万别，部分此类支出也是偶发的，因此具体支出数额差异很大，难以进行有效统计计算。因此，本书采取列举法，选取几个有代表性的教员，通过考察他们的此类支出来了解此问题。

首先是校长梅贻琦。梅贻琦结婚后，把每月的薪水分成 3 份，一份寄给天津的父母，一份供弟弟妹妹读大学，另一份交给妻子作为小家庭的花销。夫人韩咏华女士说："我作为他的妻子，一生没有财权，他给多少钱，我就过多少钱的日子，从不计较，也绝不干预他如认为应该做的事。"[①]那时，梅的 3 个弟弟都在清华读书，1 个妹妹在南开大学，学费都由他供给。[②]

其次是吴宓。吴宓是清华的资深教授，收入在 300 元以上，在外面不仅兼课，还兼职，如办《大公报·文学副刊》等，收入在清华教员中当属比较高的。但即便如此，其家庭负担也重得让他不时叫苦。如 1928 年 1 月 28 日，吴宓回到住处，收到父亲的来信，让他汇款回家，资助其弟吴祥完婚。吴宓不由感慨："已有此心，奈经济拮据何。"[③]同年 2 月 7 日，吴宓又遵照父亲的要求，给一个叫李全福的人汇款 50 元。[④]接着 2 月 10 日，吴宓再一次遵照父亲的要求，"以 200 元钱由大陆银行汇交上海英大马路冠群坊内钜源德记号转交杜义贞女士收"[⑤]。两个礼拜后的 24 日，他再一次将 100 元汇给父亲。[⑥]仅该年 2 月，吴宓就先后 3 次给父亲或应父亲要求寄钱出去，总计支出 350 元，超出了一般教授的月薪俸，负担不可谓不重。1929 年 9 月 7 日，吴宓做了粗

① 黄延复：《二三十年代清华校园文化》，第 305 页。
② 黄延复：《二三十年代清华校园文化》，第 301～302 页。
③ 吴宓著，吴学昭整理注释：《吴宓日记》第 4 册（1928～1929），第 15～16 页。
④ 吴宓著，吴学昭整理注释：《吴宓日记》第 4 册（1928～1929），第 19 页。
⑤ 吴宓著，吴学昭整理注释：《吴宓日记》第 4 册（1928～1929），第 21 页。
⑥ 吴宓著，吴学昭整理注释：《吴宓日记》第 4 册（1928～1929），第 27 页。

略计算，一年内给父亲的汇款到当天已经达到了 1000 元，如果再加汇费及万国储款，每月平均奉父 160 元。[①]此等负担或不多见，但也不是一般教职员可承受的。

再次是闻一多。据其子女回忆，1934 年闻一多虽然月薪有 340 元之多，但家庭开销较大，而且每月需给岳母家寄 30 元，给自己父亲 40 元[②]，两项合计达到 70 元，占到月收入的 20.5%还多，不可谓负担不重。闻一多在给饶孟侃的信中曾抱怨过："四个孩子的家庭已经够我受的了……岳家的境况更是一言难尽。本来自岳父死后就常常靠典当度日，最近一个舅兄不务正业，弄到下狱了。我若不寄钱去，一家人就得饿饭——真正饿饭。最近家驷（其弟，笔者按）又要回国，一电报来要一千佛郎作旅费。这一来，我凭空又得添二百元的债。总之我自己虽困难，守着这三百四十元的事挨下去，总算是一条生路。"[③]

再看李先闻。自美国留学归来后，他本在东北大学任教，待遇颇不错。但"九一八"事变以后不得不回到北平，他虽然想回母校清华生物系，但未能成功，最多只能担任清华体育教员，月薪 150 元，只有清华教授收入的一半。为此，他自己计算了一下，"假如清华每月给我一百五十元，有房子住，加上北平农学院的兼课费，就和东北大学以前所得的差不多……清华北院住不少同班同学，例如王化成、孙国华、施嘉炀、吴景超等，其他如陈总（岱孙）、叶公超、蒋廷黻等。马约翰向各家一一的去商量，找一间房子给我们夫妇住。大家都腾不出一间房来，都感觉自己不够用。幸亏交通大学毕业的王教授，让出一间，才得有安身之所。客厅、浴室公用"[④]。虽然收入并不理想，但当时他母亲正在病中，他在清华每月拿到的 150 元，其中要寄 50 元回家，还要提 30 元还债，再除房捐 10 元、义勇捐 10 元、佣人费 6 元外，所剩的 44 元钱用作家用。[⑤]

然后是雷海宗。根据雷海宗夫人张景茀回忆，雷海宗一生靠大学教书薪俸收入维持生活，"勤奋读书，别无他好，律己甚严，俭以养廉。因父早逝，作为大哥负起了将弟弟、妹妹抚养成人，供应他们上学成家的重担"[⑥]。雷海宗生活很节约，在清华读书时每周甚至步行进城。1927 年回国后，他曾在中央大学任教，月薪 260 元，每月寄回北京老家 140 元。他和张景茀结婚后，

---

① 吴宓著，吴学昭整理注释：《吴宓日记》第 4 册（1928～1929），第 280 页。
② 闻黎明、侯菊坤编：《闻一多年谱长编》，武汉：湖北人民出版社，1994 年，第 450 页。
③ 闻一多：《闻一多全集》第 12 卷，第 272 页。
④ 李先闻：《回清华做体育教员》，《传记文学》1969 年第 15 卷第 3 期，第 57～62 页。
⑤ 李先闻：《回清华做体育教员》，《传记文学》1969 年第 15 卷第 3 期，第 57～62 页。
⑥ 何炳棣：《读史阅世六十年》，第 111 页。

每月仍按原数寄回北京家中。1932年他回清华母校任教，老家及弟、妹的学习费用，各人每月的零花钱，均由他一人承担。[①]

最后是浦薛凤。他留学归国后，最初是在云南的高校执教，每个月所得的薪金，至少有一半会汇寄回家中，“供作甘旨之用，以博双亲欢心，同时知道家君必逐渐积蓄，俟机购些田地”[②]。但从此以后，他不论是什么时候和在什么地方工作，这个习惯和办法一贯执行，即便在他结婚以后，仍然没有改变。

接下来再看两位其他类别的教员。首先是浦江清。1928年9月，他来清华刚两年，还只是位教员，一次就给老家汇款35元。其中25元用于补贴家中的零用，10元为住会收息，“以偿死会之吃亏也”[③]。1931年1月20日，他已经转为中文系专任讲师。这天他不仅写了家信，还同时汇去70元，用以补贴家用。同时由于其好友施蛰存此前因经济困难向他借过款，浦江清让施氏将借款一并汇回他的老家，这样家里一次可收到251.25元。浦江清认为这些钱完全足够春节花销以及还零碎债。[④]1932年1月16日，浦江清再次因为春节将至，决定汇款200元回家，又代朱自清向扬州汇款265元。这一下使得他在大陆银行存款“仅数十元矣”[⑤]。过年的家庭开支也一直是中国人重要的开支部类。

另一位是吴晗。吴晗的家庭一直颇困难，父亲早亡。吴晗进清华读书后，经胡适帮助开始半工半读，还写文章挣取稿费，收入不仅要负担自己和两个弟弟上学的费用，还要挤出钱偿还其父生前欠下的400银元债务，生活可谓艰辛。[⑥]吴晗毕业后留清华任教员，由于被认定是难得的人才，其待遇也比同级别教员优厚，当时助教初始月俸60元，吴晗毕业不久月俸已是100元。但由于吴晗夫人身体不好，“吴晗每月工资一百元，除负担家庭所需外，每月固定给袁震四十元生活和医疗费用”[⑦]，生活依旧比较拮据。因此，虽然我们看到多数教职员家庭都有仆役服务，但吴晗似乎一直是自己料理家务。作为一位有名望的教授，他一方面忙于各种学术和政治活动，到处奔波；另一方面买菜、打水、做饭、清扫、洗刷、端屎端尿，用心护理着重病的妻子。[⑧]

① 何炳棣：《读史阅世六十年》，第114页。

② 浦薛凤：《万里家山一梦中》，第125页。

③ 浦江清：《清华园日记　西行日记》（增补本），第19页。

④ 浦江清：《清华园日记　西行日记》（增补本），第54页。

⑤ 浦江清：《清华园日记　西行日记》（增补本），第64页。另，当时清华校园内唯一的银行便是大陆银行，所以很多教职员的钱存积在此银行。

⑥ 吴浦月：《怀念大哥吴晗》，庄丽君主编，刘敏文副主编：《世纪清华之二》，第111页。

⑦ 苏双碧、王宏志：《吴晗传》，上海：上海人民出版社，1998年，第56页。

⑧ 吴浦月：《怀念大哥吴晗》，庄丽君主编，刘敏文副主编：《世纪清华之二》，第112页。

第四章　教职员工的其他生活状况

虽然基本生活是个人生存所必需的，但在现实生活中，个体往往还有大量的非基本生活需求，其内容通常受家庭状况、社会身份及对生活享受的偏好等因素影响，同时也与个人的收入水平、文化层次和社会地位等密切相关。在分析知识群体与劳工阶层时这种影响尤其突出，因此虽然这些生活内容超越了个人的基本生活需求，但却更能反映出不同社会阶层间存在的巨大差异，有必要进行一些专门的分析研究。实际上，即便是衣食住行作为个人日常生活最主要的组成部分，不同收入阶层的人群对其的态度可能差异很大。低收入群体把衣食住行四部类，特别是吃、住和穿看成是生活中最重要的部分。高收入群体却未必这样认为，衣食住行只是他们最基本的生活层面，并不能引起他们最大的兴趣和关怀，在这些消费之外，他们还有更多和更重要的消费关怀和生活需求。本章就是要考查这些衣食住行之外的其他非基本生活的状况，这些非基本生活，已然超越了个人最基本的需要，但依然是常见和重要的家庭生活的内容，包括教职员工的医疗、休假与闲暇、子女的教育条件与花费、社会地位等。

第一节　教职员工的医疗

人们对医疗的关注，源于对生命的重视，医疗是每个人都关心的重要事项，而医疗条件和医疗消费的承受能力更是直接体现了个体的生活水平。如果将疾病看成是影响生活质量的偶发因素，不同人群的不同医疗条件和医疗消费能力就是他们应对这种偶然危机能力的重要体现，也是其生活水平高低的重要指标。清华校园拥有优美的自然环境，其清洁与卫生甚至打动过英国著名哲学家伯特兰·罗素（Bertrand Russell）。他在 1920 年参观过清华后说："到了清华园，一个英国访问的人，立刻感觉到好像在美国一样，周围均可触及若干在这一古老国家碰不到或极少见的习惯和现象：如清洁、整齐、讲效率、守时刻等等。"[①]但任何干净、整洁的环境背后，总有疾病和死亡的存在，

① 李济：《感旧录》，台北：传记文学出版社，1967 年，第 8 页。

更何况对于南方师生“北方气候不中，寒暖不时，患病者常不能免”①。因此，医疗条件同样敏感地影响着清华教职员的生活水平。

开办之初，清华就设有医院，虽还比较简单，但其条件已不是一般学校“医务室”可比。游美学务处时期，清华医院的基本设施就包括诊视室2间，药品室2间，医员休息室1间，普通病房10间，传染病房4间，浴室2所，中门厅1间，偏门厅1间，中间通路，厕所2间。②医院设在东、西园之间，体育馆南边，房舍清洁，空气流通，四周种植花木，是休养的好地方。这是个颇有规模且设计合理的小型医院，对于规模有限的学校而言，无疑是相当完善的。同时，清华医院不仅服务校内人员，而且也向附近乡村民众开放。1916年的一个半月中，来医院就诊者就达780人之多。每日平均有18人，最多者达38人，最少7人。疾病以外科为多，其中尤以皮肤疮及小儿虫疾最普遍。其中“男子来诊者，大半为苦工。自西直门至清河各处，人民俱不惮烦来诊”③。1932年3月15日，医院报告，当时仍有相当多的附近居民前来就诊（表4-1）。

表4-1　1932年3月15日校医院报告

分科	诊病次数/次	就诊者	人数/人	就诊地点	次数/次
内科	586	教职员	383	教员宿舍	3
外科	534	学生	1215	学生宿舍	3
眼耳鼻喉	824	工匠	335	北院	3
产科	1	附近住户	84	南院	1
割病	8	海甸居民	3	西院	5
种痘	6				
身体检查	61				
总计	2020	总计	2020	总计	14[1)]

1）所引原文资料如此，疑应为15

资料来源：《医院报告》，《国立清华大学校刊》1932年第383号，第1版

1916年以前医院仅聘请2位校医并雇用若干男性校役担任护理。1919年增加男护士1人，第二年又增加1人。医院每天开放门诊，对于病重无法到院的，医生可以到家中探视，但收取出诊费。病房的设备比清华一般的学生寝室要好，钢丝床上铺着白色的床单和干净的铺盖，还有小火炉和小心伺候

① 汪心渠：《一年来全校之进步》，《清华周刊临时增刊·第二次》1916年6月，第16～19页。

② 《呈报招商承办游美肄业馆等处工程情形（清单）》，清华大学档案：《游美学务处筹建斋舍、圈住围墙，清华学校建筑高等科中等科房舍暨清华教职员住所工程与清政府外交部、北洋政府外交部的来往文书》（1910年4月～1918年10月），编号：1-1-012。

③ 《诊病所近情》，《清华周刊》1916年第90期，第26页。

病人的听差。病人伙食由医生依照病情轻重分为 3 等。医生每天都定时巡视病房 2 次，为病者量体温和查看病情。医院还备有多种游戏用品，供病人消遣，还可代病者借阅图书杂志等。1920 年医院门诊改制，病人依科别就诊。学生外科取红牌，内科取黄牌，眼科取蓝牌，耳科取白牌，喉科取黑牌，教职员取红黄牌，校工取黑黄牌，以免混淆[①]，医院在使用颜色来区分职业群体时也划分了人群等级。此外，清华当时每年还有四五千元的医药费用预算，教职员医疗卫生有切实保证。

1934 年清华医院开始新一轮建设。此次扩建，校方提出："我校医院自成立迄今垂二十年……旧有病房对于寻常疾病虽尚能勉强调度；一旦传染病流行，即大有人满之患……故尔来正在进行新医院之建设。而尤以预防传染病为要务。"[②]对传染病（如红眼病、猩红热、伤风感冒等）的重视和采取隔离措施一直是清华医院很重视的一项工作，同时也很注意普查学生的牙齿与眼睛。改建后的医院，除办公室、药房外，病床数目也增加到 35 个。在门诊规则上，清华医院特别强调：

> 一、本院诊病时间每日自上午九时至十一时，下午二时至四时，星期日例假，自上午九时至十时。
>
> ……
>
> 三、本院对于在校人员概不取诊金及医药费，但用特别药品时不在此限。
>
> 四、重病及意外病伤患者即在门诊时间外，亦得到院求治。[③]

医院的良好与否，除了医疗设备之外，最重要的还在医生的医术和医德。清华最早的医生为美国人布乐题（Richard A. Bolt）和舒美科（Arthur Shoemaker）二人。布氏 1911 年就来到清华担任生物教员兼校医。他是美国密歇根大学医学学士，曾在哈佛大学研究，后在纽约某医院实习并担任过克里夫兰儿童医院的代理主任，因此是一位受过专业训练并具有相当临床经验的医生。舒美科毕业于美国堪萨斯市立医学院（Kansas City Medical College），拥有哥伦比亚大学理学士学位，曾任新泽西州莫里斯镇（Morris Town）男校的体育教练和校医，1911 年起任清华校医兼体育教员。二人 1916 年左右离开清华，学校又分别请到美国人邓恩和中国人施赞元两位医生。1918 年清华改聘美国西北

① 《医院新制》，《清华周刊》1920 年第 194 期，第 40 页。

② 祝枕江：《医院概况》，《清华周刊》1934 年第 588/589 期（向导专号），第 64～66 页。

③ 祝枕江：《医院概况》，《清华周刊》1934 年第 588/589 期（向导专号），第 64～66 页。

大学医学学士赖斯福（William Brooks La Force）担任校医。此人曾在美国医科大学担任过病理细菌学教授、外科主任和卫生会会长等职，是一位外科专家，在清华服务 10 年，受到师生喜爱。1919 年清华扩建医院时，决定添聘医生，除请赵士北夫人为专门眼科医生外，还聘请汤梅和姚尔昌两位医生。1920 年赵士北夫人辞职，学校改请赵克诚接任。1922 年 9 月，汤、姚两人离职[①]，学校又聘杜梅和有医学学位的清华校友李冈 2 人。清华还曾聘请齐清心医师。齐氏毕业于美国费城杰斐逊医学院，曾任职于北京协和医院及保定河北大学。[②]

1934 年清华新聘校医及医员各 1 位，其中校医胡鲲是日本九州帝国大学医学士，曾任校医院内科主任以及浙江广济医院和杭州医院耳鼻咽喉科主任。医员刘同轨是河北大学医学学士，曾任河北大学医科教员，附设医院医员及河北省立保定师范主任校医等职。[③]以上这些医生，不管是美国人还是中国人，都受过专门的医学训练，并有丰富的临床经验，加上后来雇用协和医院附设看护学校毕业生 3 人为护士骨干，清华的医疗设施与人员配置应该可以让人满意。但由于个别医疗人员服务态度不好，工作不积极，也曾遭到社会舆论的非议。

约在 1921 年以前，清华就与北京协和医院建立了转诊关系。协和医院医师的水准和医疗设备均比清华精良，是当时北京最好的医院之一，可治疗重病。转诊费用由学校负担[④]，这一举措显然极大地提升了清华的医疗水平。至于就诊收费，学校很早就规定"在校人员概不取诊金及医药费"[⑤]，但当使用某些特别药品时须另外付费。这一医疗政策大大降低了教职员的医疗负担，特别对于校工，有医疗保证可以使他们的生活水平高出其他村民和邻人，清华的医疗保证可被看成是医疗福利，而不是医疗支出。由此可见，清华从学校早期开始，便建立了良好的医疗保障体系，为校内教职员的医疗健康提供了良好的保证。

当然，以上这些措施的实施并不意味着清华教职员工及其家庭就完全没有医疗负担。如果家庭成员出现疾病，特别是重大疾病，对整个家庭造成的经济压力依然很大。吴晗夫人袁震患有肺病，后来又患骨结核，去掉两节脊椎骨，睡在石膏模床上，生活不能自理，每天都由吴晗以及其弟弟（也在清

① 《永久离职之教职员》，《清华周刊》1922 年第 250 期，第 35 页。
② 《医院》，《清华周刊》1926 年第 378 期，第 655 页。
③ 《新校医到校》，《清华副刊》1934 年第 42 卷第 3 期，第 20 页。
④ 苏云峰：《从清华学堂到清华大学 1911～1929》，第 279 页。
⑤ 祝枕江：《医院概况》，《清华周刊》1934 年第 588/589 期（向导专号），第 64～66 页。

华）抬着石膏床去晒太阳。吴晗需要承担袁震的医疗费用，生活压力很大。[①]朱自清太太曾因小产住进协和医院，当朱自清于 1935 年 4 月 22 日下午到协和医院迎接妻子的时候，“遇医院一职员收诊费用英语说些无理的话，妻仅住院六天即用去六十元”[②]。可见，虽然可以转进最好的协和医院，但其费用还是十分昂贵的，就连朱自清这样的中文系主任、教授也有些招架不住。

第二节 教职员工的休假与闲暇

经济学家将生活水平定义为消费所有通过工作等努力获得的商品的效用总和。商品包括的内容很广泛，在广义的经济学概念中，闲暇也是一种商品，有一定的价值和成本。对于具体的个人生活而言，休息对其生活水平的高低更有着相当的影响。所以本节将利用所能搜集到的资料来讨论清华教职员工的休假规定与闲暇生活等，以期更全面地掌握其生活水平。

一、工作环境和强度的比较

虽然工作强度本身并不能直接决定休假与闲暇的多少，但如果将各群体的工作强度和休假的规定对照起来看，能够更真切地感受各群体的工作压力和辛劳情况，也就更接近他们本真的生活水平。工作环境和强度通常和工作性质有关系，因此教员、职员和校工体现出了明显的差别。

首先是教员。冯友兰说过：“当时清华的教授真是够舒服了。每个教授开三门课，有些人把这三门课都集中在三天之内，每星期就有整个三天的囫囵时间归他自己支配。”[③]钱昌祚也说：“得回校任职，实甚快慰。我任教大学部一年级的解析几何与高等代数，每周四小时。又任留美预备部高等科三年级的同样课且每周四小时，工作实甚清闲。”[④]但并非所有教员都有这样轻松的经历。陈岱孙回忆：“在清华的头五年，我整天忙于教学。经济系四年的专业课不算少，而教师不算多。每个教师每年都得担任三门课，每星期 8～9 小时。在哈佛大学时，我的专业方向是财政金融。在清华主讲的也有这一门。”[⑤]

虽然上课的规定都一样，但大家的感受还是有差别的，只是无论如何，

---

① 吴浦月：《怀念大哥吴晗》，庄丽君主编，刘敏文副主编：《世纪清华之二》，第 111 页。

② 朱乔森编：《朱自清全集》第 9 卷《日记编》上册，第 355 页。

③ 冯友兰：《三松堂自序》，第 75 页。

④ 钱昌祚：《求学及教学生活》，《传记文学》1974 年第 25 卷第 4 期，第 40～45 页。

⑤ 陈岱孙：《往事偶记》，顾颉刚等：《逝水年华》，北京：北京师范大学出版社，1997 年，第 139 页。

教员的工作算不上特别轻松。当时很多人认为，一想到清华教员的生活，最先的印象是它的“枯燥”和“单调”，即教员们日复一日地从书斋到课堂（或办公室）做“直线往返运动”。赵元任的外甥杨时逢曾记述过赵元任在清华任教时的一份作息时间表：“姑父因为自己的身体不太健康，对于自己衣着和饮食都特别注意，日常生活，也非常有规律，姑母照应他的起居也是无微不至，数十年如一日，姑父每日早晨必需（须）用冷水冲澡一次，看十几分钟报纸，早餐后上办公室工作到十二点，回家午餐，饭后休息少许，上办公室上到下午五六点才回家，晚餐后大部分时间都消磨在他的书房里，不是看书，就是打字或写文章，常常家里有女客跟姑母高声谈话，他还是能安静的写作。有时到客厅里弹一会儿琴，又回书房工作，直到十二点以后，才真正休息。姑父一向睡眠不好，如有亮光或有响声，就不能入睡。他拥有一间大书房，书架上放有各种类别的书籍，如科学杂志、刊物、天文、地理、语言学、音乐、物理、哲学、文学，以及中国古典文献等。我知道他各方面的常识很丰富，他的学问也很广泛，真可以说是一位博学多才的学者。他的一生最喜爱的，就是音乐、照相，凡有有名的舞台歌剧演出或音乐演奏会，他跟姑母都要去欣赏的。对于饮食方面，姑父、姑母都很有兴趣，他们也都欢喜上馆子，可以点自己爱吃的菜，在家里就办不到，而且各饭馆的口味也不一样。”①虽然材料展示了赵元任生活丰富多彩的一面，但教员、学者们辛苦忙碌的一面也不可忽视。

1936 年 11 月，清华校内刊物曾以“清华园一日”为题，在师生中组织征文。朱自清以一篇名为《十一月十一日》的文章应征，该文章记载了该日他一天的工作情况：早上先上两节课，第一课国文，讲《史通叙事篇》；第二课宋诗，讲王安石的《明妃曲》。下课后，因为当日是周三，十一点到十二点“看书样子”，即看各书店送来的书单，挑选有需要用到的俄文图书。下午先读王安石的诗，四点钟又开评议会，会上通过了《清寒公费生章程》的修正条文，晚上又读了日本教科书。②朱自清记载的显然是有课有公务的一天，他不仅是中文系教授也是学校评议会成员，因此不仅要上课，还要处理校务，工作辛苦忙碌，但即便这样，晚上还要继续研读学术著作，保持自己对学术动态的了解和掌握，这也是众多学者的日常生活轨迹。萧公权说：“从民国二十一年九月起，到二十六年七月止，我在清华大学任教五年……我每星期授课六小

① 杨时逢：《追思姑父赵元任先生》，《传记文学》1982 年第 40 卷第 4 期，第 18～24 页。

② 佩弦：《十一月十一日》，《清华副刊》1936 年第 45 卷第 5/6 期，第 2 页。

时，有充分的时间去从事研究。”[①]陈寅恪长女陈流求（1929 年出生）回忆：“从我记事起（本年流求五岁）我家住在清华园南院。后移居新西院，距西校门不远。这时家中生活紧凑而有规律。父亲每天出门总是夹着个布包袱，包着书本。晚上照例伏案工作，父亲从不满足自己掌握的治学工具，每逢星期六上午，不分寒暑都进城到东交民巷找一位叫钢和泰的外籍教师，学习梵文。”[②]可见，教员的工作比较特殊，工作时间绝不仅仅是上课的几个小时，课余时间也常常需要工作。

其次是职员。职员的工作和教员不一样，职员的工作基本是事务性的，除了应对日常的工作，课余时间并不需要再做太多工作。清华规定，“职员办公时间，以每日八小时为原则，遇有必要时，得延长之”[③]。另外，多数职员也可以和教员一样，享受寒暑两次长假。

最后是校工。校工基本从事的是体力工作，相对于教职员的脑力工作，他们不仅收入低廉，工作时间也很长，强度比较大。清华曾规定校工在校工作时，“无论冬夏均限黎明即起，各司其事，暇时不得群聚喧闹，及犯饮博一切不应为之事”[④]。另外，清华学校时期就已根据不同工作岗位的情况，对各工种的校工工作人数与时间做了详细规定。绝大多数的校工日常工作时间都在 10 个小时以上，有些还有加夜班等的特别需要，工作很不轻松。不同工作地点的具体工作时间可见表 4-2。此外，校警的工作强度也不低。根据 1917 年的规定：每警兵每日夜共工作 8 小时。每警兵每日还要操演 1 小时，每月仅可例行休假一天。[⑤]可以说，清华园里最消耗体力的就是校工群体了，加之他们的待遇也是最差的，大多只够勉强温饱，因此闲暇享受对他们既没有实现之可能，也缺乏实用之意义。

表 4-2　雇役的分配及工作时间

地点	人数/人	工作时间
高等科	19	14 小时，7：00 am～11：00 pm
中等科	17	13.5 小时，7：00 am～10：30 pm
科学馆	12	9.5 小时，8：00 am～6：30 pm
图书馆	5	12 小时，8：00 am～10：00 pm

① 萧公权：《清华五年——问学谏往录之九》，《传记文学》1970 年第 17 卷第 4 期，第 68～72 页。
② 蒋天枢：《陈寅恪先生编年事辑》，上海：上海古籍出版社，1981 年，第 82 页。
③ 《职员服务规程》（1937 年 2 月 24 日修正通过），清华大学校史研究室编：《清华大学史料选编》第 2 卷上册，第 183～184 页。
④ 《校役通守条规》，清华大学校史研究室编：《清华大学史料选编》第 1 卷，第 200～202 页。
⑤ 程树仁：《本校警政调查记事》，《清华周刊》1917 年第 94 期，第 10～12 页。

续表

地点	人数/人	工作时间
体育馆	9	10 小时，8：00 am～7：00 pm
医院	2	12.5 小时，8：00 am～10：30 pm
学务处	3	14.5 小时，7：00 am～11：30 pm
古月堂	2	14.5 小时，7：00 am～11：30 pm
守卫处	27	每人昼夜两岗共 8 小时
电灯房	12	—1)
花洞	13	每人 8 小时
清道夫	16	10 小时，6：30 am～5：30 pm
手工教室	4	8 小时，8：00 am～5：00 pm
总计	141	

1）所引资料此处无内容

注：工作时间中包含吃饭时间，推测早饭为半小时（6：00am 上班者有，其他无），午饭、晚饭（7：00pm 以后上班者有各 1 个小时）

资料来源：赵恩钜、张明昕：《清华学校雇用工役生活费的调查》，《清华学报》1924 年第 1 卷第 1 期，第 128～140 页

二、教职员工的休假

同工作一样，休息也是个人最重要的基本权利，休假更是工作待遇的重要组成部分。休假通常只和工作地位与性质有较强关联性而与工作强度关系不大。教职员工各群体所从事工作的工作性质与地位迥异，学校对从事不同工作的群体制定了完全不一样的休假规则，这也直接决定了各群体不同的休假状况与内容。由于教职员工请假、休假的规定差别非常大，因此本小节对此也要分别进行讨论。

首先是教员。请假与休假是教员重要的两项待遇，休假时可以出国研究更是教员所能独享的一项特权，是清华教员待遇的一大特色。对教员的事假管理，清华也有明确的规定，以 1934 年重印的《国立清华大学教师服务及待遇规程》为例，对教员的请假做了 6 条规定，相对于职员和校工显得非常详细：

> 第三十八条　本大学教师，因病或因事请假，须先期通知注册部；其因事请假逾一星期者，须先得系主任同意。
>
> 第三十九条　本大学教师，因事请假，每学期不得超过授课钟点总数五分之一；但因特别事故，经校长先期许可者，得超过此限。
>
> 第四十条　本大学教师，因事请假，每学期逾授课钟点总数五分之一者，其请假期内之薪金，由本校扣除，但有由学校认可之人代课者，不在此限。

第四十一条　本大学教师，因事连续请假逾三星期者，其请假期内之薪金，由本校扣除，但因本校公事请假者，不在此例。

第四十二条　本大学专任教师，因病长期请假时，须具有本校所承认医生之证明书。

一次连续请假不逾两月者，得支全薪。

一次连续请假逾两月者，得自假期第三个月起，按其服务年数，每满一年，多支一个月全薪三分之二；但若第二次应用本条规定时，第一次已经适用之服务年限，不得并入计算。

一学年内数次请假，合计逾两个月者，与一次连续假期逾两月者，同样待遇。

第四十三条　本校非专任教师，因病连续请假过一月者停薪。[①]

教员的请假规则相对于其他群体还是比较宽松的。病假与事假区别对待，显得合情合理，对 2 个月以内的病假仍支原薪，体现了校方对教员的关心。但对长期生病教员的关怀，似乎仍不够。

定期学术休假更是清华教员的重要特权之一，起初休假只适用于教授。1930 年 6 月 16 日通过的清华《专任教授休假条例》规定："专任教授如按契约及服务规程继续服务满五年而本大学愿继续聘任其担任教授者得休假一年。如在国内休假一年而不兼职者得支半薪，休假半年而不兼职者得支全薪，如赴国外研究者准支半薪并按学生例给予月费、学费及往来旅费，但不给他项费用，休假期过一年不得再付薪金、月费及学费，凡不续聘不得援例。凡赴欧美研究者同时由本大学给予川资美金五百二十元，返国时由留美监督处给予川资美金五百二十元，月费每月美金八十元，留英者美金一百元，由留美监督处按月发给，每年以十二月计算。"同时，为了保证教授出国研究的质量，还特别规定："凡赴国外研究之教授，应先将在国外研究之具体计划交由系主任、院长、校长，提交评议会核准后方得享受前条规定之待遇。"出国研究结束后，教授"至少有服务本大学一年之义务"。如果遇到大学课程或者经费等特殊困难，无法保证教授出国研究时，"得由系主任、院长、校长提交评议会核定教授休假延期之年限，但该教授仍得保留其休假之权利于延期后享有之"[②]。1932 年 1 月 28 日，熊庆来本应在这个时候休假赴欧洲做研究，但

① 《国立清华大学教师服务及待遇规程》（1934 年重印），清华大学校史研究室编：《清华大学史料选编》第 2 卷上册，第 174～181 页。

② 《国立清华大学专任教授休假条例》（1930 年 6 月 16 日），清华大学档案：《国立清华大学专任教授休假条例》，编号：1-2-1-109。

因系中应添教授尚未聘到，于是继续服务一学期至暑假才出国研究。[①]同时为保证学校的教学进程和教员规模，学校规定“凡每学系教授休假，其所任功课应由该系教授分担，不得因此增加教授”，“各学系每年休假人数，以不妨害前项规定之实行为限，但至多不得过二人”[②]。

教授工作每满 5 年就能休假 1 年出国研究，这是清华教授待遇的一大优势。冯友兰曾说：“我在 1933 年暑假，又出国了。照清华的办法，教授任职满五年，可以申请出国休假一年，清华发给他相当于一个留学生的费用和来往路费。我于 1928 年到清华，到 1933 年满了五年，可以享受这个权利。同时我还收到英国的一个邀请。”[③]

对于教员、助教的休假规定如下。①在本大学继续担任全时教员或全时助教满五年而成绩优卓，愿专做研究而同时不兼他职者得休假一年并支全薪。②每学系之教员或助教同时休假者至多一人。[④]教员和助教并不享受出国研究给予津贴的权利，很快他们就对此表达了不满。先有理学院教员建议“本校教员、助教服务满五年后有志于国外研究者，得请求本校给予津贴”[⑤]。提案马上得到了全校教员、助教的响应，他们认为应给予教员、助教国外研究津贴，理由包括：①教员、助教有比一般留学生更浓厚之学术兴趣，资格也有（大学毕业）；②教员、助教同供教职，自应享受同等待遇；③教员、助教平时在校工作既极苛重，又近烦琐，而所得薪金多数且不能比一高中教员，其所以日夜思尽职不敢懈怠，而研究生毕业可以出国，教员、助教不平，认为他们也应享受该待遇。[⑥]这次联名的教员和助教包括沙玉彦、唐培经、黄厦干、薛愚、臧玉淦、谢炯、王绶基、施汝为、周鸿经、浦江清、余瑞璜、张昌华、陈封怀、陆学善、孟光喆、马绍援、邹湘乔、容启东、马师伊、赵文珉共 20 人之多。他们的呼声得到了校方重视，1931 年修订的《国立清华大学教师服务规程》中关于休假的规定出现了变化，声明是针对全体专任教师的。规定指出：

---

① 《熊庆来致梅贻琦》（1932 年 1 月 28 日），清华大学档案：《国立清华大学 1932～1936 年度教师申请休假出国研究计划，休假教授名单及来往函件》，编号：1-2-1-126：1。

② 《国立清华大学专任教授休假条例》（1930 年 6 月 16 日），清华大学档案：《国立清华大学专任教授休假条例》，编号：1-2-1-109。

③ 冯友兰：《三松堂自序》，第 78 页。

④ 《教员助教休假及研究津贴条例》（1930 年 6 月 16 日），清华大学档案：《国立清华大学专任教授休假条例》，编号：1-2-1-109。

⑤ 《请复议教员、助教国外研究津贴案》，清华大学档案：《第一百三十次评议会会议纪录》，编号：1-2-1-006：5。

⑥ 《请复议教员、助教国外研究津贴案》，清华大学档案：《第一百三十次评议会会议纪录》，编号：1-2-1-006：5。

连续服务五年且续聘的教授，可休假一年，如不兼事支半薪；或休假半年，如不兼事支全薪，但曾休假一次者须连续服务六年方能休假。

若休假期间赴欧洲研究者，除支半薪外，由本大学给予往来川资各美金520元，给予在外研究费每月美金100元。

如去日本，则川资各日金150元，在外研究费日金150元。

在国内研究者支全薪，外出调查旅费可支，但不超过500元。

每年教授休假人数每系教授人数在11人以下者不得超过二人，满12人者至多不得超过三人。

若是专任讲师，教员及全时助教，连续服务五年成绩优异者，若在国内研究机构不兼他职，支全薪，也可赴外调查，旅费不过500元。若赴欧美或日本专做研究，可支领学费，并支给川资及研究费，均为教授一半，但不支薪。此等人休假，每系每年共不得过一人。①

虽然待遇要逊于教授，但取得可以出国研究的待遇，对教员群体还是意义重大的。1934年和1937年两度公布的教员待遇规程，基本都沿袭了该规定，只是补充了一些内容："本大学专任讲师、教员及（全时）助教，改任他种专任教师者，其未改任前在校服务年限，仍计入休假前服务年限内，且休假待遇，照改任后之地位办理。"此外，还强调"本大学专任教师，在休假期内，作研究工作，得有本校津贴者，应于休假年终，将研究结束，报告本校"②。

1929年至1936年，清华教师中因休假而出国进行研究的人员的具体情况可参见表4-3。1936年华北局势已十分严峻，若该年数据忽略不计，则享受这一待遇的教员人数自1932年起有了很大增长，就清华当时的教员规模而言，到1935年出国研究人员的数目已经相当可观。据统计一共有70多位教员享受了休假出国研究的待遇，这对清华的发展和教员自身的进步都影响甚大。

表4-3　清华教师历年休假出国研究人数统计

年份	人数/人	教师姓名
1929	2	吴可读、李济
1930	3	吴宓、陈福田、叶企孙
1931	3	朱自清、温德、金岳霖
1932	7	杨树达、毕莲、翟孟生、刘崇鋐、熊庆来、陈岱孙、孔繁霱

① 《通告修订教师服务及待遇规程》（1934年6月5日），清华大学档案：《国立清华大学校长办公处通告底稿》，编号：1-2-1-014。

② 《国立清华大学教师服务及待遇规程》（1934年重印），清华大学校史研究室编：《清华大学史料选编》第2卷上册，第174～181页。

续表

年份	人数/人	教师姓名
1933	12	孙鏞、吴韫珍、浦薛凤、陈寅恪、冯友兰、王文显、吴有训等
1934	13	蒋廷黻、萨本铁、杨武之、陈桢、张奚若、施嘉炀、萧蘧、戈定邦等
1935	17	刘文典、钱稻孙、李继侗、叶鹿、萨本栋、陈达、王明之、郑之蕃、邹文海等
1936	13	周培源、蔡方荫、张泽熙、马约翰等
合计	70	

资料来源：《历届休假放洋教员一览》，清华大学校长办公处编：《清华同学录》（1937）《附录》，第Ⅴ～Ⅵ页

教员出国研究，不仅是放松身心的休假，更多的还是研究新课题、开创新领域，对学校甚至中国学术都颇有贡献，这是职员和校工的工作性质与个人能力所无法企及的。1927 年初王文显利用休假的机会，前往美国耶鲁大学研习了 1 年，特别是跟随戏剧大师乔治·皮尔斯贝克教授（Prof. George Pierce Baker）学编剧。当年 5 月，耶鲁大学戏剧学院演出他编写的三幕英文剧《北京政变》，受到广泛好评。①1932 年陈岱孙也利用休假的机会前往欧洲研习。他花了半年时间在法国学习，半年时间在英国学习，其间还在多所大学听课以及在大英图书馆查阅大量资料。在此基础上，他完成了关于岁计制度（budgetary system）的研究，这一制度主要是在欧洲施行，作为经济学教授，他也只有去欧洲才能完成该项研究。浦薛凤得到休假机会时，他的计划是前往德国柏林大学，研究康德、黑格尔与菲希特 3 位著名学者的政治哲学，以及搜购 3 位学者著作的德文全集。②他在德国的活动主要包括 3 个方面：其一，在柏林大学旁听课程；其二，利用柏林城内的普鲁士邦国家图书馆的资料进行研究；其三，每周或每旬，前往各大书肆，以及沿街陈列之旧书摊搜看有关近代政治思想的书籍。

经济系教授蔡可选久任清华，对学校感情也深。虽然每于开学之前，各政府机关、学术团体和各著名大学的聘书纷驰，但他从来没有离开清华一步，全校师生，莫不认为深幸。当他也照例休假时，清华同学颇有些不舍。但他利用休假远赴欧洲大陆，考察各国的银行制度并进行比较研究。后又到伦敦专门考察世界金融市场的情况和各类国际贸易与汇兑上的繁杂手续，这对其讲授和研究银行、金融的课程、课题无疑大有帮助。③社会学系陈达教授也曾出国休假研究，“未离校时他说是先到南洋，约作数月的停留，这是受太平洋

---

① 黄延复：《二三十年代清华校园文化》，第 123 页。

② 浦薛凤：《万里家山一梦中》，第 153 页。

③ 《清华教授印象记：蔡可选》，《清华暑期周刊》1934 年第 8 期，第 460 页。

国际学会的委托，考察侨胞劳动状况的。以后才能致力于他个人的研究，路线预计是由南洋到印度，再到欧洲各重要国家，回来时经苏俄再作相当时期的考察，然后由苏联回国”①。如此丰富的历程，让清华学生都期待他回国后，能带回大量的新材料以了解世界。还有施嘉炀，他休假时选择去了德国皇家研究院研究水力。②

1933年夏，依例休假的清华教授有冯友兰、艾克、邓以蛰、孙光远（即孙鏞）、吴正之、吴韫珍、寿振璜、浦薛凤、王化成、蔡可选、高崇熙、施嘉炀等十余人。他们大半拟具国外研究计划，并函请学校查照。学校在经费稳定的情况下，经校评议会审查通过即拨款放行。③1937年出国研究休假的教授也比较多，计有雷海宗、赵忠尧、张子高、袁复礼、周先庚、萧公权、顾毓琇、刘仙洲。④另外，也有教授由于研究课题的关系不必出国，但休假也大大促进了他们的科研工作。杨树达在1931年下学期教授《汉书》时，编有《汉代风俗史》一书“礼”的一章，印有数以百计的讲义。另有十余章，如婚假、家族、礼交、祭祀、冠礼等，因没有时间，“未能整理所已搜集之材料，时以为恨”⑤。于是他便申请国内休假半年，研究题目就是“汉代历史”。

其他级别的教员，也有出国留学研究的记载。如化学系教员马绍援曾因为研究成绩突出，服务也达到5年，被推荐出国研究。历史系助教杨凤歧，在清华连续服务5年后出国，他本来计划去英国伦敦大学读西洋近代史及国际关系史，后因为觉得这个计划太宽泛，短期难有效果，于是拟改赴意大利，专攻意大利史。但其最后的计划书仍是西洋近代史，学校为英国伦敦大学或美国斯坦福大学。他自己计划2年时间，这样便是公费1年，自费1年。⑥1937年学校还资助教员张为申、王漠显、陈鸿达、陈汉栋出国研究。⑦这种休假研习的方法对助教、教员等年轻老师的学术成长无疑起到了重要的推动作用。

蒋廷黻曾指出清华正是靠着这样的学术休假制度，而不是优厚的待遇，

---

① 《清华教授印象记：陈达》，《清华暑期周刊》1934年第8期，第453～455页。

② 《清华教授印象记：施嘉炀》，《清华暑期周刊》1934年第8期，第468～469页。

③ 《教授休假者将有十余人　回国者约五六位》，《清华副刊》1933年第39卷第2期，第14～15页。

④ 《1937年度休假教授出国研究者名单》，清华大学档案：《国立清华大学1932～1936年度教师申请休假出国研究计划，休假教授名单及来往函件》，编号：1-2-1-126：1。

⑤ 《杨树达致梅贻琦函》，清华大学档案：《国立清华大学1932～1936年度教师申请休假出国研究计划，休假教授名单及来往函件》，编号：1-2-1-126：1。

⑥ 《杨凤歧呈文》，清华大学档案：《国立清华大学1932～1936年度教师申请休假出国研究计划，休假教授名单及来往函件》，编号：1-2-1-126：1。

⑦ 《1937年度休假教授出国研究者名单》，清华大学档案：《国立清华大学1932～1936年度教师申请休假出国研究计划，休假教授名单及来往函件》，编号：1-2-1-126：1。

吸引到优秀师资的:“清华是一所国立大学,教职员待遇与其他同级大学是一样的,因此,它无法聘到杰出的学者任教。为此,评议会想出一个办法。就待遇的标准说,清华是按照教育部规定的,但清华另外规定有休假,并可供给休假旅费;上课钟点少,较其他大学进修的时间多;图书馆、化验室的经费也比其他学校充足。如果一个人为了拿薪水,就不必到清华。但是如果为了研究、写作、进修,他就会到清华来。此外,根据清华评议会所拟的规定,清华可以资助学者进修深造。以上规定,使清华建立一种看不见,但却极有效力的延揽人才的制度。在那段时日中,我们能够从其他大学中挖来著名学者,他们来清华不是因为待遇优厚,而是为了做学问。”①抗战以后,因时局恶化,清华教员休假制度一度不得不停办时,清华金希武等 49 位教授不由地感慨道:“窃为我清华大学迩年成绩优著,为国内外所推许。各科学问之探讨亦有特殊之贡献,见重于学术界,此同人所私引为欣幸而益加奋勉者也。推原其故,端由年来我校特别注重师资之培植,平时研究环境备极精良,间复优许教授出国研究,藉资广益,在学术独立之努力中,兼不忘他山之砥砺,此我校之大计,亦即我校之特色。所以年来我校之教师能与时俱进,无滞塞之弊,学术人材亦多乐于萃集我校,此皆当局用意之深,立制之善,有以激励罗致之也。”②这足以见证清华教员休假制度的成功与重要。

相对于教员,学校对职员的休假规定在内容上要少很多,也比较简单,主要是:第一,本大学职员每年暑假,有暑假一个月,但因职务关系,不能享受此项休假者,得于其他时期补足之。其平时请假,积满一个半月,或一次请假一个月者,皆不得享受此项休假。第二,本大学职员,因不得已事故请假在一个月以上者,须征得校长同意,请人代理,但代理期间,不得超过三个月。第三,本大学主任以上之职员,如服务在五年以上而成绩卓著者,得休假半年,如不兼职者,仍支原薪。事务员以下职员,如服务在五年以上而成绩卓著者,得休假三个月,仍支原薪。③以此而论,职员的请假和休假待遇都要差于教员,这也体现了当时清华教授治校,以教学为中心,以师生为重心的办学特色和理念。

对校工的管理,清华历来比较严格,对其行为哪些可以做,该怎么做,

① 蒋廷黻:《蒋廷黻回忆录》,第 128 页。

② 实际上,在 1940 年 5 月金希武等教授建议恢复教授学术休假制度之前,1939 年 5 月倪俊等 13 位教授已建议恢复这一制度。参见《金希武等 49 教授为恢复教授休假制度致校长信》(1940 年 5 月 22 日),清华大学校史研究室编:《清华大学史料选编》第 3 卷上册,第 285~287 页。

③ 《职员服务规程》(1937 年 2 月 24 日修正通过),清华大学校史研究室编:《清华大学史料选编》第 2 卷上册,第 183~185 页。

哪些又不可以做，《校役通守条规》中有很多详细规定，但在请假问题上，规定很少，休假更是没有。相关的请假规定只有三条，包括：第八条，除给假外，无论何时不得擅离职守。如因公事他往，应先向庶务处陈明。第九条，每月定有例假天数，唯同段仆役不得同时请假。第十条，例假之外，不得时常请假；如遇有不得已事故，无论久暂，必须觅妥人代替，经庶务处认可，方得离开。[①]从假期数目和请假规则上看，校工的待遇远不能和教职员相比。

三、教职员工的闲暇

古典经济学将一个人的人生时间分为工作与闲暇两部分。在现实生活中，不论是工作还是闲暇，对个人都是有很强效益的，两者之间也存在着矛盾。有经济学家指出，人们对闲暇的欲望增加能够导致生产率的增大。这是因为当他们工作时间减少，在家里为自给消费品工作与为市场工作的两难冲突的范围缩小时，他们必须提高分工水平和相关的生产率，通过更多地利用分工经济和相应的人与人之间的优势互补，来满足对消费和闲暇的欲望。[②]在近代经济条件下，分工协作已经比较成熟，消费的多样化促使人们增强了对闲暇的欲望，闲暇时间与质量的不同，就成为衡量个人生活水平的重要指标。因此，本小节主要考察了清华教职员工各群体的闲暇生活。

通过本章前面内容的介绍，清华教职员工等各阶层的工作性质和休息规律等已初步呈现出来。清华只要求教员每周的日常课程为 6 节，尽管教员在课余时还需要坚持研究精深的课题或者如陈寅恪般不断地加强学习，但毕竟他们有相当的权利和足够的空间去安排自有的课余时间，这也为教员的闲暇生活做了铺垫。教员，特别是高级教员的收入高，交际广，使得他们也更有可能充分地享受闲暇，闲暇也就成为考察教员尤其是高级教员生活水平的重要项目。至于职员，在日常时间里，他们每天要工作 8 小时，每周只有 1 天休息时间，但职员工作之余，不太需要应对繁重的科研压力和学习任务，职员的收入也比较优厚，这使得他们可以更舒坦地享受闲暇。校工阶层本就属于体力劳动者，工作辛苦，收入还很低，处于社会分工的边缘和最下层，这使得他们不仅没有时间，更缺少经济能力来享受更多的闲暇和消费更多的商品。

综合以上情况，由于校工几乎没有什么有质量和内容的闲暇生活，关于职员闲暇生活的记载又比较少，唯有教员既有实际的闲暇生活，又有非常丰

---

① 《校役通守条规》，清华大学校史研究室编：《清华大学史料选编》第 1 卷，第 200～202 页。

② 杨小凯：《经济学——新兴古典与新古典框架》，张定胜、张永生、李利明译，北京：社会科学文献出版社，2003 年，第 307 页。

富的记载，所以本小节主要考察的是教员及其家属的闲暇生活，以此至少可以更清楚地了解教员的生活水平。

教员的闲暇生活从具体内容上看，还是相当丰富的，包括体育活动、文艺活动、各类社团活动、观光游览活动以及打牌等纯粹的消遣娱乐活动。首先是体育活动。清华有相当比例的教员毕业于清华，清华教育的一大特色便是重视体育教育。[①]很多教员在清华念书时，就曾接受过严格的体育训练且成绩都还不错。如马约翰曾说过："像施嘉炀、梁思成等，体育都是很好的"，而"吴宓，跳远跳了 11 呎[②]多，12 呎才能及格，他就被我扣了半年，通过后才出洋的"[③]。正因为这些教员有良好的体育基础和训练，他们也就逐渐养成了体育锻炼的习惯和爱好，体育活动也就成为清华教员闲暇生活的重要组成部分。

清华学生眼里的许多老师，都是各类运动的爱好者和榜样。同学们曾说机械系教授庄前鼎[④]"太阳才出来不久，你便可看到他一个人在操场跑道上跑，跑过了，还要上体育馆各处去玩一会，有的时候还要打一打篮球，大约到七点多钟，他便去洗澡。他吃早饭，常在四院小食堂吃的，每天早上也只吃几分钱……五点以后，在夏天他是去游泳的，一直到最近，我们才发觉他的游泳是顶刮刮的"[⑤]。陈省身先生的岳父，清华数学系教授郑之蕃，对养生之道很是注重，冬天经常溜冰，夏日经常游泳，春天喜欢去西山，喝牛奶补身体。[⑥]心理系教授周先庚[⑦]特别喜欢网球，有时候学生下课甚至可以看到他们夫妇俩骑着摩托车，一前一后地向网球场进发。[⑧]网球应该是当时清华诸多教员热衷的运动之一，浦薛凤就说过，他在清华时，打网球是许多老师的共同嗜好。课余时间经常一起打球的，有陈岱孙、蒋廷黻、萧叔玉、王化成等诸教授[⑨]，

① 关于清华体育教育的详细情况，可参阅苏云峰：《抗战前的清华大学 1928～1937》第 4 章第 3 节"训育与体育教育"。

② 1 英尺（呎）=12 英寸（吋）=30.48 厘米。

③ 齐家莹编著：《清华人物》，第 9 页。

④ 庄前鼎（1902～1962 年），青浦县人。南洋公学毕业，赴美留学，获化学工程硕士、机械工程硕士学位，被选参加美国科学研究荣誉学会，荣获金钥匙。曾在美国多家工程公司担任工程师、设计师等职务。回国后任清华大学机械工程学教授兼系主任、航空研究所所长。曾任中国机械工程学会会长、中国工程学会董事、《机械工程学报》总编辑，也是美国机械工程学会会员。他在清华大学负责建立机架实验室、发动机实验室和航空风洞等。

⑤ 《清华教授印象记：庄前鼎》，《清华暑期周刊》1934 年第 8 期，第 470 页。

⑥ 《清华教授印象记：郑之蕃》，《清华暑期周刊》1934 年第 8 期，第 464 页。

⑦ 周先庚（1903～1996 年），安徽省全椒县人，中国实验心理学家。1916 年考入清华学校，1924 年毕业。1925～1930 年留学美国斯坦福大学，获得学士、硕士及哲学博士学位。回国后历任清华大学、西南联合大学、北京大学心理系教授。

⑧ 《清华教授印象记：周先庚》，《清华暑期周刊》1934 年第 8 期，第 467～468 页。

⑨ 浦丽琳：《梦萦清华的父亲浦薛凤》，清华校友总会编：《校友文稿资料选编》第 6 辑，北京：清华大学出版社，2000 年，第 90～93 页。

且基本上每周二都会有几个老师在下午四点举行比赛。有时候大家还会预备冰淇淋一桶，放在球场旁，边吃边打。①这样的休闲运动，真是好不惬意，令人神往。数学系教授杨武之更是兴趣爱好广泛，不仅会吹箫，还学过唱戏，会下象棋、围棋。在体育运动上，早在北京高师念书时，他就是学校网球队的队员，同时还很喜欢踢足球和打篮球。②陈岱孙本人虽然不是运动场上的活跃人物，但是他特别热衷体育散步。在他回国后，每天下午 4 时后，清华的学生们便能看到他穿着整洁笔挺的西装、颇具绅士风度的颀长身影，缓缓从操场南面的路上走过来，先是散步，遇到有比赛，不管是校际的还是校内的，他总是聚精会神，饶有兴致地伫立观看。③

很多清华教员还喜欢打桥牌和麻将。桥牌作为一种竞技性很强的智力游戏，以它特有的魅力称雄于各类牌戏，风靡全球，是很多社会精英所推崇的游戏和运动。麻将则是中国最传统的智力游戏，有着广泛的社会群众基础。相当多的清华教授们将打桥牌作为第一休闲活动，不仅是为了消遣时间，更是为了社交和增进友谊。因此清华教员打桥牌只计分数，有胜负但无输赢。据浦薛凤回忆，当时清华的桥牌局，通常是在周末晚饭后开始，经常参加打桥牌者，除了他和蒋廷黻以外，还包括陈岱孙、萧叔玉、王化成、陈福田等诸位教授。由于蒋、浦两家同住清华北院（十六号与四号），相去咫尺。当丈夫们往来牌局时，太太们也有自己的交际活动。蒋廷黻的夫人唐玉瑞就常和浦薛凤的夫人陆佩玉相来往，此外还常与王文显夫人来往，三个人经常坐在一起，一边编织毛线衣帽，一边细话家常。两家儿女亦常来往。④清华老师酷爱桥牌，这其中还有个关于蔡方荫的趣事。蔡方荫本是一位严肃的学者，但又是一位风趣的人。他酷爱打桥牌。一次，有 4 位同学在绘图室打桥牌，有位同学出错了一张牌，忽听背后有人大喊："错了，不能这样打！"大家惊讶地抬头一看，原来是蔡方荫教授，不知他什么时候站在一旁观战，情急而大呼。说着他便推开那位同学，兴致勃勃地打了起来，最后师生尽欢而散。⑤这里也可看出桥牌这项休闲活动在当时清华师生中是相当流行的。这一活动在民国教育界也是颇为流行的，其他高校的很多教员也乐此不疲。

1947 年，旅美历史学家邓嗣禹在芝加哥大学工作 6 年以后，照例休假 1 年，应胡适校长邀请，来北京大学讲学 1 年。此后在北平每周六，他差不多

① 浦薛凤：《十年永别忆廷黻》，《传记文学》1976 年第 29 卷第 5 期，第 16～19 页。
② 齐家莹编著：《清华人物》，第 82 页。
③ 齐家莹编著：《清华人物》，第 99～100 页。
④ 浦薛凤：《十年永别忆廷黻》，《传记文学》1976 年第 29 卷第 5 期，第 16～19 页。
⑤ 庄丽君主编，刘敏文副主编：《世纪清华之二》，第 121～122 页。

总在北京大学教授崔书琴家（哈佛大学博士，政治外交专家）打牙祭。下午三四时许，北京大学、清华、燕京大学的教授们，中有大名鼎鼎的科学家、文学家以及政治新闻学家等，就会去崔家打麻将或桥牌，共十余位，“打得非常认真，几乎不谈别的事情”[①]。有些教员喜欢玩麻将或雀牌等中国传统的牌艺。吴晗在清华尚未毕业时，好友千家驹已从北京大学毕业，在陶孟和主持的北平社会调查所工作。1933年千家驹被派往广西调查当地经济，便顺道把其母亲接到北平来住。这以后，吴晗每周六进城一定到千家驹家，和他母亲一起饮酒，打小牌。[②]浦江清在1929年2月14日的日记中也有打雀牌的记载：“下午伯篁复邀作雀战，并在其家中吃夜饭。”[③]

清华教员还经常举办各类舞会、京剧表演。多姿多彩的艺术与娱乐生活，不仅丰富了教员的课余生活，也陶冶了学者们的情操。浦薛凤在完成欧洲一年学术休假回到清华后，生活情趣发生了改变，形成了与一些清华教员及家属不定期举行家庭舞会的习惯。经常参加的教员主要有王化成、蔡美玻、赵人儁、杨秀鹤、蔡可选、张镇异、孙国华、袁永熙、浦薛凤等几对夫妇。偶尔张奚若、杨景任夫妇也会从城里赶来参加，陈岱孙偶尔也会加入。[④]唱京戏或昆曲是另一项重要的艺术活动，浦薛凤夫妇对京剧也非常有兴趣，在兴趣最为浓厚的时候，他们夫妇甚至还联合王、蔡等几位教授，每周延请城内的名家，来清华说戏教导，并拉胡琴。[⑤]1926年2月，清华曾创建“菊社”，有教职员及学生二十余人参加，每周练习3～4次，曾于建校15周年庆祝会上演出，由校长曹云祥亲自主持，全校教职员、眷属及学生为观众。节目有《捉放曹》《坐宫》《黄雀楼》等，取得了良好的效果。20世纪20年代末开始，在清华教职员和学生中，有一批爱好昆曲者自动组织起来演唱昆曲，其中包括俞平伯、浦江清、汪健君、陈盛可、陶光、许宝禄等，后由俞平伯牵头组成“谷音社”。[⑥]

还有些教授喜欢养花弄草或游山览胜。萧公权在其清华住宅前的一大片空地上种树栽花，将原来的不毛之地变成了一个花木扶疏的小园，这也成为他课余消遣的主要活动。[⑦]又如王文显，周围人觉得他是一位循规蹈矩的上流

① 邓嗣禹：《北大舌耕回忆录》，《传记文学》1985年第46卷第1期，第62～65页。
② 千家驹：《我与吴晗》，《传记文学》1990年第57卷第2期，第35～41页。
③ 浦江清：《清华园日记 西行日记》（增补本），第32页。
④ 浦薛凤：《万里家山一梦中》，第159页。
⑤ 浦薛凤：《万里家山一梦中》，第159页。
⑥ 黄延复：《二三十年代清华校园文化》，第234页。
⑦ 萧公权：《清华五年——问学谏往录之九》，《传记文学》1970年第17卷第4期，第68～72页。

人，他衣着整洁，做事有条不紊，颇具英国绅士风度。他不太爱凑热闹，最喜欢的闲暇活动便是在自家的小花园里养花弄草，当然他还特别喜欢打猎，也曾和一两个教授去西山打猎，另外对足球也有些兴趣。[①]还有些教授夫妇则喜欢骑车散心，享受“二人世界”的生活，吴景超夫妇便是其中的代表。清华学生曾在作文中描述：“当着西山衔山的时候，在清华园内的鱼脊路上，常跑出两辆新新的自行车子。前面是一个白皙的瘦长子骑着，后面跟着一个女人，在‘夫唱妇随’的两两的驰骋着……这便是吴先生和其太太。”[②]

游山玩水、访胜探幽以及品尝风味小食也是清华教员乃至职员、学生都非常喜爱的一项休闲活动。清华离北京著名的西山不远，附近风景名胜颇多。每当周末或假日的时候教员们就会结伴去游卧佛、秀峰、碧云等寺。抗战爆发前，清华门口时常有一些待雇的驴子，多半是为假日郊游的师生所准备的。陶希圣回味清华生活时也说过：“星期日，尤其是春秋的温和季节，有的是他游览的地方。阴历新春的那些庙会，和秋天的高朗天气，足够他逍遥自在的渡（度）假。”[③]改立大学以后，随着交通条件的改善，清华进城度周末的人越来越多，如何去和如何玩，则因人因时而异。较普遍的是乘巴士进城看电影、逛市场和逛公园。看完电影可顺便逛王府井，在东安市场可以购物和浏览旧书摊，逛完了吃顿饭天就快黑了，于是出金鱼胡同到米市大街去等车回校。如此一天连吃带玩需要4～5元。也有人喜欢听戏，由《群强报》或《小实报》上看好戏和演员，常去的戏院有“吉祥”“哈尔飞”等，演员还都是名角，如马连良、杨小楼、尚小云等。看戏前后还可到附近去吃小吃，如豆铲饼、豌豆黄、羊头肉、炒红豆等。喜欢逛的，则去北海、什刹海、天坛、太庙、陶然亭、天桥以及厂甸海王村公园等。还有的喜欢去买旧书，看古董；有的去雍和宫看打鬼，去白云观看打金钱眼。春天，还有很多人都愿意乘火车逛清河镇，爬八达岭、居庸关，回头再去游明十三陵。[④]萧公权在感念清华生活时非常动情地说过：“颐和园也是我们游踪所到之地。学校离城虽不算近，城内的名胜，如雍和宫、故宫、三海、陶然亭等处，我们也时去游览。正阳楼、东兴楼、便宜坊、馅饼周等著名餐馆和小吃店我们也偶然去照顾。至于到琉璃厂书铺里去‘访书’或到东安市场去买食物和用品，那更时（是）进

① 齐家莹编著：《清华人物》，第17页。

② 《清华教授印象记：吴景超》，《清华暑期周刊》1934年第8期，第455～456页。

③ 陶希圣：《北平二三事（上）》，《传记文学》1962年第1卷第6期，第7～9页。

④ 黄延复：《二三十年代清华校园文化》，第250～251页。

城时的重要节目。”①

最后是业余文化活动，这方面清华教授们自是非常活跃。赵元任夫人杨步伟女士对 20 世纪 20 年代清华教授组织的“数人会”有如下记述：

> 元任他们朋友们的玩意可多了，第一他们定了一个“数人会”，钱玄同、汪怡（一庵）、黎锦熙（劭西）、刘复（半农）、林玉堂（语堂）和元任，最初他们这一班人都是国语统一筹备委员会的，忽然有这个地方有吃有谈的多高兴，第一是钱玄同摇头摆尾的高谈阔论，谈的不停，胡适之也偶然来来，王国维想加入，还没正式加入进去，而他自己就出事了。数人会的意思是用《切韵·序》的一句话，就是：“吾辈数人定则定矣。”（虽然他们要考订和规定的工作很多，但是主要的成绩是定国语罗马字的方式。）②

更多教授被聘为学生社团的指导、顾问等。改大以后，各院系纷纷成立师生结合的学会，如中国文学会、外国语文学会、历史学会等，各系知名教授经常在各个学会内担任职务。最典型的为中国文学会，1934 届职员如下，总务：董同龢；文书：陶光；学术：朱自清；出版：俞平伯；会计：刘述真；庶务：王文婉；体育：张宗和。1936 届该会职员如下，总务：王永兴；文书：张秉新；学术：朱自清；出版：浦江清；会计：孔祥瑛；游艺：刘安义；庶务：郑季乔。其出版机关刊物《中国文学月刊》（后改名《文学月刊》），每卷都有一个强大的顾问团，其第一卷的顾问是朱佩弦、俞平伯、陈寅恪、徐祖正、浦江清、郭绍虞、黄晦闻、商承祚、张怡荪、冯友兰、杨遇夫、赵元任、赵万里、罗莘田、刘叔雅。1928 年 11 月，俞平伯、谢冰心、杨振声等数次应邀至终南社（文学团体）“一抒宏论”。杨振声讲演的题目是“新文学之将来”。1928 年 11 月，清华戏剧社成立时，除选在校生李健吾为社长，苏宗固为副社长，还特聘一些资深教职员及其眷属为顾问或名誉社员，如王文显、温德、孔敏中、毕树棠诸先生，以及罗校长夫人、孔敏中夫人、刘廷藩夫人、王文显夫人、赵元任夫人等。③

萧公权不喜欢打网球，不搓麻将，不玩桥牌，以吟诗为嗜好。他在清华任教时，与吴宓交往密切，两人在诗歌上经常切磋唱和，水平是更上一层楼。④

---

① 萧公权：《清华五年——问学谏往录之九》，《传记文学》1970 年第 17 卷第 4 期，第 68～72 页。

② 杨步伟：《四年的清华园》，《传记文学》1965 年第 7 卷第 4 期，第 9～13 页。

③ 黄延复：《二三十年代清华校园文化》，第 233 页。

④ 浦薛凤：《忆萧兄公权》，《传记文学》1982 年第 40 卷第 1 期，第 89～96 页。

而吴宓自1925年起住清华工字厅院内的西客厅，这里既是他办《大公报·文学副刊》的编辑部，也是很多校内外友人聚会、吟诗唱和的地方，朱自清等都在这里留下过诗作：

朱自清：惺惺身独醒，汲汲意恒赊。道术希前古，文章能世华。他山求玉错，万里走雷车。短翮难翻举，临歧恨倍加。(《奉赠雨生先生赴欧洲》)

俞平伯：明灯促膝坐移时，为惜兰言酒不辞。偶忆廿年尘梦浅，藤影摊卷日初迟。(《壬申春日宴集藤影荷声馆即席赠雨公》)

缪钺：一雨长新绿，萧然生夏凉。故人有佳趣，邀我过名庠。蝉噪屋逾静，荷开风自香。临窗容小坐，已觉是羲皇。(《清华园访雨生兄》)①

下面，再通过列举浦江清日记中相对连续的几个日期的记载，来具体了解一下清华教员的闲暇生活。1928年1月22日，浦江清在赵万里家吃年夜饭，饭后观国产电影《点秋香》。1月23日进城，下午游览国子监及太庙。晚上去开明剧场看小翠华、尚小云的戏。后因很多旅馆新年不开门，他住在中国饭店的头等房，一晚需7元。该年8月28日晚看了电影《红字》，第二天近中午时到北海公园，见到了赵万里并一同去东安市场五芳斋吃午饭。1929年2月10日，上午写完《殷墟甲骨之新发现》一文，下午一点后乘车进城。与朋友去"华乐园听高伶庆奎戏"，晚饭后又去了城南游艺园。2月11日下午、晚上均听戏，晚上住北京旅馆。2月14日，"下午伯篔复邀作雀战，并在其家中吃夜饭"。2月20日晚到学校大会堂观电影《孽海花》。1931年1月3日，俞平伯"招饮"，同席的还有冯友兰、杨武之和邹湘乔三人。席间俞平伯"唱《下山》及《惊梦》二节"。1月14日，进城看德国剧团在北京饭店表演的歌剧《浮士德》。1月17日的中午"瑞珩夫妇招（待）吃饺子、鸡粥"，下午看了燕京和清华的足球比赛，晚上看电影。18日晚上又看了电影。1932年1月28日，下午"唐培经夫妇邀往其家打桥牌"。1月29日"进城赴钱宅"，"饭后作银珠走盘之戏"。2月4日，"下午黄厦千来弈，三局均胜"。2月13日下午"与公超夫妇弈"。②

日记记载并不完全连续，但从这些记载中还是能了解到清华教员的闲暇

---

① 黄延复：《二三十年代清华校园文化》，第235～236页。

② 浦江清：《清华园日记 西行日记》（增补本），见各该日期，第5～73页。

生活是多么丰富。从经济学角度来看，他们的消费选择实在是太多了，意味着他们的经济能力和生活水平确实高出普通人不少。蒋廷黻对其清华生活的回忆，不仅能感受到他生活的轻松与内容的丰富，更能看到其家庭生活的幸福与温暖：

> 清华予我足够的资料和时间从事研究工作。那里也有许多益友和同事……清华坐落北平西山脚下，是个消闲静养的好地方。我们打网球、游泳、滑冰、骑马、打猎，尤其有兴趣的是旅行野餐。从校园骑驴很快就可以到颐和园、玉泉山、香山八大处。九十月间，每天都是风和日丽，我每天下午都带孩子到上述各处去游玩……我欣赏宝塔、松树、玉泉山的清流、圆明园的漫步、庙内温和、凶恶的神像和成群的小孩子。①

总体而言，由于教育背景、收入水平与社会地位的巨大差别，教员的闲暇生活是校工阶层无法企及和想象的，这也是阶层间生活水平存在巨大差异的鲜明写照。除了生活水平的差距，闲暇生活的不同内容对不同阶层也有着不同影响和作用。对于校工来说，繁重的体力劳动使得他们需要闲暇时间来休息调整，当然，他们也需要闲暇时间来照顾家庭，但如果有工作的机会，他们更愿意放弃闲暇去工作。闲暇对于校工来说，选择的内容很受限制，作用也主要体现为休息和交际。因此，可以说，教育机会和收入水平成为限制校工闲暇生活的主要因素。

对于教职员，特别是教员来说，闲暇生活虽然也是休息和放松，但健身、交际和切磋的功能体现得更明显。体育运动是相当重要的健身方式，这类闲暇生活，不仅能消遣时间，而且可以强身健体。但某些运动所耗不菲，如网球运动，从衣服、鞋子到球拍和球，以至使用场地，这些费用也远非一般收入的群体可以承担，校工等阶层自然无法享受。此外，教员的闲暇生活中还有很多文化活动，教员们相互切磋和交流，如一起探讨诗词或是充当学生社团的指导，要能做到这样，首先是要有相应的教育背景或文化水平，才能够参与其间，这也是校工等阶层做不到的。教员通过这样的活动，不仅加深了与周围同事、学生的感情，而且提高了他们的学术水平和文化素养，这也是他们从闲暇生活中所能得到的重要且独特的回报。

经济学原理认为，人们在进行消费选择时面临支付能力的约束。收入越

---

① 蒋廷黻：《蒋廷黻回忆录》，第138页。

高的人，他能获得的不同产品的机会越多，消费品的组合也就越丰富。闲暇在某种意义上，也是一种消费品，教员闲暇生活的丰富多彩，正是消费产品选择多样性和组合丰富性的表现，也恰当地体现了教员的收入水平和消费能力，让我们更直观地认识了教员、校工等不同群体的生活水平差距。

第三节　子女的教育条件与花费

对于在大学工作的教职员来讲，子女的教育无疑是人生中的重大问题，而对校工来说则大多没有能力供子女念书，特别是接受高等教育，所以对子女教育的关心程度也比不上教职员。[①]因此本处所要考察的子女教育主要指教职员子女的教育。

清华教职员的子弟，生长在清华这个学术氛围浓厚的环境中，多数父母对子女有比较严格和科学的家庭教育。例如，梅贻琦对其 5 个子女的教育就一直很严格，特别注重对子女性格和生活习惯的培养。他从不训斥子女，身教胜于言教。在他的家中，孩子们每餐都各有一份饭菜，他要求每个子女必须把盘中菜吃完后才能再要喜欢的菜，这就使得子女们从小就养成了不挑食、不浪费的习惯。在子女们上学之前，他更是亲自教他们读书写字。[②]又如陈寅恪因为教学研究工作繁忙，又特别专心于学术，所以教育孩子的责任几乎都由夫人来承担。陈夫人的毛笔字写得很好，她自己在厚纸上写字，然后教子女们认字、背唐诗。在子女们眼中，陈寅恪“每天出门老夹着一个夹层的布包袱，包着许多书本，大多是线装书，晚上照例伏案工作，家中时有老师、同学们来谈话，如吴宓伯伯、浦江清叔叔等”[③]。数学教授杨武之也十分重视孩子们的家庭教育。他虽是数学家，但于文学、白话和历史均有相当造诣。他十分注重让孩子们接触文史知识，从小就在家教孩子们唐诗、宋词。在儿子杨振宁初一寒假时，杨武之还特意请历史系教授雷海宗介绍一位历史系学生教杨振宁《孟子》，给杨振宁讲很多上古知识，这是他在学校的教科书上从来没有学到过的。[④]可见，由于家庭出身和学校氛围等特定的环境十分优越，清华教职员家庭的子女从小就能以相当高水准开始启蒙教育，校外的一般家

① 关于民国大学招生中存在的门槛以及隐含的对学生家庭背景、经济条件等的要求，可参阅梁晨：《从教育选拔到教育分层：民国大学院校的招生与门槛》，《近代史研究》2018 年第 6 期，第 24～42 页。

② 梅祖彦：《怀念先父梅贻琦校长》，庄丽君主编，刘敏文副主编：《世纪清华之二》，第 337 页。

③ 陈流求：《回忆我家逃难前后——记先父陈寅恪教授抗战前后教书生涯》，《传记文学》1996 年第 68 卷第 5 期，第 31～35 页。

④ 齐家莹编著：《清华人物》，第 81～82 页。

庭难以望其项背。

但家庭教育仅是对子女进行早期教育，孩子稍长以后接受的正规学校教育显得更重要。由于清华所处地理位置较偏僻，如果学校不设立中小学，那么教职员势必要送孩子进城入学，整个家庭的重心也可能因此要偏离清华。为此，清华建立附属学校是非常必要的，也是很多教职员所期望的。

1914 年以前清华学校就有办小学的经历，当时创办的是成府贫民小学，而非一般意义上的教职员子弟学校。该小学由清华教职员倡办，初期只筹集了开办费用 300 元。在 1914 年秋天正式开学时，其平常费用由清华的教职员每月捐献。这一学校的基本办学条件如下：

> 校舍为中国式，广约四丈余，深约三丈余，屋高丈许，房金月仅十一元。（二）教员：小学主任月薪三十元者一人，教员月薪十五元者二人，六元者二人，担任国文、手工、珠算、修身、习字、笔算、唱歌、体操各科。（三）学生：学生额数七十二人……不收学费，并由校中供给各生书籍、笔墨、纸张、木料，至于膳宿衣鞋，则均归自理。校中首重木工，盖欲其有实在技艺，足供其糊口养家也。[①]

成府贫民小学经过几年的认真经营，一度成为北京西郊各小学之冠，特别是它重视木工的特色教育，可看成是现今的技工培训学校，为校工及附近村民的子女教育提供了可能和条件，也可视为校工等阶层子弟所能接受的良好教育的标志。清华学校方面为此还曾考虑设法扩充学校，增设其他工艺课程，并开办贫民工厂。1916 年，校长周诒春还曾为此亲赴上海募款。[②]该校历年的人员构成与经费状况可见表 4-4。

表 4-4 成府贫民小学历年人数及津贴经费统计表

年份	1915～1916	1916～1917	1917～1918	1918～1919	1919～1920	1920～1921
普通生数/人	20	47	34	0	30	71
木工生数/人	10	25	30	26	13	9
津贴银数/元	0	12	59	29	0	0
教员人数/人	2	2	2	1	1	2
技师人数/人	1	2	2	1	1	1
经费/元	60	108	100	80	80	55

资料来源：《成府小学第二次报告》，《清华周刊》1921 年第 212 期，第 36～39 页

① 程树仁：《调查成府贫民小学记》，《清华周刊》1916 年第 80 期，第 6～9 页。
② 《嘉惠贫民》，《清华周刊》1916 年第 85 期，第 27～28 页。

这类学校显然不是为教职员子女准备的，他们需要的是更高的教育水平和更正规的学校。清华成志学校的创办就为此提供了可能。针对教职员的要求，1915 年清华建立了成志学校，初期只有小学。学校建立后，“本校教职员子女在本校成志小学读书者，为数极多”①。杨振宁也是该学校的毕业生。1928 年 8 月下旬，浦薛凤回到清华大学教书后，其长子浦大昌就曾进成志学校学习，女儿浦丽琳则入清华附属幼稚园。②

作为清华附属小学，学校的管理权完全归属清华。但在改大以后，国民政府开始注意对这类附属学校的管理，制订了关于国立大学所设之附属中小学与所在地省教育厅或特别市教育局之关系的法令，对这类学校与地方教育行政机关的关系做了如下规定：

> 甲：省市教育行政机关对于学校
>
> A. 转知教育部关于中小学之教育法令。
>
> B. 监督其学生团体在校外之行动。
>
> C. 委托研究或实验教育问题。
>
> D. 得秉承教育部查察学校，呈报意见于教育部。
>
> 乙：学校对于省市教育行政机关
>
> A. 报告有关地方教育之统计事项，如学校级数、学生数、毕业生数、教职员数、毕业生成绩、毕业生状况等。
>
> B. 参加省市教育行政机关所召集之各种教育集会，如教育研究会等。
>
> C. 协助举办教育事业，如识字运动、民众教育等。
>
> D. 请验印学生毕业证书。③

各附属学校自此被正式纳入国家中小学教育的体系，变得更加正规，它们的合法地位和权利也得到了保证，体现了 1928 年国民政府政权稳定后全国教育行政走向统一的趋势。

为了更好地管理成志学校以及结合清华自身“教授治校”的传统，学校组成了一个由多名教授参加的董事会作为该学校的管理机构。校董会成员是流动的，以 1935 年为例，计有蒋廷黻、朱自清、杨武之、潘仲昂、毕正宣等，

---

① 《小啦啦队出现》，《清华周刊》1932 年第 1 期，第 161 页。

② 浦丽琳：《梦萦清华的父亲浦薛凤》，清华校友总会编：《校友文稿资料选编》第 6 辑，第 90～93 页。

③ 《教育部训令》（1929 年 12 月 23 日），清华大学档案：《国立清华大学教职员公会附设成志小学董事会会议纪录、工作报告等》（1930 年 1 月～1937 年 6 月），编号：1-2-1-030。

同时决定请沈茀齐太太、潘光旦、冯友兰、顾毓琇等为视察。学校在开课、教员聘用等问题上均须请示校董会。①

学校的设施包括 1 间办公室、4 间教室、2 间教员室、2 个厕所、2 间校工房、1 个储藏室、1 个儿童阅书室、1 间劳作室以及 1 间游艺室，整体面积在 2 亩（1 亩≈666.67 平方米）左右。小学地点设在旧南院，教学用地原为一处教员住宅，一共有西房 3 间，后改作成志学校教室之用。东房 4 间：中 2 间后改为学校成绩室；旁边 2 间：1 间为教员办公室，1 间为校工室。为了扩大学校操场面积，成志学校也曾借用过丙所前网球场。

日常教学安排方面，成志学校的学生有期中、期末考试；国庆、总理诞辰日与逝世日、革命先驱纪念日放假；儿童节有游艺会等。课程安排上，以五年级课程为例，每周有英文 3 小时、珠算 1 小时，要求五、六年级学生加授文言文，以浅显易懂为原则。课程安排具有一定水准。学校还很重视音乐课程，曾聘请王了一的太太担任名誉教员教授音乐，在其离开后，学校本打算请殷祖润太太暂代 3 个月，后由大学部同学蒋宪端、吴潮二女士试任，并每月共送车马费 10 元。来成志学校任教的清华大学教职员或其眷属并不领取薪水，这不仅提升了师资力量，而且降低了教学经费支出，可谓一举两得。同时，成志学校还附设有幼稚园，由成志学校统一进行管理和教学安排。

成志学校先后聘请了数位教师，他们基本都是科班出身，毕业于北平市立师范学校、河北省立通州师范学校等正规师范学校（表 4-5）。但以当下的标准看，成志学校的教员人数还是比较少的，一位老师通常需要负责两个年级甚至还担任行政管理事务，幼稚园更是只有一位专门教师。由于学校场地有限，有时不同年级的学生还会在一起上课，这显然是不太合适的。成志学校教员的薪水和清华教职员相比要低很多，如在聘请董九岩担任成志学校教员时，薪水不过 40 元。②学校教员不多，学生人数倒还不少。1935 年统计学生总人数为 102 人；1936 年因局势动荡，有 11 位学生随家人迁居而退学，但总人数依旧达到了 95 人。③

① 《成志小学董事会会议纪录》（1935 年 8 月～1937 年 6 月），清华大学档案：《国立清华大学教职员公会附设成志小学董事会会议纪录、工作报告等》（1930 年 1 月～1937 年 6 月），编号：1-2-1-030。

② 《第七次董事会会议纪录》，清华大学档案：《国立清华大学教职员公会附设成志小学董事会会议纪录、工作报告等》（1930 年 1 月～1937 年 6 月），编号：1-2-1-030。

③ 《第二十四年度学生人数》，清华大学档案：《国立清华大学教职员公会附设成志小学董事会会议纪录、工作报告等》（1930 年 1 月～1937 年 6 月），编号：1-2-1-030。

表 4-5 成志学校教职员职务及任期一览表

姓名	所负责工作或职务	毕业学校
陈秀江	主任	无记录
张绣階	三、四年级级任兼理教务	保定女师毕业
王瑞英	一、二年级级任兼理训育	通县女师毕业
陈杰贤	五、六年级科任兼理图书馆	香山师范毕业
金汝逊	三、四年级科任兼理会计	吉林省立师范毕业
靳翠珍	幼稚园主任	北平市立师范毕业
郭庭勒	一、二年级科任兼劳作体育兼理事务	无记录

注：成志学校另外还有校工男、女各一人

资料来源：《成志小学教职员职务及任期一览表》，清华大学档案：《国立清华大学教职员公会附设成志小学董事会会议纪录、工作报告等》（1930 年 1 月～1937 年 6 月），编号：1-2-1-030

校董会颇关心学校的建设，对扩大学校规模、增加师资以及学生分级上课、降低学费等问题都曾做过讨论，并形成决议如下：讨论下半年度增加学费一倍事宜，先决问题是教学改为单式教授制而不是复式教授制，学费改为每学期 12 元，但学生家长月薪在 200 元以上者仍旧；全校共需教员等 7 位，计主任兼级任教员 1 位，另聘级任教员 2 位，科任教员 3 位，并原有幼稚园教员 1 位。所谓单式授课就是将一、二、三、四年级学生分级上课，要增加 2 位教员，故增加学费。①作为家长的教职员们对成志学校的建议，主要包括：

1. 课内工作应注重切实练习。
2. 课外工作应尽量减少。
3. 国语课抄写生字应注重儿童能力，斟酌繁简及数量之多寡。
4. 劳作方面应多注重大肌肉之运用。
5. 一、二年级练习用纸簿册应较三、四年级用者加大。②

家长们的建议都比较具体，总体上对学校还是比较满意的，一学期十几元的学费，对多数教职员家庭来说也不算什么负担。当时北平市教育局与社会局对初、高级中等学校年学费统一规定为 20 元，以此为参考，成志学校的学费不算低廉。

改大前后清华成志学校也有办中学的打算。在 1927 年 11 月第 422 期《清华周刊》上就讨论了清华是否应设附中。讨论认为，清华办附中有两点事实

① 《第九次董事会会议纪录》，清华大学档案：《国立清华大学教职员公会附设成志小学董事会会议纪录、工作报告等》（1930 年 1 月～1937 年 6 月），编号：1-2-1-030。

② 《第十次董事会会议纪录》，清华大学档案：《国立清华大学教职员公会附设成志小学董事会会议纪录、工作报告等》（1930 年 1 月～1937 年 6 月），编号：1-2-1-030。

上的需要：第一，内部需要，①供给大学部投考生；②供给教育心理系学生实习场所。第二，外部需要，供给北京学生较好的中学校，特别是北京城内缺少很好的中学校。据朱君毅回忆，北京有一些人很希望清华设附中，愿意把他们的子弟送来，估计清华一年级新生约需150人。清华内部也有人提出，当时大学新生的素质过低，跟不上大学教学要求，清华办附中既是为自己准备大学人才，也是为全国办附中。因此，要将清华附中办成至少是北方，甚至是全国的模范中学。[①]这些举措和努力都使得教职员的子女教育变得便利、经济和优质。

第四节 教职员工的社会地位

社会生活是个人生活的重要组成部分，对个人整体生活水平的高低也有着重要的影响。社会地位在社会学研究中也被称为“声望”，按照社会学的一般理解，“声望”是指个人的地位或是群体在人际关系中的结构。[②]就大学教职员工的社会生活而论，其地位包括校内和校外两方面。在学校中的地位，包括日常工作中的地位，对学校事务的发言权和决定权等；校外社会生活中，包括社会知名度、社会活动的参与、担任社会职务等。不同阶层的社会地位，首先会决定他们的收入与待遇；其次社会地位也是广义生活水平的一个方面，是否拥有管理权以及被尊重程度高低都是生活水平的重要表现。在社会地位构成要素中，教职员在校中的管理能力和影响力是最可测量和描述的，这也是本节社会地位讨论的主要基础。

本书第二章中已略有介绍，清华学校早期主要是职员治校，官僚气息较重，但此后清华的管理体制逐渐转轨，特别是经过罗家伦和梅贻琦两任校长的调整，“教授治校”成为清华管理体制上最重要的特色。梅贻琦是清华发展史上最重要的一任校长，他的部分治校思想继承和发展了包括蔡元培、罗家伦等在内的其他大学校长的理念[③]，并将众多重要教育思想制度化和规范化实施。他也是民国清华任期最长的校长。在梅贻琦任校长前，“教授治校”已在清华萌芽，梅贻琦的可贵之处，是他作为校长，明知校长权益必然要受到削弱，还是接受了这个制度，并全力加以扶植。有研究指出，梅贻琦任校长前的清华，实行的不过是“校长控制下的教授治校制度”，“教授治校”制度的

---

① 少年：《从事实上论清华应设附中》，《清华周刊》1927年第422期，第473～476页。

② Treiman D. J., *Occupational Prestige in Comparative Perspective*, New York: Academic Press, 1977, p.26.

③ 黄延复：《梅贻琦教育思想研究》，沈阳：辽宁教育出版社，1994年，第1～4页。

民主也很有限。[1]教授会主要对日常教务工作负责，学校的核心权利仍操控于以校长为首的评议会之手。评议员虽由教授会民主选举产生，但此时大都是几个“内圈”人物。甚至出现过工学院院长候选人不合校长意，校长就拖着不发聘书，直到改聘属意的得票较少的候选人为院长的情况。[2]所以朱自清说：“清华的民主制度，可以说诞生于民国十八年……但这制度究竟还是很脆弱的，若是没有一位同情的校长支持的话。梅月涵先生便是难得的这样一位同情的校长……他使清华在这七八年里发展成一个比较健全的民主组织，在这个比较健全的民主组织里，同仁都能安心工作、乐意工作。他使同仁觉着学校是我们大家的，谁都有一份儿。”[3]

民国时期多次颁布的教育法规都规定校长为大学的主要管理者。例如，1928 年 8 月公布的《大学组织法》第十九条规定：大学职员、事务员由校长任用之。1929 年版的《大学组织法》第九条修订文本又规定：大学设校长一人，综理校务。国立大学校长由国民政府任命之。省立、市立大学校长由省市政府分别呈请国民政府任命之。除国民政府特准外，均不得兼任其他官职。1934 年 5 月版的《大学组织法》规定：大学设校长一人，综理校务。国立、省立、市立大学校长简任。除担任本校教课外，不得兼任他职。[4]可见，校长在大学管理中的权利相当大，是学校管理的关键人物。《大学组织法》也曾规定学校教职员可以组织委员会，如 1929 年版的《大学组织法》第十五条就规定：大学设校务委员会，以全体教授、副教授所选出之代表若干人及校长、各学院院长、各学系主任组织之，校长为主席。[5]所以，各学校也可以根据自身需要，设立相应的委员会，与校长共同管理校务。

抗战前清华大学的管理体制便有这样的特征，即在校事治理上，清华采取“教授治校”原则的重要体现就是“三会”，其和校长权利同时存在而各有所司。所谓“三会”即教授会、评议会和校务会议。按照清华管理章程，在校内组织上，学校设有校长一人，教务长一人，教务长由校长聘任。清华文、理、法三院各设立院长一人，其职权主要是“商承校长会同教务长，主持各该院之教育实施计划”[6]，此外负责各个院内部教务工作等，其人选由校长从

① 清华大学校史编写组编著：《清华大学校史稿》，第 108 页。

② 清华大学校史编写组编著：《清华大学校史稿》，第 108～109 页。

③ 朱自清：《清华的民主制度》，《清华校友通讯》1940 年第 6 卷第 9 期，第 20～21 页。

④ 《修正大学组织法第九条条文》，清华大学档案：《国立清华大学规程条例和大学组织法及有关修正条文的来往文书》（1928 年 9 月～1934 年 5 月），编号：1-2-1-003。

⑤ 《大学组织法》（1929 年 4 月 26 日），清华大学档案：《国立清华大学规程条例和大学组织法及有关修正条文的来往文书》（1928 年 9 月～1934 年 5 月），编号：1-2-1-003。

⑥ 《国立清华大学规程》，《国立清华大学校刊》1929 年第 80 期，第 3～4 版。

教授中聘任。学院下辖的各学系还设有主任一人，主持各系教务，系主任由校长聘任。研究院的各研究所暂由各学系主任兼管。此外，各学系设教授、副教授、讲师若干，由校长在取得聘任委员会同意后聘任。各系还有助教若干人，由各系主任在商承校长并经教务长同意后聘任。这是清华教学系统主要的行政管理体系。在职员管理系统中，除校长外，设有秘书长一人，由校长聘任。秘书长职权为承校长之命，处理全校事务，管辖文书科、庶务科、会计科、医院等机构。学校依据行政及设备上需要，可分设事务机关，分别安排事务员若干人，由校长任命。[①]抗战以后，按照国民政府的要求，清华还增设了训导长，负责全校同学的训育工作。

在以校长为首长的行政管理体系下，清华更有“三会”负责审议、决定清华主要事务。“三会”中校务会议由校长、教务长、秘书长以及院长组成，主要处理学校日常的各项事务，是学校处理日常行政事务的行政机构。教授会主要审议的事项包括：①教课及研究事业改进之方案；②学风改进之方案；③学生之考试成绩及学位之授予；④建议于评议会之事项；⑤由校长或评议会交议之事项，并选举评议员。教授会负责的主要是教学方面事务。此外，关于外籍教授，根据教授会细则，中外教授均可参加教授会。[②]另外，校长为教授会当然主席，当校长缺席时，教授会可以推选临时主席。教授会每月都要开 1 次常会，一般于第 1 个星期四举行，如遇困难，可以提前或延迟，但相差不得超过 1 个星期。校长或校务会议或评议会或教授 5 人联名声叙理由函请开会时，教授会书记应召集临时会。校长、校务会议、评议会或教授 2 人以上联名提出的一切议案，应列入会议议程，并附入通告。[③]评议会以校长、教务长、秘书长及教授会所互选之评议员 4 人组成，其职权比较大，包括：①制定大学各部分之预算；②审议科系之设立或废止；③拟定校内各种规程；④建设于本大学董事会之事项。[④]评议会此后也有所扩大，即由校长、教务长、秘书长、各院院长及教授会所互选之评议员 7 人组成。[⑤]根据后两个规定，清华所有中外教授都有参与学校管理的权利，而且由于评议会成员的增加，教授群体在评议会中的影响也就大为增加了。教务长和各院院长本身也是教授，

---

① 《国立清华大学规程》，《国立清华大学校刊》1929 年第 80 期，第 3～4 版。

② 《国立清华大学教授会议事细则》（1931 年 4 月 2 日通过，7 月 10 日修改），清华大学档案：《教授会会议纪录》，编号：1-2-1-005。

③ 《国立清华大学教授会议事细则》（1931 年 4 月 2 日通过，7 月 10 日修改），清华大学档案：《教授会会议纪录》，编号：1-2-1-005。

④ 《国立清华大学条例》（1928 年 9 月），清华大学档案：《国立清华大学规程条例和大学组织法及有关修正条文的来往文书》（1928 年 9 月～1934 年 5 月），编号：1-2-1-003。

⑤ 《二十八年度评议员名单及评议会人员组成》，清华大学档案：《国立清华大学评议会纪录》，编号：1-2-1-006：2。

这足见教授在清华管理系统中举足轻重的地位。有研究认为评议会是教授会的常务委员会，是学校的立法机构。①

曾任清华法学院院长的陈岱孙曾对清华的教授管理体系有过相似评述：

> 它（教授治校，笔者按）的组织基础就是上面已经说过的教授会、评议会和校务会议。教授会由全体教授副教授组成。在成文的规程上，教授会的权限很简单，只包括：审议教学及研究事业改进和学风改进的方案；学生成绩的审核及学位的授予；建议于评议会的事项及由校长或评议会交议的事项；互选评议员。教授会并不经常开会，但对校内发生的大事，教授会是主动过问的。教授会由校长（无校长时，由执行校长职务的校务会议）召集和主持。但教授会成员可以自行建议集会。
>
> 评议会是这个体制的核心，以校长、教务长、秘书长、各学院院长及教授互选之评议员若干人组成。互选之评议员人数比当然成员的人数规定要多一人。同时，各院院长都由教授会从教授中推荐，教务长习惯上也由教授中聘任。评议会实际上是教授会的常务机构。它的职权包括：议决大学的重要章制；审议预决算；议决基建及其他重要设备；议决学院、学系设立或废止；议决选派留学生计划和经费分配；议决校长和教授会交议的事项。评议会是校内最高的决策、立法和审议机构。主要的法案、章制都由评议会动议、制订。在法定地位上，评议会还是校长的咨询机构，但由于校长是评议会主席，其他校务会议成员都是评议会当然成员，评议会的决议对于校各级行政领导是有一定的约束力的。如果说清华这个领导体制是当时所谓“教授治校”的典型，则“教授治校”的作用就是通过评议会职能而表现的。
>
> （校务会议，笔者按）由校长（在无校长时由会议另一成员代理）主持，并由教务长、各学院院长参加的校务会议是行政的审议机构。它的主要职能是议决一切通常校务行政事宜，协调各学院、学系间的问题等。②

---

① 清华大学校史编写组编著：《清华大学校史稿》，第 108 页。

② 陈岱孙：《三、四十年代清华大学校务领导体制和前校长梅贻琦》，中国人民政治协商会议北京市委员会、文史资料研究委员会编：《文史资料选编》（第 18 辑），北京：北京出版社，1983 年，第 86～96 页。

在“三会”之外，清华还有多个专项委员会。其中颇为重要的委员会有聘任委员会，其成员由教务长、秘书长、三院院长及校长聘请的5位教授组成。[①]该聘任委员会的职权，用浦薛凤的话说就是：“聘请新任教授，以及教授之是否续聘，均由此委员会议决，往往先付小组审查，然后再开会秘密投票决定。”[②]在聘任教员这种涉及学校和学科发展的重要的人事管理权上，教授的意见也是举足轻重的。另外还有部分委员会，包括卫生委员会、典礼集会委员会、出版委员会、宿舍委员会、购置图书委员会、财务委员会、建筑委员会、毕业审查委员会。[③]这些委员会的组成人员也基本是教员和部分职员。可见，清华大学管理的各个方面都体现了教授的重要性，采取了民主和集体管理的方法，这也是清华短短十余年就成为中国最好大学之一的重要原因。

当然，任何民主与自由的行使，都需要有相应的纪律（或称规则）来维护，清华的民主也如此。冯友兰认为，清华民主的主要精神就是少数服从多数：“在行使民主的过程中，对于某件事情，必然有许多不同的意见，究竟哪一种意见是多数人所赞成的，这就要开会决定。开会必须有一种议事规则。如果没有这种一定的规则，那就必然要出现发言盈庭，无所适从，会而不议，议而不决的情况”，“清华原来的校风，很重视这个民权初步，无论教授和学生，凡是开大一点的会，都要照议事规则进行……照议事规则，会场上必须有个提案，然后对这个提案进行表决。凡是参加会议的人，任何人都能提提案。他的提案，可以是他自己的意见，也可以是他集中别人的意见，在会议中任何人都可以自由发言，任何人都可以集中别人的意见，但是任何人的集中，无论是什么人，都必须作为提案向会议提出来让大家讨论、表决，经过多数赞成以后，才能作为会议的议决案，这样的议决案才算是代表多数的意见，少数人自然就无计可施的了。这种规则是民权初步。因为只有照这个规则，人们才可以行使民权”[④]。

正因为有了牢固的民主、自由观念，又有切实可行的民主自由的程序和纪律，清华的民主生活井然有序地行使了几十年，而且自始至终有一种浓郁的自由氛围。朱自清曾说：“我们虽生在一个民主的国家里，可是真正建立在

---

① 《聘任委员会第五次会议纪录》（1930年6月19日），清华大学档案：《国立清华大学聘任委员会会议纪录暨部分提案》（1929年4月～1937年7月），编号：1-2-1-108。

② 浦薛凤：《万里家山一梦中》，第148～149页。

③ 《各委员会卷：目录》，清华大学档案：《国立清华大学聘请各常设委员会得聘函和覆函》（1934年9月～1937年5月），编号：1-2-1-008。

④ 冯友兰：《三松堂自序》，第342页。

民主精神上的组织，似乎还只是极少数，在这极少数当中，清华大约可以算得上一个。在清华服务的同仁，感觉着一种自由的氛围；每人都有权利有机会对学校的事情说话，这是并不易得的……在这个比较健全的民主组织里，同仁都能安心工作，乐意工作。他（梅校长）使同仁觉着学校是我们大家的，谁都有一份儿。”①在清华的管理体系中，教员特别是教授这样的高级教员作用凸显，这使得他们在学校生活中的地位高于其他群体，从广义生活水平的角度来看，他们具有更高的社会影响力和社会地位，在这一生活水平的指标中高出其他群体很多。

清华“教授治校”的同时，校长也保持了相当的权利，两者并行不悖，促进了清华的稳定与发展。“教授治校”的理念，有学者考证，并非来自美国，而是 1912 年蔡元培任教育总长时，模仿德国大学模式创立的，并于 1919 年在北京大学实行。自清华逐渐推行后，教师特别是教授的地位逐渐上升，成为学校实际上的管理群体。在校内各阶层的地位上，教师也最受重视，他们多有留学背景，良好的教育与教师身份的结合，使得他们很受尊重。浦薛凤有言：“梅月涵校长到校以后，开始并发展所谓‘教授治校’。此‘教授治校’之名词并非梅校长自己标榜，亦非清华教授们所创造自夸，而系国内教育界用以描写当年清华实况。”②

在清华这个小社会中，教授无疑位于金字塔的最顶端，无论是物质生活还是社会地位，都是如此。职员的整体教育背景要落后于教师，但在当时社会也多算受过良好教育，他们在学校的地位处于中间层。校工阶层由于几乎没有受过正规的教育，他们在学校管理中也就完全处于被管理者的地位，缺少发言权和被重视的可能。清华学校时期制定的《校役通守条规》同教职员待遇规程相比，明显是重管理而轻待遇，管理甚至超出了工作范畴，显得比较尖刻（参见附录 2）。三十条对校工的管理规定，包括校工的工作方式、言行举止甚至穿衣吃饭，管理的内容方面不可谓不多，校工的素养在行政当局眼中是非常不足的，其社会地位较低也就成为必然。因此，校工的社会生活如同其经济生活一样，依旧是社会的最底层。

即便是在校外的社会生活中，教师的社会地位也是相当高的。在近代社会，知识分子开始集中于北京、上海这样的大都市，这与中国传统知识分子分散于乡野的方式相比发生了很大变化。由于大学、学术团体、刊物以及基

① 朱自清：《清华的民主制度》，《清华校友通讯》1940 年第 6 卷第 9 期，第 20～21 页。

② 浦薛凤：《万里家山一梦中》，第 148 页。

金会等新事物的出现，知识分子在城市获得了很大的知识研究、宣传流通的空间。他们虽然未必是以经济、军事以及权利为中心的国家的重心所在，甚至出现了所谓知识分子“边缘化”的现象，但知识分子，特别是大学中的教师、教授，作为知识精英，依然是社会重视的群体。蒋廷黻、翁文灏等由教授而入仕的经历也表明了他们并未被政治中心遗忘。一般职员，特别是校工是不可能获得这样的机会的。

第三编　阶层结构与社会流动

第五章　教职员工的待遇与生活水平结构

第二、第三、第四章的内容表明清华教职员工各群体在收入水平、日常生活消费、社会地位乃至闲暇生活、医疗和子女教育等诸多方面都存在很大的差距，差距形成的直接原因显然是职位的性质与职位等级序列的差别。实际上，在任何科层制的体系中，职位的等级序列不仅是群体间待遇水平、一般生活水平差异的原因，更是群体权力分层（以劳动分工为基础）和社会地位分别进而形成阶层区隔的基础。正如唐启德指出的："职业角色确定了一个人在社会中的位置，并由此为他们的人际关系设定了范围和舞台"[①]，因此，本编将在前面各章的基础上，进一步分析教职员工待遇的形成与演变，总结生活水平的结构特点以及隐含的问题等（第五章）；在此基础上，本编还将试图推进探讨教职员工各群体生活水平形成背后的教育获得因素和所反映的民国社会流动状况等（第六章），希望最终能借助"清华园"这个小社区去感知民国社会的阶层分化与社会困境，并以此作为全书的总结。

第一节　教职员工待遇的转变与成型

从历史变化的角度看，教职员工群体的待遇与结构状况并不是自建校以来就如此，而是有很多具体的变化过程，这些变化与学校发展和生活水平结构的意义等关系颇深，需要做一些必要的讨论。

自清华建校以来，学校性质、主管机构、学校规模等几乎各个重要方面都发生了相当转变，转变过程中中外教员和教职员间的待遇、地位等也相应地发生改变。冯友兰对此曾有言："清华受当时政府的外交部管辖，不受当时政府的教育部管辖。在清朝末年游美学务处在表面上还是由当时政府的外务部（外交部）和学部（教育部）会同管辖，但是实际上实权是在外务部，学部不过是挂名。到了民国北洋政府时期，教育部连名也不挂了，成为外交部的一个附属机关。清华学校成立后，它并不属于中国的教育系统之内。当时外国人所办的教会学校，名义上也还是中国教育系统以内的一个学校。清华

① Treiman D. J.，*Occupational Prestige in Comparative Perspective*，p.1.

学校则不然，它是一个不属于中国教育系统之内的教育机关。”①从留美预备学校到国立大学，从外交部与美国公使管辖到转由教育部管辖，从外籍教授职员当道到中国籍教授管理学校，清华的发展与转变可谓天翻地覆。这种转变以及伴随而至的教职员待遇和校内地位状况的改变也会影响教职员的选择。冯友兰1926年初到北京时，虽然认为“燕京大学是一个教会学校，我本来是反对教会学校的，我觉得，教会学校出身的人，有一种教会味，其精神面貌，跟中国人办的学校出身的人，有显著的不同。有一个朋友，用英文写了一篇批评教会学校的文章。他说：‘有人说教会学校也出了些人材，我说这些人材并不是因为受了教会学校的教育而成为人材，而是虽然受了教会学校的教育也还是人材。’……可是我在燕京正是为教会学校教育人材，心里觉得不安”。但同时他也不得不承认：“教育界的人所羡慕的有两个地方：一个是清华，一个是燕京。这两个地方都是每月工资照发。我在燕京占了一个地位，并且还是半教书半研究，在当时的北京教育界中是可遇而不可求的，但是我总觉得在燕京不是个长久之计。”②可见，虽然冯友兰不喜欢教会大学，但为了这份优厚待遇还是可以偏安其间的。1928年罗家伦单枪匹马到清华任校长，罗便向在纽约时就常在一起而现在都任职于燕京大学的冯友兰与杨振声发出邀请，他们也很快来到清华。本节从历史演进的角度，讨论和分析改大前后两个时期清华教职员工的待遇与生活水平变化及与学校发展的关系等。

清华学校时期，教职员在待遇上最主要的特点，就是按照国籍和学科所用语言两个标准区别对待。整体而论，除校长外，以美籍教员待遇最优，其次为西文部中国教员，再次为职员，最后才是中文部教员。初到清华的罗家伦就发现：“（清华，笔者按）职员人数过多，地位权力太大……且职员薪金过大，竟有每月四百元者。而其权力亦特高，甚至在教授之上。试观过去清华最高机关的评议会及各委员会，其中主要人员，大多为各部职员，而非各系教授……教员待遇重资格不重学识。清华对于教员待遇的办法，一如海关邮局，以年限为标准。在清华的年代愈多，薪愈高。无论学识如何，只要在清华住的时间久，资格老，薪金定必高；如果是新来，那就不能受到良好的待遇。因此清华很难聘到学识丰富的新教授。”③而冯友兰总结认为清华校内有三大差别：在教职员地位上，职员高于教员；在国籍上，外国教员高于中国教员；在学科

① 冯友兰：《三松堂自序》，第318页。

② 冯友兰：《三松堂自序》，第70～71页。

③ 罗家伦：《整理校务之经过及计划》，《国立清华大学校刊》1928年第12期，第1～4版。

上，外文高于中文，外文课程高于中文课程。三项差别中，第二、第三项是当时外国人所办教会学校的一般情况；第一项是清华所特有的。因为“清华学校当时的职员有许多本来是外交部的官僚，他们的来头本来是比一般的教职员的来头大一点，他们掌握学校的实权，所以他们的地位也就高了”①。

1928 年改大后的国立清华大学，教职员待遇规定发生了转变，开始向教育部统一的教职员薪俸规定看齐。结合教育部要求，清华在比照中山大学、中央大学、北平大学等校教职员薪俸标准后②，开始重新制定薪俸待遇规程，也开始逐步与其他学校以及教育部规定接轨。1930 年清华制定了《国立清华大学职员服务规程》，规定“主任以上职员在国内外大学毕业，得有学位，或具有相当资格”，而且“概不得在外兼职”③。作为高级职员的主任，其月薪大概是在教授和专任讲师之间，主要事务员则是在教员到讲师之间，助理则要略低于助教。从薪俸角度看，职员在这个时期地位大概要低于教员至少半个级别。此外，清华也注重提高校工的待遇。清华学校时期校工的地位极低，校方称呼他们为“校役”，其住房为“役室”。此后除专职者（如校警外），一律改称为“校工”。以前校工的工资，很多仅有 5～6 元，改大以后规定每月不得少过 9 元。总而言之，清华教职员工待遇，在改大后经历了较大转变。教员，特别是中国籍教员逐渐成为学校的主体和重心，待遇也得到了提高，特别是在校内的地位大为提升。职员的收入和地位则出现了下降。校工的校内地位上升有限，但待遇上有了不少提高。这也是清华教职员工生活水平和待遇改善的主要趋势。

清华教职员工待遇与生活水平的变化，主要源于三方面的原因：首先，随着 1928 年北伐之后南京国民政府完成全国统一，清华特立独行的从属关系和管理体制不再适应形势发展的要求。统一是国民政府的重要任务，教育界亦不例外。早期清华人事网络是由上海圣约翰大学、外交部和清华之间组成的三角关系。“民初，圣约翰出身之颜惠庆、顾维钧、王正廷、唐国安、周诒春、赵国材、曹云祥、严鹤龄等人，都在外交部担任要职。由于清华受外交部管辖，清华历任校长唐国安、周诒春、曹云祥，副校长赵国材，和知名教员林语堂、马约翰、戴超等，都是由这种关系进入清华的。”④虽然这种关系

---

① 冯友兰：《三松堂自序》，第 318 页。

② 罗家伦：《罗校长在纪念周年之报告》，清华大学校史研究室编：《清华大学史料选编》第 2 卷上册，第 154 页。

③ 《国立清华大学职员服务规程》（1930 年 10 月 30 日），清华大学档案：《国立清华大学制订的职员服务规程、练习生服务规程、各行政、各系所职员类别的标准》（1930 年 10 月 30 日～1937 年 4 月 2 日），编号：1-2-1-113。

④ 苏云峰：《抗战前的清华大学　1928～1937》，第 3 页。

对清华当时的发展不无裨益，曹云祥和周诒春两位更是清华历史上颇有作为和贡献的校长，但由此带来的职员坐大、官僚气盛、财政混乱及学术不彰的弊端也不容忽视。南京国民政府建立后，由于政治上的大转折，清华人事也发生了巨变。罗家伦出任校长是此变化最初也是最重要的一步。罗氏曾是蒋介石的秘书，他来执掌清华，用郭廷以的话说，是“蔡元培先生推荐的”，“与蒋总司令亦有关系”，因为蒋氏“对罗先生是异常器重的”[①]。罗氏到任后必然要改变清华过去的隶属与风气。由于有中央政府的支持，虽然有波折但清华最终完成了学校隶属权的转变，成为一所国立大学。这种转变使得清华人事管理逐渐摆脱过重的官僚气。学校内部的诸多管理规定也逐步与全国接轨，如中外差别待遇等状况也慢慢消退。

其次，清华学校时期多任校长都希望将清华发展成为大学，这一要求或使命促使校方改变人事制度。当清华成立大学以后，教授等学术人才增多，势必要改革过去的管理和教学模式，这就为改革带来了契机。梅贻琦在1931年12月3日校长就职演说里即提出：“所谓大学者，非谓有大楼之谓也，有大师之谓也。”学校不仅要延聘大师，同时对于在校的教授，“我们应该尊敬，这也是招致的一法”[②]。他说：“一个学校，有先生上课，学生听课，这是主要的。为了上课听课，就必须有些教具以及桌椅之类。因此也需要有人管这些方面的事。一个学校的校长就是管这些事的人。”他还说：“当校长就好像一个唱王帽戏的演员，他坐在那里好像是很重要，其实戏是别人唱的，他并没有很多的戏。”[③]民国时期各学校教授的流动量很大，教授聘书的期限一般在1～2年。聘书期满后，学校和教授双方都可以自便，学校可以按自己的条件另聘教授，教授也可以按自己的条件另行应聘。当时清华聘请教授，希望是聘请比较有名的学者和科学家来当教授，而不大喜欢请初出茅庐的人，因此往往是在一个教授在别的学校中研究已经有了成绩，教学已经有了经验之后，才聘请他。[④]要让这些有资格的人愿意到清华来，清华必须提供优越的条件。早期清华因为资金非常稳定，从不拖欠薪俸，生活待遇有保证，才吸引了很多人才来此任教。但当1928年正式改大以后，由于国家政治局势的变化，

① 张朋园、陈三井、陈存恭等：《郭廷以先生访问纪录》，台北：“中研院”近代史研究所，1987年，第187～188页。转引于苏云峰：《抗战前的清华大学　1928～1937》，第28页。

② 梅贻琦：《梅校长到校视事　召集全体学生训话》，清华大学校史研究室编：《清华大学史料选编》第2卷上册，第217～220页。

③ 冯友兰：《三松堂自序》，第324页。考虑到梅贻琦出任清华校长之前，各方政治势力介入校长人选导致校政混乱局面以及梅贻琦毫无政治背景的现实，梅贻琦的这一讲话也有拉拢在校教授、稳定学校状态的考虑。关于这一问题笔者将另做专文讨论。

④ 冯友兰：《三松堂自序》，第324页。

中央大学、中山大学等多个高校经费更加充裕且稳定，清华单以收入已难吸引更好的人才。这使得良好的管理氛围和环境就变得异常重要，清华推行的“教授治校”正是其中最重要的一点。

冯友兰认为“教授治校”在清华得到了比较完整的体现。罗家伦到校后曾在院长选聘问题上与教授会发生冲突。罗家伦主张学校文、理、法、工四院院长由校长从教授中聘任；但教授会主张由教授会选举。这是一个校长和教授会怎样分权的问题。院长不仅负责管理本院的事务，还有出席评议会等重要会议的权利，这点在清华管理体系中尤其紧要。院长对学校管理是能够有所参与的，从而对校长的权利构成影响。此项异议，经过商量，达成协议：“每个院长由教授会在教授中选出二人为候选人，由校长就其中选定一人，加以聘任。任期二年，可以连任。校长、教务长、秘书长和四个院长组成校务会议，处理学校的经常事务。四个院长也出席评议会，为当然评议员。”①这样，就有了三级会议。“评议会好像是教授会的常务委员会。校务会议又好像是评议会的常务委员会。因为这三级会议还各有自己的职权，各有自己的名义。校务会议不能用评议会的名义办事，评议会也不能用教授会的名义办事。这种教授治校的形式，除了在西南联大时期没有评议会之外，一直存在到 1948 年底。”②

此外，当时清华用人制度讲求机构精简，教务长、秘书长、各院院长以及各系系主任均由教授兼任，没有副职。学校很多的专门性任务都交给由教授组成的委员会去研究和办理，委员会根据需要有常设的，也有临时性的，各委员会的成员主要是教授③，这是一种很好发挥教授主导作用的办法。有一种说法认为抗战以前清华有各种委员会 34 个之多，赵访熊教授就曾参加过十多个。④这些制度，包括教员的休假制度，大大提高了教员群体在校内的地位，使得他们拥有了更多参与学校管理和决策的权利，也极大地提升了教员全体的心理优越感和生活体验，提升了其生活水平。

最后，要完成清华大学的建设和转变，光有适当的隶属关系和合理的治理架构还不够，还需要有足够的优秀人才。优秀人才的大量加入，不仅促进了学校的发展，也是保证其团体利益不断受重视，生活水平保持稳定甚至不断提高的重要因素。清末以来，中国连续出现了多次留学热潮。有研究指出，大批留学生的回归，对中国近代教育与科学的进步，包括数学、物理、化学、

---

① 冯友兰：《三松堂自序》，第 325 页。

② 冯友兰：《三松堂自序》，第 325 页。

③ 《本校常设委员会名录》（1936 年），清华大学校史研究室编：《清华大学史料选编》第 2 卷上册，第 162 页。

④ 庄丽君主编，刘敏文副主编：《世纪清华之二》，第 344～345 页。

生物学等几乎所有领域都有极大的革新和推动。①清华教员，此前多以外国人士为主，质量参差不齐，轻视中国籍教职员的现象严重。随着大学建设的展开，一大批留学获得硕士、博士学位的人员不断回国，特别是清华留美生的大量回国回校，使得清华中国教师的素养与水准迅速提高，中国教员的教育背景逐步超越了外国教员，使得学校再无法为差别待遇找到借口。同时，清华留美生大多学习理工科目，回国后除在教育机构任职外，也有相当多的同学任职于政府机构和交通、矿业等相关专业部门，且多担任中高级技术人员，待遇一般高于教授。如1911年考选留美生陈德芬1932年出任津浦铁路课长，待遇定为“铁路技术员二等四级，月支薪水三百元另给津贴一百元”②，因此如果大学不能配以相应的待遇，就很难吸引这些留学生前来任教。留学生还带回了国外高校教职员工的待遇模式和结构，推动了清华待遇体系的改革，这些都促进了教员生活水平的进一步改善与提高。教员由此也与职员和校工等群体形成了学历上的巨大差距，暗定了教员、职员及校工等级化的生活水平差异的合理性。

第二节　待遇与生活水平的结构与差异

根据本书前文描述的教职员工各群体收入水平、日常消费和主要生活状况，勾画出他们的生活水平结构乃至社会等级结构便有了可能。民国大学从业群体包括教师、职员和校工三大类，清华亦然。民国清华校内人口共有五类：教师；行政管理人员，即职员；学生；校工校役，如校警、修理工、宿管、清洁工等；教职员工的家属。学校及周边还存在一些生产、生活服务机构，如邮局、银行、理发店、小饭店以及个体车夫等，这些从业人员也可视为广义的清华社会人口之部分。学校聘用并支付报酬的只包括教师、职员和校工三类，这也是本书研究的主要对象。通过前面各章的内容可以发现，教职员工间的待遇差别非常大，职业与职位无疑是其中至关重要的因素。同时，待遇与职位也体现了个人与群体的社会地位，本节将就这些问题进行具体讨论。

一、两极分化的薪酬待遇

作为新兴职业群体，教师、职员和校工等大学从业者均以薪俸（工资）

① 徐曼：《留美生与中国近代自然科学学科的建立和发展》，《学术论坛》2005年第4期，第154～157页。

② 《铁道部令第六二四号：陈德芬着升充该路工务处工程课课长此令》，《铁道公报》1932年第297期，第14页。

为主要经济来源，薪俸是供养家庭、明确生活水平和体现社会地位的重要基础。民国清华的情况同样表明薪俸高低与从业者的职业完全相关，职业不仅是个人收入的基础，更是社会分层的重要标志之一。

清华从业者的收入水平大致有 5 个明显的等级（表 5-1）：第一等级是以校长、教务长、秘书长和各学院院长为代表的最高阶层，月薪在 400～600 元。校长月薪一般是 600 元，秘书长与教务长为 400 元。各学院院长由教授兼任，在教授月薪基础上有 100 元增俸。冯友兰任文学院院长、叶企孙任工学院院长和顾毓琇任理学院院长时，都在 300 元的教授月薪基础上加了 100 元职务薪，达到 400 元。①第二等级是教授、专任讲师和主任等高级教职员，收入在 200～400 元每月。他们享有较高的生活水平，能较多参与学校的各种管理。徐小群对民国上海知识群体的研究认为，大学教授因为职业、地位等因素，不仅享有很高的社会声望，还享有教育界中最高的工资。②第三等级是教员、助教、两级事务员（事务员 1 和事务员 2）和助理等中下层教职员群体。他们在校中担任教学与管理的基础工作，收入在 50 元到 150 元，生活相对小康。第四等级由部分书记员和少数校工（校工 1）组成。他们的收入多在 30～50 元，生活温饱，但也常有压力。第五等级由练习生和绝大多数校工（校工 2）组成。他们的收入最低，多在 10～30 元，是学校从业群体的最底层，生活贫困，甚至入不敷出。

表 5-1 改大前后清华各从业人群收入情况 单位：元

阶段		三长	教授	专任讲师	教员	助教	主任	事务员 1	事务员 2	助理员	书记员	练习生	校工 1	校工 2
改大前	起		200	150	100	50	150	100	60	40	20		30	6.5
	止		400	250	200	100	400	200	150	100	60		50	23
改大后	起	400	300	160	120	80	220	120	60	40	25	14	20	9.8
	止	600	500	280	200	140	360	200	100	100	60	36	60	35

注：“三长”为当时清华惯用之简称，代指校长、教务长和秘书长。改大前，与其他学校不同，清华没有分教授和副教授，只有 1～4 级教授划分，从资历、待遇角度看，1 级教授为著名学者，全校仅个别人可达到。2～3 级教授与其他学校普通教授类似，4 级教授约等于他校副教授。改大后，清华长期不设副教授，而使用专任讲师名称，因此，表中专任讲师，改大前指清华 4 级教授，改大后与他校副教授等同。清华校工本无 1、2 两类，表中校工 1 指收入较高、地位较接近中下级职员的技术与管理人员，主要是机匠头目、机匠和司机，人数只有三四人。练习生为改大后设立的最初级职员，故改大前无收入数据

资料来源：《雇用工警夫役每月工饷统计表》，《清华周刊》1921 年“本校十周年纪念号”，第 28～31 页；《1926 年清华教师薪金增加简明表》、《修改教职员薪金表》（1928 年 5 月）、《国立清华大学校工工资办法》（1928～1932 年）、《国立清华大学教师服务及待遇规程》（1932 年），清华大学档案，编号分别为 1-2-1-006：1、1-2-1-130、1-2-1-109、1-2-1-152，以及《清华职员服务规程》（1937 年），清华大学校史研究室编：《清华大学史料选编》第 2 卷上册，第 183～185 页

---

① 教务长、秘书长一般由教授来担任，担任系主任职务的并没有加薪。见清华大学档案：《国立清华大学 1936～1937 年度教职员薪俸一览表》，编号：1-2-1-152。

② 徐小群：《民国时期的国家与社会：自由职业团体在上海的兴起，1912～1937》，北京：新星出版社，2007 年，第 288 页。

从清华看，民国大学从业者群体的收入差别较大，有失衡之感。自1930年起，清华教职员工的收入规定基本稳定，变动不大。以此为例，相邻等级的收入差距一般在2～3倍，从上到下的收入差距能达到几十倍。如“三长”、资深教授的月收入可能是专任讲师的2～3倍。教授、专任讲师的月收入通常也是教员、助教群体的2～3倍。第二等级高级教职员月薪一般是第四等级的10倍，是第五等级校工的20～30倍，这一点在几次的教员薪俸规定中是可以很容易发现的。

收入差别最突出的，是教职员与校工群体的收入，即“劳心”与“劳力”者的收入不平等。一方面，尽管个别校工，如机匠头目、司机等月薪能到50元，但总体水平很低。改大前，校工们的平均月工资甚至不足10元①，改大后有所提高，但也仅在10多元左右。1936年清华共有校工147人，包括园丁13人、路工32人、机匠57人、长工35人以及校警50人，全年预算30 849.6元，每月每人平均工资约为17.49元，远低于教职员群体。②清华档案中有自1928年至1936年学校的经常费收支表，由于各年记录详略差别很大，难敷整体分析之用，此处选取数据相对完整的1928年7月、1929年6月及1932年5月三个时间点的各群体薪俸（工资）状况编制成表5-2。从表中可发现清华教职员工的总人工开支，教员薪俸支出不仅最高，而且不断上涨，而职员和校工则相对稳定，增长很少。这也反映了教员在学校中的地位。另一方面，很多校内福利校工无从享受，在管理上还颇受歧视。教职员一般都可以很便宜地租赁学校的住房，学校的住房条件也优于校外。后期校工虽然也有部分住在校内，如1946年清华复校之初，校工共有341人，其中住在校内的有147人，其他分散居住在学校周围，以成府、三旗等处为多③，但校工的宿舍条件完全无法和教职员住宅相比。

表5-2　清华教职员工费支出　　单位：元

时间	职员薪俸	教员薪俸	校工工资	人工支出
1928年7月	8 793.00[1)]	19 238.66[2)]	6 217.59	34 249.25
1929年6月	7 652.00	24 106.00[2)]	2 951.80	34 709.80
1932年5月	9 547.50	35 158.33	4 248.71	48 954.54

注：1）原文职员薪俸与书记分开列，此处合并

2）原材料教授、讲师教员以及助教等分开列，此处合并

资料来源：《各月收支对照表》，清华大学档案：《国立清华大学1928～1936年度经常费收支对照表》，编号：1-2-1-157

① 赵恩钜、张明昕：《清华学校雇用工役生活费的调查》，《清华学报》1924年第1卷第1期，第128～140页。

② 《第五十二次校务会议纪录：工资饷项预算表》（1936年5月20日），清华大学档案：《国立清华大学校务委员会会议纪要》，编号：1-2-1-007：3。

③ 《清华大学工警社员名册》（1946～1947年），北京市档案馆档案：《清华大学工警社员名册和教职员消费合作社社章及社员名单》，编号：J2-5-94。

尽管校工收入很低，但在他们乡邻的眼里，其工作仍是令人羡慕的。1937年，有学人调查了成府贫民小学学生的家庭状况，发现这些学生的家庭分布以清华园为中心，东至东王庄、西柳村、后湾一带，北至素村、大营、小营、大石桥一带，西至城府、水磨一带，挂甲屯和海淀也有一两个学生，南至东部、保福司、蓝旗以及三旗等处，面积至少有30多平方里（1平方里=25公顷），共包括15个村庄。这些家长中有18位在清华担任校工，该调查发现他们的工资较普通工人为高，有达20多元者，最低为9元，平均在15元左右。如铁路工人指“平绥”铁路工人，月工资平均14元。车夫工资还不到8元，他们的主顾是清华和燕京大学的教职员。调查中以商业为生的17家的生活状况甚至也不比校工强多少。这些以“商”为业的家长可分为店主、小商人、店员三类。店主5家，以皮鞋庄最多，有3家，另外2家为成衣铺，都是为清华、燕京大学二校所设立的，这几家的生意也只是“尚可勉强过去”。以春秋生意较佳，暑假大部分学生回家，是商店“最倒霉”的时期。小商人共有10家，其中以挑担到各村叫卖的零售商最多，其次为棒子面铺。此等家庭多养着一头驴子，籴来玉米，用驴力在石磨上磨成棒子面，再行零售，此外有几个卖白薯的及其他零售商，总之此等小商人之收入，亦无定数，每日平均之总收入，绝不会超出1元，净赚得者至多不过五毛（表5-3）。可见，清华校工的待遇在这一群体中还是很有优势的。因此，调查者认为：“在清华作事，薪金是较高于其他人群，所以在附近人民的眼光中，以能到清华作事，为无上之光荣。校工的子孙，当然是希望‘子继父业’或是‘父子同事’，即其他人群，也在那里像老鼠偷食似的，终日的瞪大着两个眼睛在那里等机会，一有缺儿即千方百计，想法爬进这高楼大厦里来。”①若放眼整个社会，民国高等教育界的收入或财富分配不平衡可能更严重。

表5-3 成府贫民小学家长职业调查表

职业	家数/家	百分比/%
自由职业者	5	3.70
兵警	10	7.30
农	44	32.12
商	18	13.06
寄生者	1	0.73
校工	18	13.06

① 非非：《平郊人民的生活》，《清华月刊》1937年第1卷第1期，第81～88页。

续表

职业	家数/家	百分比/%
工匠	19	13.86
车夫	7	5.10
铁路工人	5	3.70
其他工人	10	7.30

各职业占比加总后不足100%，推测因四舍五入等的偏差，多个数据不够精确

资料来源：非非：《平郊人民的生活》，《清华月刊》1937年第1卷第1期，第81～88页

同时，在清华有正式岗位的校工应该要好于杂役以及车夫等群体。车夫同大多数校工一样，都是来自清华周边各农村。清华建校之初，他们有一些是赶小驴的，后来因为粮食涨价，加之清华社会群体习惯的变迁，大家喜欢坐人力车，所以小驴渐渐消失，驴夫也改行做车夫了。他们的情形大概是逢周六、周日、周一在学校门口招揽生意，其余的日子或在家种地或做杂务。只有闲空时天天在校门前兜揽生意，所以收入分两层，单算周日或放假日的工资，他们的进款要比北京的车夫多，因为他们平均 1/3 以上能得到拉包天的机会。包天工资为 1.4～2 元。根据统计调查，车夫的个人生活费支出包括食物、衣服和杂项三类，数目分别为 4.32 元每月、1.02 元每月以及 0.39 元每月，各类消费数额还要略高于清华校工。清华车夫家庭的生活费支出项目及数目分别为食物 6.81 元/月、衣服 3.06 元/月、房租 0.54 元/月、燃料 0.65 元/月、杂项 0.26 元/月，总计为 11.32 元/月。人力车夫平均每家有 4.16 人，其中成人每家 2.8 人，小孩（15 岁以下）每家 1.36 人。另外，车夫每月自用 5.73 元，共 17.05 元，还需花费 0.8 元修车，共 17.85 元。车夫平均个人收入为每月 13.92 元，家中他人月兼平均 4.66 元，共 18.58 元，每月能余 0.73 元。[①]这实在无法与教职员的收入和生活水平相提并论。

二、生活水平的巨大差异

经济收入的差异通常会外化地表现为支出或消费的差别。以经济收入为基础，将其各种消费汇聚起来，就形成了不同群体高下不等的生活水平。生活水平是反映群体真实生活状态、社会层次的重要指标。以收入为起点，以消费为终点，是准确研究生活水平的重要手段。本书主要依据住房条件、饮食内容和其他相关日常生活状况来分析清华教职员工的生活水平及彼此差距。尽管严格的生活水平研究应当分析研究对象的全部消费品之总效用，但

① 陈达：《生活费研究法的讨论》，《清华学报》1926年第3卷第2期，第1069～1128页。

一来不管是个体还是群体，无论是历史还是当下，要全面收集所有消费信息是困难的，也未必必要；二来日常消费，如居住、饮食等均为生活必须消费，可比性强，利于研究分析。

如果不考虑抗战因素的影响，一方面，清华教职员工之间的生活水平差距明显，呈现出明显的结构化和两极化的状况。如高级教职员享受着相当良好的待遇，大多数教职员的收入完全足以保证他们的日常生活，甚至舒适且优越。当梅贻琦担任清华校长后，取消了原先校长的特权，自己付家里工人的工资、电话费，不要学校供应两吨煤。[①]这些家庭日常支出一个月不过30元左右，对于教授等高级教职员来说，是很容易承担的。另一方面，不同级别教职员工的家庭规模和家庭负担也有差别，这反过来也会影响家庭生活。

收入处于第一等级的学校、学院领导与第二等级的高级教职员，在日常消费层面享有最高标准，生活非常舒适。高级教职员在清华的住房“规模大、功能全、设计周到”，电气、卫生和暖气三大工程样样齐备[②]，便利且舒服，水准之高，甚至比享受现代物质文明的今日清华大学、北京大学教授们也不差。饮食消费方面，高级教职员也有很好的享受。清华虽在郊区，周围缺少繁华市场，但食品供应依然方便。高级教职员的餐桌上一年四季时鲜菜品轮番登台，不仅不缺山珍海味，而且种类多得让人眼花缭乱，不会因地处郊外而一菜难求。如猪肉、鸡鸭、菜蔬等，是教授家庭的平常吃食。高级教职员们还会聘请家庭厨师，并且频繁去餐馆消费。家人同住清华的高级教职员一般单独雇用厨师，每月花费三四十元左右，相当于书记员之月薪。此外，清华内外许多品种齐全的食品商店、口味各异的饭馆，高级教职员们是最重要的主顾。如成府的燕林春菜馆，专门以清华、燕京大学的教授为主要服务对象。他们最多只需花十元钱便可摆上一桌很讲究的宴席，海参、鱼翅齐全。[③]有些饭店甚至为教授们特定菜单，教授们“照菜单点菜，既便宜又合口”[④]。在衣着消费、闲暇娱乐方面，高级教职员们也有令其他阶层艳羡的表现。他们经常去城内大店铺定做材质上乘的衣服，冬天有皮袄、貂皮大衣这类富裕

---

① 赵赓扬：《琐事忆梅师》，黄延复主编，马相武、胡晓青副主编：《梅贻琦与清华大学》，太原：山西教育出版社，1995年，第170页。

② 清华大学档案：《国立清华大学规程、条例和大学组织法及有关修正条文的来往文书》（1928年9月～1934年5月），编号：1-2-1-006：4。

③ 黄延复：《二三十年代清华校园文化》，第244页。

④ 陶希圣：《北平二三事（上）》，《传记文学》1962年第1卷第6期，第7～9页。

阶层才有的衣物。[①]高级教职员们还常常在闲暇时郊游、打桥牌和打猎，这都是其他从业阶层难以想象的。高级教职员家庭还拥有各种金银细软、玉石古玩等，这些都是体现舒适型生活水平的标志。[②]

收入处于第三、第四等级的中下层教职员群体构成了“清华社会”生活水平的中间层。他们的生活条件相对普通，与高级教职员群体的舒适生活相比，大体处于小康到温饱之间。就住房来说，中下层教职员的条件比高级教职员要差不少。日常消费方面，中下层教职员与高级教职员群体也有一定差距。从现有资料看，雇用厨师或包伙的基本都是高级教职员，中下层教职员很少如此。尽管缺乏中下层教职员日常食物种类的具体记载，但陶孟和曾调查过 20 世纪 20 年代北平城的消费状况，主要调查对象为北平城内的工人和小学教员等，其中月收入 40 元的家庭，如北平城的机械工、书记、警察和银行公司小职员等的家庭，他们的总体生活水平代表了北平大部分中户人家的情况。[③]北平中户人家的收入水平与生活状况应该与清华中下层教职员，特别是书记员、助理等比较接近。根据该调查，中户人家半年内的食物开支在 60 元至 100 多元，平均每月消费也就在十几元。消费的食物种类主要以小米、玉米面、白面等主食以及白菜、菠菜、酸萝卜、豆腐为主，肉类基本为羊肉，且不丰富。[④]以此推测，中下层教职员的饮食状况是温饱或小康，与高级教职员舒适、享受的饮食水平相比有不小的差距。

收入水平处于最底层的校工，生活水平也最低，基本处于温饱线，有些家庭困难者还经常需要靠借贷、典当等维持生计。早期清华规定校内住房只服务教职员，校工不能申请。[⑤]改大以后，考虑到校工的实际需要，尽管他们大多来自周边农村，清华还是为他们提供了一定住房。1946 年复员以后，差不多有 1/3 的校工在校内租宿舍住，其他多居于周围的城府、三旗等村。[⑥]校

---

① 如吴宓曾偕夫人陈心一去西单的顺公号购衣料，做棉袍，花费约 18 元。见吴宓著，吴学昭整理注释：《吴宓日记》第 4 册（1928～1929），第 22 页。皮草衣物的记载可分别参见闻一多：《闻一多全集》第 12 卷，第 286～287 页；李先闻：《回清华做体育教员》，《传记文学》1969 年第 15 卷第 3 期，第 57～62 页。

② 闻一多：《闻一多全集》第 12 卷，第 286～287 页。需说明的是，高级教职员也可能有各种经济压力或生活困难，这方面可参阅朱自清日记中的相关记载。此外，他们要保持高级教授的形象，又要经常帮助贫困的亲友，所以与大商人、大官僚相比，财产其实很有限。此点可参阅香港大学校方对许地山遗产的评估和讨论。香港大学注册部档案：“*Mr Sloss，The Late Prof. Hsu Ti Shan*”，未见编号。

③ 陶孟和：《北平生活费之分析》，第 11 页。

④ 陶孟和：《北平生活费之分析》，第 48～49 页。

⑤ 《国立清华大学教职员住宅租用办法》（1934 年 6 月 15 日），清华大学档案：《国立清华大学制订的各种规章制度及各种单表格式》（1931 年 1 月～1937 年 2 月），编号：1-2-1-015。

⑥ 《清华大学工警社员名册》（1946～1947 年），北京市档案馆档案：《清华大学工警社员名册和教职员消费合作社社章及社员名单》，编号：J2-5-94。

工的校内住房，都是最简单的集体宿舍，但由于提供基本水电，相对于周边农村住房还要好不少。日常消费方面，多项调查都指出清华校工与周边农村及城市工人类似，每月大部分的收入要用于饮食方面，且质量较低。从金额角度讲，校工的每月饮食消费约为中下层教职员的 1/5，高级教职员的 1/10 至 1/20，这还不考虑高级教职员经常去餐馆的饮食开支。校工的食物种类也很单一，常年以基本主食为主，搭配最简单的蔬菜，肉类极少甚至没有，同时油、盐等也非常缺乏。限于经济能力，校工的支出主要集中在食物与衣服上。有调查发现校工每月平均为服装花费 0.88 元，年平均为 10.56 元，尚不及教授们一次购置服装的花销。校工的收入绝大部分用于支付食品消费，但消费的食物远不及教职员丰富和高质。校工杂项支出尚不足总体支出的8.7%，足见其经济处于温饱线左右，缺乏各类享受消费，这既是其与教职员生活状况的重要区别之一，也体现了不同社会群体生活水平的明显差别。

李景汉在《北平最低限度的生活程度的讨论》一文中指出，北平“较为舒服的”、“知足的”以及“对付着过的”三种生活程度工人家庭的食物消费所占百分比都超过收入的半数，“对付着过的”工人群体这一比例高达 68.8%，其中米面在食物中的比例高达 66.0%～86.3%。达到“较为舒服的”和“知足的”生活程度的工人家庭只有比例极低的一点肉和闲食，生活“对付着过的”工人全部都没有吃过肉和闲食。这意味着他们把收入的绝大部分用于填饱肚子而无法考虑营养搭配和饮食享受。[①]以清华校工的经济能力和消费状况来看，他们多数可能处在“对付着过的”和“知足的”之间。校工支出主要集中在食物、衣服、住房等开销上，杂项支出非常有限。因此，清华校工与杂役等处于“清华社会”生活水平金字塔的最底层。校工的月收入大多在十几元左右，几乎难以应付日常消费，无论是住房状况、食物构成还是衣着支出，都无法与教职员相提并论，生活水平悬殊，阶层结构非常明显，甚至有脱节和不合理之嫌疑。但即便如此，若与北京的其他劳动阶层相比可能还算好的了。当时有清华学者指出：“假如要认为清华园是一座金字塔，那这座金字塔恰恰建筑在被饥寒和穷困所笼罩的农村的中间。”[②]

三、家庭结构与负担的差异

不过尽管有良好的待遇，高级教职员群体也并非全然没有经济压力、生

① 李景汉：《北平最低限度的生活程度的讨论》，《社会学界》1929 年第 3 卷，第 1～16 页。

② 李树青：《清华园附近农村的借贷情形》，《清华周刊》1934 年第 574/575 期，第 45～58 页。

活压力，甚至在某些情况下可能还会出现反转，如考虑到家庭规模等，教授等高级教职员的经济压力可能也很大，甚至超过初级教职员群体。而校工在校内尽管是最底层，但若与北京的普通劳工以及周边乡民比较，可能还算不错的，这也是更为深入和实际的生活水平。

虽然教授薪俸高于普通教员，主任薪俸高于一般教员，教职员薪俸远高于校工，但只通过这些来考察支配工资数量的因素还是不够的，还需要考虑各等级人群的家庭状况。经济史的研究常常不是将个人，而是将家庭作为一个最小的经济单位，家庭的规模和结构对研究社会经济史和生活水平问题都至关重要。考察家庭状况通常需要非常完备的统计资料，才能进行好的分析，就清华而言，虽然其留存有一定的统计资料，但都不够全面和详细，因此只能借助有限的样本来进行考察。

教授作为高级知识分子，往往要经历多年的学习和研究工作的积累，他们的平均年龄要高于一般教员不少。考察 1930 年在册的清华教职员发现，教员中有专任教授 65 人，有年龄记录的为 62 人，年龄最小的地学系王绳祖教授 26 岁，最大的中文系黄节教授和经济系陈锦淘教授，均为 58 岁，专任教授平均年龄为 34.43 岁，以现在的眼光看，这是一支既有很高学历，又非常年轻的教授队伍。教员 11 人，年龄最大者 35 岁，最幼者 27 岁，平均年龄 29 岁，比教授的平均年龄小 5 岁左右。助教 30 人，有年龄记录的 29 人，年龄最长者音乐助理王龙升 49 岁，最幼者数学系助教陈省身 20 岁，平均年龄 26.24 岁。如果排除年龄最长的音乐助理王龙升和体育部训练员李剑秋，平均年龄为 24.89 岁，比教员的平均年龄小 4 岁。

职员年龄方面，包括医生在内的 8 个主任级职员，有年龄记录的 7 人，年龄最大者 39 岁，最幼者 27 岁，平均年龄 35.6 岁，略高于专任教授的平均年龄。17 位事务员中，有年龄记录的 16 人，其中最长者 51 岁，最幼者 22 岁（2 人），平均年龄 33.7 岁，略低于主任级职员平均年龄，与专任教授平均年龄非常接近。52 名书记和助理级别的职员中，有年龄记录的为 46 人，年龄最大者为 53 岁，最幼者 20 岁，平均年龄为 32 岁，与事务员相差不大，高于教员、助教群体。整个职员群体的年龄差距要小于教员群体，教员群体是否有留学背景与职位相关性比较紧密，而留学年限自然对群体年龄差距有很大影响，职员更注重的是工作经验而非教育背景，所以相差不如教员明显。但总体上，无论是教师群体还是职员群体，级别越高，平均年龄越大，这也符合一般规律。同时，清华无论是职员还是教师，平均年龄都不大，这也和当时中国教育界人才匮乏，留学人员刚刚规模性回国有关。

显然，从清华教授的年龄考虑，他们基本都已结婚成家，且有多个子女，他们虽然在清华占据待遇的最高地位，但其家庭规模和结构也常要大于其他群体。如潘光旦在清华时，就已经有4个女儿，是个六口之家。[①]顾毓琇回忆在清华时，邻居杨武之的长子杨振宁在北京城内的崇德中学读书[②]，家中还有两个弟妹，是一个五口之家。又根据数学系教授郑之蕃与家人1924年的合影，发现此时郑家已有郑师拙、郑志清、郑士宁（后成为陈省身的夫人）3个孩子以及夫人曹纯如，也是五口之家。[③]物理系教授周培源曾说："我们二人（周培源与任之恭，笔者按）都各有四个女儿，正如老一辈学者赵元任。"[④]如此看来，很多教授的家庭人口都在五六人。当然，也有极端的情况，如清华著名的"三孙"：陈岱孙、金龙荪（岳霖）、叶企孙三人都终生未娶，孑然一身。但这些教授毕竟非常少，只能算作特例而非常态。

国民政府教育部曾多次要求各高校调查并上报本校教员的年龄、教育背景和家庭状况等信息，并下发了统一的调查表。遗憾的是在清华档案和南京第二历史档案馆教育部档案中都未找到完整的调查表，仅留有1946～1948年各院系离职教师的调查记录。考虑到教职员群体的平均年龄、家庭规模等基本状况在十几年间应该没有什么变化，而此期离职教师的规模较大，给统计计算提供了足够的样本容量，因此即以此调查表来考量教师各阶层群体之间年龄、家庭结构的差异。在这个调查表中各院系离职教师共计153人，调查内容包括年龄、职别、教育背景及家庭人口4项。153人中有30人的年龄、职别或家庭人口3项信息不全，无法进行统计，故将其剔除，剩余123人。如果将副教授以上，包括副教授、各类讲师、研究员及教授等视为高级教员，教员作为中级教员，各类助教和助理作为初级教员，可分为3类，人数分别为47人、10人和66人。对照1936年各类教员人数表，这个结构也比较符合当时全校教员的结构状况。

统计数字表明高级教员的平均年龄要高出教员和助教不少，家庭人口规模是教员平均家庭人口的近1.5倍，是助教平均家庭人口的2倍多（表5-4）。若简单地认为教员家庭基本只有教员一人工作，由此在结合了各类教员家庭人口规模后，各类教员家庭平均薪俸的差距要远小于各类教员个人的薪俸差距。如以月薪300元并要供养4个家庭人员的教授和月薪80元并供养2人的

---

① 潘乃穆：《回忆父亲潘光旦先生》，清华校友总会编：《校友文稿资料选编》第6辑，第64页。

② 顾毓琇：《九二自述》，《水木清华》，第264页。

③ 齐家莹编著：《清华人物》，第24页。

④ 齐家莹编著：《清华人物》，第137页。

助教作比较，单独的教授薪俸是助教的 3.75 倍，但教授家庭的平均薪俸是助教家庭的 1.88 倍。

表 5-4　1946～1948 年各院系离职教师家庭规模调查

教师类别	人数/人	平均年龄/岁	平均家庭人口（自己除外）/人
副教授以上	47	39.8	4.3
教员	10	31.5	2.9
助教	66	26.2	2.1

资料来源：清华大学档案：《文、理、法、农四学院各院系教职员资历调查表（已离校教职员）》（1946～1948 年），编号：1-4-2-127：2。具体记录参见附录 3

因为有子女、父母乃至兄弟姐妹需要照顾，教授的生活压力也由此增大很多。如浦薛凤，自从他偕夫人陆佩玉住入清华园后，“自第一次领到月薪起，即将支票连同手提箱中所剩钞票若干，悉数交付，嘱伊此后经手一切款项出入。好在离开北院极近，即有大陆银行支行一所，其经理朱君即为清华毕业同学，吾俩遂同往办理存款支票户头。佩玉慧敏，立即开一张一百元支票，汇往常熟，盖早已听予说过，每月汇寄双亲甘旨百元。自后，习以为常，每月收得薪金即日存行即日汇寄”①。吴宓虽然每月有多于 300 元的薪俸，加上办《学衡》以及投稿《大公报·文学副刊》等，收入大大超过一般教授。但是由于其父总是向其索要钱款以及接济兄弟等，在其日记中也能看到“奈经济拮据何”这样的感慨。闻一多不仅要供养自己的父亲，还要资助岳母一家，因此也常感困难。

像朱自清这样向来经济颇有困难的教授，即便能保有体面的生活，但经济压力总相伴左右。检视其家庭经济状况，对教职员经济压力的认识可更清楚。朱自清一生淡泊清贫。早年读大学的学费，是他夫人卖金镯子补贴的。在中学教书时，他布衣简着，“完全像个乡下土佬”②。由于生活一直比较拮据，借钱的事情也就时有发生。1924 年 8 月 17 日，其《日记》记载：“又向荣轩借六元。荣轩告我为我付币五元，甚愧！”同月 23 日，“当衣四件，得二元五角”。26 日，“向公愚借六元，愧甚！”③此后类似记载颇多。朱自清到清华大学任教后，由于收入一下提高了很多，整个生活水平有了大的改善，经济压力得到了缓解，但是因人口多，花销大，关于经济紧张的记载依旧很常见。1932 年 12 月 5 日，他在饭馆宴请田镐，因为觉得给小费过多而心有不平。4 天后的 12 月 9 日，他计算预算用款，发现到 2 月经济上已经亏 310 元，

① 浦薛凤：《万里家山一梦中》，第 142 页。

② 黄延复：《二三十年代清华校园文化》，第 129 页。

③ 朱乔森编：《朱自清全集》第 9 卷《日记编》上册，第 7、10 页。

实在是“可虑之至”[①]。1933年10月29日又记有：“入城，遇谢似颜，谓张同光在此，亟欲与余一见，余甚爱其人，惟手头窘涩，不知何以招待之。”[②]1934年1月31日，“闻一多等发起为唐亮请参观画展，列名者十人，除公超、林徽因外皆清华人也。闻公超捐五元，余幸未列名，否则殊窘也”[③]。1934年4月29日，此时朱自清不仅在清华任教授，也在北平师范大学兼职，但即便这样，当其朋友决定收其儿子为“寄子”，送来百元礼金时，他也感念道：“于吾等不无小补耳。”[④]读来让人颇为感伤。

此外朱自清还偶有借钱的情况发生。1934年8月27日，他一早就去拜访叶公超，想跟他借100元。叶氏本已答应借钱，但当朱自清前来时，却告诉他已把1000元存入银行，手头没钱。这让朱大感诧异和失望。不得已，隔日他便给系里写申请，要求预支九月部分薪水。[⑤]其经济压力，可谓不轻。因此1934年12月14日，当沈从文来找他，告诉他当局已同意其协助编辑中学语文课本时（这个工作每周只需要工作半天，月薪也只能为100元），朱自清虽然对这个收入并不十分满意，但经济压力还是让他很快决定接受这份工作。[⑥]1936年朱家经济紧张的状况似乎不但没有减轻，反而更严重了，甚至直接影响了他的日常情绪。1936年7月5日，他为车费与人力车夫发生争论，事后也觉得自己“甚偏狭”。7月15日晨，他又因为小费的事情与侍者发生不快。[⑦]不过需要强调的是，朱自清的清贫更凸显了其志气。国民党政府曾多次请他出去做官，他不屑一顾；国民党要人亲自登门拜访，他避而不见；达官贵人请他吃饭，他把自己反锁在屋里，拒不出席；社会名流请他写寿序，出价3000元，他拒而不写。最突出的一例当然是他拒领美国救济粮。他在日记中写道：“这意味着每月使家中损失六百万法币，对全家生活影响颇大；但下午认真思索的结果，坚信我的签名之举是正确的，因为我们既然反对美国扶植日本的政策，就应采取直接的行动，就不应逃避个人的责任。”[⑧]

因此，尽管高级教职员生活水平很高，但各种负担也可能使他们的资产并不丰厚，虽应付日常生活没有问题，但当一些重大危机爆发时，教授们也

① 朱乔森编：《朱自清全集》第9卷《日记编》上册，第175～176页。
② 朱乔森编：《朱自清全集》第9卷《日记编》上册，第260页。
③ 朱乔森编：《朱自清全集》第9卷《日记编》上册，第279页。
④ 朱乔森编：《朱自清全集》第9卷《日记编》上册，第291页。
⑤ 朱乔森编：《朱自清全集》第9卷《日记编》上册，第314页。
⑥ 朱乔森编：《朱自清全集》第9卷《日记编》上册，第334页。
⑦ 朱乔森编：《朱自清全集》第9卷《日记编》上册，第423、426页。
⑧ 朱乔森编：《朱自清全集》第10卷《日记编》下册，第511页。

容易陷入经济困顿。闻一多一家在抗战全面爆发撤离清华时，曾给清华的友人写过一封信，其中提及了闻家有一些比较贵重的“硬通货”，但数量并不大，更不足以应付战乱时期物价飞涨的生活，信的内容如下：

> 赵秀亭知悉：最近来信二封，均已收到。二四两少爷亦已到家，得知园内平安，甚喜。所寄之书尚未收到，但想不至失落。目下邮政既通，汝所搬去之黑皮箱，可设法打开，内有金戒指一对，金字四个，小银角子若干，水晶图章三个，玉图章五六个，银项圈一个，玉牌二块，汝可收起，妥为保藏，其余衣服一概寄来。此外所需衣物，名目见另纸，亦可寄归。赵妈夹衣棉衣亦寄归。箱上之锁可设法扭开。今由金城银行汇来国币贰十六元五角（又赵妈寄来五元共三十一元五角），内六元五角是汝九月份工资，其余可用作寄衣邮费。赵妈在此甚好，一切汝可放心。①

陈寅恪虽然一直是清华的最高薪成员之一，但抗战全面爆发后，由于没有多少财产储备，陈氏一家的生活立刻陷于困顿，辗转香港时，虽然有在香港大学兼职的薪俸收入，但因物价上涨且自身也没有积蓄，一家人只能靠友人的接济生活，“还要不时期盼不生大病，则为大幸矣”②。当香港沦陷后，陈寅恪立即辞职闲居。其间，陈寅恪的生活极度恶化，香港大学同仁陈君葆曾命人携米 16 斤、肉类罐头 7 罐给陈寅恪送去。去人回来报告称，陈氏一家已经挨饿两三天了。③

即便是 1935 年即前来香港大学担任中文系主任和教授的许地山，虽然一度有千元港元的月薪，各方面待遇条件也要远好于他在北平的老同事，但他突然离世后，一妻三子女的生活也出现了危机，家属不得不向香港大学求助。香港大学校方曾专门计算许地山身后留下的遗产，发现有银行存款 5000 元和小额保险 2000 元以及从工资中扣除的退休基金 5000 元，另外还有一辆汽车。④这比内地教授的财产状况要好不少，但在香港或者香港大学却不算多。校方为此还专门分析，认为许氏财产少的原因主要有三个：他需要给几乎每个和中国难民相关的人钱，这些人几乎每天都来找许地山帮忙，而许地山对他们总是很大方；贫穷的亲戚也总是不断地找他寻求经济支持；他需要保持学者和著名人物

---

① 闻一多：《闻一多全集》第 12 卷，第 286～287 页。

② 陈寅恪：《陈寅恪集·书信集》，第 77 页。

③ 陈君葆：《陈君葆日记全集》第 2 卷，香港：商务印书馆，2004 年，第 70 页。

④ 香港大学注册部档案：“1941 年 9 月 19 日，副校长之报告”，未见编号。

的形象，所以即便他做教授的时候也不是很富裕。[①]其实，香港大学调查的这些原因在中国教授中是普遍存在的，无论是在香港、北平还是在其他地方。清华教授中就有不少因为特殊的家庭状况以及要担负大家庭的义务而感到经济紧张的。如吴晗，他的家庭使得他的生活压力显然要大于一般教职员。

普通教职员的生活水平虽无法与教授、主任等相提并论，但由于他们大多年纪不大，还没结婚或刚结婚，家庭规模要小于高级教职员群体，负担也相对较轻，因此生活也比较自在舒适，更容易满足。如钱昌祚自美国留学归来后，恰好遇到杭州的浙江工业专门学校因江浙齐卢军阀开战，开学一段时间仍缺教员，加之清华上一级同学鲍国宝在该校任职，介绍他前往工作，他便到该校任职。他到校后月薪为180元，不久更增为200元。由于他尚独身，也无家庭负担，住校内教员宿舍，搭教职员伙食团，开支甚省。所以月薪虽不是很高，仍有些许节余，常有闲钱用以添置中、西装等物。在星期日则常与同事游西湖，舟资、茶资连餐馆聚餐，每人所费也不过1元有余，生活得很是惬意。[②]谭其骧曾略带骄傲地认为："三十年代的我虽不是官僚、资本家，却也是一个生活水平比较优裕的大学教师。不用说一般体力劳动者，就是有一定文化水平的人，也未必都能挣到我这点收入。"[③]他以及和他差不多地位的读书人，生活确实很享受，常常都是吃馆子，逛旧书铺、书摊，听戏，夏天还要上公园。

教授们虽然本身收入高，又可以兼职，但如此一来，工作较辛苦，同时他们的各项支出也比较多，压力并不小于年轻教员。陈寅恪对此就早有认识。当1928年10月26日与吴宓谈话时，他就极力劝吴宓要坚持办《大公报·文学副刊》，因为这样每个月可以有百元的收入，将其储蓄起来，当以后发生疾病或希望休养时，可以拿来作为家用之需。[④]又如书记员佟广圻，初为练习生，月薪18元，后为书记，增加至30元。他在清华住四人合住的房间，在城内后门内恭俭胡同六号有自己的家庭。家中有母亲、弟弟和他的妻子共4人。"我父亲早故去。在一个大小适宜的院落里，有五间精致的房舍，便是我们的住宅。每日家庭里的操作：房屋的清洁、做饭等事均由我的妻子担任。我母亲替我们照顾小孩子，我每日除去替人家补习一点功课外，余暇的时候就是研究书籍。我们每年经济上的收入，虽然不丰，但是也很能俭朴自给。"[⑤]

---

① 香港大学注册部档案："*Mr Sloss，The Late Prof. Hsu Ti Shan*"，未见编号。

② 钱昌祚：《求学及教学生活》，《传记文学》1974年第25卷第4期，第40～45页。

③ 谭其骧：《一草一木总关情》，《读书杂志》1992年第7期，第23～30页。

④ 吴宓著，吴学昭整理注释：《吴宓日记》第4册（1928～1929），第153页。

⑤ 佟广圻：《我的家庭》，清华大学档案：《国立清华大学任免教务处、宿舍办公室、军乐队、军训部、体育部职员的来往函件》（1934年9月～1936年5月），编号：1-2-1-115。

校工中有相当一部分人是难以独立养家的。校工家庭规模多在3～5人，多的则有16人之多，平均依靠校工收入生活的人数为4.7人。上海货价调查会与北平社会调查所曾合作举行过上海工人生活费的调查（1927年11月～1928年9月），该调查包括棉纺业工人230家，由调查员用记账法调查其收入与生活质量，结果发现每家每月平均收入为32.89元，支出为32.5元。此外还调查了17个城市（不包括北平），除宜兴外，没有一个城市的男工工资可供养全家。①总的来说，不管是校工还是城市工人家庭，不管是哪种境遇，吃饭、穿衣、住房、水电等支出总是占绝对优势，而娱乐、应酬、医药等消费比例则很低。就总体而论，清华教职员工不同等级在消费支出的种类、质量上都存在着非常大的差距，收入越高的群体消费的部类也越多，支出的数额也越大，生活水平也就越高。

四、社会地位的差别

不仅是看得见的经济待遇和物质生活存在着巨大差异，在社会地位、管理与被管理的关系上，教职员工之间也存在着明显的不同。这种差异更为社会化，能从更深层次反映不同群体的阶层结构。清华地处北京郊外，校园里生活、社会功能齐备，人员居住集中且封闭，内部阶层等级多样，是个微观的“小社会”。

清华人口的规模一直在不断扩展，但人口结构则一直保持得比较合理。以1927年为例，该年清华教职员有178人（其中教员96人，职员82人），学生409人，校役297人，其他工商人等102人以及教职员眷属、仆役304人。校役297人中有听差的104人，电灯厂有26人，清道夫36人，守卫处38人，厨房66人，还有农场27人。其他工商人等为牛奶场9人，汽车处5人，理发室4人，邮局5人，售品所11人，成衣店17人，木匠铺26人，皮鞋铺21人，大陆银行4人。②工商人员和校工的人数占整个人口的比例超过了30%，如果再加上教职员家中雇用的仆役，则比例还要增加。这些人等的规模庞大，而正是如此才能保证教职员及学生生活的舒适性和高水准。所以有学生说清华没有市井嚣尘之气，但又不失城市的便利。“因为里面有邮局，有银行，有售品所，有伊文司书店，有理发所，有皮鞋铺，有裁缝铺，所以（有）日用都能得之在咫尺……此地（清华，笔者按）不但富贵之气不盛，而

① 灵生：《中国最低工资问题》，《清华周刊》1932年第535期，第4～19页。

② 《本校人口统计》，《清华周刊》1927年第420期，第423页。

且是出乎意料的朴实，老实说，校内教职员及学生衣服之朴实，真不（是）上海的学校所能望其项背的。”[1]更有人曾经满怀诗情地描写过战前清华的生活，“真意料不到，在这风沙满目的北国中，竟有这样安闲华丽的仙居……清华生活真像一篇最堪歌咏的新诗，任你尽量去细心享受！在黄昏我爱看西山的落日，紫色的山巅，隐约的（地）混合在深红的浓艳的残霞中，满园是幽邃的香息，轻风吹着翠柳拂拭行人的衣裳，这风味令人怀念江南”[2]。

国民政府教育法规定校长是大学最高管理者，各院长、系主任及教授、副教授的代表也可以通过组织委员会的形式参与校务管理。[3]因此，校长是学校权力最高者。甚至民国时期有教育学者认为：“现在的校长不只是一校的领袖，而且是当地的领袖。”[4]在清华，从教务长到各学院院长、学系主任都由校长聘任。各级教员，由校长在取得聘任委员会同意后聘任。在职员管理系统中，秘书长由校长聘任。秘书长承校长之命，处理全校事务，事务员等也由校长任命。校长之下，教务长、秘书长和各院院长的权利也很大，处于高级管理者地位。清华校事治理采取“教授治校”原则，建立教授会、评议会和校务会议三个常设委员会。评议会由校长、教务长、秘书长及教授会所互选之评议员数人组成，校长为主席。评议会职权包括：第一，决议重要章制；第二，审议预算；第三，依据部定方针，议决建筑及其他重要设备；第四，依据部定方针，议决各学系之设立或废止；第五，依据部定方针，议决本大学派遣及管理留学生之计划，与留学经费之分配；第六，议决校长交议之事项。[5]教授会由全体教授组成，校长为教授会主席，平时主要负责教学方面事务，必要时也可由全体教授讨论学校重要事项。[6]1929 年以前清华由教授会选举 4 名代表参加评议会，1929 年以后增加为 7 名，体现了教授权利的扩大。[7]

总的来说，评议会是清华管理和权利运作的核心和关键[8]，校长在其中地

---

① 郑一华：《书信中清华生活的一斑》，《清华周刊》1927 年第 408 期，第 575～582 页。

② 《战前清华生活》，《清华周刊》1947 年复刊第 10 期，第 8～9 页。

③ 1928 年起多次《大学组织法》都规定学校事务由校长一人管理。见《修正大学组织法第九条条文》，清华大学档案：《国立清华大学规程条例和大学组织法及有关修正条文的来往文书》（1928 年 9 月～1934 年 5 月），编号：1-2-1-003。

④ 伍瑞锴编著：《校长和教职员》，广州：明日出版社，1948 年，第 2 页。

⑤ 《国立清华大学规程》，《国立清华大学校刊》1929 年第 80 期，第 3～4 版。

⑥ 《国立清华大学教授会议事细则》（1931 年），清华大学档案：《教授会会议纪录》，编号：1-2-1-005。

⑦ 《二十八年度评议员名单及评议会人员组成》，清华大学档案：《国立清华大学评议会纪录》，编号：1-2-1-006：2。

⑧ 陈岱孙：《三、四十年代清华大学校务领导体制和前校长梅贻琦》，中国人民政治协商会议北京市委员会、文史资料研究委员会编：《文史资料选编》第 18 辑，第 86～96 页。

位最高，其次是教务长、院长以及教授们推选的代表评议员。由于教务长、院长本身也是教授，评议员也是教授们流动推选的，因此教授们参与清华管理的程度和校内地位都是相当高的。教授们还参与组织了多个重要的专项委员会，作为校务咨询和管理机构。如由教务长、秘书长、三院院长及校长聘请之 5 名教授组成的聘任委员会作为校长聘任教授的咨询机构①，“聘请新教授，以及教授之是否续聘，均由此委员会议决，往往先付小组审查，然后再开会秘密投票决定”②。

相对于高级教员，包括主任在内的职员及中下层教员没有资格参与决策清华的核心校务。但在一些具体事务方面，清华也成立了多种专门委员会，如卫生委员会、典礼集会委员会、出版委员会、宿舍委员会、购置图书委员会、财务委员会、建筑委员会、毕业审查委员会等。③这些委员会一般由教授担任主席，专任讲师、教员以及部分中级职员担任委员。从这个角度看，中高级教职员在清华享有一定的管理权利或社会职责。这样的制度安排与社会地位，让朱自清等教授们觉得清华“是我们大家的，谁都有一份儿”④。

校工不仅与管理权利、社会地位无缘，还要被严格管束，人格也多受歧视。清华《校役通守条规》，洋洋洒洒三十条，从衣着、体态、工作职责、个人卫生、生活习惯、请假考核等多个方面对校工提出了要求。同教职员待遇规程相比，明显是重管理而轻待遇，管理甚至超出了工作范畴，显得比较尖刻。⑤如校工被要求身上“悬挂号牌以便识别”，且“不得任意摘除”；不得“贪食生葱生蒜”，还要在“洗澡、擦牙、剪指甲诸事”上也要注意；见到教职员，要“行礼脱帽立正”⑥。校工工作稍有闪失，便会被罚钱。⑦有些外籍教职员把电铃安在地毯下，用脚一踩，校工就得前来听命，稍有怠慢则有丢掉饭碗的危险。日常生活上，教职员和学生与校工之间也界限分明，连厕所也要分开。校工不得使用抽水马桶，只能使用在墙根屋角挖的茅坑。校工洗澡是大池子，且“以十五分钟为限”⑧。校工的素养在校方眼中是非常不堪的，其社

① 清华大学档案：《国立清华大学聘任委员会会议纪录暨部分提案》（1929 年 4 月～1937 年 7 月），编号：1-2-1-108。

② 浦薛凤：《万里家山一梦中》，第 148～149 页。

③ 清华大学档案：《国立清华大学聘请各常设委员会的聘函和覆函》（1934 年 9 月～1937 年 5 月），编号：1-2-1-008。

④ 朱自清：《清华的民主制度》，《清华校友通讯》1940 年第 6 卷第 9 期，第 20～21 页。

⑤ 《校役通守条规》，清华大学校史研究室编：《清华大学史料选编》第 1 卷，第 200～202 页。

⑥ 《校役通守条规》，清华大学校史研究室编：《清华大学史料选编》第 1 卷，第 200～202 页。

⑦ 黄凤鸣：《代清华全体听差叫苦：废除罚钱条例》，《清华周刊》1920 年第 193 期，第 20～21 页。

⑧ 清华大学校史编写组编著：《清华大学校史稿》，第 65 页。

会地位较低也就成为必然。

高级教职员的生活水平无疑处于“清华社会”生活水平金字塔的顶端。他们享有高额收入，良好而周到的待遇，还能参与学校管理，有受人尊敬的社会地位。特别是国民政府迁都后，北京的社会经济一落千丈。北洋政府时期在北京的中央政府机构都已不复存在。北京改称北平，只是一个华北的政治文化中心，作为首都时代的富贵荣华，已烟消云散。因而全市成为一个彻底的买方市场，无论是衣食住行，还是吃喝玩乐，都供过于求，商店店员等服务性行业从业人员态度之好，无以复加。由于教职员收入稳定且高，他们一下子成为北平城内消费的主力，加上学生与学校相关人员等，此时北平的经济越发地依靠教育业，教授们的生活自然更加风光。正如谭其骧所说：“作为一个中等偏高收入的市民生活在这个社会里，确实令人处处满意。”①也就难怪浦薛凤会感慨其一生中有两段最美好的梦境：一是他在清华学校求学时期（1914～1921年），一是他回到清华大学教书的那个时期（1928～1937年）。②他曾多次说过，在清华执教的那段岁月，是他们夫妇一生中共同生活的黄金时代。在其所著的回忆录《万里家山一梦中》一书中，曾对清华那段日子，分别在“负笈燕都”及“清华弦歌”两章中仔细地描述过。“清华弦歌”一章中，他说：“迄今回忆，予在‘水木清华’母校校园中执教研究，从事撰述，并与（陆）佩玉结褵，生男育女，又一度休假研究，前往德国，计自1928年8月下旬以至1937年7月，可说是生平黄金时代。”③《太虚空里一游尘》一书的“清华再见”一章中，记述了在日军侵略的炮弹枪声下他退出清华的情景，文末有：“清华！美丽可爱的清华！如今暂别。他年定当重返此乐园！清华再见！”④其依恋与不舍跃然纸上。

20世纪30年代，政府与社会给大学的精英知识学人提供的生活待遇都是非常高的，学者是城市社会中的精神贵族，也是物质上的富裕阶层，他们不仅能得到社会的尊重，更能得到实实在在的优厚待遇。同时，尽管都供职于清华，但从业者的薪酬体系颇显失衡。处于收入金字塔顶端的学校领导人和高级教职员们的收入和社会声望都很高，过着舒适、享受的生活。初级职员和校工的生活却比较艰辛，甚至挣扎在温饱线上。清华教职员工生活水平的等级结构非常明显，甚至有脱节和不合理之嫌疑。有研究表明中国高校处

① 谭其骧：《一草一木总关情》，《读书杂志》1992年第7期，第23～30页。

② 浦丽琳：《梦萦清华的父亲浦薛凤》，清华校友总会编：《校友文稿资料选编》第6辑，第90～93页。

③ 浦薛凤：《万里家山一梦中》，第134页。

④ 浦薛凤：《太虚空里一游尘》，合肥：黄山书社，2009年，第13页。

于一种“断裂”的社会状态中，区别于此前的传统知识分子，高校教员疏离于乡土社会。但对此论断并没有开展多少生活状态层面的考察。本书的研究表明，教职员工各群体虽然共同生活在清华园里，但是他们的生活水平、工作体制、精神状态是大相径庭的，这充分说明了中国20世纪前半期“融古今中西于一炉”的断裂及杂糅。

第三节　由清华透视民国大学教职员的生活状态

清华从业人口因从事工作性质及职务（称）不同，形成了一个上下有别的等级结构。教师与职员形成教职员群体，是学校的业务主体、管理人；校工是服务人员，在职业人群结构中处于底层。在3个职业群体内部，由于具体岗位、职务（称）和资历等的差异，又形成了更具体的社会结构。

首先是教员，其社会结构主要以职称高下为标准。北洋政府教育部对大学教师职称的分类前后不同，国民政府建立以后，职称等级与分类走向统一，与今日基本一致，即教授、副教授、讲师和助教4个等级。[①]清华自1928年改大后，专任教员逐渐形成了教授、专任讲师、教员和助教4个等级，其中专任讲师等同于其他大学的副教授，教员等同于讲师（清华的讲师基本指兼课老师）[②]，这构成了清华教师群体的基本结构。

其次是职员，职务高低是决定其社会地位的关键。清华早期的职员数量和种类都很少，只有学堂监督、教务长、庶务长、斋务长、医生及中英文文案和会计各1名，另有管理员若干人。后因改大，各类设施、机构如图书馆的增设，职员人数也大量增加。他们主要分布于教务处、注册部、图书馆、宿舍办公室、秘书处、文书科、出版事务处、会计科、医院、军乐队、军训部等，体系结构趋向稳定。校长、秘书长和教务长，即所谓“三长”是最高级别的职员；其后为各部门主任、校医院医生、各部门事务员、助理以及书记员等各等级，最底层是见习性质的练习生。

最后是校工，他们在校园职业人口结构中处于最底层。校工种类很多，基本从事体力及服务性工作，如各种校役、园丁、水夫、巡警、厨师、车夫以及电灯匠等。其中只有负责机器操作和维护的个别机匠及头目在职业结构

---

① 参见1927年国民政府《大学教员资格条例及薪俸表》，国民政府教育部：《第一次中国教育年鉴》乙编“教育法规”，第64页。另，1912年北洋政府教育部《大学令》将大学教员分为教授、助教、讲师三类。1917年教育部新订《大学令》，划定教员等级为正教授、教授、助教、讲师四类。

② 这一分类在清华长期稳定，本书沿用此分类。1946年清华复员回北平后，职称重新划分为教授、副教授、专任讲师、教员和助教五级。清华大学校史编写组编著：《清华大学校史稿》，第440页。

中能约略接近低级职员。

自建校以来，清华的教职员工数量一直多有变动。1920 年以前，教员数量在 30～50 人，职员在 20～30 人，校工数量则要高出很多，达 120 人左右。[①]1925 年以后，清华开始谋求建立完整大学，教职员工的数量有了较大增加，教员数量发展到 100 人左右，职员数量也增加到 80 多人，校工发展到近 300 人。[②]1930 年以后教职员工人数还在稳步增加，教员增加到 130～150 人，职员到 1936 年也达到 130 余人。[③]

教职员群体的地理来源相对丰富，分布于全国多个省区，甚至有外国教员。校工主要来自学校附近的农村。清华周边有很多小村落，除柳村、后洼八家（校东）、水磨（校西）、大石桥（校北）等村外，还有大白旗、小白旗（校北）、蓝旗、三旗（校南）等各驻防旗营，这些地方的农民是清华校工的主要来源。[④]地理分布的远近从一个侧面反映了不同职业群体地理流动能力的差异。

清华的收入结构在民国教育界，乃至全社会都有一定代表性。有一种看法认为清华是由美国退还“庚款”所办，经济上比较富裕，教职员的待遇要高于一般高校。实际上，一方面，清华校内的管理者早就指出，清华经费相对于其他高校并无特别优势，在发展过程中还有不足；另一方面，民国初年大学教职员待遇缺乏统一管理，各校间高低有别，像东北大学教授月薪能达到 600 元[⑤]，高出清华不少，但总体结构上各校基本一致。1929 年以后，随着国民政府教育部推动全国高校教职员待遇的统一化，各校基本都按教育部要求确立教职员薪金，校间差异逐渐缩小。[⑥]

清华虽处北京郊外，但人员集中居住，阶层等级多样，校园里更是生活、社会功能齐备，是个微观的“小社会”。这个“小社会”中各阶层之间待遇与生活水平的差距，构成了其中各阶层生活结构和社会等级结构图。清华教职员工的生活水平与结构状况的产生，自然与清华自身的管理方式与办学思路紧密相关，但清华毕竟是高等教育界的一分子，更是民国社会的组成部分，从清华教职员工的生活水平结构中我们也可以窥测民国大学乃至民国整个社

① 苏云峰：《从清华学堂到清华大学 1911～1929》，第 59～60 页。

② 《本校人口统计》，《清华周刊》1927 年第 420 期，第 423 页。

③ 清华大学校史编写组编著：《清华大学校史稿》，第 146 页。

④ 《清华略览》，清华大学校史研究室编：《清华大学史料选编》第 1 卷，第 29 页。

⑤ 何秀阁：《九一八前的东北大学琐忆》，《传记文学》1979 年第 34 卷第 4 期，第 102～108 页。

⑥ 清华大学档案：《国民党政府教育部令优待大学教员暨规定兼课、请假、代课、补课的部令和来往文书》，编号：1-2-1-125。

会的生活水平与等级结构的一些方面。

通过对清华经费与基金的研究以及清华教职员工待遇水平与其他学校教职员工的比较，可以得出这样一个重要结论，即清华在建立之初虽然是中国教育界非常特殊的一员，但在改大后，清华的特殊性逐渐褪去了，成为与中央大学、中山大学、北京大学等高校类似的国立大学。之所以这样说，是因为认为清华特殊的原因，无外乎清华经费来自美国退还的庚款，稳定而充裕，清华到处都体现了美国势力的存在，教职员工的生活待遇远高于其他一般学校。世人皆知清华乃以美国退还庚款立校，时人、今人亦多由此断言清华之胜全赖经费充裕，甚而揣测清华风气必多崇洋媚外，中外教职员间差别待遇严重。更有学人在论及民国诸高校之民主、平等风气时，言必高举北京大学之帜而绝少见清华之踪。就本书来看，这其中也存有误解和可讨论之处。清华经费之来源自无疑问，但此经费是否能满足清华发展的需要则多有疑问。清华经费以稳定著称，相比其他高校经费甚少波动，这是事实，但稳定的同时，清华的经费还异常固定，难有增加。

1928 年以前，清华还主要是类似中学至初级大学的留美预备学校，大学建设尚未全面展开，经费确也充裕。但自改大以后，学校规模迅速扩大，教职员素质和数量快速提升，新建筑和设备不断增添，固定不变的经费很快就捉襟见肘了。同时，相较于其他国立大学，清华经费远低于中山大学、中央大学，在抗战前的各国立高校中也就位居中游而已，并不突出。全校一度只有文、理、法三院，这也是国民政府教育部要求高校所必需的最少学院数量。教授、教职员以及学生数也远低于中央大学、中山大学、北平大学等大学。建设工学院的构想更是因为经费所限而迟迟难以实现。过去经费的稳定性尚足以为人羡慕，而此时整个国家的教育经费都比较稳定，清华经费稳定的优势也基本消失，甚至当日寇入侵，华北出现危局时，清华经费还出现了停付的局面。

中外教职员的差别待遇确曾存在于清华校园中。但随着国立大学的建立，美国势力和外交部势力都逐渐被清除，学校呈现出一般国立大学所应有的隶属关系与行政管理体制，与其他高校相比，并无明显特殊之处。同时，随着校长的更迭以及众多中国留学生回国来清华任教，不合理的国别间差别待遇已基本消失。在这个过程中，不仅形成了清华赖以成功的“教授治校”制度，外教的质量和对学校的贡献也获得大幅度提升，堪称民国高校民主与平等管理的典范。此外，坊间对清华教职员之待遇也不乏趣谈，且多臆测清华教职员待遇如何之高。清华教员的待遇确实很好，但并没有脱离现实。当时清华教职员的待遇规定与其他高校并无太大差异，特别是薪俸收入，清华可能还要落后于一些学校。就全国而言，不同地区的教授薪俸确实存在较大差距。国民政府教育部曾做过统计，全国专科以上学校专任教授及副教授月俸最多者为833元，最少为60元。全国专科以上学校本国教员之月俸，每人均合 166.28 元。讲师月俸最多为 300 元，最少为 30 元。本国籍职员月俸每人均合66.19元。外籍教员之月俸大抵均比本国者为高，教员平均为 250.09 元，与本国比为 1.5∶1。外籍职员平均月俸 300.66 元，与本国比为 4.5∶1。[①]1921 年，张贤举被广东高等师范学校邀请为主任，月薪也不过200元。[②]

清华教授的薪俸同几所主要国立高校相比，至少在规定的层面上情况基本是相似的。北京大学教授的薪俸曾被认为相对较低，如《申报》1931 年的一次报道中指出："国立大学之教授月俸尚不如政府各部之一科长，北大教授最高月俸只有三百元，故人人皆兼差以自给。"[③]这和清华教授起薪就是300元相比确实低了不少，但是这个情况应该没有维持太长时间，至少就1936 年北京大学各系教员薪俸表记载情况看已有了很大改观（表 5-5）。数据显示，此时北京大学教授的薪俸均有了较大的提高，基本上在 300～400 元。表格中提到的合款是指北京大学与中基会的合作计划，由中基会与北京大学分五年各拿出 100 万元用于合作研究特款，其中有延聘研究教授的计划，包括9个年俸7000元的研究讲座和15位5400元的专任教授，以此计算，则研究教授的月俸可达到450元至600元。[④]因此，在教授层次上，北京大学改革后的薪俸和清华差不多，只是在起薪上可能低一点。因为北京大学同期教授的薪俸有280元的。燕京大学的教授素来月薪为360元，包括校长也是一致的。[⑤]再考察国立武汉大学教授的薪俸待遇。武汉大学此期将教授由低到高分为1～9个等级，薪俸分别为300元、325元、350元、375元、400元、425元、450元、475元、500元。[⑥]武汉大学的教员薪俸规定同清华有点相似，教授的起薪在300元，最高薪也达到了500元，从规定中看是基本一样的。

---

① 教育部统计室编：《二十三年度全国高等教育统计》，1936年，第22～25页。

② 黄侃：《黄侃日记》，南京：江苏教育出版社，2001年，第29页。

③ 《中华教育文化基金会资助北京大学革新事业》，《申报》1931年1月14日，第11版。

④ 《中华教育文化基金会资助北京大学革新事业》，《申报》1931年1月14日，第11版。

⑤ 梅贻宝：《大学教育五十年——七八自述》，《传记文学》1971年第34卷第1期，第103～113页。

⑥ 吴相湘、刘绍唐主编：《国立武汉大学一览》，台北：传记文学出版社，1971年，第233页。

表 5-5　1936 年北京大学各系教授薪俸表

系别	教授工资情况
数学系	教授六人，除合款二人外，计一人 380 元，二人各 360 元，一人 320 元
物理系	教授六人除合款二人外，计二人各 400 元，一人 380 元，一人 300 元
化学系	五人除合款一人外，三人各 360 元，一人 300 元
地质系	六人除合款三人外，余三人各 400 元
生物系	三人除合款一人外，一人半薪 200 元，一人 360 元
中文系	教授八人，计三人各 400 元，二人各 380 元，二人各 300 元，一人 80 元
外外系	十一人除合款三人外，计四人各 400 元，一人 360 元，二人各 320 元，一人 340 元
哲学系	三人除合款一人外，计一人 340 元，一人 260 元

资料来源：北京大学档案：《北京大学 1936 年度每月预算案》，编号：BD1936021.1

在所查阅的资料中，发现当时各大学中待遇最优的大概是东北大学。众所周知，东北大学乃张作霖、张学良父子重点扶植的，经费也直接由其提供，加之东北当时经济实力雄厚，因此有校友写道："查母校经费，似无预算，无论前校长之王岷源，继校长之张汉卿，对校院用款，皆予取予求，有求必应，毫无限制也。"[①]这种经费条件，如能长期保持，想必清华也是无法比拟的。有了经费，东北大学便高薪请人，所谓："不惜以高于任何学校之高薪，延极（及）权威之高手。诸如有数学祖宗之称之冯汉叔、化学泰斗之庄丕可、机械祭酒之刘仙洲，凡属学术上著有声誉与闻名之士，无不以挖角方式网罗（院长于假期，例行周游全国各地亲自访贤作挖角工作），甚至对尚在海外留学之优秀才俊，亦以预送程仪方式，事先预聘，至已任教之教授，倘欲再出国深造者，原薪之外，并供其学费焉。教授授课，规定就其专长者只授一门，无钟点计酬及分专兼任之说，更无东西奔赶丧家犬之状。大牌教授，月薪概在现大洋六百以上，住宅宿舍福利设施俱从优。"[②]此等收入确实要高于清华很多，也对教员择校产生了重要影响。例如，当梁思成在美国学成以后，其父梁启超经过仔细选择，特别是比较了清华和东北大学后，尽管他认为满洲局势危急，但相信东北大学将不会受到影响。于是他便最终替梁思成订了东北大学月薪 265 元的合同，这使他成为那里薪金最高的教职员之一[③]，肯定高于其就聘清华之所得。

因此，可以说清华并非民国唯一一所经费特殊的大学，从长期看，随着高等教育管理权利和各项待遇规定的统一，国立大学教职员的待遇和生活水

① 何秀阁：《九一八前的东北大学琐忆》，《传记文学》1979 年第 34 卷第 4 期，第 102～108 页。
② 何秀阁：《九一八前的东北大学琐忆》，《传记文学》1979 年第 34 卷第 4 期，第 102～108 页。
③ [美]费慰梅：《梁思成与林徽因：一对探索中国建筑史的伴侣》，曲莹璞、关超等译，第 42 页。

平也都趋于一致了。纵然清华在住房条件等方面比较突出，但这并不说明清华教职员待遇在民国高校中独树一帜。实际上，在教职员工的待遇上，清华或略与他校有所差别，但就总体论，各主要高校间教职员的待遇差别并不明显。抗战前的民国高教界，基本执行统一的待遇规程，所以与其说清华教职员享受了优厚的待遇，毋宁断言抗战前的稳定期，中国各国立大学的教职员大多都享有良好的待遇。

由此可断定，清华在民国教育界固有其特殊的一面，但改大后清华作为国立大学之一员，就教职员工待遇而论并不存在明显的特别之处，已经与各主要大学类似，这也成为研究清华教职员工生活水平对于认知整个教育界生活水平有相当借鉴作用的重要依据。清华校园内生活水平的金字塔结构绝非清华独一现象，甚至也绝非教育界独有的现象，而是民国社会各地普遍的现状。国民政府时期的北平，被称为“大学之城”，这不仅是因为北平高校多且水准高，更是因为此时的教育，特别是高校已经成为北平经济的支柱。根据统计，抗战前，平均每月有 47 万元的大学经费使用到北平市场。此外，各国退还庚款对于中国学术文化也有很大的帮助。如清华大学就是在美国退还庚款的基础上建立的。1924 年北洋政府成立了专门管理美国退还庚款的机构——中基会，该基金会对北京大学、北平图书馆等文教机构也有很多投入。又如中法大学，它的经费有相当部分来自法国退还的庚款基金。这些对于北平教授的生活，可以说是“锦上添花”，同时对于市场的繁荣，也有着显著的帮助。北京大学、燕京大学等高校乃至整个高教界群体的收入与生活水平也基本和清华一致。

透过清华这一个案研究，可以看出民国时期高校教师薪俸制度的特点：以法令形式规定了教师待遇，薪水的等级规定和发放趋于制度化，确立了薪俸标准、学历加薪和经验加薪的原则，同时鼓励教员在一个学校长期任职，以保持师资的稳定，并进而形成了比较完整的薪俸制度。抗战前高校教师的薪俸待遇是比较优厚和稳定的，这也符合多数学者的观点。[①]清华教职员工生活水平的不断调整与改良，也反映了当时知识分子地位的提升。学校改善了教职员的待遇，提高了其生活水平，也更容易吸引优秀人才前来任教。清华改大后，由于待遇良好，很快就吸引了山东大学、南开大学甚至燕京大学等其他著名高校的名师前来任教，一时间清华几乎成了中国高教界最具吸引力的学校之一。这一时期清华教师队伍，无论是资历还是集中程度，在国内都

---

①　严奇岩：《民国时期教师生活待遇研究的回顾与反思》，《南通大学学报（教育科学版）》2006 年第 2 期，第 55～59 页。

是无与伦比的，这与稳定的经费、良好的待遇紧密相关。

大学中、下级教员的薪俸水平虽然也不错，但在当时的整个社会中，并不见得很高，即便是在教育界也是如此。例如，浦江清有位同学，在南京为女子中学高中部地理教员，每周 12 小时功课，薪俸也可以达到 120 元。浦江清认为这一收入“比清华研究院助教似做得过”，但他也认为：“然在彼处，欲多读书亦不可能。”①1931 年 3 月 18 日，浦江清被聘为专任讲师，月薪 160 元②，并不比这个中学教师高出多少。可见，就薪俸而言，一个大学助教与一个高级中学的教员相比，并没有太多优势。

民国年间公教人员如果收入稳定则生活通常不错，在社会中也处于中上的地位，好的教员收入基本可比拟有一定职务的行政官员。1920 年，一个叫叶曙的人，其父亲在杭州担任高等审判厅刑庭庭长。每月发薪的时候，他的父亲都会把钱全交给叶曙的祖母，再由其祖母给他父亲一定的零用钱。他父亲用这些钱主要是购书或打打“卫生麻将”。叶曙回忆那时他父亲的薪俸是 250 元每个月，同庭的推事为 170 多元，书记官 120 多元，录事 50 多元。该审判厅还有一位美国留学归来的候补推事，月薪只有 80 元而已。而当时当地教员的待遇，小学级任教师月薪 16 元；中学教员大都在 60 元左右，好的教员可以兼课至少 2 个学校，每月收入即可达 200 元。至于低级人员的薪俸，如法警或警察每月约可领到 6 元或 7 元，中小学校的工役，大略相同，女佣则每月 1 元或 2 元，普通小兵也只有 2 元。在那时的生活条件下，日用品价格都很低廉，每天的小菜钱不过 30 个或 40 个铜板（约小洋 2 角），白米每石为 2 元，猪肉 2 角 1 斤。鱼虾不会比猪肉贵，上等鱼也不过 2 角 1 斤。中学学费每学期 40～50 元。叶曙考入原本由德国人办的同济大学，同济大学学杂费很贵，被称为贵族学校之一，一年的费用在 200 元以上，学费和宿舍费 140 元，膳费（分 6 元每月、9 元每月两种）及书籍费合计 50～60 元，这些费用对于其父亲来说还是很容易负担的。所以他也说，到 1923 年，虽然其家在杭州赁屋而居，但每月房租不过十余元，女佣不过 2 元每月，生活费加上他的学费，其父尚有余款在武昌置产，除了东厂口住宅二栋，一自住，一租人外，还有店面七八间和蛇山山后住宅四五栋。③生活的富裕可见一斑。但从此段叙述中却也不难发现各群体之间，如高级公职人员和初级公职人员、普通工人、

① 浦江清：《清华园日记 西行日记》（增补本），第 16 页。

② 《聘任委员会第三次会议》，清华大学档案：《国立清华大学聘任委员会会议纪录暨部分提案》（1929 年 4 月～1937 年 7 月），编号：1-2-1-108。

③ 叶曙：《公教人员待遇——〈八十今昔谈〉之六》，《传记文学》1993 年第 62 卷第 5 期，第 57～59 页。

杂役的收入待遇差距还是非常大的。

总而言之，清华教授的薪俸在当时是颇高的，维持自己体面与风光的生活是非常容易的，这应当没有疑问，特别是清华教授的薪俸也从来没有拖欠的情况。做教员比做自由写稿人还是要稳定得多，虽然有时候写稿，稿费所得可能足够维持一个小家庭的费用，但也会有青黄不接的时候。[①]民国北京，文化人爬格子，稿费自每千字一二元至每千字五六元[②]，每个月要能爬到百十元就属相当不易，而若达到教授的薪俸水准，则甚为难有。当然，教授也属于薪金群体，是靠政府供给生活的。所以有人提出：

> 教授的待遇大都只够奉养二老教育子女而已，这还是天下太平、物价稳定时代的情形，一旦发生内乱或国际战争，或是遭遇天灾意外，最没有办法的便是这一批教授们了。战前我国国立大学的教授，虽因年资学历而稍有差别，就以我的家乡武昌的武汉大学而言，普通教授的待遇都在二百至三百大洋之间，系主任或院长当然还要多一点，有的教授还拥有小轿车代步，生活得相当舒服，可是绝无发财的可能；再看日本，帝大与单科大学稍有差别，帝大如东京帝大规模庞大，教授人数众多，然而全校教授年薪的数字大都有一定的预算，全校分配下来，每人所得也就偏低了。[③]

抗战爆发前的清华，“教授治校”，经费稳定，但教授们也还有烦恼，教授们的经济生活上也有紧张与压力，虽然每个人的原因和程度不一样，但问题却是真实存在的。

---

① 连士升：《回首四十年》，第 48 页。

② 京华出版社编：《家居北京五十年》，第 155 页。

③ 叶曙：《台大教授的待遇——〈闲话台大四十年〉之九》，《传记文学》1987 年第 50 卷第 4 期，第 70～72 页。

第六章　生活水平、学校发展与民国社会流动

自1925年建立大学部，迄1937年抗战全面爆发和北平沦落，僻居郊外的清华几乎就是一个学术的圣殿和学者的天堂。清华大学的教师们在校园中享受着那个年代难得的清净、安逸乃至富足的生活。通过对档案史料的整理与解读，借用经济史学数量统计以及社会学社会分层与结构理论的分析方法，以生活水平问题为切入点，将清华教师、职员和校工这三种从事不同性质工作的群体进行比较研究，使得我们能够从多个方面、不同角度认识大学院校中不同从业群体之间待遇、生活水平的差距以及其中体现的阶层结构。本章将在以上认识的基础上，进一步探讨这种生活水平结构在校内外形成的影响或反映，即试图梳理这一生活水平结构的形成，在校内与学校发展之间存在怎样的关系；在校外社会中，它的形成与所处社会之间有怎样的互动以及反映了怎样的社会现实等。

第一节　教职员工生活水平与清华大学之发展

民国时期的清华以学术高明、教育成绩突出闻名，清华不仅集中了大批著名学者，为国家培育了众多重要人才，而且学校资金稳定，教职员工待遇良好。实际上，待遇良好与学校成绩突出之间显然是有关联的。第五章已经分析过，清华教职员工的待遇与生活水平结构形成是有一个过程的，通过广大教职员的努力才实现了中外教员的待遇平等和教员、职员的地位转换。这种局面的形成，反过来又确实推动了学校的发展，因此，清华教职员工生活水平的改变与调整是与当时清华的发展同步展开、相互依存的。

一、优良待遇与教职员群体的壮大

给予教员更为优良的待遇和更高的生活水平，显然是学校招揽人才、促进发展的关键。清华改大后，有相当一批教授自南开大学、山东大学等其他高校而来，就和这一因素密切相关。为了建设成完整大学，清华积极发展各学科，大量引进各方人才。南开大学、山东大学以及燕京大学等校的名教授是清华引进的重要目标。其中南开大学当时由于经费一直比较紧张，教职员

待遇不均，引起了一些教授的不满。于涤川回忆说："南开经费少，学校设备和教师待遇不如清华。那时听说有教授要去清华，这样我们也感到不安。"①而当年夏天就先后有蒋廷黻、李继侗等多位教授前来清华任教。清华稳定的待遇和良好的生活水平无疑是促成这些教授前来的重要原因。萧公权曾回忆过其兄萧蘧离开南开大学去清华的原委：

> 民国十八年的秋初，叔玉（即萧蘧，1928年8月起任清华经济学教授，毕业于清华学校，是美国密苏里大学学士，哈佛大学硕士。笔者按）继廷黻之后，应清华大学之聘，离津赴平。生物学教授李继侗兄不久也移讲清华……叔玉脱离南开，可以说是不欢而散。学校当局对他的态度，不能令人满意。这增加我脱离南开的决心。五月中学校发出下年度的聘书。除叔玉外，所有我们相熟的人都加薪十元廿元不等。叔玉来对我说："我在这里五年了。这回仍没加薪。我想这是他们对我示意。我不能赖在这里了。"廷黻接到清华大学历史系的邀请，来商谈去就问题，听见叔玉被学校冷落，大为不平。他对叔玉说："我们同去清华好了。"不久之后，清华大学经济系来信敦请叔玉。叔玉的学问专精而踏实。他在南开教书（和后来在清华一样）极其尽心，阐述学理，条分缕析，征引事实，翔实确当，很得学生的信仰。为什么南开当局不设法使他安心久住？这确令人百思不得其解。张校长认为我们这几个人他去是因为南开的薪给太低。待遇不丰，诚然是事实。五口之家的同人，有时会入不敷出。然而我们谅解学校经费不宽的苦衷，平日并无怨言。②

显然，学校待遇的好坏直接影响教授们的去留，薪俸对于教授的选择有着重要的影响。教授们对待遇不满时会想办法流动到其他学校，清华正是很多教授的满意选择之一。客观来说，除了因为清华待遇良好之外，很多海外特别是美国留学归来，获得硕士、博士学位的学者，都是清华的校友，对母校天然的感情也会促使他们决定回归清华。

不仅是与待遇不够好的私立南开大学相比，即便是与待遇良好的大学相比，如燕京大学，清华也能依靠良好的校政氛围吸引来它所需的教授。萧公权本

---

① 于涤川：《清华人和他们的事》，清华校友总会编：《校友文稿资料选编》第1辑，第108～114页。

② 萧公权：《南开东北燕京五年半——〈问学谏往录〉之八》，《传记文学》1970年第17卷第3期，第73～77页。

来打算在燕京大学久留，但 1932 年 5 月清华大学政治系主任浦薛凤想请他去清华任教，在萧公权看来，“逖生（浦薛凤号逖生，笔者按）是老友，清华是母校，图书设备远胜燕京，学术水准也较燕京为高。叔玉、廷黻、继侗、刘崇乐（清华庚申级友、康乃尔大学研究院同学，一九二六年与我同时得博士学位）诸兄都在清华。我当然不愿放过这个任教母校的机会”[①]。当时萧公权已经收到燕京大学下学年的聘书，燕京大学政治系主任徐淑希又正休假在国外考察，萧公权无法跟他商量。其友任宗济劝他就聘清华，代理政治系主任柯文教授（Professor Corwin）则坦白而诚恳地说：“为系里着想，我不愿让你离去，为你本身着想，清华的邀请确是值得考虑的。”[②]可见清华的吸引力得到了一定程度的认可。当其尚在犹豫不决的时候，燕京大学法学院院长找他谈话。当他下课准时前往院长办公室时，等候了半个多小时，才见着院长。这位院长更是非常不客气地说：“我们的聘书已经发出，你不能他就。”萧公权问他，“教员接着学校的聘书，是否可以考虑受聘与否？”他答复萧公权说，“可以的。他们不愿受聘，学校并不勉强他们”。于是萧公权说：“既然如此，我只有退还燕京的聘书了。”后来任宗济对他说：“这毫不足怪。政治（徐）和经济（陈）两系之间历来很有误会。”[③]这样的官僚作风和人事纠葛使得萧公权最终离开燕京大学转投清华。来清华后的各方面待遇和生活水平，显然也完全让萧公权满意。他认为到抗战前，在清华生活的五年“就治学的便利和环境的安适说，几乎接近理想”[④]。

当然，优秀教员离职会对教员原本所属的学校形成很大影响，校方通常也会有应对的行动。例如，清华曾多次从山东大学“挖人”，电工与物理两系曾联合聘请原山东大学物理系教授任之恭。山东大学校长对此致信清华，“该系师生骤闻此讯，深以失此良师，曰表遗憾”[⑤]。当清华准备聘请山东大学机械系主任周承佑时，山东大学校长赵畸再也坐不住了，与清华交涉道：“山大机械工程系主任周承佑先生任教经年，同人学子合和无间，下学年并经继续

① 萧公权：《南开东北燕京五年半——〈问学谏往录〉之八》，《传记文学》1970 年第 17 卷第 3 期，第 73～77 页。

② 萧公权：《南开东北燕京五年半——〈问学谏往录〉之八》，《传记文学》1970 年第 17 卷第 3 期，第 73～77 页。

③ 萧公权：《南开东北燕京五年半——〈问学谏往录〉之八》，《传记文学》1970 年第 17 卷第 3 期，第 73～77 页。

④ 萧公权：《清华五年——问学谏往录之九》，《传记文学》1970 年第 17 卷第 4 期，第 68～72 页。

⑤《赵畸谨致梅贻琦函》，清华大学档案：《国立清华大学聘任教师，任免教员，薪津待遇的来往函件》（1929～1934 年），编号：1-2-1-127。

订聘，顷闻贵校机械系有邀请消息，周先生业经续聘且该系成立甫逾一年，一切建设正待周先生筹划进行，谅在洞鉴。”[①]可见清华对各教授还是很具吸引力的，其待遇在各校中也当属良好之列。

无论如何，南开大学、山东大学等校知名教授的到来，对清华各学科发展起到了关键作用，如蒋廷黻之于历史系，萧蘧之于经济系。作为萧蘧弟弟的萧公权，虽然回国后先后在南开大学、东北大学、燕京大学等校任教，但最终还是来到了清华。他的到来，无疑大为增强了清华政治学系的实力。

1928 年清华改大以及 1929 年起罗家伦调整教职员待遇后，清华在规模扩大的同时，确实吸引了大批优秀教员。如 1928 年到校的杨振声、冯友兰、俞平伯、施嘉炀、吴有训、萨本栋、邓以蛰、吴韫珍、浦薛风、王化成；1929 年到校的叶公超、刘文典、蒋廷黼、张奚若、萧蘧、张子高、周培源、杨武之、黄子卿、陈桢、李继侗、萨本铁；1930 年到校的翁文灏、张申府、孙国华、李运华、周先庚、余肇池、王裕光；1931 年到校的吴景超、噶邦福（俄）、蔡方荫、陶葆楷、张泽熙、王力、赵人隽、燕树棠等。1931 年末梅贻琦接任校长，屡次强调师资在大学中的极端重要性。从 1932 年到 1937 年，先后应聘来校的国内外名师有闻一多、雷海宗、萧公权、许维遹、庄前鼎、刘仙洲、赵凤喈、顾毓琇（以上是 1932 年来校的）；沈履、张印堂、赵访熊、倪俊、张大煜、李仪祉、夏翔、冯景兰、沈乃正（以上是 1933 年来校的）；张荫麟、张任、陈之迈、李达、李郁荣、李辑祥、彭光钦、戴芳澜、吴达元、吴晗、潘光旦、沈有鼎、唐兰、任之恭、曾远荣、吴新谋、洪绂、李谟炽、董树屏、张捷迁（以上是 1934 年来校的）；段祖澜、霍秉权、范崇武、赵友民、赵以炳、汪一彪、赵润田、殷文友、杨业治、李景汉、张席禔、冯桂连（以上是 1935 年来校的）；贺麟、洪绅、吴柳生、王信忠、邵循正、钟士模、段学复、张岱年、齐思和（以上是 1936 年来校的）；陈梦家、孟昭英、陈省身（以上是 1937 年来校的）；以及外籍学者温讷（美）、哈德玛（法）、华敦德（美）、原田淑人（日）等。

1935 年梅贻琦指出：“过去五年，正为大学成长充实应经之重要阶段”，此五年里，“吾人所努力奔赴之第一事，盖为师资之充实”，因为“大学之良窳，几全系于师资与设备之充实与否，而师资为尤要”[②]。具体而论，可体现在三个方面：“第一，教师人数之增加。本校二十年度时，全校教师计为教授

---

① 《赵畸谨致梅贻琦函》，清华大学档案：《国立清华大学聘任教师，任免教员，薪津待遇的来往函件》（1929～1934 年），编号：1-2-1-127。

② 梅贻琦：《五年来清华发展之概况》，《清华周刊》1936 年第 625 期（向导专号），第 2～7 页。

七十三人，讲师四十二人，教员七人，助教三十二人，导师五人，共计一百五十九人。至二十一年度时，则教授增至七十八人，讲师四十四人，教员十二人，助教三十六人，导师三人，共计一百七十三人。至本年（二十四年）度则教授增至九十九人，讲师三十五人，教员二十一人，助教六十五人，导师一人，共计二百二十一人矣。此就人数方面言之也。第二，国外学者之延聘。吾人以为将欲提高国家学术水准，端赖罗致世界第一流学者，来华讲学。是以年来对于此点，尤特注意……第三，各系学科之增加。本校各系所开学门，计二十年度为三六五门，二十一年度为四四四门，本年度则为五一二门。增加之速，于此可见。”①

改大以后的清华教师队伍，无论是教师个人的资历还是优质师资群体的集中，在国内都可谓是一流的。历代清华人将罗家伦出任校长后，尤其是1931～1937年这段时期，称为清华的“黄金时代”。甚至1941年清华在昆明庆祝建校30周年时，“美国大学来函中有‘中邦三十载，西土一千年’之类的语气，盖亦极言我校进步之速”②。大量优秀教师的到来，不仅可以提高教学质量、科研水平，更能直接扩大院系研究所的数量，这也是清华迅速发展的重要体现。表6-1充分表明改大以后，清华在包括教师、学程、学生、毕业生及中西文图书等与教学密切相关的方面取得了长足进步。

表6-1 清华改大后教师、学生及图书发展情况表

年份	教师数/人	学程数/个	学生数/人	毕业生数/人	中文图书数/册	西文图书数/册
1928～1929	87	259	401	82	67 200	36 714
1929～1930	121	262	488	69	124 100	40 667
1930～1931	164	360	599	96	150 000	47 068
1931～1932	179	365	749	116	159 496	52 800
1932～1933	178	444	909	172	168 310	59 075
1933～1934	188	436	888	134	177 027	66 394
1934～1935	216	443	1 154	143	189 176	75 222
1935～1936	214	512	1 308	243	210 274	83 989
1936～1937	212	514	1 338	283	226 948	91 314

资料来源：《清华之发展》，清华大学校史研究室编：《清华大学史料选编》第2卷下册，第770～771页

改大3年后的1931年，清华办学规模已取得长足发展，在全国各高校的比较中，处于前列。根据表6-2，清华各项数字可能都不是全国最拔尖的，但

① 梅贻琦：《五年来清华发展之概况》，《清华周刊》1936年第625期（向导专号），第2～7页。

② 庄丽君主编，刘敏文副主编：《世纪清华之二》，第18～19页。

综合比较，清华的经费规模、教职员以及学生人数比例都是非常合理的，也是各高校中特别突出的。从1911～1931年，全国高等学校数从115家减少到103家，但大学从4家增加到73家，专科学校从111家减少到30家。教员人数从2312人增加到7053人，在校生从40 114人增加到44 167人①，体现了中国高教界在逐步调整中提升了质量。同世界各主要国家如美国、德国、法国、加拿大、英国、日本等国家相比，每百学生教员数，中国为16人，为最高，但每百万人口中大学生人数仅为1人，在总共20个国家中列第19位，仅高于印度。②

表6-2 1931年全国部分大学概况

	学校	岁出/岁入/元	院/系/个	教员/人	职员/人	互兼/人	学生/人	设备值/元	图书册数/册
国立各大学	中央大学	2 166 247/2 030 000	8/38	373	242	48	2 146	436 342	104 460
	北平大学	1 602 475/1 677 343	7/34	576	114	16	2 152	105 350	92 278
	中山大学	1 592 059/1 775 782	5/23	185	368	38	1 379	186 084	243 800
	武汉大学	1 355 671/1 355 863	4/13	94	55	15	571	910 070	94 016
	清华大学	1 250 431/1 885 470	3/14	173	114	28	664	511 096	29 200
	北平师范大学	866 892/866 892	3/11	183	125	16	1 288	48 140	76 728
	浙江大学	859 095/869 095	3/18	164	142	20	614	—	44 122
	北京大学	760 701/261 886	3/14	236	73	11	941	30 917	227 871
	暨南大学	731 438/691 086	5/18	150	77	17	731	102 463	41 162
	同济大学	625 900/635 140	2/2	109	33	12	281	110 460	4 476
	交通大学	482 934/539 310	5/16	132	88	3	710	46 439	48 907
	四川大学	456 031/455 480	4/11	178	45	16	1 436	49 150	47 145
	山东大学	440 586/435 413	3/8	46	48	5	260	185 884	47 000
部分私立大学	燕京大学	1 025 660/1 025 660	3/19	151	73	9	549	172 850	233 514
	岭南大学	944 678/872 939	4/21	94	86	8	284	293 094	104 878
	中法大学	844 626/844 626	4/11	83	39	18	202	88 052	65 263
	金陵大学	689 333/689 254	3/21	129	95	37	537	55 437	149 881
	辅仁大学	439 842/495 823	3/12	69	52	18	548	154 860	59 417
	南开大学	318 476/355 366	3/13	42	32	1	455	115 520	2 245
	厦门大学	229 988/252 520	5/20	62	54	12	435	12 550	65 337

注：1）原文如此，应为该校未上报此数据

资料来源：《全国各大学之概况》，教育部高等教育司编：《二十年度全国高等教育统计》，第38～39页

① 国民党教育部高等教育司：《我国最近二十年来国内高等教育趋势》，清华大学档案：《国民党政府教育部编印的1931年度全国高等教育概况简表》，编号：1-2-1-031。

② 《我国二十年度高等教育与世界主要各国之比较》，教育部高等教育司编：《二十年度全国高等教育统计》，第1～2页。

在院系数量的发展上，清华也一直在积极运作，希望能建立自己的工学院和法学院。1929 年春，清华遵照教育部令改组成立文、理、法三学院，但法学院中却一直没有法律系。1932 年下半学期开始成立工学院和法律系。按民国政府大学组织法，法学院应有法律、政治、经济三个学系，但法律系成立第一年却被要求暂缓招生，先发展工学院。不过清华并没有遵守这一规定，而是暗中招生。[①]此外，在研究所的建设发展上，清华也一直领先于全国。1925 年清华曾经建立过非常著名的“国学研究院”[②]，但由于体制不相符，王国维的去世与梁启超的离校，学生减少等原因，“国学研究院”于 1929 年停办。[③]但在改大以后，随着院系数目和师资力量的增加，清华决定重新创办研究院，并按科目建立研究所。根据国民政府大学研究院暂行组织规程第二条之规定：

> 研究院分文、理、法、教育、农、工、商、医各研究所，称文科研究所、理科研究所、法科研究所、教育研究所、农科研究所、工科研究所、商科研究所、医科研究所，凡具备三研究所以上者，始得称研究院。[④]

1935 年以前高校中有研究所的只有清华、北京大学、中山大学、中央大学、武汉大学、北洋工学院六家。1935 年南开大学以及后来的燕京大学、东吴大学两所大学才开始出现研究所。其中，清华以文、理、法 3 个研究所，中文、外文、哲学、历史、物理、化学、算学、生物、政治、经济 10 个部类列第 1。北京大学为 3 个研究所，5 个部类。中山大学为 3 个研究所，6 个部类。中央大学为 2 个研究所，2 个部类。武汉大学为 2 个研究所，2 个部类。北洋工学院为 1 个研究所，1 个部类。南开大学为 1 个研究所，1 个部类。燕京大学为 2 个研究所，3 个部类。东吴大学为 1 个研究所，1 个部类。可见，在研究所和高等研究与人才的培养上，清华更是领先全国。

改大后清华各方面的建设也在快速发展，建筑的建设和教职员工及学生的生活、工作和学习关系紧密，保证了学校向完全大学的过渡能够成功。

---

① 《梅贻琦呈覆本校招收法律系学生缘由及其不得已之苦衷》，清华大学档案：《国民党政府教育部于 1932 年批准成立工学院暨批驳增设法律学系的部令和来往文书》（1932 年 1 月 7 日～1932 年 12 月 23 日），编号：1-2-1-017。

② “国学研究院”的准确名称当为“清华学校研究院国学研究所”。清华当时因条件所限，无法建设数理及社会科学研究所，故只办国学一门。开办半年后，吴宓曾希望正名为“国学研究院”但未成功。

③ 此处观点参见清华大学校史编写组编著：《清华大学校史稿》，第 54 页。苏云峰则认为停办的根本原因是校内资源分配的冲突，国学和科学孰先以及大学部学生和研究院学生利益冲突。苏云峰：《从清华学堂到清华大学 1911～1929》，第 368～369 页。

④ 《大学研究院暂行组织规程》，《中央周报》1934 年第 313 期，第 6 页。

表 6-3 表明，截至 1935 年，清华所有 38 座建筑中有 22 座建于 1930～1935 年，改大以后数年间，清华建筑增加迅猛。同时，新增建筑不仅有多幢学生及教职员住房，也有图书馆、化学馆、土木工程馆、水利工程馆甚至飞机实验室等重要的教学与研究机构。因此，有评论认为："民国二十年，梅贻琦先生来长本校，添建宿舍住宅，注重发展理工课程，开始成立工学院充实设备加添建筑扩充校址，又更与校外机关接洽联络，设立航空讲座，筹办农事实验场，在华中举办特种研究事业，在南昌进行航空工程研究，更与外国约定交换研究生，及在校内扩充学术出版物，诸如《社会科学季刊》《工程季刊》《机工月刊》《吕氏春秋集释》《中日甲午战争之外交背景》等，直至二十六年，此实为清华大学发展最隆盛之时期。"①

表 6-3 清华大学历年增加建筑物一览表

名称	建筑年份	费用/元	名称	建筑年份	费用/元
大礼堂	1910	154 200.00	大食堂	1934	39 267.92
机械馆	1934	82 948.32	办公楼	1911	108 000.00
土木工程馆	1932	70 554.00	二院	1910	39 000.00
水力实验馆	1932	91 107.00	三院	1910	34 500.00
电机馆	1934	104 375.44	明斋	1930	189 384.00
航空馆	1935	16 688.88	善斋	1932	103 545.00
科学馆	1909	116 800.00	旧新斋	1934	114 196.58
电灯厂	1934	17 727.12	新新斋	1935	71 561.50
旧图书馆	1908	276 230.00	静斋	1932	98 443.00
新图书馆	1931	373 156.80	平斋	1935	110 445.84
化学馆	1931	263 629.60	旧南院	1921	90 000.00
生物馆	1920	112 518.05	新南院	1934	216 968.97
气象台	1920	36 603.53	旧西院	1923	40 000.00
飞机实验室	1934	7 300.00	新西院	1933	78 201.00
旧体育馆	1908	143 220.00	北院	1910	99 000.00
新体育馆	1931	263 629.60	学务处	旧有建筑	
金工厂	1934	4 100.00	古月堂	旧有建筑	
木工厂	1933	7 430.00	怡春院	旧有建筑	
锻工厂	1933	6 500.00	医院	1910	15 550.00
全校总面积：824 亩 1 分 2 毫零 8 丝 4 忽					

注：丝、忽为中国古代长度计量单位，10 忽为 1 丝，10 丝为 1 毫

资料来源：《校园建筑情况表》，清华大学档案：《国立清华大学历年增加的建筑物名称、建筑年月、造价暨校园面积一览表》（1930～1934 年），编号：1-2-1-169

① 吴绍荃：《清华三十六年》，《清华周刊》1947 年复刊第 10 期，第 3～5 页。

学校的改变基本是围绕教学这一中心的，学生和教师的生活状况也相应地得到了很大提高，而高级职员的权利可能有所下降，但就职员总体而论，其生活状况也应随学校发展而发展。校工阶层作为学校中最低等级成员，虽生活水平不高，但状况也得到了改善。待遇与生活水平的改善又与学校发展相辅相成，推动了民国时期清华在短时间内成为全国最好的大学之一。

二、“动中有静”与“薪火相传”的教职员群体

良好的待遇和校中的“高地位”不仅在吸引新人上具有重要作用，更对稳定教员队伍，保证学校的持续发展意义重大。由于民国大学教师与学校之间通常只有1～2年的聘约，因此给流动带来了很大便利。吴民祥所著《流动与求索——中国近代大学教师流动研究：1898～1949》一书更进一步地指出思想论争、校长理念、学术交流、政治干预、经济窘迫和战争压力共6个方面因素造成了民国大学教师处于高流动状态，而本书第一章讨论清华教职员工构成时也发现清华教职员工确实存在经常流动的现象，但若深入研究发现，实际上尽管清华也存在聘任制，但教员流出，尤其是学校主动解聘的可能相当有限，而良好的生活待遇以及教员在校地位的重要也使得不断流动中的教员群体存在一定的稳定性，处于“动中有静”的状态，否则很难理解一个教职员流动性极高的学校如何能够取得如此突出的教学与科研成绩。

从聘任规定的角度看，不同从业群体在清华工作的稳定程度不尽相同。总体来说，职员稳定性最高，其次是教员，最后是校工。根据规定，职员一经被清华聘用以后，只要不出现重大工作失误，是不可以被随意辞退的，甚至是终身聘用。除了有1个图书馆练习生王树，因试用1年工作不甚努力而被辞退外，检索清华民国时期各类档案，也确实没有再发现有职员因为工作能力问题而被解职。[①]同时，此人尚是试用期的练习生，与正式职员还有区别。其他人离职还有身体原因与家庭原因等，如1936年10月21日，军乐队助理王龙升因“一年前得脑冲（充）血症，不能继续服务……今年去职，医疗所费更无力承担”[②]。另外，第一章已经介绍过，因为抗战爆发和照顾家庭的需要等，大量职员没有随校南迁，因而离职，当然，这与学校本身的环境关系不大。因此，虽然也有一些职员因为种种原因离开清华，但在学校办学稳定

① 《朱自清函》（1935年10月7日），清华大学档案：《国立清华大学任免图书馆职员的来往函件》，编号：1-2-1-116。

② 《军乐队全体队员呈文》，清华大学档案：《国立清华大学任免教务处、宿舍办公室、军乐队、军训部、体育部职员的来往函件》（1934年9月～1936年5月），编号：1-2-1-115。

的前提下，其流动性并不大，许多职员在清华任职的时间很长。

教员一般聘期只有一年或两年，多不过三年，到期后需要重新考订审核，由学校评议会决定是否继续聘用。对于初次聘请的教授，聘约都只以 1 年为期，如果此后学校续聘，任期才会变长。对教员教学质量与研究水平的评估，很多时候是掌握在系主任的手中的。因此，当一个教员的能力不为系主任所接受，或者其方法不为主任所认同，则常常会离职。对此，浦薛凤认为“自有其中道理。人应谦虚，不当自信过甚”[①]。以清华历史系为例，在蒋廷黻出任主任后，随着办系理念的转变，教员群体出现了一定的震荡与变动。蒋廷黻认为清华历史系的教授或者说传统的中国史学家的治学方法存在着问题，“以往我国的史家以治某书开始，也以治某书为终。结果我们有某书的注疏考证，而没有一个时代或一个方面的历史；我们有某书的专家，而没有某一时代或生活的某一方面的专家。实在治书仅是工具学。我们虽于工具务求其精，然而史家最后的目的是求了解文化的演变”[②]。他认为当时在清华历史系授课的两汉史权威杨树达就是这种“为研究版本而研究版本、为研究古籍而研究古籍”[③]的典型。虽然杨树达通晓各种版本的《前汉书》和《后汉书》。他对各种版本真伪的鉴定，以及章句的解释可以说是无出其右者，是公认的这两本古书的最高权威。但蒋氏认为，“如果有人问他：‘杨教授，你能给学生和我正确扼要的讲一讲汉代四百年间都发生过什么事，汉代重要政治、社会和经济变化如何吗？’他会说：‘我从未想过这些。书中没有讨论过这类问题。’”[④]蒋氏进而说：“本来，版本鉴定的目的是要找到一本权威书籍，某一本书其所以能有价值是因为它能使我们获悉某一时期、某一阶段我们国家的实际情形。但是这个目的反而被人渐渐给忘记了。人们变成为研究版本而研究版本、为研究古籍而研究古籍了。此种研究历史的方法在现在已经落伍，不能再继续下去。我们不能再把时间继续浪费在这方面。”[⑤]因此，蒋氏觉得首先要对清华历史系的师资做一次大的调整，“我认为我应该放弃这批旧学者……希望能有一批新人来教历史。在教书时，他们能够告诉我们中国从什么地方发源，又向何处发展，最后定居在什么地方。我不声不响的引进一批年轻教授代替原来的老教授……我引导这批

---

① 浦薛凤：《万里家山一梦中》，第 139 页。

② 蒋廷黻：《历史系概况》，清华大学校史研究室编：《清华大学史料选编》第 2 卷上册，第 336～338 页。

③ 蒋廷黻：《蒋廷黻回忆录》，第 130 页。

④ 蒋廷黻：《蒋廷黻回忆录》，第 129 页。

⑤ 蒋廷黻：《蒋廷黻回忆录》，第 129～130 页。

年轻教授开始使用一套新方法”[1]。

从《国立清华大学教职员录》来看，杨树达原本为历史系和中文系双聘教授，但1932年以后已不再担任历史系教授，只担任中文系教授。在这一调整和转变过程中，历史系除了引进一些新的教授，如雷海宗、张荫麟等外，还从清华的学生中挑选可造之才进研究院，利用研究院为国家培育历史教研人才，内中一部分可以满足清华历史系的需要。[2]同时，研究院的优秀毕业生，清华照例会资送出国，以便进一步提升培养。但为了实现自己改造清华史学研究旨趣的目标，蒋廷黻甚至不惜破坏既有规定，没有资送陈寅恪弟子朱延丰出国留学[3]，而是先后选送邵循正去巴黎深造，王信忠和张德昌分别去东京及伦敦深造，三人学成后返校任教，分别担任蒙古史、中日关系以及经济史方面的研究和教学工作，为清华历史系的进一步发展储备了优秀青年人才。

不过，从另一个角度说，在实际运作中直接解聘教授也似乎并不容易。罗家伦掌校后，曾经提出要大力改善清华的教师水平，更换不称职的教师并引进优良师资。1928年10月，清华全校应有教师55人，但罗家伦只给其中18人发放了下学年的聘书，因此有人认为这等于一次解聘了37人，体现了罗校长更换优良师资的魄力。[4]但是在1929年9月的开学典礼上，罗校长亲口说：“去年教授他去的不过三五位，今年新来的则不下二十余位。”[5]可见解聘或因此离职的并不如宣称的那么多。杨树达虽然因蒋廷黻的看法不再任历史系教授，但依然继续担任清华中文系教授，直到抗战全面爆发前夕，才因战局变化离开清华，南下湖南。梅贻琦担任校长后，清华教员更是很少被学校主动解聘，仅有的几个案例也是特殊时期政治因素的结果。[6]高级教员群体的主动流动更多的是抗战等局势转变造成的，或者因此升迁、转任政府，或者考虑家庭等需要，留驻北京、上海或成都而未随校南迁昆明。因此，高级教员群体的变动主要是学校扩展、提升带来的师资增加而不是流出。初级教

① 蒋廷黻：《蒋廷黻回忆录》，第130页。

② 何炳棣：《读史阅世六十年》，第69页。

③ 有关朱延丰出国案的纠葛及过程，可参考梁晨：《从朱延丰出国案看蒋廷黻对清华历史学系之改造》，《清华大学学报（哲学社会科学版）》2006年第6期，第22～29页。

④ 马星野：《我所认识的罗志希先生》，《传记文学》1977年第30卷第1期，第13～14页。

⑤ 罗家伦：《清华大学之过去与现在》，《国立清华大学校刊》1929年第87期，第2～4版。

⑥ 就笔者目前所掌握的资料，只有3位教授被清华解聘：1936年哲学系教授张申府因担任“一二·九”运动游行总指挥被捕，清华迫于当局压力而解除其聘约［周文业等编著：《清华名师风采》（文科卷），第438页］；1949年数学系教授杨武之因随梅贻琦坐“撤退飞机”南下接家眷而被清华军管会解聘［周文业等编著：《清华名师风采》（理科卷），第35页］以及同年土木系陶葆楷因此前自美回国时曾在台湾大学任教半年而被清华军管会解聘［周文业等编著：《清华名师风采》（工科卷），第35～36页］。

员群体则多是出于提升需要，出国留学离开学校等。

教授们离开清华最常见的原因应该是另有高就，或谓上升型流动。例如，从1928年开始担任清华教务长兼文学院院长的杨振声教授，1930年因出任青岛大学校长而离开清华。[①]1936年，土木工程系张仲伊教授被扬子江水利委员会聘为技正[②]，待遇要高出清华不少，于是辞职。[③]航空专家王士倬教授，因为被国民政府航空委员会任命为航空机械学校筹备处副主任，叙荐任，技正三级而离开清华。又如历史系教授张荫麟，他回国后即在母校清华任教，兼授历史和哲学两系课程，同时还在北京大学兼授一门历史哲学的功课。但他在清华任教尚不到两年时，便应教育部之聘负责编著高中的历史教科书，于是向清华告假，放弃教职，专心致志于《中国史纲》的撰述。他仍住在清华教员住宅区，一方面可利用清华图书馆，另一方面对清华史学系学生亦可尽一部分指导的责任。[④]但当后来张氏重新回到清华后，中央大学及浙江大学两处都有函电来商洽聘请的事。而他对于清华似又有一些留恋，但又感觉清华对他的待遇有点不公平。他的月薪仅300元，还时常只支付七成。而许多与他同资历，甚或稍晚的人的待遇，已经较他为高。因为据说是清华照定章，凡销假回校的教授，到清华一律支请假时的原薪。他因编著《中国史纲》请假数年，及抗战后回到清华仍支4年前的原薪（而他此前编著《中国史纲》时，除月薪400元外，每年另有3000元购书费，他每月的收入600元以上）。于是他曾向清华当局提出，希望与同资历的人享受同样的待遇。但校方坚守定章，未允许。此举反而让许多人讥笑他自己争薪水，多少有点得不偿失的感觉。

很多助教、教员辞职离校是因为获得了出国深造的机会。例如，政治学系助教龚详瑞因考取留美而辞职。机械系助教钱学榘考取本校留美公费请辞。又如土木工程系先后有助教王德荣、朱民声、谢家泽、周惠久、方福森以及教员沙玉清等多人获取各类留学资助名额而辞职离开清华。[⑤]因此，即便有合同聘期短的问题，但教员在清华的任职应该还是比较有保证的。虽然存在着一定的流动性，但主要还是上升型的流动，对于教授等高级教员，主要是因

① 《第三十三次校务会议纪录》（1930年9月11日），清华大学档案：《国立清华大学校务委员会会议纪要》，编号：1-2-1-007：4。

② 技正：民国时期中国技术人员的官职。国民党政府的交通、铁道、实业、内政等部（会）及省（市）政府的相应厅（局）大多置此官，以办理技术事务。此官在部（会）中，职位次于“技监”，在厅（局）中为最高官职。其下有“技士”“技佐”等。赵德义、汪兴明主编：《中国历代官称辞典》，北京：团结出版社，1999年，第182页。

③ 《傅汝霖致梅贻琦函》，清华大学档案：《国立清华大学聘任委员会会议纪录暨部分提案》（1929年4月～1937年7月），编号：1-2-1-108。

④ 贺麟：《我所认识的荫麟》，周忱选编：《张荫麟先生纪念文集》，第195页。

⑤ 清华大学档案：《国立清华大学1935～1937年聘任各系各级教师的来往函件》，编号：1-2-1-111：1。

为职位和待遇的提升而离开清华。而中下级教员，则多为获得出国机会而辞职。同时，中下级教员经过一段时间努力，也可以成为高级教员，如浦江清、吴晗、邵循正等都是从教员升为专任讲师、教授的。①

无论是抗战前还是抗战后，清华教职员群体规模的扩展都是学校规模扩大、办学实力不断增加的体现，同时也是清华办学良好、对各类人才颇有吸引力的表现。自罗家伦任校长后就致力于提升教员质量和待遇。一方面，他提出吸收“青年而最有前途的学者，加入我们的教学集团来工作”②；另一方面，虽然北洋政府时期清华就以办学经费宽裕，教员待遇优越闻名，但罗家伦认为：“清华要想吸受（收）一部分人材，势非亦改善教授待遇不可。加之年来生活程度日高，清华纵不能与中山、中央等大学相比，也须顾及教授生活的安定，方可使其静心授课研究”③，为此，他就职当日“即普遍加发聘书，并一律约略提高薪金”④。良好的待遇很快就吸引了山东大学、南开大学等待遇有限的高校教师前来任教，一时间清华几乎成了中国高教界最具吸引力的学校之一。清华稳定的待遇和良好的生活水平无疑是促成这些教授前来的重要原因。即便是在待遇良好的燕京大学，清华对其教授也有吸引力。

梅贻琦接任校长后，清华更是形成了“教授治校”的民主氛围。“教授治校”涉及政府、校长和高级教员之间权力的分配与协调，因此并非是民国高教界自然或者普遍的现象。例如，1915 年，北京大学校方给教员的聘书上就明确要求“教员专任教授学科，此外不得干预大学内一切之事”⑤，对教员群体的提防和其权利的约束跃然纸上。但 1930 年以后的清华却成了教授们的学校：“在清华服务的同仁，感觉着一种自由的氛围，每人都有权利有机会对学校的事情说话。这是并不易得的……在这个比较健全的民主组织里，同仁都能安心工作，乐意工作。他（梅校长，笔者按）使同仁觉着学校是我们大家的，谁都有一份儿。”⑥何炳棣说“与当时北大蒋梦麟大倡‘校长治校’的口号（逻辑上暗涵校长与教授的对立）迥异，清华传统‘教授治校’的原则（本部分地源于早期教授与政客型校长的斗争）事实上变成校长、教授互相尊敬、

---

① 参见《聘任委员会 1931～1936 年间会议纪录》，清华大学档案：《国立清华大学聘任委员会会议纪录暨部分提案》（1929 年 4 月～1937 年 7 月），编号：1-2-1-108。

② 罗家伦：《学术独立与新清华》，清华大学校史研究室编：《清华大学史料选编》第 2 卷上册，第 199～204 页。

③ 罗家伦：《整理校务之经过及计划》，《国立清华大学校刊》1928 年第 12 期，第 1～4 版。

④ 浦薛凤：《万里家山一梦中》，第 135 页。

⑤ 《聘请教员合同书样本》，王学珍、郭建荣主编：《北京大学史料》第 2 卷上册，第 412～413 页。

⑥ 朱自清：《清华的民主制度》，《清华校友通讯》1940 年第 6 卷第 9 期，第 20～21 页。

合作无间、共同治校，最和谐、美满、高效的新局面。三十年代的清华不但是校史中的黄金时代，也构成全国高教史中最令人艳称的一章”①，这自然对教授们具有很强的吸引力。

虽然清华教员如民国一般大学教员一样，存在着频繁流动的现象，但背后可能还隐藏着一定的稳定和正常的自然更迭，否则很难理解一个相对于今天教师规模有限，教职员又高速流动着的大学能够在教学、科研上成效卓著。国立大学以后的清华逐步向完备大学发展，到 1934 年院系设置基本定型，计有文学院、理学院、法学院和工学院 4 个学院 16 个学系。②此后，西南联合大学时期还曾增设师范学院，但复员后师范学院留在了昆明。1946 年清华增设农学院，依旧保持 5 个学院。1949 年清华、北京大学和华北大学农学院合并，成立北京农业大学。③1951 年厦门大学、西北工学院和北洋大学 3 校航空系并入清华航空系，改设为清华大学航空工程学院，清华又恢复为 5 个学院，但随即开始的院系调整使清华的院系专业发生了彻底改变。考虑到延续性，本处选取文、理、法、工 4 个学院各 3 个成立时间早延续时间长的学系，即文学院中文系、哲学系和历史系；理学院算学系、物理系和化学系；法学院政治系、经济系和社会学系以及工学院土木工程系、机械工程系和电机工程系共 12 个系，以 1932 年、1935 年、1936 年、1940 年、1946 年和 1947 年 6 个年份《国立清华大学教职员录》的信息为基础，串联比较后（表 6-4，此时均为梅贻琦掌校，可视为内部相对稳定时期），发现有相当一部分骨干教授是长期任职的，同时自国立大学建立以来，清华也逐步培养出了核心的年轻教授，形成了“薪火相传”的局面。

表 6-4　历年主要院系常任高级教员及负责人情况

院	系	系主任	常任高级教员 1)	新培养高级教员 2)
文学院 院长： 战前冯友兰； 战后雷海宗、冯友兰	中文系	朱自清	朱自清、陈寅恪、闻一多、浦江清、王力【1932 年该系教授、专任讲师共 9 人】	余冠英、许维遹、王瑶
	哲学系	冯友兰	冯友兰、金岳霖【1932 年该系教授、专任讲师共 4 人】、沈有鼎（1934 年）	王宪钧、任华
	历史系	战前蒋廷黻； 战后雷海宗	雷海宗、刘崇鋐、陈寅恪、噶邦福【1932 年该系教授、专任讲师共 7 人】	王信忠、邵循正、吴晗、孙毓棠

① 何炳棣：《读史阅世六十年》，第 99 页。另外有学者研究认为 20 世纪 40 年代后期清华与北京大学的治理，是一种接近“教授治校”本意的治理和成功的校务治理。徐秀丽：《1940 年代后期的国立高校治理——以清华、北大为例》，《史学月刊》2008 年第 3 期，第 57～65 页。

② 清华大学校史编写组编著：《清华大学校史稿》，第 112 页。

③ 周文业等编著：《清华名师风采》（增补卷）上册，第 69～70 页。

续表

院	系	系主任	常任高级教员 1)	新培养高级教员 2)
理学院 院长： 叶企孙	算学系	战前熊庆来；战后杨武之	郑之蕃、杨武之【1932 年该系教授、专任讲师共 5 人】、赵访熊（1933 年）	华罗庚、陈省身、段学复
	物理系	战前叶企孙、吴有训；战后霍秉权	叶企孙、吴有训、周培源、赵忠尧【1932 年该系教授、专任讲师共 5 人】、任之恭（1934 年）、霍秉权（1935 年）	余瑞璜、范绪筠、孟昭英、王竹溪
	化学系	战前张子高；战后高崇熙	张子高、高崇熙、黄子卿【1932 年该系教授、专任讲师共 5 人】	张青莲
法学院 院长： 1932 年为萧蘧；余为陈岱孙	政治系	战前浦薛凤；战后赵凤喈	张奚若【1932 年该系教授、专任讲师共 6 人】、赵凤喈（1933 年）	邵循恪、杨荣春
	经济系	陈岱孙	陈岱孙、赵人儁【1932 年该系教授、专任讲师共 6 人】	伍启元、戴世光、徐毓枏、刘大中
	社会学系 3)	战前陈达；战后潘光旦	陈达、吴景超【1932 年该系教授、专任讲师共 3 人】、潘光旦（1934 年）	李树青、费孝通、苏汝江
工学院 院长： 战前顾毓琇；战后施嘉炀、陶葆楷	土木工程系	战前施嘉炀；战后陶葆楷	施嘉炀、陶葆楷、王裕光、张泽熙【1932 年该系教授、专任讲师共 6 人】、李谟炽（1934 年）、吴柳生（1936 年）	李庆海、夏震寰、李丕济
	机械工程系	战前庄前鼎；战后李辑祥	刘仙洲、庄前鼎【1932 年该系教授、专任讲师共 3 人】、李辑祥（1934 年）、董树屏（1934 年）	褚士荃、王遵明、钱伟长、孟庆基、郭世康、郑林庆
	电机工程系	战前顾毓琇、倪俊；战后叶楷、黄眉	章名涛【1932 年该系教授、专任讲师共 2 人】、范崇武（1935 年）	黄眉、孙绍光、钟士模、常迵、唐统一

注：1）常任高级教员是指长期在任的教授、专任讲师（副教授），姓名后没有年份的，均为 1932 年名册中已经在职的教员，有年份的为入职清华年份，但所有年份均为战前。1940 年西南联合大学时期，对外虽统称联大，但教师的聘任仍分别由三校各自办理。各校教师除接受西南联合大学的聘书外，同时还分别接受一份三校的聘书，等于有双重的校籍。虽然也有少数教师只由西南联合大学聘请而无三校之校籍，这部分教师（多数为师院的教师）在工作、生活上比较没有保障。西南联合大学结束时，除师院教师并入云南师范学院外，其他不属三校的西南联合大学教师工作即无着落（清华大学校史编写组编著：《清华大学校史稿》，第 312 页），本处将标注为清华教员和师范学院中原属清华的教员都归为了清华教员。此处常任以每年名录中出现为标准，也有部分教授实际上在名录不涉及的年份短暂离开过清华，但很快又回来了

2）新培养高级教员是指清华国立化后入读大学或清华研究院的新一代教员，他们有一部分是大学或研究院毕业后即出国留学的，也有一部分毕业后留校任助教数年，甚至升任了教员、专任讲师乃至教授才出国留学、进修的，是抗战爆发后清华的中坚力量

3）根据 1929 年《国立清华大学规程》，社会学系（1928 年定名为社会人类学系，1934 年恢复社会学系原名）由文学院所辖；西南联合大学时期以清华社会学系为主的社会学系转隶于法商学院，复员后隶属法学院，此处统一归为法学院下辖系

1932 年上述各学系少的仅有 2 位教授和专任讲师，多的则有 9 位（中文系），但每个院系总有少则 2～3 位，多则 6 位是长期在职的，这些共计 43 位高级教员（表 6-4 中“常任高级教员”列中具名者）实际上组成了清华 12 个学系的骨干教师队伍，也保证了清华教学、科研的延续及发展。自 1932 年以

后，梅贻琦稳定地担任校长，这既是高级教职员任职稳定的表现，也是教员群体保持稳定的重要原因。1925年清华建立大学部之初，校内存在派系斗争，以及待遇虽稳固但逐渐也不够优厚的状况，导致教师流失、聘任不易的局面出现。邱大年在清华教书时，虽然他也承认薪水稳定，但因校内各派纷争不断，为此毅然离开，改就北京师范大学之聘。[①]钱端升也指出清华要想聘请到一流教授，必须解决中外教员待遇不平等，留学与非留学教员待遇不平等等问题，从而消弭派系矛盾。[②]罗家伦任校长后，提出提高教师待遇的意见。梅贻琦任校长后“教授治校”完全确立，清华教员地位较高，拥有了更多参与学校管理和决策的权利，极大地提升了教员的心理优越感和生活体验，矛盾冲突大为减少，这些都有利于教员群体的稳定。冯友兰就曾说：“（清华，笔者按）一般的教授都觉得自己的地位很稳固，不象（像）有些大学，教授每到暑假都要有一次惶惶不安。”[③]甚至即便有抗战南迁的巨大影响，清华教师除一部分离职（七十余人）外，大部分都随校南迁了[④]，比例明显高于西南联合大学的另外两所学校：北京大学与南开大学。[⑤]

此外，民国清华教师群体以留学，特别是留美为中心，形成了三代左右的稳定发展。清华肇始于留美预备学校，1929年以前旧制学生全部派遣留美，因此在1925年改大后自然也多吸收毕业生回校任教，逐渐形成了以留欧美，尤其是清华留美生为核心的教授群体。以1936年为例，绝大多数教授有留学美国的经历，2/3以上又是清华的留美生。在讲师、助教中，清华大学的毕业生约占2/3。[⑥]1930年，清华除音乐、体育以及党义教员外，共有教员、助教33人，其中清华毕业的14人，占42.4%。[⑦]中下级教员经过一段时间努力，也可以成为高级教员，如浦江清、吴晗、邵循正等都是从教员升专任讲师、教授的[⑧]，但留学或出国进修——尤其是赴欧美——又是升等的重要环节。1947年电机工程系9位教授中有7位中青年教授，其中6

① 李璜：《忆民十四五在北大教书时的四位好友》，《传记文学》1967年第10卷第5期，第23～26页。

② 钱端升：《清华学校》，《清华周刊》1925年第362期，第35～42页。

③ 冯友兰：《五四前的北大和五四后的清华》，钟叔河、朱纯编：《过去的学校》，长沙：湖南教育出版社，1982年，第55～65页。

④ 清华大学校史编写组编著：《清华大学校史稿》，第312页。

⑤ 吴民祥：《流动与求索——中国近代大学教师流动研究：1898～1949》，第256～257页。

⑥ 清华大学校史编写组编著：《清华大学校史稿》，第144页。

⑦ 《国立清华大学教职员名册》（1930年），清华大学档案：《国民党政府教育部令报职员履历及有关铨叙等部令》，编号：1-2-1-133。

⑧ 《聘任委员会1931～1936年间会议纪录》，清华大学档案：《国立清华大学聘任委员会会议纪录暨部分提案》（1929年4月～1937年7月），编号：1-2-1-108。

位都是先在清华学习或任教，然后资送出国，学有所成再回清华任教授的。这些年轻教授一方面多有在清华学习或任初级教员的经历，得到过 1920 年以前留学归国的教授们的教导；另一方面他们又在抗战中先后留学欧美，与战前，尤其是 1929 年以前赴美留学的预备部清华学生形成了前后衔接的两代学人，实现了学校师资的“薪火相传”和赓续发展。清华工学院老院长顾毓琇在 2000 年曾说：“清华机械工程系于 1932 创始至今 68 年，庄前鼎、刘仙洲、李辑祥各位教授领导在前，董树屏教授继续负责，致有今日之发展功绩甚大……”①

因此，虽然民国大学教职员的流动性比较强，流动的原因较多，但清华因为校政管理者和教授群体关系和睦，办学经费相对稳定以及出国机会多等因素，教职员群体也具有相当的稳定性和良好的新老替代、持续发展。既有研究强调各类高校都呈现出民国高校教员的高流动性，清华个案则表明由于民国高校之间的经费状况、校政治理及校园文化差异极大，很多民国大学史的研究也亟须更多的个案分析，才能防止“以全盖偏”。在进行个案整体数据分析的同时，也要多角度地进行数据分析和理解，否则也容易为现有的“常识”所左右，在落入既有认识“窠臼”的同时，无法发挥数据分析善于发掘隐藏历史现象的优势，甚而失去推进历史研究的可能。

第二节　生活水平结构中的教育因素

清华教职员工的待遇与生活水平结构的差异，表面上看似乎是由不同群体的职业角色决定的，但背后起作用的却是个体的教育获得水平。提出“社会经济群体分类”理论的社会学家阿尔巴·爱德华兹（Alba M. Edwards）认为：“教育是影响社会地位的重要因素，收入或工资是影响经济地位的重要因素。”②但实际上，职业背后，不同群体以及同一群体中不同等级人员，受教育程度、工作经验以及掌握技能的知识含量等的不同不仅决定了不同的待遇、生活水平，同样也决定了社会阶层，而其中教育无疑是最重要的。从经济学角度来说，教育投入本身就是一种成本投入，成本的投入自然要有所回报或有效用，而生活水平则是这种效用的主要体现。

① 董树屏 1934 年中央大学毕业后一直在清华（包括西南联合大学）任教，自助教、教员逐步升至教授，到 1948 年才去美国访学，在理工院系中属于出国留学、进修较晚的。周文业等编著：《清华名师风采》（增补卷）下册，第 952 页。

② Reiss A. J.，*Occupations and Social Status*，New York：The Free Press，London：Collier-Macmillan Limited，1965，p.116.

如清华般的校园型小规模社会圈，教育背景直接决定了个人在其中的工作职位与性质，也就决定了个人所属的阶层等级、社会地位与待遇级别，这也是形成“清华社会”结构的最重要因素。清华不同从业群体教育水平差别明显。原则上，清华要求教师与主任以上职员应有大学学历，其他职员有中学以上学历，练习生须有高级小学以上学历，校工则没有学历要求。[①]社会学研究者也指出：“知识本身就是力量。在什么意义上是这样呢？为什么职业在知识与技能需要上的不同会产生不一样的能力？第一，因为专业化的知识是一种稀缺资源，拥有者会具有优势性市场地位。因此在某种途径上，他们的劳动能得到更高的报酬。第二，更直接的利益是知识的增强会在自然和社会两方面统治世界。一个人知识储备越多，就越有能力操纵世界向个人优势方面发展。在这方面，普遍性知识远比专业知识更重要。因为普遍性知识能够产生应付新的意想不到的情况的能力。出于这一原因，精英教育总是通识教育，而专业技术和行政管理职位，因为需要做出大量的高层次决策，也更倾向于需要更广阔的通识教育。”[②]因此，形成清华教职员工待遇、社会地位等方面生活水平差异的最重要的原因当在于不同群体间教育背景的差异。不同的教育状况决定了他们所能做出的职业选择范围并进而决定了他们的生存状态和生活水平。不过，由于清华教职员通常都接受过较长时间的正规教育，且有相应的资料记录，而校工群体基本没有接受过正规教育且也没有相应资料记载，本处对其教育背景的刻画显得要相对简单不少。

首先考察教员的教育背景。根据清华的规程要求，教员都必须有大学以上学历，实际上很多教员的教育背景远高于此。清华自改大以后，随着院系规模的扩大，教员数量也在不断增加。1928年清华初建时，罗家伦校长曾宣称：“本大学本年（除农学、音乐、体育各系裁撤外），设立十三学系，教授五十二人，讲师十五人，视去年教授人数为少，而人选则较以前为优。又得燕京名教授数人任课，更属可喜之事。”[③]1932年，清华档案中记载学校教授人数为74人（外国教授除外）。[④]清华教员的数目在稳步增长，对教员的要求也一贯很高。苏云峰经过计算认为，清华自1927年至1937年共有教授级人数214人，其中具有博士学位者84人，硕士学位者85人。其中1927～1937

① 清华大学档案：《修订教师服务及待遇规程》，编号：1-2-1-14；《国立清华大学制订的职员服务规程、练习生服务规程、各行政、各系所职员类别的标准》（1930年10月30日～1937年4月2日），编号：1-2-1-113。

② Treiman D. J.，*Occupational Prestige in Comparative Perspective*，pp.13-14.

③ 《第一次教授会纪录》（1928年11月2日），清华大学档案：《教授会会议纪录》，编号：1-1-2-005。

④ 《教授会启事》，清华大学档案：《教授会会议纪录》，编号：1-1-2-005。

年清华教员整体的学历状况见表 6-5。

表 6-5　1927～1937 年清华大学教员最高学历统计

学历	国内/人	国外/人	合计/人	百分比/%
中学	3		3	0.7
学士	107	42	149	37.0
硕士	12	73	85	21.0
博士		84	84	21.0
研究		5	5	1.3
未详			72	18.0
合计	122	204	398	100

注：表中各项占比之和不足 100%，应为数据存在不精确处，原文数据如此

资料来源：《清华大学教师名录　1927～1949》，转引于苏云峰编撰：《清华大学师生名录资料汇编 1927～1949》，第 8 页

由于 1930 年清华教职员名册中有比较详细的教职员背景记录，以该年情况为样本，可以更系统地分析清华教职员的教育状况（参见附录 1）。该年清华全校共有教员 152 人，其中外籍教员 11 人，分别是德籍 5 人、美籍 3 人、俄籍 3 人。外籍教员占全校教员总数的 7.24%，处于绝对少数，而且外籍教员 11 人中有 8 人供职于外文系，占其总数的 72.73%，剩下 3 人，2 人为音乐导师，只有 1 人，即因“落难”而来华的史国禄供职于社会人类学系。此时清华外籍教员无论是在数量上还是在院系范围上乃至对学校的掌管上，都远落后于中国籍教员了。在 152 名教员中，专任教员为 108 人，占总数的 71.05%，兼职教员为 44 人，占总数的 28.95%，专职教员占绝对多数，这也是比较合理的教员结构。

在兼职教师中，主要有以下几种，即兼职教授、讲师（特约讲师）、名誉教授、导师、半时助教、训练员和教练员。兼职教授有 4 位，分别是外文系的杨震文和温源宁，历史系的朱希祖和生物系的寿振璜。兼职教授在清华的规程中并无此职别的规定，属于特别情况。以寿振璜为例，他本是清华与中央研究院联合聘请的教授，但在清华序列中属于兼职，因此冠以“兼职教授”之名。兼职教师中最多的当数讲师，为 32 人，包括党义讲师 1 人，讲师占兼职教员总数的 72.73%。其中除了一般兼职讲师外，还有哲学系黄子通、历史系李济两位特约讲师。黄子通是燕京大学哲学系主任，李济是哈佛大学的博士，作为特约讲师，他们在清华领取的薪俸并不多，实属难能可贵。[①]清华在

① 有论著认为李济等任清华特约讲师并不领薪俸，但据清华国学院 1926 届研究生戴家祥回忆：“当时教授的月薪是大洋 400 元，李济已领受弗利尔艺术馆的月薪 300 元，为了与其他教授相等，他在清华只受 100 元。”李光谟：《从清华园到史语所：李济治学生涯琐记》，北京：清华大学出版社，2004 年，第 84 页。

1930年还聘请了傅增湘和顾颉刚为兼职研究院导师和研究院名誉导师，作为名誉导师的顾颉刚并不领取清华薪俸。兼职教员中还有名誉主任翁文灏1人。翁曾在清华任教多年，是清华最知名的教授之一。此时要离开清华前往南京政府任职，清华校方既舍不得他的离开，也感念他在清华做出的突出贡献，特授予他这个不领薪俸的荣誉称号。另兼职教员中还有半时助教1人以及体育系训练员1人、国乐教练员3人。

在108名专任教员中，教授共为65位[①]，占专任教师总数的60.19%，清华教员中教授的比例还是相当高的。该年清华专任讲师人数极少，仅有历史系董其昌一人，比例为0.93%。教员有11人[②]，占专任教员总数的10.19%。助教30人[③]，占专任教员总数的27.78%。教师的结构状况基本如此，而不同级别教师的教育背景也有明显差别。全体教师中，兼职教授、讲师、导师及名誉主任等共为39位，他们大多为北京大学、东南大学等国内著名大学的教授。

65位专任教授中具有博士学位的有外文系艾克教授、石坦安教授、葛其婉教授，哲学系冯友兰教授、金岳霖教授，历史系蒋廷黻教授，政治学系王化成教授、钱端升教授，经济学系陈岱孙教授，数学系孙鏞教授、杨克纯教授，生物系吴韫珍教授、李继侗教授，心理系孙国华教授、叶鹿教授，社会学系陈达教授、溥尚霖教授，物理系叶企孙教授、吴有训教授、萨本栋教授、周培源教授，化学系高崇熙教授、萨本铁教授、李运华教授，共计24人，占教授总数的36.92%。具有硕士学位的有外文系吴宓教授、陈福田教授、叶崇智教授、翟孟生教授、温德教授、吴可读教授、毕莲教授，历史系有孔繁霱教授、刘崇鋐教授，化学系有黄子卿教授，数学系有熊庆来教授，地学系有黄国璋教授、袁复礼教授、王绳祖（芝加哥大学硕士、哈佛大学硕士）教授，生物系有陈桢教授，土木工程系有施家炀教授、王裕光教授，政治系有吴之椿教授、张奚若教授、蒲薛凤教授，经济系有周炳林教授、萧蘧教授、蔡可选教授、陈锦涛教授，共计24位，占教授总数的36.92%。另外，其他教授中基本都具有大学本科学历，还有多人有在国外研究院研究的经历，如陈寅恪曾在哈佛大学、柏林大学研究院研究，邓以蛰自哥伦比亚大学毕业后，也曾在该校有研究经历。总体而论，包括拥有博士、硕士学位的教授在内，专任

---

① 66人中包括体育教授马约翰。附录1其他一栏中，溥西园注明为国乐专任教员，但未标明级别，其月薪三百元符合教授标准，但谨慎考虑，此处未将其算入专任教授类。

② 附录1中体育系涂文和赵逢珠两人职员类别为指导员，但结合其月薪数和此后教职员名录中二人的职别，将其划入教员类。

③ 助教中包括物理系钟威标半时助教一人，另有体育系训练员李剑秋和助理杨魁光、音乐助理王龙升、西乐助理杨恪，此处都划入助教类别。

教授中有留学经历的一共有62人[①]，占专任教授的95.38%，而无留学经历的3个教授，都在中文系，分别是朱自清、黄节和张煦，足见清华各院系师资力量之强大。另外，根据葛婧的统计，北京大学1931～1937年共127位有学历背景的教授中，14位没有留学背景，73位有留学经历，另有9位外籍教授，其余31位中国教授学历背景不详[②]，教授中有留学背景的比例很高，这说明中国现代大学的创办以及学科建设发展曾向西方学习借鉴。

中下层教员以国内大学毕业者为主，但专任讲师要求较高，大学毕业者须任数年助教或进研究院学习后才可担任。[③]前者如浦江清，以助教升专任讲师；后者如董其昌，从清华国学院毕业后任专任讲师。王信忠、邵循正从清华研究生院毕业后，又到国外进修后才被聘为专任讲师。教员和助教基本都是大学毕业。1930年教员11人，大学毕业的10人，占90.91%。助教30人，大学毕业27人，占90.00%，没有大学学历的3人，分别是体育老师李剑秋、杨魁光和音乐老师王龙升。教员和助教均毕业于国内各大学，没有外国大学的记录。由此可知，清华各主要院系的教员、助教基本是国内大学毕业生，这也是抗战前清华教员、助教的一贯状况。

清华教员的教育背景中最显著的特征就是教授基本为留学归国人员，多数拥有博士、硕士学位，都具有良好的国外教育背景。他们是中国近现代历史上第一批海外留学，获得博士、硕士等高级学位后成规模回国人员。教员和助教则基本为国内大学毕业生，教员年纪略长于助教，多为毕业有几年工作经验者，而助教则多为刚毕业就来任教者。苏云峰认为，由于这个时期人才缺乏，一般大学对教授资格要求并不十分严格，许多人只要大学毕业，出国游学，取得硕士或博士学位，或者仅是访问研究一段时间，回国后就可出任大学教授。较之日本之从大学毕业晋升至教授需要20年时间考验，中国大学教授资格之取得，较为容易。清华大学的要求虽比一般大学严格，然而在人才普遍缺乏的情况下，不得不有所迁就。[④]但应该说，在当时社会环境下，清华的教员已经是非常优秀了。

一所好的学校不仅要有高素质的教师队伍，保证学校教学和科研的水平和发展，也需要一支训练有素、专业尽职的职员队伍。清华大学不仅严把教

---

① 此处包括从美国春田学院肄业的马约翰。

② 葛婧：《北大教授聘任1931～1937》，北京大学硕士学位论文，2004年，第25页。

③ 自1937年起，随着教育部正式组织硕士学位考试，国内大学研究院毕业生出任大学讲师、副教授的开始增多。见欧元怀：《抗战十年来中国的大学教育》，《中华教育界》1947年复刊第1卷第1期，第7～15页。

④ 苏云峰编撰：《清华大学师生名录资料汇编1927～1949》，第8页。

员关，也一直注重职员的素质。按照清华职员的服务规程：本大学职员须对所任职务，有充分之学识与经验，并富有办事能力；其主任以上之职员，须在国内外大学毕业，得有学位，或具有相等资格。①此处同样以有详细背景资料记载的 1930 年《国立清华大学教职员名册》为样本，来探讨一下职员的教育状况。

在此期职员中，校长、教务长和秘书长 3 人无疑是职员三巨头。按这里的标准，校长罗家伦、教务长萧蘧以及秘书长张广舆都具有国外留学的经历，而萧蘧是哈佛大学硕士，也是清华经济系教授。实际上，1937 年前清华历任教务长与秘书长都有很高的教育背景，详情如表 6-6 所示。

表 6-6 1928～1937 年国立清华大学历任教务长与秘书长一览表

教务长	任期	秘书长	任期
杨振声	1928 年 8 月至 1929 年 2 月	冯友兰	1928 年 8 月至 1929 年 3 月
吴之椿	1929 年 2 月至 1930 年 9 月	张广舆	1929 年 3 月至 1930 年 6 月 1)
萧蘧	1930 年 9 月至 1931 年 4 月	朱一成	1931 年 4 月至 1931 年 5 月
陈石孚	1931 年 4 月至 1931 年 5 月	杨公兆	1931 年 7 月至 1932 年 7 月 2)
张子高	1931 年 7 月至 1934 年 7 月	沈履	1933 年 7 月至 1937 年 7 月
郑桐荪	1934 年 7 月至 1935 年 9 月		
吴景超	1935 年 9 月至 1936 年 1 月		
潘光旦	1936 年 1 月至 1937 年 7 月		

注：1）张广舆离职后，曾由庶务主任李相宏代理
2）杨公兆离职后，曾由秘书何清儒代理
资料来源：清华大学校史研究室编：《清华大学史料选编》第 2 卷上册，第 198 页

教务长的人选一般来自清华各院系的教授。除上文提及的萧蘧是哈佛大学硕士，曾任清华大学经济系教授外，杨振声是美国哈佛大学、哥伦比亚大学的毕业生，曾是清华文学院院长；吴之椿是哈佛大学硕士，清华政治系教授；陈石孚是哥伦比亚大学毕业生，曾担任过南京中央政治学校教授；张子高是清华化学系教授，美国麻省理工学院学士；郑桐荪是数学系教授，美国康奈尔大学学士；吴景超是社会学系教授，芝加哥大学博士；潘光旦则是社会学系教授，哥伦比亚大学硕士。在秘书长方面，冯友兰是清华哲学系教授，哥伦比亚大学博士；任期最长的沈履则是心理学系教授，美国威斯康星大学硕士。②可见，清华“三长”的教育背景颇高，也基本都是教授出身。

① 《职员服务规程》（1937 年 2 月 24 日修正通过），清华大学校史研究室编：《清华大学史料选编》第 2 卷上册，第 183～184 页。

② 陈石孚资料依据清华大学校长办公处编：《清华同学录》，第 147 页。其余教务长、秘书长资料见苏云峰编撰：《清华大学师生名录资料汇编 1927～1949》，第 26、28、35、58、78、95、97 页。

清华大学的事务机关除校长室、教务处和秘书处外，还有注册部、图书馆、军训部及警卫队、宿舍办公室、文书科、庶务科、会计科、医院 8 个部门。这 8 个部门中有 7 个主任，其中拥有硕士学位的有 1 人，即哥伦比亚大学硕士，注册部主任章寅。其他 6 人除军训部及警卫队队长秦云汉外，都具有大学学历，而图书馆主任洪有丰、庶务科主任李相宏以及医院主任吴鸣歧都为国外大学毕业。7 个主任中有留学经历的为 4 人，占 57.14%。另外，作为职员，清华显然也很重视其工作经验。注册部主任章寅曾在清华任教 6 年，熟悉清华的教学教务工作；图书馆主任洪有丰曾担任过东南大学图书馆、中央党务学校图书馆等处主任，经验丰富；文书科主任王芸青曾是河南福中矿务大学的指导主任和教员；庶务科主任李相宏更是前中州大学教授，河南交涉署第一科科长；医院主任吴鸣歧曾是协和医院的医生，他们都拥有相当的工作经验。另外，校医院医生虽无主任名分，但享受主任待遇，由于医生工作的性质，其教育背景一样很高。当时（1930 年）的校医戈绍龙是日本九州帝国大学医学博士。

职员中有事务员 17 人[①]，这些事务员为职员和各部门的骨干力量。他们的业务素养将直接决定日常工作能否顺利开展。这 17 人中有学历或工作经验记录的为 16 人，最高学历为大学毕业，有 8 人拥有学士学位，占有记录人数的 50.00%，另有 1 人为专科毕业，1 人为燕京大学肄业，1 人为前京师高等实业学校毕业，这些人都可以算作有高等教育经历人员。其他事务员中各专门学校毕业的有 3 人，大学预科毕业者 1 人，无学历记录者 1 人。可见，事务员学历以大学毕业为主，也包括其他中等学历人员。学历之外，同样注重工作经验，事务员中有 5 人有明确工作经历记载，占有记录人数的 31.25%，且这些工作经历都与他们在清华从事的工作相关。

书记和助理等初级职员，大部分受过中等教育。1930 年书记和助理一共有 52 人[②]，这一群体是职员中比重最大的一部分。其中有 11 人无学历或工作经验记录，占 21.15%。剩下的有学历或工作经验的 41 人中，学历最高者为大学毕业，有 4 人，占 9.76%，其中文书科英文助理施惠龄为华盛顿大学学士，文书科张缙则为东京明治大学法科毕业，这也是这一级别职员中仅有的两名有留学经历的人员。另有 1 人为大学肄业，其他 36 人中标明中学、预科或专门学校毕业的有 29 人，占 41 人的 70.73%。有 1 人为前清附生，另外 6

① 17 人中包括女生指导员。军训部及警卫队副队长由于无月薪记录，无法判断其级别，故未列入计算。

② 52 人中包括医院看护 1 人，生物学系图书员 1 人以及讲义收发员和物理系仪器管理员各 1 人，还包括警卫队分队长 3 人。

人则都有相关工作经验。

总的来说，教授群体应该是清华教育获得层次最高的，他们大都不仅有留学海外的经历，而且还拥有硕士、博士学位。他们具有相当的科研能力和成果，而这些经历与能力的取得，也需要大量的时间、金钱等成本的投入。他们在经历了几年教育与科研工作的锻炼后，无疑成为当时中国高校中科研的带头人、教育的领军者，其生活水平也必然会得到相当的保障，也就顺理成章地在校中享受着最高待遇。年轻的教员、助教，多为大学刚毕业者，资历尚浅，经验暂缺，所以待遇也就低于教授不少，但他们的学历要高于中下级职员以及校工，在待遇以及生活水平上也要高于他们。此外，初级教员要想取得晋升，出国深造、接受更高层次的教育也几乎是必由之路。他们可以通过清华或其他学术机关提供的出国机会，或者通过自身的努力和积累，逐渐升职为教授，待遇和生活水平也就会随之相应提高，如吴晗、浦江清以及华罗庚等学者皆如此。职员的正规教育层次要弱于教员，但他们大都有一定的文化水平，且具有一技之长，因此在校中也能得到相当良好的待遇保障。虽然相比教职员，校工群体待遇较差，收入寒微，但校工中有一定管理经验的工头或技术工人收入则可比较职员中的下层。在这样的体系中，教育的投入与生活水平有着强正向相关性，体现了学校首先重视教学与科研，其次才是行政及相关后勤保证工作，良性地推动了教育的发展和科技的进步。

可见，教育获得的层次在清华从业者的待遇及社会分层中确实起到了关键作用。没有受过教育的只能做校工，从事体力劳动，经济收入、生活水平与社会地位也是最低的。是否受过大学教育十分关键，只有受过大学教育者，才能成为初级教员或中级职员，否则只能成为助理、练习生等初级职员。留学教育或硕士以上学位是登上阶层金字塔顶端的关键。已任初级教员者，想要有所晋升，出国深造也是必由之路，吴晗、华罗庚等便是例子。正如唐启明所说："在所有社会，教育和职业声望都有很强的关联"①，这无疑刺激和推动着初级教员的出国研修和离职。

经济学认为知识就是力量。这是因为，首先，专业化的知识是一种稀缺资源，拥有者会具有优势性市场地位。在某种途径上，他们的劳动能得到更高的报酬。其次，更直接的利益是知识的增强会在自然和社会两方面统治世界。一个人知识储备得越多，就越有能力操纵世界向个人优势方面发展。以此来考察如清华这样的大学机构，则是非常贴切和适合的。大学中教员和职

① Treiman D. J., *Occupational Prestige in Comparative Perspective*, p.149.

员、校工之间的职业区别，本身就与他们各自所具有的专业知识或技能紧密相关，在各自类别中，又由于经验、学识等的差别，形成高下之分，产生了多个群体。同时，这种群体的产生，又是以接受教育的程度与质量为基础的。因此，在研究生活问题时，关注收入和教育是同等重要的两方面。美国学者阿尔伯托·雷斯（Albert J. Reiss）认为："使用教育和收入去测量一个职业的社会经济地位是既有先例，在理论上也合理。"①唐启明也以教育、收入与职业为基础，制定了标准的国际职业等级。②

将以上因素结合起来考虑，使得本书能够得出这样的重要因果关系：一个人通过教育赋予自己职业生活，从事职业的同时也得到收入。因此，职业是积极的媒介，串联起了收入和教育。如果研究者将收入水平、生活水平和教育水平组合起来刻画多个职业群体，那这样的研究将不仅能衡量出不同职业群体的社会经济地位的差异，还能揭示出职业群体形成的主要动因和所处社会的阶层流动性等更宏大的社会问题。

第三节　教育获得背后的结构失衡与流动停滞

教育与社会流动的互动关系可能在中国具有更悠久的历史和更深刻的影响，因为自科举时代起，教育就一直是中国社会所有流动性渠道中最持久和最为社会所重视者。近代以来，随着科举制的废除和西方教育体制的渗入，新的社会职业结构和职业群体开始出现，教育对社会流动的影响出现了异化。参军、经商和行医等多种形式拓展了民国社会流动的门径③，但文凭，尤其是高等教育文凭成为多数社会中上层职位获取的必备条件。④教育与职业获得、社会分层及社会流动间的关系成为理解民国社会的关键。

职业获得的基础是教育获得，教育获得的基础则应该是个人能力，因此具有公正性和社会开放性。但是，现实的情况可能并不如此。一方面，如兰德尔·柯林斯（Randall Collins）所说，在近代工业化以后，随着工作对技术和知识的要求不断提高，"教育乃是寻求职业的途径"⑤；另一方面，如皮埃

① Reiss A. J.，*Occupations and Social Status*，p.115.

② Treiman D. J.，*Occupational Prestige in Comparative Perspective*，p.206.

③ 周荣德：《中国社会的阶层与流动——一个社区中士绅身份的研究》，上海：学林出版社，2000年，第4～5章。

④ 徐小群：《民国时期的国家与社会：自由职业团体在上海的兴起，1912～1937》，第69～74页。

⑤ ［美］柯林斯·R. C.：《教育成层的功能理论和冲突理论》，见张人杰主编：《国外教育社会学基本文选》（修订版），上海：华东师范大学出版社，2009年，第35～54页。

尔·布尔迪厄（Pierre Bourdieu）所发现的，表面看来，教学体制非常接近于一种随机的重新分配体系，而且这个体系似乎必然要对各代人的位置进行重新分配，就是说，教学体制的运作表面上像抽签一样具有公正性，然而，事实上，这个充满系统性偏差的体制带着满脸的清白与无辜产生的效应最终还是无限接近于通过直接继承进行传递所确保的效应。①民国清华大学为该问题的研究提供了合适的样本。民国清华校园相对封闭，各职业人群集中生活其间，从业群体的阶层属性和教育获得程度丰富，从高级知识分子、社会精英到未受教育的校工、车夫等社会底层，都囊括其中，形成了一个体系完整的“微观社会”，为观察社会结构与社会分层提供了可能。同时，有关“清华社会”的各类材料留存丰富，内容详细，为研究提供了基础。

将职业、收入、生活水平、社会地位和教育层次结合起来，可以梳理出一个相对完整和系统的清华从业群体的社会分层结构。该结构以教育为依据，以职业或职称为基础，以经济收入为保证，最终以生活水平和社会地位为表征。表 6-7 表明，在清华，以留学教育和获得硕士、博士学位为主体的高级教职员群体处于社会分层的最顶端。他们在经济收入、生活状况和社会地位上都“居高临下”。以国内外大学本科、国内研究院学历为主的中级教职员构成了这个社会的第二阶层，过着相对舒适的生活并具有一定社会地位。以国内大学学历为主的初级教员与中级职员构成了第三等级，尽管社会地位不甚高，但生活尚小康。接受过中等教育的初级职员是第四等级，他们收入较低，生活处于温饱水平且社会地位较低。基本没有接受过正式教育的校工处于清华社会的最底层，从事体力劳动，拿着低廉的薪水，过着贫寒的生活，甚至还会受到人格的歧视。

表 6-7　民国清华从业群体的阶层结构

等级	教育	职业	岗位	收入	生活	校内地位
第一等	国外留学，硕士、博士	高级教职员	“三长”、院长、教授	300～600 元	享受的	参与核心决策
第二等	国内外大学、国内研究院，本科	中级教职员	主任、专任讲师	200～300 元	舒适的	主持或参与一般事务
第三等	国内大学	中级职员和初级教员	事务员、教员、助教	100 元左右	小康的	参与一般事务

① ［法］布尔迪厄·P.:《国家精英——名牌大学与群体精神》，杨亚平译，北京：商务印书馆，2004 年，第 500～501 页。

续表

等级	教育	职业	岗位	收入	生活	校内地位
第四等	以中学教育为主	初级职员	书记、助理员、个别校工	以 50～60 元为主	温饱的	不参与
第五等	大部分未接受教育	低级体力劳动	绝大部分校工、练习生	10～30 元	贫寒的	被歧视

清华社会中各群体的差别明显，所反映出的社会结构状况有明显的不平衡或两极分化的特征。实际上，近代以来的城市家庭消费功能发生了很大变化，主要体现在下述三个方面：消费水平两极化、消费内容多元化、家庭消费社会化。[①]消费水平两极化与家庭收入两极化又有着直接的关系，这在清华从业者群体身上同样有相似的体现。从积极角度说，以清华为代表的民国高校教师待遇和生活水平状况，在一定程度上体现了社会对知识和人才的尊重[②]，工资收入与知识水平和职位高低成正比，中国尊重知识分子的传统和良好的待遇使知识分子居于城市中上层，普通工人则构成城市社会的下层。但也有批评意见认为，这种优厚的条件在一定程度上脱离了当时中国社会发展的实际水平。[③]就本书的研究内容看，尚难对此争论下一定论，但可以肯定的是，在抗战全面爆发前的北平城中，各高校教职员的待遇确是非常优厚，而城市平民的生活则过于艰辛，整个社会的结构并不平衡，甚至有些畸形。不过丰厚的待遇确是有利于教育质量的提高。民国时期“大学教授”一直就是令人尊重的职业，优良的待遇使教授们不必操心生活经费，安心从事教学与研究工作，教育成为生活水平提升的关键因素。因此，民国时期，无论是教员还是学生大都体现出相当的素养。历史证明，改善教师待遇，提高教师生活水平，是提高教育质量的重要途径。

同时，清华校园内生活水平的金字塔结构绝非清华独一现象，甚至也绝非教育界独有之现象，而是代表了民国社会的主要方面。国民政府时期的北平，被称为“大学之城”，这不仅是因为北平高校多且水准高，更是因为此时教育，特别是高校教育已经成为北平经济的支柱。据统计，抗战前，平均每月有 47 万银元的大学经费使用到北平市场。[④]此外，各国退还庚款对于中国学术文化有很大的帮助。清华大学是由中美文化基金出钱赞助的；中法大学

---

① 何一民主编：《近代中国城市发展与社会变迁（1840～1949）》，北京：科学出版社，2004 年，第 495 页。

② 于述胜：《中国教育制度通史》第 7 卷，济南：山东教育出版社，2000 年，第 250 页。

③ 李华兴主编：《民国教育史》，上海：上海教育出版社，1997 年，第 531 页。

④ 陶希圣：《北平二三事（上）》，《传记文学》1962 年第 1 卷第 6 期，第 7～9 页。

用的是中法文化基金；北京大学也有中美文化基金设置的研究教席；北平图书馆更是得益于这种补助。这些对于北平教授的生活，可以说是锦上添花，同时对于北平市场的繁荣，也有着显著的帮助。在北平市场上，教授地位之高是不言而喻的。每一家有名的菜馆，都有它的教授主顾。某先生在某饭馆有他的特定菜单，照菜单点菜，既便宜又合口。[①]北京大学、燕京大学等高校乃至整个高教界群体的收入与生活水平也基本和清华一致。陶希圣在1930年底接受了中央大学的聘书，前往南京教书。他的家人则继续住在上海海宁路新生命书局的楼上。他每星期只有周一至周三这三天在南京，星期四到星期六都在上海。他在南京寄居的处所条件很差："四壁是报纸糊的槅子，窗户亦是以报纸代玻璃。到了夜半，土筑的地面到处是蜒虫。"[②]但这样并不是因为生计的贫困，"我的生活应该没有什么困难。中大教授的薪水每月三百二十元，稿费的收入仍然不少。[③]不过海宁路的住宅颇为宽大，我的母亲，嫂嫂，两个侄儿，我自己一家六口，还请了一位家庭教师，教两个侄儿和两个大孩子的国文。家里的开支已经很大，又何必在南京增加开支呢？我在南京的时间既不算多，寄寓也就因陋就简，对付下去"[④]。可见，各地之教员学者的收入水平、生活方式和消费状况都很相似，生活水平基本一样。

不仅教育界如此，整个公职人员的待遇和生活水平都相当不错。如民国时期铁路局的工作号称"铁饭碗"，20世纪30年代初，一位在北京铁路局担任文员的父亲，月薪达120元，一家人房租12元，请一保姆每月花费3元。虽然铁路局也经常欠薪，但全家生活还是不错的，几个孩子同时念书，二儿子上大学，三儿子上中学，小女儿和小儿子上小学，还请了奶妈专门养护小女儿和小儿子。[⑤]一些油水多的公职机关，其一般职员的待遇也可能超过教授，当时有人谓："带着外国留学生的头衔的大学教授，要算是教师中的贵族了。但是每月也不过有二三百元的收入，而且又没有'外快'或'红利'，其实际还不如海关中下级的雇员。"[⑥]1924年清华曾对学生进行过一次有关职业兴趣的调查。该调查一共有154名学生参加，其中一年级学生50人，二年级学生39人，三年级学生65人，结果见表6-8。从这个职业兴趣表中不难

① 陶希圣：《北平二三事（上）》，《传记文学》1962年第1卷第6期，第7～9页。

② 陶希圣：《中大一学期》，《传记文学》1962年第1卷第5期，第7～9页。

③ 陶希圣主要是为上海新生命书局主持《食货》半月刊，书局每月补助他100元，这也是他兼课的费用。见陶希圣：《中大一学期》，《传记文学》1962年第1卷第5期，第7～9页。

④ 陶希圣：《中大一学期》，《传记文学》1962年第1卷第5期，第7～9页。

⑤ 京华出版社编：《家居北京五十年》，第81页。

⑥ 赵轶鏖：《教师的生活问题》，《教育杂志》1927年第19卷第4号，第1～3页。

看出，教育界的职业期望是很高的。此外，加上官吏等职业，公职行业普遍有较高的职业期望。当今热门的医生、律师等职业的期望等级则很低，这也是民国社会职业状况的一个侧面反映。

表 6-8 清华学生职业兴趣分布表

职业	填写人数/人	等级总数	等级平均数	平均数次序
公司经理	35	146	4.2	1
学术研究者	30	132	4.4	2
教育行政者	34	159	4.7	3
教员	33	155	4.7	4
工程师	31	150	4.8	5
官吏	30	154	5.1	6
著作家	31	162	5.2	7
农家	29	151	5.2	8
银行家	31	167	5.4	9
社会改革者	32	173	5.4	10
美术家	25	152	6.1	11
军官	30	190	6.3	12
内科医生	24	160	6.7	13
外科医生	18	140	7.8	14
秘书	23	185	8.0	15
律师	21	175	8.3	16
青年会服务者	17	198	11.6	17

资料来源：庄泽宣、侯厚培：《清华学生对于各学科与各职业兴趣的统计》，《清华学报》1924 年第 1 卷第 2 期，第 287～304 页

无法进入公职体系的农民及其家庭，生活要窘迫得多。有人认为，假如要认为清华是一座金字塔，那这座金字塔恰恰建筑在被饥寒和穷困所笼罩的农村中间。[①]1926 年陈隽人曾对清华左近七村 104 户农家情况进行过调查，其结论认为："前八家一村，因每户之耕地面积，平均亩数较多，或能赢裕；其余各村如大石桥、西柳村、保福寺、三才堂与水磨只能收支相抵，尚得糊口；至于萧庄一村，平均面积不满七亩，如此经营，负数太大，生活境况未免更苦。以上所云系照寻常年份收成情形推论，若就民国一三年、一四年收成而论，则境况更不堪矣……总之，此七村之农民，终日勤劳，勉强度日而已。"[②]1934 年清华社会学系师生曾对附近萧居庄、东王庄、西王庄、炸货屋

① 李树青：《清华园附近农村的借贷情形》，《清华周刊》1934 年第 574/575 期，第 45～58 页。

② 陈隽人：《清华园左近七村 104 户农情调查》，《清华学报》1926 年第 3 卷第 1 期，第 763～802 页。

子、七间房等村庄进行调查，村民职业分布状况见表 6-9。

表 6-9 132 户家长职业分配 单位：户

村名	业农	做工	小商业	商业	裱糊	教书	警察	木匠	绣匠	铁匠	瓦匠	皮匠	无业	共计
萧居庄	4	5	1	2				1			3	1	1	18
东王庄	14	5	1				1						1	22
西王庄	21	3	1			1		1						27
炸货屋子	9	3				1								13
七间房	5	4	3					1	1	1	1	1	1	18
前八家	14	8	6	1	1	1	1	1					1	34
总计	67	28	12	3	1	3	2	4	1	1	4	2	4	132

资料来源：李树青：《清华园附近农村的借贷情形》，《清华周刊》1934 年第 574/575 期，第 45～58 页

周边农民失业率很低，毕竟他们可以从事农业生产。农业以外的选择，则主要是做工或从事小商业，基本以简单体力和手工劳动为主，谋生的方法比较单一和初级，其经济状况也就不容乐观。132 户中赤贫者占到了 35%，而贫穷者占到了 50%，两者相加则高达 85%。贫困化的规模相当大。这大概也是民国社会生活水平结构的一大特色，即富裕生活与高水平生活的比例非常小，而贫困生活与低水平生活比例过大。具体家庭经济状况见表 6-10。

表 6-10 132 户家庭经济状况 单位：户

村名	富裕者	养堪自给者	贫穷者	赤贫者
萧居庄	1	4	4	9
东王庄	1	1	15	5
西王庄		4	15	8
炸货屋子		3	7	3
七间房		4	8	6
前八家	1	2	16	15
总计	3	18	65	46

资料来源：李树青：《清华园附近农村的借贷情形》，《清华周刊》1934 年第 574/575 期，第 45～58 页

1935 年 5 月，清华师生再次对前八家村的社会经济概况进行调查。调查指出：该村位于德胜门外不过二里（1 里=500 米），在清华大学之东北，距亦不过一里多路，共有 246 人，其中男子 136 人，女子 110 人。平均每家人口 4.73 人，其中以三四口之家最多。全村住房 174 间，住 208 人，平均每人房 0.84 间。所从事的副业主要包括警察、女红、短工、司账、教员、店伙、作毛衣、小买卖、木匠、农工、拉洋车等，51 户中共有 20 户借过钱，借钱共 32 次，以借 20 元以下者最多，达 22 次。32 次借贷中，除 3 宗不知用途外，

29 宗中，借来为糊口过日子的有 15 宗，勉强可认为用于生产者 6 宗，用于婚丧者 5 宗，用于亏本还债者 2 宗，用于养病者 1 宗。①所调查的内容虽然与 1934 年的不太一样，但都反映出这些人群生活水平过低。很多家庭容易发生经济危机而需要小额借款，这说明他们应对危机的办法太过局限。这些经济危机无法对教职员群体构成威胁。

在城市生活中，除了这些游离于农业、商业、手工业等多个行业之间的城市边缘人群外，还包括产业工人，他们的生活水平也不高。1927 年上海货价调查会曾与北平社会调查所合作举行的上海工人生活费的调查，计算了包括棉纺业工人在内的 230 户，工人每户平均收入为 32.89 元/月，支出为 32.5 元。17 个工业城市（不包括北平），除宜兴外，没有一个城市的男工工资可以赡养全家。②这些情形略好于清华附近农村家庭，但从收入角度看，基本和校工阶层持平或略好。李景汉通过他的调查，认为按生活水平可将北平的平民分为四种。一种为仅能生存或说半生不死的生活程度，“包括人数约计十万，其中无家可归，住在小店，俗称火房子的乞丐至少有一万人，这些形同活鬼的人类每日沿街讨要，活一天是一天……其余为有家的乞丐及指望慈善机关（构）赈济的贫民，包括警察厅所列为极贫的四万多家庭。家主的职业为老弱车夫，大多数的各种小贩，各种笨工及仆役。一月的工资，若不吃雇主的饭，少有超过十元的。全家人口所吃的米面大半是玉米面，白薯，次等小米……少有别种调味。每日吃喝已是顾不过来，做衣服的钱简直没有，也只能有时买些旧的，或得些施舍的，补了又补的对付穿罢。全家只能在大杂院内租一间又旧又漏的屋子住。这每月五六角的房租也少有按照时候痛痛快快的付给房主。家中的老妇或小孩每日到肮脏的秽土堆中去拾没烧透的剩煤。食、衣、住和燃料外再有什么用费也是极少的……全家全年的支出少有超过百元的”。第二种为对付着过的生活程度，也就是北平工人能自养的最低生活程度。这一群体的户数不下 6 万户，包括警察厅所列为赤贫的 2 万余户及下户的 1/3，计 4 万余户。家庭全年生活费在 150～200 元，平均计为 170 元。第三种是北平工人视为知足的生活程度，这一群体的家庭包括警察厅所列为下户的 1/2，约有 6 万户。一家全年费用在 200～300 元，平均计为 250 元。第四种为北平工人视为舒服的生活程度。这一群体有 3 万余户，包括警察厅所列为下户的 1/4

① 陈聚科、卢铭溥、余即荪：《前八家村社会经济概况调查》，《清华周刊》1935 年第 602 期，第 41～50 页。

② 灵生：《中国最低工资问题》，《清华周刊》1932 年第 535 期，第 4～19 页。

及中户的1/5。一家全年的生活费总数在300～400元，平均计为350元。[①]这也可看成是与清华校工相似的社会最低层次人民的生活水平。

杜恂诚在研究1933年上海城市阶层收入分配问题时，曾从收入统计角度出发，将当时上海社会各阶层分为如下等级（表6-11）。将此划分和本书对清华各阶层按收入和生活水平划分进行比较，发现基本是一致的。学校中高级行政管理人员如校长、教务长以及特别资深的教授如外文系王文显、中文系与历史系合聘教授陈寅恪等，收入在校中特别高，可以看成是学校中的最高等级，为最上层者；一般教授、高级职员则对应中上等的第二等级；中下级的教职员以及少数拥有特别技术的校工则类似于表格中的办事员，属于中下的第三等级，而其他校工则基本是下等的第四等级，但也要略好于那些没有工作、闲散在家中的伙伴。[②]

表6-11　1933年上海城市社会阶层排序

第一等级（上）	第二等级（中上）	第三等级（中下）	第四等级（下）	第五等级（下）
特权官僚	一般工商业者	办事员	工人	城市贫民
上层工商业者	一般政府职员、 中高级专业人员	低级职员		

资料来源：杜恂诚：《1933年上海城市阶层收入分配的一个估算》，《中国经济史研究》2005年第1期，第116～122页

抗战前，知识阶层在城市人口总数中所占比例依然是很小的，其中南京为1.99%、北平为6.32%、天津为1.36%，青岛为1.41%、上海为5.25%、重庆为2.14%。[③]他们在城市人口中所占的比例虽然很小，但他们的职业分布却又是最为广泛的。按当时的分类标准，全部人口的职业共有九大类约35个行业，平均每个大类有4个行业，而其中自由职业独占8个。在近代各个城市的自由职业行业中，知识阶层总是以从事教育、学术研究的大、中、小学教师占多数。之所以如此，是因为：一方面，在一个国家现代化和城市化的过程中，学生的数量必然会增多，就各职业特征而言，每一教师所能教育的学生数量和所能提供的教学时间都有必然的限制；而另一方面，教师中既有大学教师，也有中学教师和小学教师，而且各城市的教育系统尤其是大学、中学的教育所服务的对象范围往往超越本城市，而且可能涵盖本地区、本省甚至全国，教师的数量自然也会增多。民国年间，教育体制转型，各高等学校

① 李景汉：《北平最低限度的生活程度的讨论》，《社会学界》1929年第3卷，第1～16页。

② 清华的校工来自周围农村，他们基本没有完全脱离土地，而且多居住于农村，因此有别于一般意义上的城市工人与城市贫民。

③ 何一民主编：《近代中国城市发展与社会变迁（1840～1949）》，第369页。

数目不断增加并稳定调整。到1936年，全国专科以上学校共108所，在地理分布上，上海占25所，北平占14所，广州为7所，南京有6所。由于大学以及其他学术团体在地理位置上比较集中，所以在这些大型城市中逐步形成了近代意义上的城市知识阶层。根据许纪霖的定义，所谓近代意义上的城市知识阶级，乃是指城市中“具有现代教育背景的、从事抽象符号系统创造、传播和使用的自由职业群体，包括文学家、艺术家、自然科学家、人文学者、教师、编辑、记者等”①。

家庭是社会的细胞。近代城市家庭手工业生产向社会大生产的转化，使大部分居民的工资收入成为他们的主要收入。如塘沽和北平的调查数据表明，两地工资与总收入的比例分别为94.9%和90.5%。②工资或薪俸收入则直接决定了职业居民的消费能力。民国初年天津商会办事人员中高级人员月薪为20～60元，而下级厨役、门房月薪仅6元。③20世纪20年代，成都电话局工作人员月薪为局长60元、文牍主任28元、会计28元、技工36元、文牍员21元，而工匠工资为6～9元。④工资收入与知识水平和职位高低成正比，尊重知识分子的传统及社会对西方先进科学文化知识的推崇使得大学精英知识分子居于城市中上层，而普通工人则构成城市社会的下层，收入不均决定了消费结构的差异。

在清华园这个小社会中，以收入或生活水平为标准，明显存在着多个阶层，大体可分为高级教职员、中下级教职员和校工。各阶层间有着明显的收入差距，如最高等级的收入是最低等级收入的40～50倍，但中间阶层如第二、第三等级之间的差距并不是很大，基本为1～2倍。换言之，由于最高等级的人数很少，而第二、第三等级才是学校人事的主体，因此清华的整体收入分配悬殊并不特别大，生活水平的差距也并不过分。即便是最低等级的校工，虽然收入低微，但由于他们多家在农村且有住房，因此尚有其他农业收入，生活水平不高，但基本可以维持温饱。而中上等级，即学校的高级教职员，由于收入颇丰，身份亦高，常以一人收入供养全家，甚至是一个大家庭且基本能够保持相应的生活水平，同杜恂诚研究1933年上海阶层收入状况中的发现也基本一致。⑤此外，如教授阶层为了维持与身份地位相一致的生活，消费

① 许纪霖：《近代中国变迁中的社会群体》，《社会科学研究》1992年第3期，第84～87页。

② 何一民主编：《近代中国城市发展与社会变迁（1840～1949）》，第495页。

③ 天津市档案馆、天津社会科学院历史研究所、天津市工商业联合会：《天津商会档案汇编（1912～1928年）》第1册，天津：天津人民出版社，1992年，第115页。

④ 《公用事业》，杨吉甫、晏碧如、刘燕谋等编：《成都市市政年鉴》1928年第1期，第586～588页。

⑤ 杜恂诚：《1933年上海城市阶层收入分配的一个估算》，《中国经济史研究》2005年第1期，第116～122页。

支出也相应较高，一些教授为了科研工作，经常自掏腰包购买书籍、研究工具等，这些支出也在一定程度上影响了教授阶层不能像社会上同等级阶层那样在生活消费上有更充裕的投入，家庭所积累的财富也比较有限，在出现如战争等重大危机时，应对能力则显不足。当然，就本书研究的时段与范围来看，清华校园中的中上等级无论是在供养的人口上，还是在应对突发的经济压力上（如薪俸停发等），都体现出最强的能力和稳定性，是生活水平最高的阶层之一，且符合本特森对生活水平的定义。

唐启明在《比较视角中的职业声望》一书中曾以声望与职业性质等因素为基础，制定了共十四个等级的“标准国际职业分类序列表”①，对照清华的状况，教授的工作可划为第一等级的“高声望的专业性和技术性工作”，高级职员可划为第二等级的“行政管理和经营管理职业”，初级教职员基本属于第五等级的“低声望的职业性和技术性工作”，而校工则只能归为第十三等级的“低声望的服务性职业”。这样的等级划分也可近似看成抗战前清华的主要社会结构。清华各阶层的收入与生活水平结构图，也基本对应和体现了民国社会的阶级结构状况，本书的研究可以让我们以小见大，透过清华这一微观社会，了解宏观的民国社会。

这种不平衡和不公平最集中的体现是校工等劳动阶层恶劣的生存状况。当时评论认为毕竟中国社会“一向偏重脑力劳动，忽视体力劳动”②，这在清华的社会体系中得到了印证。一方面，清华社会分层状况与杜恂诚对 1933 年上海阶层的收入状况研究中所发现的结构非常一致，说明了清华社会结构并非个案。③清华生活水平的金字塔结构绝非独有现象，也非教育界的现象，而是民国社会的普遍状况。另一方面，若放诸全社会，社会结构的失衡可能更严重，因为清华校工的状况要好过其乡邻。作为校工们的乡邻，清华周边的农民，谋生的方法单一、初级，有些农村贫困者超过八成，赤贫者更超过三分之一，他们“终日勤劳，勉强度日而已”④。

在这个社会结构形成中，教育起到了关键性的社会分层作用，但民国社

① 该序列具体为：①高声望的专业性和技术性工作；②行政管理和经营管理职业；③高声望的神职和相关工作；④高声望的销售工作；⑤低声望的职业性和技术性工作；⑥高声望的农业职业；⑦高声望的生产性和相关工作；⑧高声望的服务性职业；⑨中等声望的生产及相关职业；⑩低声望的神职及相关职业；⑪低声望的销售职业；⑫低声望的农业职业；⑬低声望的服务性职业；⑭低声望的生产与相关性职业。参见 Treiman D. J., *Occupational Prestige in Comparative Perspective*, p.206.

② 基：《脑力劳动与体力劳动》，《扫荡旬刊》1934 年第 50 期，第 1～3 页。

③ 杜恂诚：《1933 年上海城市阶层收入分配的一个估算》，《中国经济史研究》2005 年第 1 期，第 116～122 页。

④ 陈隽人：《清华园左近七村 104 户农情调查》，《清华学报》1926 年第 3 卷第 1 期，第 763～802 页。

会教育获得的过度阶层化使得社会流动困难，甚至停滞，这样的社会体系充满了危机。有无教育、有无高等教育以及有无留学是能否挤入更高阶层的必备条件。要想生活得更好，获得高等教育是一个重要的门径。但近代以来的新教育，“多以资产为条件”①。以1930年前后北平、天津、上海、南京、广州等主要城市大学生年花费的调查为依据，结合全国高校主要集中于这几个城市的现实，并参照相关研究②，大致可以确定当时全国大学生的平均花费在300元左右，上海可能更高，在500元左右（表6-12）。

表6-12 民国主要城市大学生年均花费调查

地区	大学生年均花费
北平	1929年调查：师范类大学学生年均花费200元，一般公立、私立大学300元，教会燕京大学320元
天津	1929年调查：南开大学学生年均花费300元
上海	1929年调查：综合学杂费、膳费、服装费、寄宿费、书籍费、交通费、娱乐费等，上海大学生年均花费为500元 1930年研究：上海大学生每年花费至少500元（未提供任何证据或推算依据） 1934年调查：沪江大学校方认为学生年花费最低380元，中等580元，最高780元；沪江大学生顾宗沂认为年均花费为500元。 1935年调查：圣约翰大学校方估算年均花费600美元，学生估算750美元（按：以1936年官方汇率计，一年花费超过2000元，为各地所见数字中最高）
南京	1929年调查：中央大学学生花费多数为300～350元，平均为426.12元
广州	1929年调查：中山大学学生年均花费为220元
全国	1934年调查：学生年均个人花费最低个案出现于内地大学，100元左右，最高个案出现在以圣约翰大学、沪江大学为代表的上海教会大学中，达120元，全国平均为340元

资料来源：北平与天津大学生年均花费，参见新晨报丛书处：《北平各大学的状况》，李文海主编：《民国时期社会调查丛编》（二编）《文教事业卷》（一），福州：福建人民出版社，2014年，第565～648页。上海大学生年均花费，分别参见屠铁珊：《一张上海大学生的用费单》，《中国学生》1929年第1卷第11期，第24～25页；周容：《中国教育之根本改造》，《中华教育界》1930年第18卷第12期，第1～11页；上海市档案馆档案：《沪江大学城中区商学院院况简报》，编号：Q24-1-309；中国学生社编：《全国大学图鉴》，上海：良友图书印刷公司，1933年，第180页；徐以骅、韩昌信：《海上梵王渡：圣约翰大学》，石家庄：河北教育出版社，2003年，第68～69页。南京大学生年均花费，参见刘槷：《大学生用款分配及其背景之调查》，李文海主编：《民国时期社会调查丛编》（二编）《文教事业卷》（一），第720～733页。广州大学生年均花费，参见古楳：《中山大学暨附校学生用费的调查》，李文海主编：《民国时期社会调查丛编》（二编）《文教事业卷》（三），第959～1021页。全国大学生年均花费，参见何清儒：《大学毕业生的报酬》，《教育与职业》1934年第158期，第507～509页

不论大学生年均花费是300元还是500元，显然“大学教育是需要经济的”③，不仅城市一般产业工人家庭无法承受，即便是小康之家，培养出一名大学生也非常吃力。1928～1929年的一项调查表明，上海五口之家全年需要

① 古楳编著：《现代中国及其教育》上册，第3页。

② 叶文心认为20世纪20年代全国大学生年开支在220～400元，但20世纪30年代这一数字应会稳步上升。参见叶文心：《民国时期大学校园文化（1919～1937）》，冯夏根、胡少诚、田嵩燕，等译，北京：中国人民大学出版社，2012年，第134页。

③ 何清儒：《大学毕业生的报酬》，《教育与职业》1934年第158期，第507～509页。

415.35～498.42 元的收入才能维持生活。当时上海 30 个行业的男工平均实际年收入约为 255.96 元，夫妻同时工作也只能勉强维持生活。[①]上海调查货价局与北平社会调查所对 1927 年 11 月至 1928 年 10 月 230 户上海工人家庭账簿的调查发现，仅有 27 户工人家庭有教育费用的支出，平均每家仅有 7 角 7 分的年教育费用支出[②]，这与大学所需费用相去甚远。如果加上中小学教育投入，培养大学生的成本还要增加很多。古楳 1929 年通过对中山大学学生年均花费的调查研究，推算认为当时培养出一名大学生，家庭需要支出的费用约 5000 元之巨。[③]有研究认为，1935 年，中原地区有 200 亩土地的家庭仅能承担一个子女每年 150 元的中学花费。[④]照此推算，有四五百亩田地的家庭才能承担一个子女的全国平均大学教育费用，而上海的大学教育费用还要更高。高额的经济成本成为民国上海大学的一道隐形门槛，把缺少足够经济条件支持的家庭子弟排挤在外。因此，“与传统中国和西方近代工业社会相比，中国近代新式高等教育的社会流动功能是有限的”，“建立新式教育体制时，社会下层就很难再有借此上升的机会，而且传统的士绅下层的机会也少了。再加上民国初年动荡的社会和政治秩序，普通民众通过新式高等教育实现社会流动的几率很小”[⑤]。清华社会体系表明留学教育是爬上阶层金字塔顶端的关键。汪一驹的研究也证明，留学教育是民国社会个人进入上流社会的重要阶梯，留学生群体是民国社会上层的重要来源。但高昂的留学代价，一般富裕家庭都难以承受，只有上层官僚子弟和大商人家庭才能获得。[⑥]

一项综合了晚清科举成功者、民国 20 多所大学和当代重要大学全体本科生的数据研究发现，自 1865 年以来，中国教育精英的社会来源（家长职业）发生过多次显著变化，形成了特点分明的四个阶段：1865～1905 年为第一个阶段，官员子弟在教育精英中几乎形成了垄断；1906～1952 年是第二个阶段，商人和专业技术人士等近现代新职业群体代替传统官员群体，在教育精英者

① 丁同力、周世述：《上海工厂工人之生活程度》，李文海主编：《民国时期社会调查丛编》（一编）《城市劳工生活卷》上册，福州：福建教育出版社，2005 年，第 233～242 页。

② 杨西孟：《上海工人生活程度的一个研究》，李文海主编：《民国时期社会调查丛编》（一编）《城市劳工生活卷》上册，第 243～336 页。

③ 古楳：《中山大学暨附校学生用费的调查》，李文海主编：《民国时期社会调查丛编》（二编）《文教事业卷》（三），第 959～1021 页。

④ Wang Y. C.，Western impact and social mobility in China，*American Sociological Review*，Vol.25，No.6，1960，pp.843-855.

⑤ 叶赋桂：《中国近代高等教育与社会流动：1840～1922》，张斌贤、王晨主编：《大学：社会分层与社会流动》，北京：北京师范大学出版社，2007 年，第 1～51 页。

⑥ Wang Y. C.，Western impact and social mobility in China，*American Sociological Review*，Vol.25，No.6，1960，pp.843-855.

家长职业中占据明显优势；1953～1993 年是第三个阶段，工农或无产者子弟成为新的教育精英优势群体；1994～2014 年是第四个阶段，有产者和工农无产者子弟混杂，但有产者子弟的优势逐渐显现。①其中的第二阶段，即废除科举后直到中华人民共和国建立，1952 年清华“院系调整”以前，教育精英的社会来源出现了巨大转变，新兴的商人群体和专业职业技术人员子弟占据了垄断地位。根据国民政府教育部 1948 年的估算，晚清新学制建立以来，中国本土共培养出的专科以上毕业生应在 26 万人左右，其中本科生为 16 万～18 万人。②通过全国多地档案馆的调研和系统输入，目前我们已掌握涵盖 21 所民国大学约 11 万人的个人信息。③量化分析表明，这些大学生的家长职业结构与传统时代相差很大，最显著的是以商人以及以金融人士、律师、医生和教师等为主体的专业职业技术人员群体，代替了原先的传统官员，在教育精英中占有明显优势。

晚清民初，现代教育尤其是现代高等教育被视为拯救民族危亡的根本和关键，因此教育选拔的意义就显得极为重要。但就民国大学招生实践的效果看，教育选拔的同时更显示出教育淘汰的特征，教育权利有成为教育特权的趋势。通过对各类院校招生工作主要方面的梳理分析发现，丰富的实践和多样化的差异背后，隐含着诸多规律，这些共同构成了民国大学在知识要求外的看不见的真实门槛。④比如各校对于招生的方式有所不同，考试选拔虽然是主流，但考试的难易和知识点的轻重又不同。考试的地点选择、日期安排乃至招生次数等都各有特色。最后，这些举措或学校行为的根本可能还是由学校的实力，包括经济和师资等来决定的。从互动角度看，各个学校的招生举措既是自身的理性选择，反过来也影响考生的抉择。广大考生实际上构成了中国近代知识群体的重要基础，因此这一群体在人生关键路口的选择模式就成为理解现代中国走向的核心问题之一。但同时，至少在地域来源、知识要

---

① 梁晨、董浩、任韵竹，等：《江山代有才人出——中国教育精英的来源与转变（1865～2014）》，《社会学研究》2017 年第 3 期，第 48～70 页。

② 根据官方统计，晚清到 1947 年全中国有 214 011 名专科以上毕业生，根据 1947 年毕业生人数推算，到 1949 年约有毕业生 26 万人。1947 年统计中并没有各级高等教育学生数，但当年全国各类大学有 55 所，各类独立学院 72 所，专科学校 77 所。考虑到只有大学和独立学院毕业生才可授予学士学位，而专科学校虽然总体规模较小，但大学和独立学院中也有部分的专修生等，推测晚清到 1949 年共有本科毕业生 16～18 万人。参见教育部教育年鉴编纂委员会编：《第二次中国教育年鉴》第五编“高等教育”，第 528～530、577～587 页。

③ 目前已完成的学校主要分布于北京、长沙、福州、广州、杭州、南京与上海。截至 2020 年 5 月，该数据库已经扩展到涵盖 27 所高校约 16 万名专科以上学生学籍信息。

④ 梁晨：《从教育选拔到教育分层：民国大学院校的招生与门槛》，《近代史研究》2018 年第 6 期，第 24～42 页。

求和经济条件三方面，民国大学的招生过程都或明或暗地隐藏门槛，从结果看，这些门槛的区隔效应还是比较明显的，民国社会的教育获得阶层化明显，知识精英或考试精英的社会来源以社会中上层为主，这也成为民国社会的一大基本特征。尽管教育表面是开放的，但实际上又被中上层垄断，这也就是民国教育学家陈礼江所说的教育“教什么”和“教谁”其实是“社会所决定”[①]。通过教育实现向上的社会流动在民国是困难甚至停滞的，社会阶层间的差距巨大，结构失衡。

① 古楳编著：《现代中国及其教育》，陈序第1页。

参 考 文 献

一、史料类文献

（一）各类档案材料

1. 北京大学档案馆藏档案

编号：BD1914002，本校预科职教员薪金册

编号：BD1915002，筹拟民国四年内国公债呈文暨条例并奖励规则

编号：BD1915005.3，教育部秘书处函自六月起认购公债

编号：BD1915005.2，教育部饬附四年内国公债条例

编号：BD1918011，退款兴学会简章

编号：BD1918018.4，第三院教员支薪表

编号：BD1919038，呈教育部公垦对于直辖各校免搭公债

编号：BD1920011，教育部函请代致各员敦促上课共同维持教育

编号：BD1920018.2，北京大学呈教育部请速拨本校经费俾得转发书记薪金

编号：BD1920018.3，北京大学呈请教育部速予补发本校积欠薪俸

编号：BD1921011，国务院就北京大学等校教职员罢课索薪事为政府辩护及关于学生游行并打伤教育部马次长之通电

编号：BD1925019，中法教育基金委员会组织大纲及教育基金之筹备的报道

编号：BD1931026，北大、师大、平大催教育部速发经费的电文

2. 北京市档案馆藏档案

编号：J2-5-94，清华大学工警社员名册和教职员消费合作社社章及社员名单

编号：J24-1-120，北大等校教职员工为抗议国民党暴行要求改善待遇的罢教宣言

编号：J24-1-181，国立北平大学合聘教员薪俸表

编号：J24-1-220，国立北平大学、北平师范大学等校概况

编号：Q4-1-37，二十三年度全国高等教育经费状况

编号：Q4-1-426，二十八年度华北教育统计

3. 清华大学档案馆藏档案

编号：1-1-001，清政府驻美公使梁诚致外交部函

编号：1-1-002：1/2，北洋军阀政府外交部令知：税务处接受美国退还庚款数字的部令

编号：1-1-007，清华学校 1921～1926 年度预算实支计算

编号：1-1-009：1，留美学务处，清华学校聘任中、外籍教师，任免职员暨薪金待遇的来往函件

编号：1-1-012，游美学务处筹建斋舍、圈住围墙，清华学校建筑高等科中等科房舍暨清华教职员住所工程与清政府外交部、北洋政府外交部的来往文书

编号：1-1-017，清华学校添建教职员住宅暨修葺工程支付工款与外交部及包商的来往文书

编号：1-1-018：1/2，清华学校关于油饰房屋、填改河道、添建旧西院等处住宅工程与外交部和包商的来往文书

编号：1-1-019，清华学校国学研究院教务会议纪录

编号：1-2-1-003，国立清华大学规程条例和大学组织法及有关修正条文的来往文书

编号：1-2-1-004，国立清华大学校务进行计划大纲

编号：1-2-1-005，国立清华大学教授会会议纪录

编号：1-2-1-006：1/2/3/4/5/6，国立清华大学评议会纪录

编号：1-2-1-007：1/2/3/4，国立清华大学校务委员会会议纪要

编号：1-2-1-008，国立清华大学聘请各常设委员会的聘函和覆函

编号：1-2-1-009，国立清华大学庚款、基金移交中华教育文化基金董事会保管和代管的部令和来往文书

编号：1-2-1-010，国立清华大学校长梅贻琦自订的庚款收支余额储存基金计划

编号：1-2-1-011，1932 年 3 月 1 日起庚款停付一年，与教、财两部和中基会交涉的来往文书

编号：1-2-1-014：1/2，国立清华大学校长办公处通告底稿

编号：1-2-1-015，国立清华大学制订的各种规章制度及各种单表格式

编号：1-2-1-017，国民党政府教育部于 1932 年批准成立工学院暨批驳增设法律学系的部令和来往文书

编号：1-2-1-027：1/2/3，国民党政府教育部转发给其他部会有关政策法令的部令

编号：1-2-1-030，国立清华大学教职员公会附设成志小学董事会会议纪录、工作报告等

编号：1-2-1-031，国民党政府教育部编印的 1931 年度全国高等教育概况简表

编号：1-2-1-036，国民党政府教育部令知扣薪捐款救济水灾办法暨扣捐建筑中央党部捐款办法和来往文书

编号：1-2-1-037，国民党政府教育部令知关于公务员捐俸助赈，公务员俸薪配售公债等办法暨国立清华大学解缴捐款的来往文书

编号：1-2-1-039，国立清华大学捐助各学术团体款项的来往文书

编号：1-2-1-049，国立清华大学研究院成立的经过、研究院规程、研究所部的增减、招生计划等来往文书

编号：1-2-1-053，国立清华大学研究院推荐毕业生出国研究和朱延丰案与国民党政府教育部的来往文书
编号：1-2-1-069，国立清华大学教务长办公室通告
编号：1-2-1-100，国立清华大学制订的购置图书及付款办法
编号：1-2-1-108，国立清华大学聘任委员会会议纪录暨部分提案
编号：1-2-1-109，国立清华大学专任教授休假条例，教师服务及待遇规程
编号：1-2-1-111：1/2/3/4，国立清华大学 1935～1937 年聘任各系各级教师的来往函件
编号：1-2-1-112，国立清华大学 1931～1936 年各院系教师名单
编号：1-2-1-113，国立清华大学制订的职员服务规程、练习生服务规程、各行政、各系所职员类别的标准
编号：1-2-1-114，国立清华大学任免校长办公室职员、校医院医员的来往函件
编号：1-2-1-115，国立清华大学任免教务处、宿舍办公室、军乐队、军训部、体育部职员的来往函件
编号：1-2-1-116，国立清华大学任免图书馆职员的来往文书
编号：1-2-1-125，国民党政府教育部令优待大学教员暨规定兼课、请假、代课、补课的部令和来往文书
编号：1-2-1-126，国立清华大学 1932～1936 年度教师申请休假出国研究计划，休假教授名单及来往函件
编号：1-2-1-127，国立清华大学聘任教师，任免教员，薪津待遇的来往函件
编号：1-2-1-128，国民党政府教育部令报外籍人员调查表及其有关的部令
编号：1-2-1-129，国民党政府教育部令发学校职教员养老金及恤金条例施行细则和有关部令材料
编号：1-2-1-130，国立清华大学校工工资办法、校工请假规则、校工衰老退休病故伤亡给恤规则，退职校工待遇规则和有关材料
编号：1-2-1-131，国立清华大学向中华教育文化基金会董事会申请补助，聘请欧美物理学教授，工学院聘美籍教授卡门、法国水利学 E 教授等来校讲学的来往函件和材料
编号：1-2-1-133，国民党政府教育部令报职员履历及有关铨叙等部令
编号：1-2-1-138，国立清华大学为教职员申请抚恤养老金的来往文书
编号：1-2-1-141，国立清华大学 1928～1930 年度教学、行政单位经费支出比较表
编号：1-2-1-145，国立清华大学聘请会计师顾翊群等人审查经费报告和来往函件
编号：1-2-1-146，国民政府（外交、教育）部以校费开支浮滥须加整顿暨拨付经费的来往文书
编号：1-2-1-150，国立清华大学 1912～1931 年度历年国家岁出/入经费比较表

编号：1-2-1-151，国立清华大学向中华教育文化基金董事会领取经费收据存根

编号：1-2-1-152，国立清华大学 1936～1937 年度教职员薪俸一览表

编号：1-2-1-157，国立清华大学 1928～1936 年度经常费收支对照表

编号：1-2-1-169，国立清华大学历年增加的建筑物名称、建筑年月、造价暨校园面积一览表（1910～1934 年）

编号：1-2-1-185，国立清华大学修建新南院（新林院）教职员住宅工程设计、投标、订立合同、支付工款与包商的来往文书

编号：1-2-1-187，国立清华大学修建新西院教职员住宅工程设计、投标、订立合同、支付工款与包商的来往文书

编号：1-4-2-113，教职工名额编制及待遇等部令和来往文书

编号：1-4-2-127：1，调整教职员薪俸待遇的名单和报告及材料

编号：1-4-2-127：2，文、理、法、农四学院各学系教职员学资历调查表

编号：1-4-2-128，国民党反动政府教育部关于教职员兼课、钟点费及其他待遇支给等办法的部令

编号：1-4-2-135，1946、1947 年考绩调整教职员办法和全体职员增薪名单及职员久任奖金名册

4. 香港大学档案（原档案均由该校注册部提供，未见编号）

胡适致港大副校长 William Hornell 的信

文学院院长 Robertson 致校方的信

1935 年 5 月 11 日，中文系主任任命通知

1941 年 9 月 19 日，副校长之报告

Private and Confidential，致 Sloss 的信

Mr Sloss，The Late Prof. Hsu Ti Shan

（二）史料类报刊

《北京大学日刊》第 1～16 册（1917～1932 年）

《晨报》（1923～1926 年）

《国立清华大学校刊》（1928～1936 年，第 1～131 期，第 132～759 号；改刊自 131 期起改期为号）

《教育部公报》（第 2～5 卷）

《教育杂志》（第 14～22 卷）

《清华周刊》［第 1～625 期，第 55 卷（向导专号）、《清华暑期周刊》第 9 卷第 8 期、《本校十周年纪念号》、《清华十五周年纪念增刊》、《校庆三十六周年纪念特刊》］

《清华周刊副刊》（1932～1935年，第38～43卷）
《申报》（1920年、1926年、1931年）
《校友文稿资料选编》（第1～8辑、第10～11辑）
《传记文学》（台湾，1962～1996年）

（三）史料类著述

北京大学校史研究室编：《北京大学史料》，北京：北京大学出版社，1993年
北京大学、清华大学、南开大学、云南师范大学编：《国立西南联合大学史料》第4卷，昆明：云南教育出版社，1998年
北平市政府秘书处第一科统计股主编：《北平市政府二十二年度行政统计》，沈云龙主编：《近代中国史料丛刊》第3编第74辑，台北：文海出版社，1992年
蔡仲德：《冯友兰先生年谱初编》，郑州：河南人民出版社，1994年
陈达：《生活费研究法的讨论》，《清华学报》1926年第3卷第2期
陈君葆：《陈君葆日记全集》，香港：商务印书馆，2004年
陈隽人：《清华园左近七村104户农情调查》，《清华学报》1926年第3卷第1期
陈寅恪：《陈寅恪集·书信集》，北京：生活·读书·新知三联书店，2001年
陈营、陈旭华主编：《厦门大学校史资料》，厦门：厦门大学出版社，1990年
陈之迈：《蒋廷黻的志事与平生》，台北：传记文学出版社，1967年
[美]费慰梅：《梁思成与林徽因：一对探索中国建筑史的伴侣》，曲莹璞、关超等译，北京：中国文联出版公司，1997年
冯友兰：《三松堂自序》，北京：人民出版社，1998年
甘博、孟天培：《二十五年来北京之物价工资及生活程度》，李景汉译，北京：北京大学出版部，1926年
顾颉刚：《走在历史的路上：顾颉刚自述》，台北：远流出版事业股份有限公司，1989年
顾维钧：《顾维钧回忆录》，中国社会科学院近代史研究所译，北京：中华书局，1983～1994年
顾毓琇：《水木清华》，北京：清华大学出版社，1994年
顾毓琇：《顾毓琇全集》，沈阳：辽宁教育出版社，2000年
国立清华大学校长办公处编：《清华同学录》，北平：国立清华大学校长办公处，1937年
国民政府教育部编：《二十一年度全国高等教育统计》，上海：商务印书馆，1935年
国民政府教育部高等教育司编：《二十年度全国高等教育统计》，出版信息不详
国民政府教育部统计室编：《二十二年度全国高等教育统计》，上海：商务印书馆，1936年
国民政府教育部统计室编：《二十三年度全国高等教育统计》，上海：商务印书馆，1936年
国民政府教育部教育年鉴编纂委员会编：《第一次中国教育年鉴》，上海：开明书店，1934年

国民政府教育部教育年鉴编纂委员会编：《第二次中国教育年鉴》第五编“高等教育”，上海：商务印书馆，1948年
郭一岑：《不要忘了大学教育另一个使命》，《国立中央大学半月刊》1930年第1卷第8期
[美]何炳棣：《读史阅世六十年》，香港：商务印书馆，2004年
胡光麃：《波逐六十年》，香港：新闻天地社，1964年
胡适：《四十自述》，北京：中国文联出版公司，1993年
胡适：《胡适日记全编》，曹伯言整理，合肥：安徽教育出版社，2001年
黄侃：《黄侃日记》，南京：江苏教育出版社，2001年
季羡林：《清华园日记》，沈阳：辽宁美术出版社，2002年
蒋梦麟：《西潮·新潮》，长沙：岳麓书社，2000年
蒋天枢：《陈寅恪先生编年事辑》，上海：上海古籍出版社，1981年
蒋廷黻英文口述：《蒋廷黻回忆录》，谢钟琏译，台北：传记文学出版社，1979年
蒋廷黻：《蒋廷黻回忆录》，长沙：岳麓书社，2003年
京华出版社编：《家居北京五十年》，北京：京华出版社，1999年
李济：《感旧录》，台北：传记文学出版社，1967年
李景汉：《家庭工资制度》，《清华大学学报（自然科学版）》1927年第4卷第2期
李景汉：《北平最低限度的生活程度的讨论》，《社会学界》1929年第3卷
李书华：《碣庐集》，台北：传记文学出版社，1967年
李华兴编著：《民国教育史》，上海：上海教育出版社，1997年
连士升：《回首四十年》，香港：星洲世界书局有限公司，1973年
梁吉生编著：《张伯苓与南开大学》，太原：山西教育出版社，1995年
梁实秋：《清华八年》，台北：重光文艺出版社，1962年
梁思成：《梁思成全集》第5卷，北京：中国建筑工业出版社，2001年
林玉体编著：《哈佛大学史》，台北：高等教育文化事业有限公司，2002年
刘寿林编：《辛亥以后十七年职官年表》，北京：中华书局，1966年
罗家伦先生文存编辑委员会编：《罗家伦先生文存》第1册，台湾：中国国民党中央委员会党史委员会，1976年
罗香林：《以美国退回庚款遣送学生赴美留学及发展清华大学的成效》，《中国历史学会史学集刊》第8期，1976年
马嘶：《百年冷暖：20世纪中国知识分子生活状况》，北京：北京图书馆出版社，2003年
毛子水：《师友记》，台北：传记文学出版社，1967年
牧洲、牧小编：《北大故事》，北京：中国物价出版社，1998年
南开大学校史编写组编：《南开大学校史（1919～1949）》，天津：南开大学出版社，1989年

浦江清：《清华园日记　西行日记》（增补本）第2版，北京：生活·读书·新知三联书店，1999年
浦薛凤：《万里家山一梦中》，台北：商务印书馆，1983年
千家驹编：《旧中国公债史料（1894～1949）》，北京：中华书局，1984年
清华大学校史编写组编著：《清华大学校史稿》，北京：中华书局，1981年
清华大学校史研究室编：《清华大学史料选编》第1～3卷，北京：清华大学出版社，1991年、1991年、1994年
清华学校编：《清华一览》，北京：清华学校，1920年
施建伟：《林语堂传》，北京：北京十月文艺出版社，1999年
苏双碧、王宏志：《吴晗传》，上海：上海人民出版社，1998年
苏云峰：《从清华学堂到清华大学 1911～1929》，台北："中研院"近代史研究所，1996年
苏云峰：《抗战前的清华大学　1928～1937》，台北："中研院"近代史研究所，2000年
苏云峰编撰：《清华大学师生名录资料汇编 1927～1949》，台北："中研院"近代史研究所，2004年
谭其骧：《一草一木总关情》，《读书杂志》1992年第7期
陶孟和：《北平生活费之分析》，上海：商务印书馆，1930年
天津市档案馆、天津社会科学院历史研究所、天津市工商业联合会：《天津商会档案汇编（1912～1928年）》，天津：天津人民出版社，1992年
王廷谦编：《我国近七十年物价简史》，上海：上海市企业管理协会财贸分会，1983年
王文俊、梁吉生等选编：《南开大学校史资料选（1919～1949）》，天津：南开大学出版社，1989年
王学珍、郭建荣主编：《北京大学史料》第2卷，北京：北京大学出版社，2000年
王元化：《清园自述》，桂林：广西师范大学出版社，2001年
闻黎明、侯菊坤编：《闻一多年谱长编》，武汉：湖北人民出版社，1994年
闻一多：《闻一多全集》，武汉：湖北人民出版社，1993年
尉志武、李兆陇主编：《清华化学历史人物》，北京：清华大学出版社，2011年
吴惠龄、李壑编：《北京高等教育史料》，北京：北京师范学院出版社，1992年
吴宓著、吴学昭整理注释：《吴宓日记》第4册、第10册，北京：生活·读书·新知三联书店，1998年、1999年
吴相湘、刘绍唐主编：《民国史料丛刊》，台北：传记文学出版社，1971年
吴学昭：《吴宓与陈寅恪》，北京：清华大学出版社，1992年
吴耀辉、卢之章主编：《凝静——尹默二十年祭》，北京：燕山出版社，1991年
萧超然编：《北京大学校史》，上海：上海教育出版社，1981年

萧铮主编：《民国二十年代中国大陆土地问题资料》，中国（台北）：成文出版社；美国：中文资料中心，1977年
谢泳：《教授当年》，天津：百花文艺出版社，1998年
新晨报丛书处：《北平各大学的状况》，北平：新晨报出版部，1930年
颜惠庆：《颜惠庆自传》，台北：传记文学出版社，1973年
燕京大学校友校史编写委员会编：《燕京大学史稿 1919～1952》，北京：人民中国出版社，1999年
杨步伟：《杂记赵家》，沈阳：辽宁教育出版社，1998年
顾颉刚等：《逝水年华》，北京：北京师范大学出版社，1997年
张朋园、陈三井、陈存恭等：《郭廷以先生访问纪录》，台北："中研院"近代史研究所，1987年
张树铮：《遥遥长路·赵元任》，济南：山东画报出版社，1998年
郑天挺著，俞国林点校：《郑天挺西南联大日记》，北京：中华书局，2018年
赵恩钜、张明昕：《清华学校雇用工役生活费的调查》，《清华学报》1924年第1卷第1期
中基会：《中华教育文化基金董事会第五次报告》，1930年
中基会编：《中华教育文化基金会业务概况（1924～1970）》，台北：中基会，1971年
周忱选编：《张荫麟先生纪念文集》，上海：汉语大词典出版社，2002年
周文业等编著：《清华名师风采》（理科卷、文科卷和工科卷），济南：山东画报出版社，2012年
周文业等编著：《寸草心——清华名师夫人卷》，济南：山东画报出版社，2012年
周文业等编著：《清华名师风采》（增补卷），郑州：中州古籍出版社，2016年
周作人：《周作人回忆录》，长沙：湖南人民出版社，1982年
竺可桢：《竺可桢日记》，北京：人民出版社，1984年
朱乔林编：《朱自清全集》第9卷，南京：江苏教育出版社，1997年
朱子爽编著：《中国国民党教育政策》，重庆：国民图书出版社，1941年
庄泽宣、侯厚培：《清华学生对于各学科与各职业兴趣的统计》，《清华学报》1924年第1卷第2期
Gamble S. D.，*How Chinese Families Live in Peiping*，New York：Funk and Wagnalls Company，1933
MontagueBell H. T.，Woodhead H. G. W.，*China Year Book*：*1919～1920*，London：George Routledge and Sons Ltd，1920
Tao K. L.（陶履恭），The *Standard of Living among Chinese Workers*，Shanghai：China Institute of Pacific Relations，1931

二、研究类文献

（一）著作

[英]伯克・P.:《历史学与社会理论》，姚朋等译，上海：上海人民出版社，2001年

陈存仁：《银元时代生活史》，桂林：广西师范大学出版社，2007年

陈能治：《战前十年中国的大学教育（一九二七—一九三七）》，台北：商务印书馆，1990年

陈平原：《中国现代学术之建立——以章太炎、胡适之为中心》，北京：北京大学出版社，1998年

陈以爱：《中国现代学术研究机构的兴起——以北京大学研究所国学门为中心的探讨（1922～1927）》，台北：台湾政治大学历史学系，1999年

戴光中：《克绍箕裘——马临传》，宁波：宁波出版社，1997年

[美]费正清编：《剑桥中华民国史 1912～1949年》，杨品泉等译，谢亮生校，北京：中国社会科学出版社，1994年

冯立天、戴星翼主编：《中国人口生活质量再研究》，北京：高等教育出版社，1996年

[德]弗兰克・A. G.:《白银资本——重视经济全球化中的东方》，刘北成译，北京：中央编译出版社，2008年

葛兆光主编：《走近清华》，成都：四川人民出版社，2000年

郭卫东、牛大勇主编：《北京大学历史学系简史》（初稿），北京：北京大学历史系，2005年

古楳编著：《现代中国及其教育》，上海：上海书店，1992年

[美]何炳棣：《1368～1953中国人口研究》，葛剑雄译，上海：上海古籍出版社，1989年

何一民主编：《近代中国城市发展与社会变迁（1840～1949）》，北京：科学出版社，2004年

黄延复：《梅贻琦教育思想研究》，沈阳：辽宁教育出版社，1994年

黄延复主编：《梅贻琦先生纪念集》，长春：吉林文史出版社，1995年

黄延复：《二三十年代清华校园文化》，桂林：广西师范大学出版社，2000年

黄延复主编，马相武、胡晓青副主编：《梅贻琦与清华大学》，太原：山西教育出版社，1995年

[美]黄宗智：《华北的小农经济与社会变迁》，北京：中华书局，1986年

侯建新主编：《经济-社会史：历史研究的新方向》，北京：商务印书馆，2002年

姜德明主编，黄乔生选编：《周作人书话》，北京：北京出版社，1996年

姜涛：《中国近代人口史》，杭州：浙江人民出版社，1993年

[法]勒高夫・J.、诺拉・P.、夏蒂埃・R.等主编：《新史学》，姚蒙编译，上海：上海译文出版社，1989年

[法]勒华拉杜里·E.:《蒙塔尤:1294~1324年奥克西坦尼的一个山村》,许明龙、马胜利译,北京:商务印书馆,1997年

李伯重:《理论、方法、发展趋势:中国经济史研究新探》,北京:清华大学出版社,2002年

李伯重:《多视角看江南经济史(1250~1850)》,北京:生活·读书·新知三联书店,2003年

[美]李中清、王丰:《人类的四分之一:马尔萨斯的神话与中国的现实(1700~2000)》,陈卫、姚远译,北京:生活·读书·新知三联书店,2000年

[美]卢茨·J. G.:《中国教会大学史 1850~1950》,曾钜生译,杭州:浙江教育出版社,1987年

[美]罗斯托·W. W.:《经济成长的阶段:非共产党宣言》,国际关系研究所编译室译,北京:商务印书馆,1962年

齐家莹编撰:《清华人文学科年谱》,北京:清华大学出版社,1999年

齐家莹编著:《清华人物》,北京:作家出版社,2001年

桑兵:《晚清民国的国学研究》,上海:上海古籍出版社,2001年

[印]森·A.:《伦理学与经济学》,王宇、王文玉译,北京:商务印书馆,2000年

王汎森:《中国近代思想与学术的系谱》,台北:联经出版事业股份有限公司,2003年

[美]王国斌:《转变的中国——历史变迁与欧洲经验的局限》,李伯重、连玲玲译,南京:江苏人民出版社,1998年

王奇生:《中国留学生的历史轨迹 1872~1949》,武汉:湖北教育出版社,1992年

王树槐:《庚子赔款》,台北:"中研院"近代史研究所,1974年

王学珍等编:《北京大学纪事》,北京:北京大学出版社,1998年

王子舟:《陈寅恪读书生涯》,武汉:长江文艺出版社,1997年

[美]韦斯特·P.:《燕京大学与中西关系:1916~1952》,程龙译,北京:北京师范大学出版社,2019年

魏建猷:《中国近代货币史》,合肥:黄山书社,1986年

吴承明:《市场·近代化·经济史论》,昆明:云南大学出版社,1996年

吴寒光主编:《社会发展与社会指标》,北京:中国社会出版社,1991年

吴民祥:《流动与求索——中国近代大学教师流动研究:1898~1949》,杭州:浙江教育出版社,2006年

谢泳:《西南联大与中国现代知识分子》,长沙:湖南文艺出版社,1998年

许纪霖编:《20世纪中国知识分子史论》,北京:新星出版社,2005年

杨小凯:《经济学——新兴古典与新古典框架》,张定胜、张永生、李利明译,北京:社会科学文献出版社,2003年

杨雅彬:《中国社会学史》,济南:山东人民出版社,1987年

虞昊、黄延复:《中国科技的基石——叶企孙和科学大师们》,上海:复旦大学出版社,2000 年
于述胜:《中国教育制度通史》第 7 卷，济南：山东教育出版社，2000 年
张仲礼:《中国绅士——关于其在 19 世纪中国社会中作用的研究》，李荣昌译，上海：上海社会科学院出版社，1991 年
张仲礼:《中国绅士的收入》，费成康、王寅通译，上海：上海社会科学院出版社，2001 年
赵淑静、吴琦、陈骞主编:《中国考古学之父——李济》，昆明：云南人民出版社，2006 年
庄丽君主编，刘敏文副主编:《世纪清华之二》，北京：光明日报出版社，2001 年
中国银行北京分行、北京市档案馆编，吴恩芳主编:《北京的中国银行（1914～1949)》，北京：中国金融出版社，1989 年
Allen R. C.，Bengtsson T. Dribe M.，*Living Standards in the Past New Perspectives on Well-Being in Asia and Europe*，Oxford：Oxford University Press，2005
Bayliss F. J.，*The Standard of Living*，Oxford：Pergamon Press LTD，1969
Bengtson T.，Campell C.，Lee J. Z.，et al.，*Life under Presure：Mortality and Living Standards in Europe and Asia，1700～1900*，Cambridge：The MIT Press，2004
Bramall C.，*Living Standards in Sichuan，1931～1978*，London：Contemporary China Institute School of Oriental and African Studies University of London，1989
Lee J. Z.，Campbell C.，*Fate and Fortune in Rural China：Social Organization and Population Behavior in Liaoning，1774～1873*，Cambridge：Cambridge University Press，1997
Lin X. D.，*Peking University：Chinese Scholarship and Intellectuals，1898～1937*，Albany：State University of New York Press，2005
Litan R. E.，*American Living Standards：Threats and Challenges*，Washington：The Bookings Institution，1998
MOD M.，*The Standard of Living：Some Problems of Analysis and of International Comparison*，Budapest：Publishing House of the Hungarian Academy of Sciences，1962
Roll C. R.，*The Distribution of Rural Incomes in China，A Comparison of the 1930s and the 1950s*，New York：Garland Publishing Inc.，1980
Sen A.，*The Standard of Living*，Cambridge：Cambridge University Press，1987
Slesnick D. T.，*Consumption and Social Welfare：Living Standards and Their Distribution in the United States*，Cambridge：Cambridge University Press，2001
Streightoff F. H.，*The Standard of Living among the Industrial People of America*，Boston：Houghton Mifflin Company，1911
Treiman D. J.，*Occupational Prestige in Comparative Perspective*，New York：Academic Press，1977

Yang H.，*A Study of the Standard of Living of Working Families in Shanghai*，Peiping：Institute of Social Research，1931

（二）论文

曹幸穗：《民国时期农业调查资料的评价与利用》，《古今农业》1999 年第 3 期
陈和年、胡孟璇、方积乾：《有关 Quality of Life 一词的中文表达》，《中华预防医学杂志》1996 年第 3 卷第 1 期
陈明远：《三十年代文化人的经济状况》（上、下），《社会科学论坛》1999 年第 7、8 期
慈鸿飞：《二三十年代教师、公务员工资及生活状况考》，《近代史研究》1994 年第 3 期
杜恂诚：《1933 年上海城市阶层收入分配的一个估算》，《中国经济史研究》2005 年第 1 期
管培俊：《关于我国大学教师工资待遇若干问题的思考》，《上海高教研究》1990 年第 1 期
郭洪茂：《东北沦陷时期的满铁铁路中国工人状况》，《抗日战争研究》2000 年第 1 期
黄虚峰：《美国女黑奴生活状况的历史考察（1661～1863）》，《史学月刊》1999 年第 5 期
李泊溪、刘旭：《提高居民生活质量的若干思考》，《中国软科学杂志》1996 年第 9 期
李伯重：《1823～1829 年华亭—娄县地区的物价》，《清华大学学报（哲学社会科学版）》2007 年第 1 期
李伯重：《“乡民们吃得不错”——十九世纪初期松江食物消费水平研究》，北京大学中国古代史研究中心编：《邓广铭教授百年诞辰纪念论文集》，北京：中华书局，2008 年
李彦荣：《民国时期上海教师的薪水及其生活状况》，《民国档案》2003 年第 1 期
梁晨：《民国年间清华园里的“神仙”生活》，王兆成主编：《历史学家茶座》第 2 辑，济南：山东人民出版社，2005 年
梁晨：《一案四史家》，《当代史学》（香港）2006 年第 7 卷第 3 期
梁晨：《从朱延丰出国案看蒋廷黻对清华历史学系之改造》，《清华大学学报（哲学社会科学版）》2006 年第 6 期
梁晨：《民国前期国立大学教员薪俸的规定与问题——以北京大学为中心的考察》，《民国研究》2011 年第 19 辑（春季号）
梁晨：《民国国立大学教师兼课研究——以北京大学、清华大学为例》，《南京大学学报（哲学·人文科学·社会科学版）》2011 年第 3 期
梁晨：《民国时期清华教职员住房状况初探》，李越主编：《世纪清华：学人、学术与教育》，北京：清华大学出版社，2013 年
梁晨：《民国大学从业群体的阶层结构与流动研究——以清华大学为例的考察》，《中山大学学报（社会科学版）》2015 年第 3 期
梁晨、董浩、李中清：《量化数据库与历史研究》，《历史研究》2015 年第 2 期

梁晨、董浩、任韵竹等：《江山代有才人出——中国教育精英的来源与转变（1865～2014）》，《社会学研究》2017年第3期
梁晨、李中清：《大数据、新史实与理论演进——以学籍卡材料的史学价值与研究方法为中心的讨论》，《清华大学学报（哲学社会科学版）》2014年第5期
梁晨、任韵竹、王雨前等：《民国上海地区高校生源量化刍议》，《历史研究》2017年第3期
梁柱：《蔡元培与北京大学》，《北京大学学报（哲学社会科学版）》1980年第2期
刘来泉、管培俊、兰士斌：《我国教师工资待遇的历史考察（1909～1949）》，《教育研究》1993年第4期
卢淑华、韦鲁英：《生活质量主客观指标作用机制研究》，《中国社会科学》1992年第1期
苗成：《民国时期云南盐工的生活状况》，《盐业史研究》1996年第3期
欧阳军喜：《中国问题与欧洲经验：托尼及其中国经济史研究》，《学术研究》2006年第11期
桑兵：《抗战时期国民党对北平文教界的组织活动》，《中国文化》2007年第24期（春季号）
“社会人类学与华南田野调查”课题组，覃德清执笔：《海外汉学人类学：方法抉择与价值取向》，《广西民族学院学报（哲学社会科学版）》，1999年第1期
舒樵：《营口市居民生活质量调查》，《社会科学辑刊》1991年第4期
谭深：《家庭社会学研究概述》，《社会学研究》1996年第2期
陶诚：《30年代前后的中国农村调查》，《中国社会经济史研究》1990年第3期
王成岐：《生活质量测定方法》，《统计研究》1989年第2期
汪天文：《社会时空的解析——衡量人类的活动效率与生活质量的尺度》，《中国人民大学学报》2004年第6期
吴承明：《谈谈经济史研究方法问题》，《中国经济史研究》2005年第1期
吴琼：《民国时期教师薪俸的历史演变》，《教育评论》1999年第6期
夏明方：《发展的幻象——近代华北农村农户收入状况与农民生活水平辨析》，《近代史研究》2002年第2期
许纪霖：《近代中国变迁中的社会群体》，《社会科学研究》1992年第3期
徐曼：《留美生与中国近代自然科学学科的建立和发展》，《学术论坛》2005年第4期
徐秀丽：《1940年代后期的国立高校治理——以清华、北大为例》，《史学月刊》2008年第3期
[日]岩间一弘：《1940年前后上海职员阶层的生活情况》，甘慧杰译，《史林》2003年第4期
杨翠华：《蒋梦麟与北京大学，1930～1937》，《“中研院”近代史研究所集刊》1988年第17期下
余华林：《近代中国家庭研究的兴起》，《中州学刊》2003年第4期

张国刚：《中国学术转型时期的制度建设》，《中华读书报》2005 年 4 月 20 日
张骏祥：《〈王文显剧作〉序》，《人民日报》1982 年 10 月 6 日
张庆军：《民国时期都市人口结构分析》，《民国档案》1992 年第 1 期
张小军：《社会场》，《社会科学研究》1990 年第 4 期
赵虹、田志勇：《英国工业革命时期工人阶级的生活水平——从实际工资的角度看》，《北京师范大学学报（社会科学版）》2003 年第 3 期
赵世瑜：《历史人类学：在学科与非学科之间》，《历史研究》2004 年第 4 期
赵世瑜、梁勇：《政治史·社会史·历史人类学——赵世瑜教授访谈》，《学术月刊》2005 年第 12 期
仲伟民：《历史人类学：跨学科研究的典范》，《光明日报》2005 年 6 月 30 日
Hart A.，Pay at the top of the university ladder，*Equal Opportunities International*，Vol. 11，No.3，1992
Morgan S. L.，Economic growth and the biological standard of living in China，1880～1930，*Economics and Human Biology*，Vol.2，No.2，2004

（三）博士、硕士学位论文

郭金海：《清华大学数学系与中国现代数学》，中国科学院博士学位论文，2003 年
葛婧：《北大教授聘任，1931～1937》，北京大学硕士学位论文，2004 年
陆汉文：《民国时期城市居民的生活与现代性（1928～1937）——基于社会统计的计量研究》，华中师范大学博士学位论文，2002 年
兰士斌：《我国教师收入的合理水准》，北京大学硕士学位论文，1990 年
欧阳光明：《教师收入水平的国际比较》，北京大学硕士学位论文，1988 年

附　　录

附录 1：1930 年国立清华大学教职员名册

类别	院系/部门	姓名	年龄	籍贯	学历/经历	所任学校职务、课程等	月薪/元	到校时间
教员部分	中文系	朱自清	32	浙江绍兴	北京大学毕业	代系主任，讲授中文诗、中国新文学研究	300	1925
		黄节	58	广东顺德	北京大学教授，广东教育厅厅长	教授，谢康乐诗、毛诗、乐府	360	1929
		杨树达	46	湖南长沙	北平师范大学国文系主任，教授	教授，国文、汉书、修辞学	320	1926
		刘文典	40	安徽合肥	北京大学国文教授	教授，国文、赋、汉至隋文	320	1929
		陈寅恪	41*	江西义宁	哈佛大学、柏林研究院研究	教授，敦煌、小说、江西诗派研究、中古哲学史	440	1926
		张煦	35	四川蓬安	女子大学教授	教授，国文、韩昌黎集、陆士衡集、楚辞	300	1928
		赵元任	38	江苏武进	哈佛大学博士	讲师，音韵学（兼）	100	1925
		俞平伯	31	浙江德清	北京大学教授	讲师，词、曲、小说、高级作文（兼）	160	1928
		罗常培	32	河北宛平	北京大学文学士	讲师，中国音韵沿革（兼）	50	1930
		徐祖正	34	江苏昆山	北京大学教授	讲师，文学概论（兼）	50	1930
		商承祚	29	广东番禺	东南大学、中山大学教授	讲师，文字学、殷墟文字研究	100	1930
		邹树春	35	山东蓬莱	山东大学附属高级中学教员	教员	120	1928
		浦江清	27	江苏松江	东南大学学士	教员	110	1926
	外文系	王文显	44	江苏	伦敦大学学士	系主任，英文、莎士比亚、西洋文学	500	1915
		吴宓	36	陕西泾阳	哈佛学士、硕士	教授	340	1925
		陈福田	33	广东东莞	哈佛硕士	教授	300	1923
		叶崇智	30	广东番禺	哈佛硕士	教授，英语、英文散文、汉译英实习	300	1929
		翟孟生	35	美国	威斯康星大学硕士	教授，英文、西洋文学、中世文学	440	1925
		温德	42	美国	芝加哥大学硕士	教授，英法文、文艺复兴文学	420	1925
		吴可读	36	英国	牛津大学硕士	教授，英文、西洋小说、但丁现代西洋文学	380	1923

续表

类别	院系/部门	姓名	年龄	籍贯	学历/经历	所任学校职务、课程等	月薪/元	到校时间
教员部分	外文系	艾克	35	德国	爱尔冷根大学哲学博士	教授，德文、希腊文	360	1928
		毕莲		美国	斯坦福硕士	教授，英文、英国浪漫诗人、英美文字学入门	370	1923
		裴鲁	41	德国	剑桥大学、斯特拉斯堡大学研究	教授，法文	340	1928
		石坦安	28	德国	柏林大学哲学博士	教授，德文、拉丁文	300	1929
		苏水心	33	福建	威斯灵大学毕业	教授，英文	280	1930
		葛其婉	29	德国	茂皋大学博士	教授，法文	320	1930
		杨震文	38	河南南阳	柏林大学毕业	教授，德文（兼）	240	1927
		温源宁	31	广东陆丰*	剑桥大学硕士	教授，英文、现代西洋文学（兼）	180	1927
		钱稻孙	41	浙江吴兴	北京大学讲师	外文与历史系合聘教授，日文、日本通史	300	1927
		蔡美城	23	广东台山		讲师，英文（兼）	160	1930
		陈作福	32	俄国	俄工业大学、巴黎大学东方语言大学毕业	讲师，俄文（兼）	100	1930
		李健吾	24	山西安邑	清华大学文学士	助教	80	1930
	哲学系	冯友兰	37	河南唐河	北京大学毕业，美国哥伦比亚大学哲学博士	系主任、文学院院长，中国哲学史	400	1928
		金岳霖	35	湖南长江	哥伦比亚大学哲学博士	教授，伦理学、哲学问题、洛克哲学	360	1926
		邓以蛰	39	安徽	北京大学、东南大学等校教授	教授，西洋哲学史、中国美术史	340	1928
		黄子通*	44	浙江嘉兴	燕京大学教授兼哲学系主任	特约讲师，康德哲学（兼）	不支薪	1929
		林梓平	51	福建闽侯	日本中央大学毕业	讲师，中国哲学问题（兼）	60	1930
		许地山	38	福建龙溪	哥伦比亚大学硕士	讲师，印度哲学、佛教哲学（兼）	80	1928
		张崧年	37	河北献县	巴黎大学、柏林大学研究	讲师，哲学概论、伦理学（兼）	120	1930
	历史系	蒋廷黻	35	湖南宝庆	哥伦比亚大学博士	主任，近代外交史	360	1929
		孔繁霱	37	山东藤县	芝加哥大学硕士	教授，西洋通史、欧洲中古史、史学方法、西洋史学史	320	1925
		刘崇鋐	33	福建闽侯	哈佛大学硕士	教授，美国通史、西洋近百年史、西洋史籍选读	320	1925
		朱希祖	52	浙江海盐	早稻田大学毕业	教授，中国文学、中国史学史（兼）	150	1926

续表

类别	院系/部门	姓名	年龄	籍贯	学历/经历	所任学校职务、课程等	月薪/元	到校时间
教员部分	历史系	张星烺	44	江苏泗阳	哈佛大学、柏林大学毕业	讲师，中西交通史（兼）	60	1928
		瞿宣颖	37	湖南长沙	南开大学教授、燕京大学讲师	讲师，中国社会风俗史、方志研究（兼）	80	1930
		刘朝阳	30	浙江	燕京大学讲师	讲师，年代学（兼）	60	1930
		李济		湖北钟祥	哈佛大学博士	特约讲师，考古学（兼）	不支薪	1928
		董其昌	26	浙江海宁	清华大学国学研究院毕业	专任讲师，中国通史、宋史	160	1930
	社会学系	陈达	38	浙江余杭	哥伦比亚大学哲学博士	主任，劳工问题、社会问题	360	1923
		傅尚霖	29	广东普宁	伦敦大学博士	教授，社会学原理、城乡社会学、家庭问题	320	1930
		史国禄		俄国	俄国远东大学人种学教授	教授，普通人类学、初民社会史	360	1930
		马金鳌	26	湖北襄樊	清华大学法学士	助教	80	1930
		吴志翔	22	江苏宜兴	清华大学法学士	助教	80	1930
	物理学系	叶企孙	32	上海	哈佛大学哲学博士	教授	360	1925
		吴有训	33	江西	芝加哥大学物理学博士	代主任，热学、光学、初级实验、近代物理学	320	1928
		萨本栋	28	福建闽侯	斯坦福大学学士，吴士脱工科大学博士	教授，普通物理、电磁学、高等物理试验	320	1928
		周培源	28	江苏宜兴	芝加哥大学硕士，加州工业专门学校博士	教授，力学、电力学、辐射论、量子论	300	1929
		沙玉彦	28	江苏江阴	南京高等师范学校毕业	教员，高中物理	160	1929
		朱应洗	29	浙江海盐	东南大学理学士	助教	130	1930
		余瑞璜	23	江西宜黄	中央大学理学士	助教	80	1930
		龚祖同	26	江苏南汇	清华大学理学士	助教	80	1930
		蒋保增	24	江苏丹徒	上海交通大学学士	助教	80	1930
		钟威标	24	广东海县	北京大学毕业	半时助教	40	1930
	化学系	张准	44	湖北枝江	麻省理工学院学士	主任，普通化学、化学史	360	1929
		高崇熙	30	河北	威斯康星大学专科博士	教授，定量分析、无机化学、有机化学	340	1926
		黄子卿	31	广东梅县	康奈尔大学理学硕士	教授，物理化学	300	1929
		萨本铁	30	福建	威斯康星大学化学博士	教授，有机化学、有机物分析、生理化学	320	1929
		李运华	28	广西	哥伦比亚大学博士	教授，高中化学、工业化学	300	1930
		薛愚	28	湖北樊城	齐鲁大学毕业	教员	130	1925

续表

类别	院系/部门	姓名	年龄	籍贯	学历/经历	所任学校职务、课程等	月薪/元	到校时间
教员部分	化学系	马绍援	27	浙江杭县	浙江公立专门学校毕业	教员	130	1927
		马师伊	26	陕西绥德	清华大学理学士	助教	90	1929
		徐宗稼	24	福建闽侯	清华大学理学士	助教	80	1930
		雷兴翰	24	湖南衡阳	清华大学理学士	助教	80	1930
	数学系	熊庆来	37	云南弥勒	蒙伯里大学硕士	主任、理学院院长，高等分析、偏微分方程、分析函数、微分方程论	400	1926
		孙鏞	32	浙江余杭	芝加哥大学博士	教授，高等几何、代数几何、微积分几何	320	1928
		郑之蕃	44	江苏	北平农业大学及本校教授	教授，高级算学、微积分方程、近世几何	360	1920
		杨克纯	35	安徽合肥	芝加哥大学博士	教授，高等代数、近世代数、数论	300	1929
		周鸿经	29	江苏铜山	东南大学理学士	教员，微积分	130	1929
		唐培经*	28	江苏金坛	东南大学理学士	教员，普通算学、球面三角微积分	120	1928
		陈省身	20	浙江嘉兴	南开大学理学士	助教，高级算学	80	1930
	地学系	翁文灏	41*	浙江鄞县*	比利时鲁汶大学博士	名誉主任，中国自然区域（兼）	不支薪	1928
		黄国璋	34	湖北湘乡	芝加哥大学硕士	教授，经济地理大纲、亚洲、欧洲地理	320	1930
		袁复礼	38	河北徐水	哥伦比亚大学硕士	教授，中国地质、地文学	400	1926
		王绳祖	26	江苏南汇	芝加哥大学硕士，哈佛大学硕士	教授，地理学原理、人文地理、地图学	300	1929
		谢家荣	34	江苏	威斯康星大学硕士	讲师，地质学（兼）	180	1930
		黄玉蓉		广东	柯洛克大学硕士	讲师，气候学、北美地理（兼）	120	1930
		卫梓松		广东台山	北京大学教授	讲师，地理测量（兼）	100	1930
		黄厦千	32	江苏南通	东南大学毕业	教员，气象学、气象观测	160	1929
		杨曾威*	26	江苏武进	北京大学理学士	助教	90	1929
	生物系	陈桢	37	江西铜山	哥伦比亚大学硕士	主任，动物学、遗传学、组织学、动物生理学	360	1929
		吴韫珍	31	江苏青浦	康奈尔大学博士	教授，植物形体学、植物分类学、本地植物	300	1928
		李继侗	34	江苏兴化	耶鲁大学博士	教授，普通生物学、植物生态学、应用植物学	320	1929
		寿振璜	32	浙江	斯坦福大学硕士	教授，比较解剖学、胚胎学、动物学（兼）	200	1928
		陈封怀	26	江西修水	东南大学理学士	助教	100	1928

续表

类别	院系/部门	姓名	年龄	籍贯	学历/经历	所任学校职务、课程等	月薪/元	到校时间
教员部分	生物系	戈定邦*	24	河北景县	中央大学理学士	助教	90	1929
		吴启东	23	广东中山	清华大学理学士	助教	90	1929
		汪振儒	22	广西桂林	清华大学理学士	助教	90	1930
		杜增瑞	27	河北获鹿	北平师范大学毕业	助教	80	1930
	心理系	孙国华	29	山东维县	俄亥俄州立大学博士	主任，动物心理学、心理专题研究	300	1930
		叶鹿		四川古宋	里昂大学文学博士	教授，初级心理研究、心理著作选读、应用心理学	300	1930
		唐钺	41	福建福州	哈佛大学哲学博士	讲师，心理学引论（兼）	100	1926
		臧玉淦	29	河北完县	北京大学哲学学士	教员	130	1927
		牟乃祚	23	山东日照	清华大学理学士	半时助教（兼）	45	1930
	土木工程系	施嘉炀	27	福建闽侯	麻省理工学院硕士、康奈尔大学硕士	主任，动静力学、水力学	300	1928
		许鉴	28	浙江萧山	康奈尔大学土木工程师	教授，测量、铁路建筑	280	1930
		王裕光	32	上海	康奈尔大学硕士	教授，工程画、构造学、道路建筑	320	1930
		钟春雍	29	福建	麻省理工学院学士	教授，机件学、材料试验、直流电机	300	1930
		张鸣韵	32	河南汝阳	密歇根大学硕士	讲师，工程地质学（兼）	80	1930
		诸士荃	32	江苏金山	东南大学理学士	助教，工程画、锻造实习	120	1930
		夏坚白	26	江苏常熟	清华大学理学士	助教，测量、锻造实习	90	1929
		孙瑞珩	25	江苏崇明	浙江工业公立专门学校	助教，金工实习	130	1927
		沙玉清	24	江苏江阴	中央大学工学士	助教，测量材料、实验课	80	1930
	政治系	吴之椿	34	湖北江陵	哈佛大学硕士	主任，近代政治制度、英美政治制度	360	1928
		张奚若	41	陕西朝邑	哥伦比亚大学硕士	教授，西洋政治思想史、柏拉图政治哲学	400	1928
		浦薛凤	30	江苏常熟	哈佛大学硕士	教授，政治概论、政党论、近代政治思想	300	1928
		王化成	28	江苏丹徒	芝加哥大学博士	教授，国际公法、国际关系判例	300	1928
		钱端升	32	江苏	北京大学、中央大学教授	教授，宪法、英宪法史、政治制度专题研究	360	1928
		郭闵畴	41	浙江	哥伦比亚大学研究院研究	讲师，法律原理（兼）	120	1928
		何基鸿	44	河北	北京大学教授	讲师，民法、公司法（兼）	120	1928
		程树德	54	福建闽侯	翰林院编修，日本法政大学毕业	讲师，法制史（兼）	60	1929

续表

类别	院系/部门	姓名	年龄	籍贯	学历/经历	所任学校职务、课程等	月薪/元	到校时间
教员部分	政治系	张锐			天津市政府科长	讲师，市政学（兼）	100	1930
		嵇文甫	36	河南汲县	北京大学毕业	讲师，中国政治思想史（兼）	40	1930
		翟俊千	38	广东东莞	里昂大学博士	讲师，行政法（兼）	50	1930
		刘志敏	45	江苏武进	东京帝国大学法科毕业	讲师，民法（兼）	240	1930
		邹文海		江苏无锡	清华大学理学士	助教	80	1930
		赵德洁	22	北平	清华大学法学士	助教	80	1930
	经济系	陈岱孙	29	福建闽侯	哈佛大学博士	主任、法学院院长，财政学、经济思想史、经济理论	400	1927
		周炳林	38	湖北	北京大学毕业，留学英国、美国、德国、法国等国	教授，西方列强之经济地位、货币论与货币问题	340	1929
		萧蘧	33	江西泰和	曾任密苏里省立大学教员	教授，经济学概论、关税问题	400	1929
		蔡可选	29	安徽巢县	哥伦比亚大学硕士	教授，统计学、银行学、银行制度	300	1928
		陈锦涛	58	广东南海	耶鲁大学经济学硕士	教授，财政学、统计算学、中国财政史、赋税问题	360	1930
		秦瓒*	33*	河南固始	哥伦比亚大学硕士，北京大学教授	讲师，国际汇兑（兼）	110	1930
		余肇池	38	湖北云梦	纽约大学硕士	讲师，会计学（兼）	150	1930
		曾同春		广东	里昂大学博士	讲师，合作运动（兼）	50	1930
		宗植心	31	湖北	哥伦比亚大学硕士	讲师，商业组织管理（兼）	80	1929
		谢挑芬	24	广东南海	清华大学理学士	助教	90	1929
		王元照	31	江苏	清华大学理学士	助教	80	1930
	体育部	马约翰	49*	福建厦门	圣约翰大学学士，美国史泼林菲尔体育学校肄业	主任		1914
		涂文	28	湖南浏阳	东南大学体育科毕业	指导员	160	1930
		赵逢珠	28	山东齐河	北京师范大学体育系毕业	指导员	150	1930
		李剑秋	40	河北东鹿		技击训练员（兼）	60	1930
		杨魁光	28	河北南宫		助理	80	1923
	其他	傅增湘	59	四川江安*	光绪进士，前清翰林编修*	研究院导师，目录、校勘学（兼）	200	1930
		顾颉刚	38	江苏吴县	北京大学毕业，燕京大学教授	研究院名誉导师，中国上古史研究（兼）	不支薪	1930

续表

类别	院系/部门	姓名	年龄	籍贯	学历/经历	所任学校职务、课程等	月薪/元	到校时间
教员部分	其他	托诺夫	36	俄国	俄国皇家音乐学院毕业	西乐导师	320	1930
		古普克		德国		钢琴导师	140	1930
		溥西园	55	河北宛平		国乐	300	1930
		王先强	30	安徽	日本留学	党义讲师（兼）	50	1930
		王龙升	49	河北宛平	任新建陆军军事教导员8年	音乐助理	60	1923
		杨恪	21	江苏吴江	上海交通大学毕业	西乐助理	60	1930
		王广寿	30	北平		国乐教练员（兼）	30	1930
		叶仰曦	30	北平		国乐教练员（兼）	40	1930
		赵石安	35	北平		国乐教练员（兼）	35	1930
职员部分	校长办及教务处	罗家伦	36	浙江	普林斯顿大学、哥伦比亚大学、柏林大学、巴黎大学等大学研究院	校长	600	1928
		萧蘧	33	浙江	密苏里大学教员	教授，代教务长	400	1929
		汪振武	28	广西	财商专门学校，曾任商标局办事员	事务员		
	秘书处*	张广舆		河南巩县	清华学校毕业，美国密苏里矿务大学学士，前河南福中矿务大学校长，河南中山大学教务长，河南建设厅科长	秘书长		
		何林一		江苏武进	圣约翰大学学士，美国他得穆大学学士，本薛文义大学硕士	英文秘书	400	1929
	注册部	章寅	35	湖北黄陂	哥伦比亚大学硕士，曾任本校教员6年	主任		
		朱荫章	27	北平	燕京大学肄业	事务员		
		赵虚吾		河北大兴		助理	70	1929
		陈隆	29	湖南衡山	北平工业大学毕业	助理	60	1929
		张淼	38	湖北黄陂	湖北政法学校毕业	助理	60	1928
		钟文藻	24	浙江绍兴	北平新晨报编辑	助理	70	1930
		张友铭	20	河北献县	华英亚细亚通信编译员	助理	50	1930
	图书馆	洪有丰	38	安徽	纽约州立大学图书馆学学士、东南大学教授兼图书馆主任、中央党务学校图书馆主任	主任		

续表

类别	院系/部门	姓名	年龄	籍贯	学历/经历	所任学校职务、课程等	月薪/元	到校时间
职员部分	图书馆	沈学植	33		金陵大学文学士、文华大学图书馆主任	事务员		
		刘廷烦	31	浙江永嘉	金陵大学文学士、文华大学图书馆专科毕业	事务员		
		施廷镛	37		南洋方言学校毕业	事务员		
		李继先	24	浙江绍兴	文华大学图书馆专科	事务员	90	1930
		陆震平	34	江苏常熟	苏州公立专门学校	助理	80	1919
		刘中藩	30	江西赣县		助理	80	1923
		唐贯芳		广东香山	上海青年会商科毕业	助理	90	1921
		余光宗	35	江苏镇江	北京大学预科毕业	助理	90	1920
		毕庶兹	30	山东文登		助理	90	1921
		万逸夫	31	江苏溧阳	东南大学图书馆员工	助理	80	1929
		武杰生	32	南京	南京大学图书馆馆员	助理	70	1929
		陈荣思		浙江绍兴	武昌希里达高中毕业	助理	40	1930
		徐荫南				助理	50	1930
		田宝琛	39	山东乐陵		书记	60	1923
		茅宗藩	29	江苏青浦		书记	60	1925
		吴珏祥	41	北平	天津县公署科员	书记	50	1930
		张嘉德	20	浙江奉化	北平财政商业专门学校毕业	书记	45	1929
	军训部及警卫队	秦云汉	27	广东	云南讲武学校毕业	队长		
		梁镇武		湖北	中央军事政治学校毕业	副队长		
		回庆动	35	广东		军训部书记	55	1925
		郎锡魁	25	河北舞阳	江西陆军随营学校毕业	警卫队分队长	39	
		赵海升	35	河北宛平	京师高等警察学校毕业	警卫队分队长	25	
		那世忠	36	河北宛平		警卫队分队长	24	
	宿舍办公室	杨希云	49	浙江绍兴		事务员	150	1911
		丁树声	38	北平	辅仁大学事务员	助理	70	1930
		卢恩福	40	京兆房山	北洋速成学校德文班	助理	50	1929

续表

类别	院系/部门	姓名	年龄	籍贯	学历/经历	所任学校职务、课程等	月薪/元	到校时间
职员部分	文书科	唐诚	26	江苏如皋	中央大学毕业	校长办公室事务员		
		王芸青	39	河南舞阳	北京大学毕业、河南福中矿务大学指导主任兼教员	主任	220	1930
		陈传绪	36	湖北	湖北法政大学毕业、中国银行文书主任	事务员	100	1929
		施惠龄	28	浙江钱塘	华盛顿大学学士	助理	60	1930
		吴宗珍	37	江苏吴县		书记	55	1928
		张缙	41	山东	东京明治大学法科毕业	书记	55	1929
	庶务科	李相宏*		河南	美国康奈尔大学毕业，前中州大学教授，河南交涉署第一科科长	主任		
		邵恒濂	47	山东文登	湖北方言学堂毕业	事务员		
		金超	38	河南新蔡	中国公学大学预科毕业	事务员		
		朱旭东	27	河南丰润	汇文学校毕业	秘书处助理		
		孙浔	22	安徽桐城	上海交通大学学士	事务员	80	1930
		孙方烜	22	江苏崇明	中央大学毕业	事务员	80	1930
		葛春林	24	江苏溧阳	清华大学学士	事务员	80	1930
		傅倩仪	24	山东聊城	山东大学预科毕业	助理	60	1928
		石滚斋	30	山东泰安	昌黎汇文农业学校	助理	60	1926
		胡荣第	44	山东济宁	济宁中学毕业	助理	70	1911
		王莲溪	53	山东海阳		助理	65	1911
		王树训	28	河北武清	京兆第二中学毕业	书记	55	1923
		吕建助	28	山东莱阳	北平崇实高中	书记	55	1926
		丁涛	30	北平	陆军军需学校司事班毕业	书记	45	1927
	会计科	刘本钊	37	山东蓬莱	北平朝阳大学毕业，第一届文官考试及格，前外交部主事，国民政府外交部科员	主任		
		陶联善	42	江苏吴县	前京师高等实业学校毕业，外交部主事	事务员		
		许维翰	51	北平	大清银行、中国银行会计	事务员		
		罗淮贤	29	北平	北平财政商业专门学校毕业	助理	50	1929
		许国栋	30	北平	河北省立一中	助理	60	1922

续表

类别	院系/部门	姓名	年龄	籍贯	学历/经历	所任学校职务、课程等	月薪/元	到校时间
职员部分	会计科	刘芬春	32	山东蓬莱	北京大学预科毕业	助理	50	1928
		迟昌翰	48	山东海阳	前清附生	书记	60	1921
		于香海	30	山东	俄文法政学校毕业	书记	50	1930
	医院	吴鸣歧	41	浙江嘉兴	日本千叶医科大学毕业	主任	320	1930
		戈绍龙	32	江苏东台	日本九州帝国大学医学博士	校医	320	1929
		金绍志	34	北平	北平协和医院看护学校	助理	90	1919
		刘震华	31	河北安次		助理	90	1919
		刘志濂	31	河北南宫	北平协和医院看护学校	助理	60	1924
		汪海澜	28	湖北孝感	武昌同仁医院毕业	看护	80	1930
	其他	汪沅	26		东南大学理学士	女生指导员	100	1929
		余光蓉	29	江苏镇江	北平美术学校图书科毕业	生物学系图员	70	1925
		谢炯	26	湖南衡阳	长沙雅里学校	经济系助理	50	1928
		李濂	27	河南济源	河南省立一中指导员	哲学系助理	60	1928
		王贞明		浙江海宁	上海沪江大学肄业	中文系助理	50	1927
		王守辰		河北宝坻	北平求实中学毕业	化学系书记	40	1929
		宋耀琛	28	山东海阳	北平觉民中学毕业	讲义收发员	55	1923
		阎裕昌	35	河北		物理系管理员	30	1930
		张德昌	23	河南林县	清华大学理学士	出版事务所助理	80	1930

注：职务栏中（兼）表示兼职，没有则为专任。体育部在 1930 年的人员名册中划归职员序列，这与罗家伦对体育课程的偏见有关。但绝大多数时间内，体育部都属于教员编制，故此处也将体育部从职员部分摘出，划归教员序列考察分析。教员部分带*为原始资料不清楚，由笔者根据苏云峰《清华大学师生名录资料汇编 1927～1949》等资料添加。职员部分带*为原始材料没有相关内容，笔者根据《国立清华大学现任事务员以上职员履历表》(清华大学档案:《国民党政府教育部令报职员履历及有关铨叙等部令》(1929 年 2 月～1935 年 2 月)，编号：1-2-1-133）记录增补

资料来源：《国立清华大学教职员名册》（1930 年），清华大学档案：《国民党政府教育部令报职员履历及有关铨叙等部令》（1929 年 2 月～1935 年 2 月），编号：1-2-1-133

附录 2:《校役通守条规》

第一条　各仆役分段驻守，派有专责，随时按段稽查，分别勤惰。

第二条　每日循序而行，各尽其职，倘遇有特别事故，仍应通力合作不得推诿。

第三条　无论冬夏均限黎明即起，各司其事，暇时不得群聚喧闹，及犯饮博一切不应为之事。

第四条　各处地方除随时整洁外，每逢星期日所有门窗墙壁大加扫除一次。

第五条　如有不听指使，意存傲慢以及违犯一切条规，分别轻重惩罚。迨年暑假期汇计罚款，择勤慎者分别赏给。

第六条　各仆役除随时更调外，每逢年暑假期考核一次，酌予退留。

第七条　供职始终勤慎者，三年后酌加工食。

第八条　除给假外，无论何时不得擅离职守。如因公事他往，应先向庶务处陈明。

第九条　每月定有例假天数，惟同段仆役不得同时请假。

第十条　例假之外，不得时常请假；如遇有不得已事故，无论久暂，必须觅妥人代替，经庶务处认可，方得离开。

第十一条　校内一切物品如经仆役损失，均应照价赔偿；无力措资者，惟保人是问。

第十二条　公家物件非说明理由请领，不得擅自取用，更不得任意暴殄，违者酌罚。

第十三条　在园内无论何处捡拾遗物，随时交庶务处候取，否则以偷藏论。

第十四条　本校购买或招人承办各件，所有门钱、扣佣、种种陋习，概行严禁，如有违犯，一经查（察）觉，定即重办。

第十五条　如有借本校名目在外招摇，或向各处赊借等事，一经查（察）觉定即重办。

第十六条　如有欲表白事件，准由一二人陈请庶务处核办。

第十七条　发放工资月有定期，不得预向会计处借付。

第十八条　每月均有工食，不得私自受赏及乞借。如年暑假期各职、教员、学生或有赏资即交庶务处汇收，分别勤惰酌给。

第十九条　饭食由本校酌定平价包与厨房备办，每月由工食内照数扣给厨房，其不愿包者，听[便]，惟不得随处安立炉灶，更不得借口造饭致误服役时刻。

第廿条　饮食起居除指有定所外，不得任意僭用他处地方。

第廿一条　身上悬挂号牌以便识别，不得任意摘除。

第廿二条　号衣由各人照定式自备，须时常整洁，如日久污烂不换，由工食内扣价代做。

第廿三条　各仆役勿贪食生葱生蒜，至洗澡、擦牙、剪指甲诸事尤宜注意。

第廿四条　有意蓄辫者，概不录用，头上短发每月至少须修剪一次。
第廿五条　见人行礼脱帽立正，不必请安磕头。
第廿六条　称呼通用先生二字。
第廿七条　夏季作事时不得赤身露体。
第廿八条　冬季就寝后，房内不得仍燃炭炉，以防煤薰致害生命。
第廿九条　不许贩卖食用各品自图私利。
第三十条　所有经手信件银钱衣物必须随时交待（代）清楚。

资料来源：清华大学校史研究室编：《清华大学史料选编》第1卷，第200～202页

附录3：1946～1948年各院系教职员资历调查表（已离校教职员）

院系	姓名	年龄	职别	教育背景/经历	家庭成员
社会学、人类学系	周荣德	35	教员	法学学士	妻子，29岁
	雷德斐（美国）		系主任	曾任芝加哥大学社会科学学院院长	
	斐文中	46	讲师	北京大学理学士，巴黎大学理学博士	妻子，37岁；三子，二女
	李数青	39	教授	美国威斯康星大学硕士	父亲，63岁；儿子，16岁
哲学系	王玖兴	30	助教	武汉大学学士、清华大学研究院哲学部肄业	父亲、母亲、妻子、一女
	王华东			厦门大学学士	父亲、母亲
	周叔迦	49	讲师		父亲
	师觉月（印度）			印度政府派遣来华	
	申荆昊	34	助理		
物理学系	严济慈	48	讲师	东南大学理学士，巴黎大学硕士、博士	妻子、五子
	黄腾清	29	助教	武汉大学学士	父亲、母亲、妻子
	范绪筠	36	教授	麻省理工学院博士	父亲、母亲、妻子、一子、一女
	张家骅	31	助教	清华大学毕业	父亲、妻子、一子、一女
	陈篪	23	助教	清华大学学士	母亲
	金建中	29	助教	傅仁大学硕士	母亲
	陈德仑	35	讲师	中山大学学士、留日硕士	母亲
	慈云桂	28	助教	湖南大学工程学士	父亲、母亲
	任春林	26	练习生	香山慈幼院	父亲、母亲、妻子、一女
	王淦昌	43	教授	柏林大学博士	二子、三女
数学系	施惠同	30	教员	清华大学学士	父亲、母亲、妻子、二子、一女
	钱敏	23	助教	清华大学毕业	父亲、母亲、弟妹四人
	万哲先	21	助教	清华大学数学系毕业	父亲、母亲

续表

院系	姓名	年龄	职别	教育背景/经历	家庭成员
数学系	孙以丰	25	助教	浙江大学毕业	父亲
	钟开业	30	副教授	清华大学硕士（现定居在美国）	
	田方增	30	教员	清华大学毕业	
	申又根	46	教授	哈佛大学博士	共五人
	庄圻泰	42	教授	法国国家数学博士	母亲、妻子、二女
	许宝騄	38	讲师	伦敦大学博士	母亲
	陈省身	37	教授	汉堡大学博士	父亲、妻子、一子
	杨武之	51	教授	留美博士	妻子、四子、一女
	颜道岸	33	教员	清华大学毕业	父亲
	徐利治	26	助教	西南联合大学毕业	母亲
	蔡福林	29	助教	西南联合大学毕业	父亲、母亲、妻子、一女
	汪志华	30	助教	西南联合大学毕业	母亲、妻子、女儿
	谢启美	24	助教	中央大学毕业	父亲、母亲
	赵中立	29	助教	武汉大学	父亲、母亲、妻子、一子、一女
	王湘浩	35	副教授	留美博士	
	曾旨成	23	助教	清华大学	母亲
地学系	王乃樑	31	教员	清华大学毕业	父亲、妻子、女儿
	刘愈之	36	讲师	美国加利福尼亚大学文学士	丈夫、一女、一子
	苏良赫	22	讲师	清华大学毕业	母亲、一兄
	舒全安	28	助教	云南大学毕业	祖母、父亲、母亲
	任泽雨	31	助教	清华大学毕业	
	吕端墀	27	助教	西南联合大学毕业	母亲
	张印堂	45	教授	利物浦大学硕士	父亲、母亲、妻子、二女、一子
	李连捷	38	教授	留美博士	妻子、一子、一女
	杨曾威	44	教授	留英硕士	母亲、妻子、二子、三女
	周廷儒	42	教授	美国加利福尼亚大学硕士	母亲、妻子、一子、一女
生物学系	冯午	29	助教	金陵大学学士	父亲、母亲
	廖翔华	27	助教	福建协和大学学士	父亲
	徐仁	35	讲师	印度勒克瑙大学博士	
	张景钺	53	讲师		
	何申	28	临时助教	西南联合大学毕业	父亲、母亲、丈夫、一女
	仲毅仁	27	助教	北京大学学士	父亲
	王华敦	24	半时助理	本校（清华在校生）	父亲
	吴徽镒	32	讲师	清华大学学士	母亲
化学系	郑仁圃	32	教员	清华大学	父亲、母亲、三妹
	马祖圣	35	讲师	芝加哥大学博士	父亲、妻子、一子
	钱思亮	39	讲师	留美博士	妻子、三子

续表

院系	姓名	年龄	职别	教育背景/经历	家庭成员
化学系	郑禄彬	24		清华大学	父亲
	曾宝	28		西南联合大学毕业	母亲、妻子、一女
	安治义	30	助教	辅仁大学学士	父亲、母亲、妻子、子女四人
	武永兴	26	助教	西南联合大学毕业	母亲、一妹、二弟
	李连仲	27	助教	西南联合大学毕业	母亲
	董履和	26	助教	清华大学毕业	父亲
	董人鸿	27	助教	辅仁大学学士	父亲、母亲
	王晋华	29	助教	西南联合大学毕业	父亲、母亲
	梁达林	26	助教	辅仁大学毕业	父亲、母亲
	孙昌宗	28	助教	北京大学毕业	妻子、一子
气象学系	谢光道	32	教员	清华大学毕业	父亲、母亲、妻子、二女
	李良骐	40	讲师	清华大学学士	父亲、母亲、妻子、二子、三女
	赵九章	40	教授	柏林大学博士	妻子、二女
	张丙辰	30	教员	中央大学毕业	
心理学系	林宗基	29	助教	清华大学学士	母亲
	臧玉淦	46	讲师	芝加哥大学博士	母亲、妻子、一子、一女
	顾吉卫	23	助教	中央大学毕业	父亲、母亲
	齐泮林	45	讲师		
	敦福堂	35	教授	德国耶纳大学博士	父亲、母亲、一弟、二子
	施泽瀚	25	助教	清华大学毕业	父亲、母亲
	吴洁	23		北京大学毕业	母亲
经济学系	刘大中	33	教授	美国康奈尔大学博士	妻子、一子
	任启元	35	教授	伦敦大学博士	母亲、妻子、二女
	陈振汉	36	讲师	哈佛大学博士	
	陶洁卿	32		哈佛大学博士	共五人
	姚嘉椿	39	讲师	芝加哥大学研究员	父亲
	千家驹	41	教授	北京大学毕业	母亲、妻子、三子、一女
	甯嘉凤	37	教授	伦敦大学硕士	父亲、母亲、妻子、一子、三女
	王亚南	48	教授		妻子、一子、一女
政治学系	刘毓棠	34	教授	哈佛大学博士	父亲、母亲
	李续纲	39		留日	
	甘介侯	50	教授	哈佛大学博士	父亲、母亲、妻子、三子、二女
	杨荣春	36	副教授	哈佛大学博士	岳父、母亲、妻子、二女
法律系	陈沛寰	29	助教	西南联合大学毕业	母亲
	童介凡	25	助教	北京大学毕业	
	李声庭	30	助教	西南联合大学毕业	父亲、母亲
	金陆麒	28	副教授	留美	一人
	陈廪	42	教授	里昂大学博士	妻子、一子

续表

院系	姓名	年龄	职别	教育背景/经历	家庭成员
法律系	芮沐	41	讲师	留德博士	父亲、母亲、妻子、一子、一女
	何基鸿	60	讲师	日本东京大学毕业	
	杨昌第	47	兼任讲师	北平法政学校毕业	
农学院	赵养昌	38	教员	北平师范大学毕业	妻子、二子
	俞渭江	28	助教	中央大学毕业	母亲
	甘永祥	29	助教	中央大学毕业	母亲
	庄巧生	34	兼任讲师	金陵大学毕业，留美	母亲、妻子、一女
	戴松思	43	讲师	康奈尔大学博士	母亲、妻子、三女
	姜秉权	38		金陵大学毕业	母亲、妻子、二子
	相望年	31	教员	浙江大学毕业	妻子、一子
	薛应龙	30	助教	武汉大学毕业	父亲、母亲
	吴大昌	30		清华大学毕业	父亲
	张晏清	23	助教	清华大学毕业	父亲、母亲
	阎龙飞		半时助教	清华大学肄业	母亲
	娄康俊	26	助教	燕京大学毕业	母亲
土木工程系	胡东明	23	助教	西南联合大学毕业	父亲、母亲、一妹
	王有秋	25	助教	清华大学毕业	父亲、母亲、一妹
	孙训方	24	助教	西南联合大学毕业	祖母、母亲
	李漠识	40	教授	留美博士	母亲
	白登（美国）	31	副教授		
	方烨	26	助教	中央大学毕业	母亲
	许京骐	29	助教	清华大学毕业	父亲
	金涛	60	讲师	留美	妻子、三子、一女
	陈燕	24	助教	西南联合大学毕业	父亲、母亲、一妹
	钟国生	26	助教	北洋工学院	母亲、一弟
	王竹亭	44	教授	留美硕士，留德工程师	母亲、妻子、六女、二子
	郑兆珍	38	研究员	北洋大学毕业	妻子、二子
	郭日修	23	助教	唐山工学院	父亲、母亲
机械工程学系	郑哲敏	23	助教	清华大学毕业	父亲
	连孟雄	26	教员	西南联合大学毕业	父亲、妻子
	陈炳棪	27	助教	清华大学毕业	姑父
	李安宇	33		清华大学毕业	母亲、妻子、二弟
	史光筠	21	助教	清华大学毕业	父亲、母亲
	陶宗道	22	助教	北洋大学毕业	母亲
	刘金钺	26	助教	西南联合大学毕业	父亲、母亲
	何永清	25	助教	西南联合大学毕业	母亲
	强明伦	45	副教授	留法	妻子、一子、一女

续表

院系	姓名	年龄	职别	教育背景/经历	家庭成员
机械工程学系	郑祖意	22	助理	辅仁大学毕业	
	虞兰	26	助教	西南联合大学毕业	父亲、母亲、妻子、一子、一女
	吴厦源	27	教员	西南联合大学毕业	母亲
	杨捷	34	教员	清华大学毕业	
	孟庆基	32	副教授	麻省理工学院硕士	父亲、母亲
建筑工程学系	陈占祥	34	副教授	留英	母亲、妻子、一女、一子
	林继诚		讲师	留美	母亲、妻子
	毕颐生	31	助教	专科毕业	母亲、二弟、一妹
航空工程学系	许光导	22	助教	清华大学毕业	祖母、父亲、母亲
	吴孝达	26	助教	西南联合大学毕业	祖母、父亲、母亲
	孙天冈	27	助教	西南联合大学毕业	祖母、父亲、母亲
	顾培慕	32		交通大学	父亲、妻子、一女
化学工程系	刘仝	21	助教	南开大学毕业	父亲、母亲
	王喆	24	助教	中央大学毕业	父亲
	钮经义	27	助教	西南联合大学毕业	父亲、母亲
	钱若龙	31	副教授	留英博士	父亲
	丁惠华	24	助教	南开大学毕业	父亲、母亲
	何学纶	26	助教	西南联合大学毕业	母亲
	王善鋆	25	助教	清华大学毕业	父亲、母亲、一妹

资料来源：清华大学档案：《文、理、法、农四学院各院系教职员资历调查表（已离校教职员）》（1946～1948 年），编号：1-4-2-127：2